教育部人文社会科学重点研究基地
中央民族大学中国少数民族研究中心
中央民族大学中国少数民族妇女研究中心

民族文化与社会性别 第一辑

——“民族文化与社会性别”学术研讨会

（2017·北京）论文集

宋敏 丁娥 主编

中央民族大学出版社
China Minzu University Press

图书在版编目（CIP）数据

民族文化与社会性别（第一辑）：“民族文化与社会性别”学术研讨会（2017·北京）论文集／宋敏，丁娥主编. —北京：中央民族大学出版社，2019.5 (2019.10重印)

ISBN 978-7-5660-1613-3

Ⅰ. ①民…　Ⅱ. ①宋…　②丁…　Ⅲ. ①少数民族—女性—研究—中国—文集　Ⅳ. ①D442.7

中国版本图书馆CIP数据核字（2018）第289481号

民族文化与社会性别（第一辑）

——“民族文化与社会性别”学术研讨会（2017·北京）论文集

主　　编	宋　敏　丁　娥
责任编辑	李苏幸
封面设计	舒刚卫
出 版 者	中央民族大学出版社
	北京市海淀区中关村南大街27号　　邮编：100081
	电话：68472815(发行部)　　传真：68932751(发行部)
	68932218(总编室)　　68932447(办公室)
发 行 者	全国各地新华书店
印 刷 厂	北京建宏印刷有限公司
开　　本	787×1092（毫米）　1/16　印张：26.25
字　　数	470千字
版　　次	2019年10月第2次印刷
书　　号	ISBN 978-7-5660-1613-3
定　　价	118.00元

目 录

教育与能力提升

艺术、文学与仪式

婚姻、家庭与生育

社会工作与女性发展

中国人类学民族学研究会副会长
巴莫阿依致辞

尊敬的宋敏副校长，各位专家学者，姐妹们，大家好！

感谢主办方的邀请。我谨代表中国人类学民族学研究会对“民族文化与社会性别”学术研讨会的召开表示热烈的祝贺！

研讨会以“民族文化与社会性别”为主题，聚焦我国少数民族妇女的平等与发展问题，既有特殊的理论意义，也有重要的实践价值。

从理论层面看，社会性别意识是社会文化的产物，人类学民族学关注文化多样性对性别认同、性别表达的影响，关注不同民族的民族文化对性别角色的塑造和性别行为的建构所起的作用，进而研究在两者交互影响下人的发展、人类的进步。中国是一个统一的多民族国家，地大物博、人口众多，在中华民族大家庭里，民族文化多元共生、繁荣发展，为社会性别调查研究提供了丰富的范本和肥沃的土壤，在这一领域里劳作耕耘，推动民族文化与社会性别理论研究创新发展，一定能结出具有中国特色思想理论的丰硕果实。

从实践层面看，民族文化与社会性别研究，涉及的议题广泛、内容丰富，是一个颇具现实意义的课题，我相信通过深入研讨，凝聚共识，形成对策建议，纳入公共政策，相关成果必将有助于消除性别歧视与民族偏见，在社会中树立正确的性别意识，培育先进的性别文化，营造不同性别和谐发展的良好的舆论氛围和社会环境，切实落实好男女平等基本国策和党的民族政策，依法保障好少数民族妇女权益，激发调动少数民族妇女干事创业的热情，促进少数民族妇女的发展进步。

经世致用、知行合一，是中国知识分子的传统。民族文化与社会性别的研究，不仅需要多学科、多视角、多层面，也需要上接天线、下接地气。上接天线，就是要以党的十九大精神为引领，以习近平新时代中国特色社会主义思想特别是习近平新时代民族工作思想和党的十八大以来习近平在妇女的社会权利、社会地位、社会作用和妇女发展等方面提出的一系列重要思想为指导，切实把握新时代民族工作和妇女工作的目标任务，以科学系统的研究成果为党和政府制定新时代的方针政策和法律法规提供理论依据，方能使我们的学术研究更好地融入新时代中国特色社会主义的伟大事业，让我们的研究成果在促进民族团结进步事业，促进我国妇女事业的发展中更好地更充分地发挥作用。习近平关于妇女发展的论述丰富精彩，闪烁着思想的光芒，是马克思主义妇女观中国化的最新成果，是我们研究少数民族妇女和性别问题的基本遵循。

下接地气，就是要坚持问题导向，深入了解妇女特别是少数民族妇女生存与发展中存在的特殊困难和突出问题。可喜的是，我们这次研讨会，从会议设置的 12 个议题可以看到，会议的策划组织求真务实、观照现实、贴近民生。党的十九大报告指出，新时代我国社会主要矛盾已经转化为人民日益增长的美好生活需要和不平衡不充分的发展之间的矛盾。这一矛盾对我们少数民族妇女来说更为突出。具体表现很多，比如少数民族妇女的脱贫攻坚、流动人口、权益保障、教育就业等重要现实问题。我认为，少数民族妇女目前或在相当一段时间内面临的突出问题总体来说有两个，一是平等团结，即如何保障平等权益，增强民族团结意识，筑牢中华民族共同体的思想基础；二是发展进步，即在全面建成小康社会的进程中如何推动少数民族妇女努力追赶、不拖后腿，在整个中国妇女事业发展进程中、在中国特色社会主义伟大事业的发展中不掉队。抓住这两个关键，着力解决发展不平衡、不充分问题，是满足少数民族妇女日益增长的美好生活需要的重要途径。

乘着党的十九大的东风，我们认真学习领会习近平新时代中国特色社会主义思想，深刻把握中央的大政方针、发展战略、政策措施，自觉坚持正确的政治方向和学术导向，把个人的学术追求融入中国妇女事业发展的伟大实践，把自己的学术理想汇入实现中国梦的时代洪流，与新时代同行，在新征程建功，用我们的智慧和激情，努力做妇女发展的领跑者和推动者。

最后，预祝学术研讨会圆满成功！谢谢大家！

2017 年 11 月 25 日

中央民族大学副校长宋敏致欢迎辞

尊敬的巴莫阿依副会长，尊敬的各位专家学者，大家好！

今天，我们在中央民族大学召开“民族文化与社会性别”学术研讨会。我代表中央民族大学，代表王丽萍副校长、张艳丽总会计师以及民大女教授，向长期以来在民族文化与社会性别领域潜心研究的各位专家学者，在工作中实际推进男女平等、性别意识主流化以及少数民族妇女发展的各位领导表示由衷的感谢，对各位的参会表示热烈欢迎。

根据第六次人口普查，中国少数民族女性人口约5467万。少数民族妇女研究是中国妇女研究的重要组成部分，也是民族研究的重要议题。开展民族文化与社会性别研究具有推动性别平等与民族平等的双重重要意义。

多年来，在各方的努力下，少数民族妇女的经济参与与反贫困、政治参与与权益保障、历史贡献与社会地位提升、教育获得与能力建设、社会保障的需求与供给，少数民族妇女在生育、婚姻、家庭、民俗、宗教信仰、语言文字文学、艺术方面的文化多样性，民族文化与社会性别学科建设等方面都取得了丰硕的成果。

新时期，需要将这些研究议题推向更深层次，以应对当代中国社会转型中少数民族妇女发展的新困境；在继续推动以上研究的基础上，深入研究少数民族妇女对美好生活的新期待，研究提出解决不平衡不充分发展的对策建议，更好满足少数民族妇女在经济、政治、文化、社会、生态等方面日益增长的需要；也需要政府、学界、社会组织的共同参与，采取更多的实际行动助力少数民族妇女发展；进一步推动将妇女/性别研究与民族研究的交叉领域纳入哲学社会科学研究主流。

中央民族大学，是中国共产党和中国政府为研究和解决中国的民族问题而创办的，以服务党和国家民族工作，服务少数民族社会文化发展事业为宗旨的大学。关注、投入少数民族妇女研究是中央民族大学科学研究的重要领域和社会担当，也形成了跨学科的研究传统，老中青传帮带的学术团队，产出了一批优秀的研究成果。

为了更好地传承发展中国少数民族妇女研究，提升研究水平，及时总结经验，研究方法对策，中央民族大学中国少数民族妇女研究中心（全国妇联 中国妇女研究会 妇女/性别研究与培训基地）、女教授协会及中国少数民族研究中心（教育部人文社会科学重点研究基地）共同承办此次会议。

我们期待，此次研讨会的各个单元能够深入交流沟通，碰撞出新的思想火花，结出新的学术成果。

为了能够持续地开展民族文化与社会性别、少数民族妇女发展的研讨，希望各位专家学者能够创新方式加强沟通交流，也希望各位专家学者常来民大，共同把民族文化与社会性别、少数民族妇女研究推向深入。

最后预祝研讨会取得圆满成功。

祝各位领导、专家学者身体健康、万事如意！

谢谢大家！

2017 年 11 月 25 日

经济参与与反贫困

试论妇女在游牧生计方式和文化传承与发展中的地位及作用

南快莫德格*

生计方式是伴随着人类适应自然生态环境去谋生的过程中产生的生存文化。游牧生计方式是游牧文化形成的基础。游牧文化，是干旱、半干旱地区的人们所探索出的与自然和谐发展的人类文明。游牧文化崇拜、依赖、适应大自然，与自然融为一体，游牧社会有和自然相适应的固有机制，游牧民族有和自然相适应的固有观念。游牧生计方式的产生到完善乃至传承发展的漫长岁月里妇女起到了至关重要的作用。游牧妇女不仅是社会群体人口生产与再生产的主体，而且也是社会家庭生计谋生及其文化传承的主导者。在游牧社会中其妇女在社会经济和文化延续方面，即放牧、挤奶、制作奶制品、各种皮毛用品的制作、皮毛工艺的制作、各种饮食品的制作以及各类祭祀活动用品的制作等生产劳动和各类民俗民间文化活动当中起着主导作用，因而一直以来游牧妇女在社会中居于较高地位，可以说，游牧社会中没有滋生重男轻女思想。游牧社会中妇女地位的居高与其社会生产方式的细腻程度有着直接的关系，因为从放牧、接新生幼畜到各类奶制品的制作、各类皮毛用品的制作等都是妇女们最拿手的细腻活儿，而男人在这些生产活动中始终处于帮手的角色。

* 南快莫德格，新疆师范大学民族学与社会学学院教授。

一、游牧生计方式与妇女

游牧生计方式是牧人随着畜群逐水草移动的谋生手段，包括基于其上的生产生活活动和物质文化。游牧生计方式是草原人及其畜牧业的最佳手段，是经过几千年风雨洗礼总结出来的利用草原最经济、最有效的经营方式，是最大限度地节约自然资源和用品的生产生活方式。牧民为了合理利用和节约珍贵的草原资源，减轻畜群对草原和草场的压力，根据草原的自然规律，采用四季轮换草场的游牧生产方式，居室是以易于搬迁的蒙古包，即用柳条、毡子、畜皮、马鬃和马尾绳索等搭建，简易轻便，抵御风寒，易于拆迁、安装、抗震、抗洪，同时无须挖坑盖墙，不会破坏草原植被的居所。游牧民族的衣食住行的生活用品基本出自畜群及牲畜的皮毛、奶、肉。游牧生计是人类对于干旱、高寒地区生态环境的一种适应方式。它的生态学原理就是在人与地、人与植物之间通过牲畜建立起一种特殊的关系，并利用动物的草食性将人们无法直接利用的植物资源，转化为人们能够食用的乳、肉等食物以及能够利用的皮毛等生活资料，构成一条以植物为基础，以牲畜为中介，以人为最高消费等级的食物链。[①] 这种最高等级的食物链的最标志性的特征是游，即移动性——随牲畜逐水草而居。游牧生计的所有物质文化内容都围绕着移动这一特征而创造。衣、食、住、行的全部内容，都要遵循易于移动的特性。过去蒙古人的服装大部分产自牲畜的皮毛，用鞣制去毛的羊皮子可以制作成春秋装，而鞣制去毛的皮子可以制作各种靴子和腰带以及礼帽等，也可以用这鞣制去毛的牛皮或生牛皮去毛后制作各种器皿或盛物；冬季的服装用带毛的鞣制皮制作。蒙古袍易于携带，用处多，既可以衣，也可以盖。蒙古族服饰和哈萨克族服饰的制作以及服饰上各种图案的绣制基本都由妇女完成。妇女们制作食物、乳酪、肉等，都要制作成为易于携带和长期储存的形态，即晒干的乳酪和风干的肉。蒙古族和哈萨克、柯尔克孜等游牧民族所居住的毡包的毡子、绳索、装饰品等也都由牲畜的皮毛制作而成。毡子用羊毛、牛毛、驼毛制作，绳索用皮子或马鬃、马尾制作，装饰品在毡子上由染色的羊毛线绣制各种图案而成，或采用在生牛皮上烫刻的方法画各种图案作为装饰品，而这些细腻的活儿全都要由妇女来完成。另外，在牲畜的繁衍过程中，从合理地安排母畜的受孕期到接羔、喂养幼畜、转场、抓绒、剪羊毛等一系列生产劳动中，妇

① 林耀华：《民族学通论》，中央民族大学出版社 1997 年版，第 90 页。

女依然唱主角，指挥安排，抢时间操作，保证每年畜群的繁殖量和畜产品的丰收。而游牧社会出行的工具——马、车等的驯化和制作则是由男人来完成的。在游牧民族衣食住行的整个生产生活的过程中妇女与男性的分工非常明确，并且合作非常密切，基本上是一环套一环的过程，可以说缺一不可。游牧家庭在社会上是一个最基本的生产和消费单位，女性家长作为实际意义上的一家之主，组织生产和人员的分配来确保家庭经济生活的正常运转，由此，她们在社会生活中自然而然地确立了主导地位。也就是说，游牧民族妇女地位与游牧的生产方式密不可分，是游牧的生产方式给予游牧社会的妇女施展才能和发挥作用的平台。她们不论在和平发展的年代还是战火纷飞的年代，都在大后方默默地生产来支撑着经济的命脉。生产劳动创造经济财富，经济财富决定社会地位，游牧妇女的社会地位是用她们自己的聪明才智和汗水换来的。

游牧妇女能够同男子一样平等地参与社会经济活动，从而获得平等的经济收入，即我们通常所说的同工同酬，是游牧妇女享有与男性同等的社会地位的至关重要的一环。在游牧社会中，没有滋生重男轻女思想与这一环有着直接的关系。在游牧社会中，不管是男人还是女人，都能够参与经济活动，自食其力，各自施展才华，分工合作，各自获取利益和社会经济地位。游牧妇女在经济生活中的自主性，使得妇女不论在家庭中还是在社会事务中都具有话语权和主导地位。

二、文化与妇女

1871 年，英国文化学家泰勒在《原始文化》一书中提出了狭义文化的早期经典学说，即文化是包括知识、信仰、艺术、道德、法律、习俗和任何人作为一名社会成员而获得的能力和习惯在内的复杂整体。有些人类学家将文化分为三个层次：高级文化（High culture），包括 哲学、文学、艺术、宗教等；大众文化（Popular culture），指习俗、仪式以及包括衣食住行、人际关系各方面的生活方式；深层文化（Deep culture），主要指价值观的美丑定义、时间取向、生活节奏、解决问题的方式以及与性别、阶层、职业、亲属关系相关的个人角色。高级文化和大众文化均植根于深层文化，而深层文化的某一概念又以一种习俗或生活方式反映在大众文化中，以一种艺术形式或文学主题反映在高级文化中。① 我们可以将文化理解为底层的民间

---

① http：//baike. sogou. com/v99624103. htm.

文化和高层的民族文化。民间文化指的是由社会底层的劳动人民创造的、古往今来就存在于民间传统中的自发的民众通俗文化，是一种“自娱自乐型”的文化。它立足于民众生产、生活的具体背景，是以一种通俗活泼的形式，自发创造出来的用以娱乐民众自我的文化形态。从社会分层上看，民间文化是一种来自社会内部底层的、由平民自发创造的文化。

民间文化的特征在于：（1）自发性。民间文化大多是一种普通民众在其生活过程中制作的，因此，它时常是在自我娱乐、自我消遣的轻松前提下随行所致、随口道来、随手拈来的。并在流传过程中，即兴而作、随心而改，不必顾虑人们是否接受、作品内容是否成熟、是否有吸引力等；（2）传承性。传承性首先体现为一种言传身教。其次体现于口口相传。在民间文化作品的散播和接受过程中，“面对面”是其重要特点。诸如民歌、传说、谚语、史诗、好来宝等民间文化作品，都需要实地表演、亲身展示或者付诸行动等，这些艺术形式散播于毡房、部族之间，流传在欣赏者的口里、手上；（3）俗化和程式化。比如，谚语、好来宝等，喜闻乐见的形式秉承着一定的民族文化的传统形式，在长期的民间文化流传过程中形成了便于民众接受的程式化的审美形式；（4）实用性和娱乐性。例如：敖包祭祀活动中娱神和娱人形式。民间文化的形式渗透到游牧民族的生产生活中，从民俗到信仰，如影随形。再例如，在游牧的柯尔克孜族马奶节上，家里老年妇女挤马奶，将一勺初奶喂马驹，再将一勺初奶喂给家里最小的孩子喝，以此祝愿牛马成群，五畜兴旺，孩子心洁如乳、茁壮成长。

各民族在其历史发展过程中创造和发展起来的具有本民族特色的文化，包括物质文化和精神文化，是在各民族生计方式基础上产生和传承下来的。饮食、衣着、住宅、生产工具属于物质文化的内容；语言、文字、文学、科学、艺术、哲学、宗教、风俗、节日和传统等属于精神文化的内容。语言是民族文化的重要组成部分，同时也是民族文化的表现形式。精神文化的所有内容都是由一定的语言表现出来的。在游牧社会中不论是以物的形式传承下来的衣、食、住、行文化，还是以精神形式传承下来的文化以及二者相结合而成的文化当中，妇女都扮演了重要的角色。例如，语言以及以语言唱起来的民歌、谚语、祭祀以及祭祀用祝赞词的创作、传授。在精神文化中语言排在第一位，没有语言就免谈文字、文学、科学、哲学等精神文化的内容。游牧妇女在人烟稀少的草原上传授语言，并在以语言为载体的其他精神文化的传授和交流中起到了不可替代的作用。例如，蒙古族不论在横跨欧亚的帝国时代还是统治中原的历史进程中，没有妇女的坚守和传授，语言以及以语言为载体的精神文化的传承是难以维系的。蒙古族在统治横跨欧亚的多民族人民的历史长河中，蒙古族妇女在以家庭或以阿寅勒为单位的生产劳动过程中如果没有进行积极的捍卫性的传授语言以及以语言为载体的多种文化，蒙古语言和文化不可能传承到今天。我们从世界性的称谓“母语”（Mother Tongue）的这个词语中可以充分领悟语言传承方面妇女的责任和作用。蒙古族妇女在漫长的历史进程中，无论是顺境还是逆境中，都以责任担当为己任，以饱满的生存热情完成着语言及其以语言为载体的文化传授使命。例如，民间传说故事、谚语、谜语的传授。记得我自己在小时候，很多的传说故事和谚语、谜语都是跟着奶奶学会和记忆下来的。我们在小学的时候，学校没有电，在灰暗的煤油灯下，小伙伴们围坐在宿舍里，挨个讲从爷爷奶奶、爸爸妈妈那里听来的故事；相互猜谜语；唱民歌给伙伴们听。我们小时候不像现在有那么多可玩耍的东西，听故事、猜谜语和玩羊髀骨是当年最有乐趣和吸引力的游戏。实际上民间文化就是在这样轻松愉快的氛围和环境中传授、吸纳并一代一代地传承下来的。那么这样轻松和愉快的生产劳动和生活环境与氛围是谁创造的呢？当然是由慈祥的母亲们创造出来的。妇女在以家庭为单位的人口生产和养育孩子的过程中给予的爱和付出，是家教的一部分，是社会责任的一部分，同时也是文化的一部分。妇女的伟大不仅仅体现在生养孩子上，更体现于她育人的智慧与耐心上，体现于文化的传授和传承上。

三、妇女在民族文化传承与发展中所发挥的作用

妇女作为一个社会群体阶层，不只具有性别归位，还应有多重社会位置，妇女只有参与各种社会经济活动才能获得多种社会地位。

在各个民族社会中，节日节庆活动是文化得以传播和传授的最佳的平台之一。在蒙古族游牧文化中，一年一度的敖包祭祀和那达慕是最隆重的祭祀和娱乐为一体的思想文化交流活动。蒙古草原各地都有大小不等的敖包，敖包一般都位于高坡或丘陵之上，形状为圆锥体，高达数丈。从远处看上去像一座座尖塔，傲视苍穹。敖包在蒙古牧人的心目中象征神在其位，世袭传祭。敖包是祭祀天神、山神、自然神等多种神灵的神圣之所，是天人沟通的场所。每年夏初开始祭祀。祭祀前数日妇女们开始忙碌于准备奶酪、奶酒、奶皮、果点，缝制新袍、新靴。在制作这一系列东西的过程中，妇女们就可以给家中的儿孙以潜移默化的形式传授制作各类祭祀品的方法、

缝制穿戴装饰品的方法以及敖包祭祀的内容和方法。在祭祀敖包的头一天晚上，家中男主人将祭祀需要用的羊肉准备好。男人宰完羊，女人开始清理头蹄下水。祭祀用的羊肉从宰羊剥皮到肢解以及头蹄下水的清理和制作各种美味佳肴都有严格的程序和规定。在这一准备过程当中当下手的小男孩和小女孩就可以看在眼里记在心上，在每年重复的过程中慢慢学会这一套程序和方法，等到他们自己上手去做的时候已经熟练掌握了所有要领。在每年的祭祀中不断地潜移默化着这些民间记忆的内容，它的作用是细水长流式的，不知不觉中一代又一代的人掌握并延续。可以说传统文化正是以口传心记的方式代代传承的。民间文化民间记忆之所以具有强大的生命力和延续性，就在于无数的女性在默默地无声地充电着，给力着。

女性是文化携带者，她从 A 家嫁到 B 家的时候就能带去在 A 家学会并继承下来的很多带有文化因素的生活内容，从这个意义上说女性也是文化传播者。假如一个女子从 A 家族到 B 家族，她会将 A 家族的习惯和风俗携带到 B 家族，在不知不觉中会融到 B 家族的生活当中；假如一个女子从 A 部落嫁到 B 部落，也会将 A 部落的很多风俗习惯和文化因子带到 B 部落当中，例如，蒙古族的各个部落之间虽然语言相同，但语言有方言差异，服饰有部落特点，饮食也有各自的特点。假如呼伦贝尔的蒙古女子嫁到鄂尔多斯的时候，她将带来呼伦贝尔的巴尔虎方言或布日亚特方言到鄂尔多斯方言中，在常年的生活中，两种方言会相互碰撞、影响，在词汇上增添内容；她也会带来具有呼伦贝尔特色的服饰、饮食到鄂尔多斯，而鄂尔多斯当地的左邻右舍会学做布日亚特服饰的图案或某个花样，左右邻舍亲戚朋友会品尝布日亚特特色的饮食进而会学着做。这样的情景在蒙古民歌《诺恩吉雅》当中有很生动的描述。歌中唱道：在爸爸家的时候，我缝制的是金丝绸缎；嫁到遥远的北方，我缝制的是裘皮羊皮；在妈妈家的时候，缝制的是丝绸锦缎，来到这个地方，我缝制的是毡靴毛袜。歌词充分反映了两个部族之间在服饰上的差异。那么假如一个女子从 A 族嫁到 B 族，她会携带着 A 族群中的文化记忆和传统到 B 族群生活，在不知不觉中影响 B 族群日常生活的方方面面，从而会潜移默化地影响 B 族群的文化因子，进而达到文化传播与交流的作用，给 B 族群的文化内容增添新的因素，促使文化融合和涵化。这样的例子在古代农业的中原地区和游牧的北方民族之间的和亲历史事件中都有体现。例如，在唐代公主远嫁回纥和汉朝宫女，即于公元 758 年唐肃宗将亲生女宁国公主嫁给回纥葛萨可汗，自此两国以和亲的方式结为政治、军事联盟；[1] 王昭君于公元前33年远嫁匈奴呼韩邪单于，昭君出塞后，汉匈两族团结和睦，国泰民安，“边城晏闭，牛马布野，三世无犬吠之警，黎庶忘干戈之役”[2]。在历史的长河中妇女不仅为自己的家族、部族贡献着自己的青春和才智，也为民族与民族之间的停止干戈和友好往来奉献着青春、才华和力量。

黑人女作家艾丽斯·沃克尔（Alice Walker）认为女性是文化传承的隐形力量。在她的笔下，黑人妇女是守护着黑人的文化，继承着民族传统，更好地传播发扬黑人民族文化的重要力量。的确，在我十余年的游牧社会田野研究中发现妇女是家庭的主心骨，养育子女、操持各种社会经济活动的舵手，是各种民间文化活动的倡导者和实际操作者，同时也是守护文化、继承传统、发扬文化的隐形力量。在牧区，某一个节日或祭祀活动，没有家中老少妇女的提醒，很多男人会忽略或忘记。为了一个祭祀活动，女人会从头到尾忙乎上几天才把它安排准备好。为一个节日庆典，妇女会从一家人的穿戴饮食开始到待人接物上忙碌数日，而男人则是关键时候出头露面和坐享果实者。所以，在这些行动的背后流淌着守护、继承和弘扬文化的暗流，默默地无声地担当着责任，起着作用。哈萨克妇女在节日节庆活动中以及民俗传承中扮演着重要的角色。例如，哈萨克族妇女的“恰秀”是在节庆活动中由德高望重的妇女举行的向众人抛撒糖果的隆重仪式。每当哈萨克族在丰美的辽阔草原上迎来节日的时刻，或在一年一度的阿肯弹唱会上，都由备受推崇和敬重的老年妇女出场，当仪式宣布开始时，老妈妈从两位姑娘提着的布袋里取出糖果朝向天空，抛给众人，意即她把祝福和甜美洒向人间。这时人们纷纷“争抢”喜物，尽享幸福。[3] 哈萨克妇女，在哈萨克族从诞辰礼、摇篮礼到婚礼等重要的民俗仪礼当中都是组织者和实际操作者。例如，哈萨克族家庭举行的诞生礼，必须请一位备受尊敬的老奶奶主持。这位老奶奶为婴儿浑身抹遍酥油，用这种独特的方式祝福，象征婴儿健康成长，长大成人后过上美满幸福的日子。在社会生活的世代交替中，民俗民间文化不断延续，民众共用、共享、共传，年复一年，一代又一代。妇女在祭祀、节日、节庆中所从事的每一项活动，活动中的每一句话语，每一个动作，每一曲歌、每一个舞蹈、每一个祈祷、每一个颂

---

① 刘昫：《旧唐书》，中华书局1975年版。

② 见《后汉书》卷八十九《南匈奴传》。

③ 薛洁、林盛明：《新疆少数民族妇女在节庆民俗文化传承中的地位和作用》，载《青海民族研究》2009年第4期，第89页。

赞，都在不知不觉中传承着文化因子。因此，游牧妇女在各自社会各项民俗文化事项中都充当和扮演着不可或缺的角色，起着无法替代的作用，为本民族的文化传承发展奉献着毕生的精力。

在蒙古族中，妇女不仅与男子同样执鞭，跨马，千里放牧，也有女英雄南征北战，握有重权，在政治、军事、文化、民族关系乃至民族命运上，起过重要的历史作用。如成吉思汗的母亲诃额伦、窝阔台的皇后乃马真后、俺答汗王妃三娘子，都是蒙古史上的杰出人物。① 另外，史称“满都海彻辰夫人”的满都海，也是蒙古族历史上的杰出女性，是为民族的统一大业跨马上阵，东征西讨，奉献一生的伟大人物。在《蒙古秘史》《蒙古源流》等历史巨著中都记载着上述蒙古族杰出女性的事迹和丰功伟业。“女性对自身社会地位的主观评估主要取决于自我的认可度，母亲和自己的受教育程度，以及所居住区域的性别文化。”② 上述这些杰出女性不仅有良好的家境而且生长于没有男尊女卑思想的草原游牧社会里。她们有着健康心态、自信心和强有力的心理素质，能够与男性一样忧国忧民，思考国家大事并为民族大业出生入死。也就是说，她们认可自己的能力、素质和作用，不卑不亢地站在时代的前沿，任由大风大浪冲刷。她们能够有这样的气度和勇气，与生长的自然地理环境和所从事的生计模式密切相关。高寒的气候条件，高山、草原、沙漠等不同的自然生态环境以及与这些生态条件相适应的生计方式磨炼了她们，塑造了她们，也成就了她们。

总之，游牧妇女社会地位的保持与社会作用的发挥，与其民族经济基础——生产方式有关。在漫长的游牧生计方式当中不断积累下来的文化积淀，通过一代代妇女在民俗民间民族不同层次的仪式性表演性的各种实践行为，言传身教、潜移默化和口耳相传了一代代族人，延续不断地传承发展着物质文化和精神文化。

四、结　语

20 世纪 70 年代以女性主义和文化决定观结合为前提的女性人类学，论析文化多变性与社会因素对性别行为和观念的影响，开始了社会性别（两

① 王宏刚：《古代北方民族妇女社会地位、作用的历史考察》，载《黑龙江民族丛刊》2001 年第 4 期，第 100 页。

② 叶文振、刘建华等：《中国女性的社会地位及其影响因素》，载《人口学刊》2003 年第 5 期，第 22 页。

性差异）的探讨，改变了传统人类学的女性研究，使社会性别成为妇女人类学研究的真正起点和贯穿始终的重要课题。主要包括：社会性别与妇女地位，社会性别与人类起源、进化及社会生物学研究，社会性别与亲属制度，社会性别与劳动力分工，社会性别与语言行为，社会性别与国家和殖民主义的研究，其基础的研究主要是在 20 世纪 70 年代中期至 80 年代中期。① 妇女人类学研究中，社会性别与妇女地位是首要的研究内容。游牧民族妇女无论在历史上还是在当代社会，在畜牧业生产方式和各种文化活动中所扮演的角色以及所起的作用都关系到她们在社会中占据的位置和地位。无论是历史上还是今天，生计方式及其经济活动中的参与度和主动权使游牧妇女对男性的经济依附性相对于农业民族妇女来说小而独立性强，自然生态环境及其与之相适应的游牧生计方式，造就了游牧妇女坚韧不拔的刚毅性格和吃苦耐劳的精神。这样的性格和精神支撑着游牧妇女在逆境困境中都能坚持不懈地扛起振兴家族和民族经济的大业。笔者 21 世纪初在蒙古国访学的时候有学者讲，在 20 世纪 90 年代初的苏联解体、进入民主化的蒙古国社会，没有妇女们肩背手拎扛着麻袋奔走于中国口岸城市和蒙古国各个大小城市市场去做买卖以及她们对草原畜牧业生产的坚守，蒙古国很难度过 20 世纪 90 年代初开始的民主化、社会转型而导致的困难年代。这句话虽然讲得有点绝对，但从一个侧面反映了当代游牧妇女在市场经济中依然发扬光大的游牧精神。她们在转型期的困难年代没有等、靠、要，而是积极主动地投身市场经济大潮，虽然是步履蹒跚，但在摸爬滚打中掌握了市场的规律，撑起了一个个家庭的经济，为国家的振兴做出了卓越的贡献。还是前面所说的那句话，游牧民族妇女地位的提高，是她们用自己的智慧和汗水换来的。

游牧妇女的韧性、刚性和吃苦耐劳精神，令人敬佩，值得学习。妇女地位的提高与教育程度、经济文化的参与度及区域文化相关。妇女地位的提高和积极性的发挥，有利于全民族文化的提高与经济发展，具有重大而深远的意义。

参考文献

[1] 林耀华：《民族学通论》，中央民族大学出版社 1997 年版。

[2] 王宏刚：《古代北方民族妇女社会地位、作用的历史考察》，载

① http://baike.sogou.com/v10460588.htm? fromTitle.

《黑龙江民族丛刊》2001年第4期。

［3］刘瑞俊：《中国北方草原地区古代游牧生计的几点认识》，载《西部考古》第五辑，2011年。

［4］萨日娜：《蒙古女性地位的哲学思考》，内蒙古师范大学2011年硕士学位论文。

［5］乌日陶格套胡：《蒙古族游牧经济及其变迁研究》，中央民族大学2006年博士学位论文。

［6］薛洁、林盛明：《新疆少数民族妇女在节庆民俗文化传承中的地位和作用》，载《青海民族研究》2009年第4期。

［7］刘昫：《旧唐书》，中华书局1975年版。

［8］《后汉书》卷八十九《南匈奴传》。

［9］叶文振、刘建华等：《中国女性的社会地位及其影响因素》，载《人口学刊》2003年第5期。

蒙古族妇女经济参与与家庭地位

敖敦格日勒*

在全面建成小康社会决胜阶段，妇女的贡献是不可忽略的，实现中华民族伟大复兴的事业中妇女既是不可缺少的有生力量，也应该是中华民族伟大复兴的受益者。可以说女性是世界经济的重要参与者、贡献者和分享者。随着中国经济社会发展，妇女是否有获得感、妇女地位是否有相应的提高，我国妇女的发展状况如何与我国经济社会发展程度相适应、相符合等问题不可避免地摆在了我们面前。因为经济的发展不可能自然带来妇女的发展，目前，全球经济体的性别差距状况不容乐观，据《2017 年全球性别差距报告》，全球男女平等状况首次出现倒退，中国的排名也有所下滑，性别差距有所加大，这是我们应该高度重视的问题。女性的地位是与男性地位相对比的指标，女性在受教育程度、健康与生存、经济机会与政治赋权等方面与男性是否有同等的发展，是我们需要关注的重要领域。

作为中华民族大家庭一员的蒙古族以及蒙古族女性在社会和历史发展的长河中有着她们独具特色的变迁和发展途径，在这里通过对蒙古族女性的发展及变迁来分析蒙古族女性在小康社会建设中的经济参与和她们的家庭地位。妇女的经济参与指的就是参加社会生产劳动，恩格斯说过，只要妇女仍然被排除在社会的生产劳动之外，而只限于从事家庭的私人劳动，那么，妇女的解放、妇女同男人的平等，现在和将来都是不可能的。女性在家庭中的地位与女性的受教育程度以及经济收入等都有必然的联系。中国地域辽阔，民族众多，各地之间的差异也很大。不仅在不同性别之间以及不同民族之间，甚至在一个民族内部的不同区域之间，妇女经济参与度

---

* 敖敦格日勒，内蒙古妇女干部学校教授。

与家庭中的地位也有所不同。从我国妇女整体状况来看，无论是农村妇女还是城镇妇女，随着经济的快速发展，女性与男性的收入差距不仅没有缩小，反而呈现扩大趋势，在农村男女两性收入差距为：1990 年女性与男性的收入差距是 21.1%，2000 年为 40.4%，2010 年 44%。而城市男女两性收入差距为：1990 年为 22.5%，2000 年为 29.9%，2010 年为 32.7%。然而蒙古族女性与男性之间的收入差距很少有量化的数据统计，这是我们性别研究者需要投身研究的诸多课题之一，本文从历史和现实的经纬定性分析我国蒙古族妇女在社会经济和家庭经济中的作用与地位，在充分肯定蒙古族妇女特殊的历史地位的同时，针对蒙古族妇女所处的地位及面临的困境，最后提出解决困境的对策和建议。

一、对历史上蒙古族妇女社会地位的分析

蒙古族是我国北方一个古老的民族，是个曾经对我国乃至世界历史产生巨大影响的民族。在蒙古民族作为一个整体登上历史舞台的时候，两个因素直接影响了蒙古族妇女的经济参与和家庭地位，那就是游牧生产方式和连年不断的战争。游牧这一特定的生产方式及特殊历史背景对蒙古民族妇女经济参与和家庭地位产生了深刻影响。游牧文化的特殊性和长期征战的历史条件给蒙古族妇女提供了特殊的历史舞台，她们也没有辜负历史赋予的责任，发挥了重大作用，画出了辉煌的历史画卷。蒙古族古代有著名的女性祖先“阿伦霍阿五箭训子”，还有蒙古族的诃额伦，养育了一代天骄成吉思汗；清代的孝庄太后，辅佐了三代君主，使康熙帝顺利稳定江山，开启康乾盛世。

在古代，蒙古族男人的主要任务就是征服外面的世界，而女性不仅承担起了两种生产，还要承担教育子女的责任，甚至还要直接参与当时的政治斗争。蒙古族的特定历史进程和他们的传统生产方式造就了蒙古文化的独特性。蒙古文化的独特性必然也影响到蒙古族妇女的社会经济参与度以及她们在家庭中的地位。直至今日，蒙古族妇女在家庭中的地位仍然很高，据我们调查，家庭中的很多重大决定、经济决策实质上都由妇女拍板或深度参与。蒙古族妇女在长期的历史进程中占有重要地位，在蒙古民族的发展历程中发挥了重要作用，从而形成了较先进的社会性别文化。

1. 妇女在家庭中担负着养育子女的重任。当成吉思汗幼年时，其父被塔塔尔部落暗害，其母诃额仑夫人以及几个幼子被泰亦赤兀惕兄弟弃于营

地，后其母诃额仑夫人勇敢地承担起了养育子女的重任。《蒙古秘史》用优美的诗词赞扬了她的这一功劳。

2. 古代蒙古族妇女是当时社会的主要教育者。蒙古民族的学校教育可能开始于1204年。是年成吉思汗战胜乃蛮部落，俘获其大臣塔塔统阿，由于他学识渊博，成吉思汗重用了他，命他“教太子诸王以畏兀尔学书国言”[①]，也许这个资料并不典型，但它却是目前为止关于古代蒙古族学校教育的唯一记录，在学校教育还没有形成的古代蒙古民族的主要教育形式就是家庭教育，所以，我们只能这样推断：1204建立的以“太子诸王”为教育对象的机构就是蒙古族最早的学校。这个学校特定的教育对象和规模不可能满足当时蒙古社会的教育需求，所以当时仍然以家庭教育为主要教育形式。在这一蒙古民族的主要教育形式——家庭教育当中，蒙古族妇女理所当然地成为主要的教育者。她们以“生动形象的实物教育”“以寻旧言，引古语进行教育”“在实践中锻炼”等多种形式培养孩子。[②] 人们现在提到大英帝国时很容易与他们的现代教育联系起来，但很难想象或很少有人提及征服世界的骄子们竟是当时的蒙古额吉（母亲）们培养出来的。

3. 她们参与社会生产劳动，还直接参与政治决策，在国家政治生活当中也发挥着特殊的作用。在古代，农业社会里女性一向被看作弱势群体，有史以来几乎被排斥于社会权力领域以外。但蒙古古代历史给我们展现了另一种景象——“黄金家族”妇女在政治领域相当活跃。她们并没有受传统封建农业文化“男主外、女主内”观念的制约，甚至她们在蒙古帝国的政治舞台上也发挥着重要作用，有时还发挥了关键作用。[③] 成吉思汗与扎木合的分裂是出于诃额仑和孛儿帖的主张，成吉思汗除掉萨满教领袖阔阔出是采纳了孛儿帖的建议；西征之前提醒成吉思汗指定继承者的是也遂；还有拖雷夫人沙儿合黑塔尼，斡歌歹夫人脱烈格涅，忽必烈夫人察必等也起了重要作用。影响蒙古社会发展历史乃至影响中国历史发展进程的满都海皇后更是一个典型的例子。蒙古国历史学家德·恩和其其格在她的著作里也详细论述了蒙古族妇女在军事、政治活动中的重要作用。[④] 在蒙古帝国和

① 《元史》，第一百二十四卷。

② 请参考拙文《蒙古妇女与古代教育初探》（《探索集》，内蒙古人民出版社，1990年）。

③ 新娜：《〈蒙古秘史〉中“黄金家族”妇女及其社会地位析》（《探索集》，内蒙古人民出版社，1990年）。

④ Д.·ЭНХЦЭЦЭГ, МОНГОЛЫННУУЦ ТОВЧОО БА ЭМЭГТЭЙЧУУД, УПААНБААТАР, 2008。

后来的大元帝国以及北元的政治生活中，以黄金家族为代表的蒙古族妇女也起到了重要作用。

但不可否认的是，在漫长的历史进程中，随着蒙古族生产方式的变化，蒙古族妇女的经济参与度和家庭地位也逐渐发生了变化。这种变化不仅有历时的，也有共时的，蒙古族妇女的社会地位和社会角色不仅随着蒙古族历史发生着变化，而且在同一个时期在不同的社会形态下蒙古族妇女的社会地位和作用也是不同的。所以这里我们根据当今蒙古族所拥有的不同文化区域，来分析蒙古族女性的经济参与度和她们在家庭中的地位。

二、现代蒙古族所处不同文化区域与妇女地位

在漫长的历史进程当中，蒙古民族经历了几次大的历史性飞跃。在蒙古民族的形成过程中，蒙古民族走出森林，到达辽阔无边的蒙古大草原，完成了从“林中之民”到“草原之民”的历史飞跃。近代蒙古族主要以畜牧业为生产方式，随水草而居。这一生产方式的历史性变化对蒙古民族的历史产生了深远的影响，从某种意义上说对世界历史的进程产生了巨大影响。后来，与内地接壤的蒙古族聚居地区开始从事农业生产，形成了蒙古族的一种新的生产方式——农业。这一生产方式的变化实际上是受内地农业文明影响的结果，对蒙古民族的历史发展也产生了较为深刻的影响。

随着社会的进步，工业化和城镇化的推进，蒙古族的文化形态也发生了变化。蒙古族居住地域辽阔，由于多种原因，传统生产方式与文化区域发生变化，已经形成了不同的文化区域。从生产方式上看可以归纳为以下几种文化形态，即牧业区域、半农半牧区域、纯农业区域和城镇区域四种不同文化区域和经济方式。① 不同文化区域和经济方式对蒙古族妇女的经济参与和家庭地位产生了不同的影响。所以我们不能一概而论蒙古族妇女经济参与度与家庭地位，而必须根据不同文化区域与经济方式来分析问题。这些不同形态的形成不仅对蒙古族文化发展产生了深刻影响，也对蒙古族妇女的经济参与度与家庭地位产生了深远的影响。今天，我们论述蒙古族妇女经济参与和家庭地位的时候，不能离开这些生产方式和与之具有密切关系的文化类型以及全球化所带来的更为复杂的社会历史背景。如果离开不同的文化类型而讨论蒙古族妇女经济参与度和家庭地位是违背科学原

---

① 呼日勒巴特尔：《关于中国现代蒙古族四种文化区域》，载《内蒙古师范大学学报》1989年第2期。

则的。

中华人民共和国成立后的蒙古族妇女与其他民族的姐妹们一样，在法律上与男性享有平等的权利。但各民族的传统文化造就了各民族不同于其他民族的特点。这种特点不会因为社会制度的变化而很快发生变化，而是适应新的社会制度长期生存并发挥其作用。我们不能忽视一种文化对现有制度的影响。所以这里我们专门讨论蒙古族传统文化对蒙古族妇女经济参与和家庭地位的影响问题。

1. 牧业文化区域

牧业文化区域是直接继承蒙古族古老而传统的生产方式的区域，比起其他几个区域，这里传统文化、传统思维方式保留得最完整，所发挥的作用也是最大。在游牧形态当中，蒙古族妇女仍然保持着较高的社会地位，在社会生活中发挥着重要作用。她们不仅在家庭日常生活中发挥重要作用，在家庭重要经济活动中也发挥着重要作用。牧业经济对她们的要求并不是“小鸟依人”，也没有“男主外、女主内”。正如德德玛在一首歌中所唱的，“马背上的颠簸清淡了温柔”，严酷的自然环境要求女性也有与男性一样健康的体魄和强壮的身体以及宽广的胸怀，最终造就了她们睿智、包容、安宁等性格特点。而同样的蒙古族女性在农业社会环境中却被要求“不惊扰爬着的羊”，意思是走路轻轻，温温柔柔。由于社会的变化以及蒙古族生产方式的改变，蒙古族妇女驰骋的自然空间也在发生着改变。在牧业文化区域，蒙古族妇女的家庭地位在以下几个方面表现出来。

（1）从社会劳动所得的收入来看，妇女参与经济活动很普遍，是家庭收入的主要创造者。

（2）在家庭重大决策中发挥关键作用。由于女性是经济活动的主要参与者和家庭收入的主要创造者，这一作用决定女性在家庭重大决策中的角色。

（3）对男女性别的期待较之其他几个区域，更能体现男女平等。

（4）女性受教育权利得到较好的保障。蒙古民族本就没有“男尊女卑”的观念，尤其在受教育方面不歧视女性，这一点在牧业文化区域表现得更为明显。从“第三期中国妇女社会地位调查——内蒙古自治区主要数据报告”中的统计数据看，蒙古族女性受教育水平比汉族女性受教育程度高。蒙古族女性接受过大学专科以上高等教育的比例为13.1%，汉族为10.2%，蒙古族比汉族高2.9个百分点。这还是不区分不同文化区域情况下的数据，如果单就牧业文化区域来统计的话，这个比例会更高。

2. 半农半牧文化区域

半农半牧形态是二者兼顾的过渡性形态，在这个形态当中，蒙古族妇女的地位和社会性别处在“游牧形态”和“农业形态”的中间，既有牧业文化的特点，又有农业文化的特点。这是一个很特殊的文化形态，它对人们的意识形态的影响也是特殊而复杂的。它在把两种文化的优点结合起来的同时，把两种文化的一些局限性也继承下来并有所发展。例如，把牧业文化中有些轻视和排斥女性的风俗继承下来，敖包的祭祀中有些敖包是不准女性参与祭祀活动的，同时在半农半牧地区进一步扩大了这一习俗，不准女性参与祭拜火神，不许女性到墓地祭祖等。

3. 农业文化区域

随着蒙古族社会形态中农业文明的渗透，农业社会的“男主外，女主内”的意识逐渐对蒙古族妇女产生了影响，尤其从游牧生产转为农业生产的地区这种影响尤为明显，这一影响仍然延续至今。内蒙古的农业文化与其说是自然产生，还不如说是受内地农业文化影响的结果。但随着农耕技术的改进以及农业人口的大量移民，农业生产在内蒙古大地上扎根，发展，最终成为蒙古民族的一种生产方式和文化类型。农业文化对蒙古族而言基本上是外来文化，它的进入和发展过程也是多文化交叉的过程。这一点在性别期待上表现得尤为明显。蒙古民族本来没有“男尊女卑”的观念，但从事农业生产方式之后，也许是农业生产更需要男性劳动力的缘故，农业区域的人们对男性的期待逐渐多起来。在农业形态当中，蒙古族妇女的经济参与和家庭地位发生了变化，甚至她们的价值观也发生了变化，例如她们在生育观上变得更为期待男孩。这一点从名字上就看得出来。希望下一个孩子是男性名字的区域很多，而牧业区域几乎没有。如胡达古拉（领着男孩来）、胡都图（有弟弟的）、都达古拉（领着弟弟来）、嫩达古拉（领着弟弟来）等等就是一个例子。相反没有一个名字是希望生女孩子的。而在牧业文化区域，起中性名字比较普遍。如乌云毕力格（有智慧）、朝伦巴特尔（石头一样坚强的英雄）、木仁（江河）、苏亚拉（有文化）、斯琴（聪明）、斯日古楞（聪明智慧）等名字在纯牧区比较常见，在蒙古国人的名字上，我们很难辨别出是男性还是女性。

4. 城镇文化区域①

城镇文化区域对蒙古族来说更是崭新的文化区域。过去的几百年当中

① Hurelbagatur：odo uy_ e-yin dumdadu ulus-un mongolcud-un dorben soyol-un oron-u tuhai（当代中国蒙古族的四个文化区划分问题），《内蒙古师范大学学报》1989 年第 2 期

蒙古族城市人口极少，可以说没有形成一个城市文化形态。自中华人民共和国成立到实施改革开放之前的几十年当中，城市里的蒙古族妇女以有工作的所谓“吃皇粮”的群体和以“吃皇粮者”的家属居多。她们普遍文化水平较高，基本融入城市生活当中。她们的社会角色与她们在本单位的地位和工作成就以及所带来的社会地位（不是作为女性的地位）是分不开的。

改革开放以后情况发生了很大变化。随着高等教育、中等教育以及各种职业教育的普及，进城求学的蒙古族学生人数急剧增加；随着户籍管理的改革，进城务工的蒙古族人数快速增加。这些人员与原有的城市蒙古族一同形成了今天蒙古族的城市文化形态。她们保留着很多与汉族不同的生活方式和习惯，在心理的变化上既有城市人的特征也有牧区人的特质，如果从家务劳动时间上看，蒙古族女性承担的家务劳动时间还是较长。从历史上延续至今蒙古族女性没有放弃过她们的担当。随着自然环境和社会空间的变化，蒙古族牧业经济也发生着前所未有的变化，自然空间逐渐缩小，社会空间不断扩大，这也包括互联网的影响等。多种因素的影响下进城蒙古族人口激增。以呼和浩特市为例，20 世纪 90 年代呼和浩特市蒙古族人口 9. 8 万人，而到 2010 年，呼和浩特市蒙古族常住人口猛增到 22 万人左右，这绝对不是人口自然增长的结果。

随着城镇化进程的推进，在城镇形态中蒙古族女性的社会地位和家庭地位发生着很多变化，也可划分为很多阶层，所以不仅要比较不同区域和不同的阶层，还要和其他民族的女性做比较才可以掌握她们真实的状况和存在的问题，在这一点上有待我们去做的工作有很多。城镇蒙古族妇女大体可以分为居住城镇、在城镇工作甚至在城镇生长的“真正城市人”和由于各种原因、理由进城的女性，我们称之为进城务工人员等临时入城镇的“临时城市人”两种。她们的社会地位和家庭地位相差很大，不能一概而论。下面专门讨论“临时城市人”所面临的问题。新进城的牧区女性可以分为以下三种情况。也就是不同的三种原因使她们进入城镇，由于进城原因和群体的情况不同，所面临的问题和困惑也不同。

围封转移进城的牧民女性 这一人群年龄跨度很大，由于实施保护生态环境休牧养草政策，她们毫无选择地离开草原走进陌生的城市。在没有充分准备的情况下突然进城，使得她们的生活发生了翻天覆地的变化，而这些变化对于不同年龄的人群而言产生着不同的影响。

学校毕业后留在城镇的女性 这一群体主要是毕业于某一级别的学校后留在城镇的女性。她们来自牧区、半农半牧区域和农区。她们都是 18—30 岁的年轻人，多数是刚刚离开学校不久。她们对于城市并不感到陌生，有一定的文化，语言没有太大的障碍，她们从小得到了充分的教育资源，因为我们在农村牧区做采访调查中发现，无论家里有几个孩子，不管男孩儿或女孩儿，家长的意愿是只要条件允许，只要孩子自己喜欢读书，读到什么程度就供她到什么程度，绝不会因为是女孩儿而因家长的意愿去终止她们的学业。

跟随就学子女进城的女性 这一群体是出于整合资源等原因，牧区苏木、嘎查的学校都迁至城镇后随着孩子或孙子或亲戚的孩子进入城镇的人们。

牧区学校合并撤校后，孩子主要由在牧区已成为弱劳动力的爷爷奶奶或姥姥姥爷进城“陪读”，他们租房监护并照顾孩子，平均年龄都在50岁左右，女性占居多数，文化程度普遍不高。为了下一代，她们被迫放弃熟悉的农村牧区生活环境，进入城市的陌生环境。随着幼儿园向城镇集中，孩子们离开家时年龄越来越小，他们的隔辈监护人的年龄也出现年轻化趋势，由于过去牧民结婚年龄早，40多岁当爷爷奶奶的现象也不少见。

自主创业的女性指的是自愿或不太自愿情况下进入城镇自己开创事业的部分女性。她们是蒙古族女性中的勇敢者、开创者。蒙古族女性中她们是勇于冲破固有的思维禁锢，站在时代前列的先锋。由于蒙古族古老的游牧生活的影响，对于商品经营以及对商业活动的认识是相对落后甚至是抵触的，她们在这种情况下敢于拼搏、敢于创新，也获得了佳绩，但也有许多女性在商海的大浪中被淹没。

城市文化区域的女性经济参与度和家庭地位跟其他三个区域不同，主要取决于她们所从事的工作和所获得的收入。所以在城市能否找到一个收入好一些的工作成了关键因素。而找工作难是城市区域女性普遍面临的问题。农村牧区进城务工人员普遍文化层次不高，掌握的技术技巧不多，只能找那些别人不愿意干的活儿，社会地位不高，收入也低。城市区域中的老龄女性，离开自己生长的土地、离开熟悉的环境给她们带来很多困难，她们很难适应新的环境，不仅是自然环境，社会环境也是难以适应。她们过去所从事的生产和生活方式以及语言、文化、心理和知识等各个方面与她们所进入的城镇存在很大差别。她们面临文化传统的断裂，社会定位的错位，传统的价值观念受到冲击等局面。在牧区所掌握的劳动技能在城市无法展现，可以说是英雄没有了用武之地，她们几乎找不到工作，所以这些群体是需要我们研究和关注的群体。她们在家庭中的地位是靠在农村牧区的时候形成的地位和儿女的孝心来维持的。

青壮年女性，她们承担着保证家庭生活正常运转，儿女就学、教育等众多压力。她们要尝试着在城市立足，即使是政府作为补偿给她们提供住宅，但还是不可能提供生活的各种支出和持续的生活保障，所以她们需要找工作或创业，在牧区的生产生活中得心应手并起到重要作用的女性在城市环境中倍感生活的压力而又束手无策。因为多数女性缺乏技术、资金和一技之长，并且也面临一定的语言障碍、生活习惯、心理压力等一系列问题。

自主创业女性的经济参与度最高，在家庭中的地位也很高。家庭的主要收入来源于她们的劳动付出。

学校毕业后留在城镇的女性所面临的最大的问题就是就业压力。她们虽然受到良好的教育，大部分取得了较好的成绩，但同样面临着就业压力，实际就业竞争中她们与家庭在城市的女孩相比面临更多的问题，甚至遇到一些不公正的待遇。由于种种原因，相同条件下女性找到固定的好工作机会比男性要少得多。这些刚刚离开校园的女孩有些是因苏木、嘎查的学校整合资源、撤校合并迁至旗县之后上学的一代，她们生活独立，但由于从小缺失的家庭环境以及家庭教育，在价值观上容易出现问题。她们有些还没有成立家庭，仍然是原生家庭的成员。能否找到工作成为她们在经济参与度和家庭中的地位的决定因素。

无论以什么形式、因什么原因进入城市文化区域，就业成为经济参与度和家庭地位的一个关键因素。因为在城市里，尤其大城市里以家庭为单位的工作很少，大部分是社会化工作。自助创业也面临很多问题。经验、资金、商品创意都受限制，她们开创的领域非常有限，主要是餐饮、民族服装、特色摄影棚、奶食品、手工艺制作等有限的一些行业。

三、结束语

从总体上说，蒙古族妇女的经济参与度和家庭地位高于其他民族，但在不同文化区域有差异，纯牧业文化区域中妇女的经济参与度和家庭地位最高，其次为城镇蒙古族妇女，再次是半农半牧区域，最低的是纯农业区域妇女。要准确了解蒙古族这一群体的整体情况我们还需要做大量的调查研究，无论是女性的家庭地位还是她们的社会地位都是相对于男性来说的，对于蒙古族女性地位的研究不仅要与男性相比较还要与其他民族尤其是要和汉族女性做比较，还需要在相同阶层内比较。蒙古族女性的地位直接影响整个民族的昌盛和崛起，也关系到我们整个中华民族的复兴。党的十九大提出：人们平等参与、平等发展权利得到充分保障……城乡区域发展差距和居民生活水平差距显著缩小。让各民族女性美好的生活需要得到更好的满足。为此我们提议：1. 进行全面的有针对性的调研，较为全面地掌握全区女性现状；2. 有关部门制定政策时必须充分考虑到蒙古族妇女的特殊性，有针对性地制定相关政策；3. 妇女干部学校等培训机构也要在调查研究的基础上进行针对性的培训，以提高女性适应环境能力和工作技能。

参考文献

[1] 呼日勒巴特尔：《关于中国现代蒙古族四种文化区域》（蒙古文），载《内蒙古师范大学学报》1989 年第 2 期，第 23 页。

[2] Д·ЭНХЦЭЦЭГ, МОНГОЛЫННУУЦ ТОВЧОО БА ЭМЭГТЭЙЧУУД, УЛААНБААТАР（蒙古秘史与女性），乌兰巴托，2008 年。

[3] 额尔登泰、乌云达赉：《蒙古秘史校勘本》，内蒙古人民出版社，1980 年。

[4] 庄锡昌等编：《多维视野中的文化理论》，浙江人民出版社，1986 年。

[5] 新娜：《〈蒙古秘史〉中“黄金家族”妇女及其社会地位析》，载《探索集》，内蒙古人民出版社，1990 年。

[6] 培根：《培根论说文集》，商务印书馆，1996 年。

[7] 约翰·钱斐：《决定一生的八种能力》，九州出版社，1999 年。

[8] 中华女子学院：《马克思主义妇女观概论》，中国妇女出版社，2002 年。

[9] 姚乐丝·卡耐基：《女性的智慧》，海潮出版社，2004 年。

[10] 白乙拉、李素梅：《蒙古族传统家庭结构与家庭教育观的关系分析》（内蒙古自治区妇女儿童研究会：《内蒙古妇女儿童研究文集》，远方出版社，2005 年）。

[11] 史蒂芬·柯维：《高效能人士的七个习惯》，中国青年出版社，2008 年。

[12] デイヴイッド・エルキンド：ミスエデユケーション、大日本図書、1991。

[13] 伊藤雅子：《女性問題学習の視点》，未来社，1996 年。

[14] 道润梯步：《新译简注〈蒙古秘史〉》，内蒙古人民出版社，1979 年。

少数民族妇女在脱贫攻坚战中发挥着不可替代的作用

希　茹*

2017年是内蒙古自治区成立70周年。70年来，内蒙古的蒙古族、鄂温克族、达斡尔族等各民族妇女积极参与自治区各方面的建设，为内蒙古的繁荣昌盛做出了巨大的贡献。70年间内蒙古的各项事业蓬勃发展，社会进步，人民安居乐业。但是由于历史、地域、自然、社会等各方面原因，贫富差距越来越大，在贫困人口当中妇女、儿童、老年人、残疾人占的比例很大，他们是弱势群体，是扶贫工作的重中之重。

我们国家的扶贫脱贫工作是从20世纪80年代开始的，党的十八大提出全面建成小康社会的目标："让人民过上好日子，全面建成小康社会也主要以人民生活水平和质量是否普遍提高为衡量标准，要坚持共享发展，不断增进人民福祉。"在全区各族人民全面实施扶贫致富战略之时，2014年年初习近平总书记考察内蒙古并强调："只要还有一家一户乃至一个人没有解决基本生活问题，我们就不能安之若素；只要群众对幸福生活的憧憬还没有变成现实，我们就要毫不懈怠，团结带领群众一起奋斗。"总书记的话犹如一剂"强心剂"，给内蒙古各族人民的脱贫致富工作注入了动力和激情。

一、少数民族妇女在本地区本民族经济发展中的作用与地位

祖祖辈辈在祖国的正北方广袤的大地上生活的蒙古族、鄂温克族、达斡尔族等少数民族妇女，历来是畜牧业、狩猎业、农业、渔业等生产领域

---

* 希茹，内蒙古妇女干部学校副教授。

里的主要力量，特别是在畜牧业和狩猎业等开放性游动性生产生活方式里，女性承担着主要角色，从事着繁重的体力劳动，从放牧、保畜、接羔、育羔、制作饮食、服饰、生活生产用具到管理家族及家庭的生产经营、财产分配、婚丧嫁娶事宜等方面全方位参与。尤其是女性还承担着整个民族的繁衍生息养儿育女的重任，因此她们在家族及家庭生活生产经营管理之中都有参与权、话语权，受到尊重，社会地位也普遍较高。

二、现阶段在内蒙古自治区境内的少数民族妇女积极投身脱贫攻坚战

近五年是我国脱贫攻坚砥砺奋进的五年，内蒙古自治区提出了“精准施策、精准推进、精准落地、真扶贫、扶真贫、真脱贫”“把脱贫攻坚作为全面建成小康社会的重中之重，作为头等大事和第一民生工程。”作为各族各界妇女群众利益的代表者和捍卫者的妇联组织率先加入到了扶贫脱贫攻坚战役，声势浩大地开展了“草原巾帼扶贫行动”。到目前全自治区共有55.6万贫困人口，贫困妇女25.9万人，约占总贫困人口的46.6%。内蒙古自治区妇联自2016年初启动“草原巾帼脱贫行动”以来，各级妇联举办了扶贫宣传活动1300多次，举办励志讲座2432场次，参与妇女23万多人；举办了农牧业实用技术、家政、电商、手工制作等各类培训班1900多期，培训妇女11万人次；通过广泛动员社会力量参与脱贫，共争取贫困妇女救助金等公益项目及社会帮扶资金1.3亿元，用于妇女脱贫工作之中。

（一）农村牧区基层妇联组织也积极组织各族各界妇女参与反贫困工作当中。呼伦贝尔市鄂温克族自治旗锡尼河西苏木妇联按照自治区党委提出的“因地、因制、分类扶持，因人因地因贫类型，分别采取‘扶、转、救、保’”要求参与到了扶贫脱贫工作。锡尼河西苏木位于鄂温克族自治旗中西部，土地面积3165平方公里，由蒙古族、鄂温克族、达斡尔族等民族组成的纯牧业苏木，辖区有四个嘎查，全苏木有1356户4248人，其中从事畜牧业人口1011户3118人，贫困户共有126户303人，其中建档立卡33户88人，无房户60户，危房户14户，低保户57户，大病户49户，因学致贫27户，因残致贫18户。为了让这些贫困户早日脱贫致富，西苏木妇联积极与苏木相关部门和嘎查“两委”协调，认真细致精准地做了具体可行的扶贫工作方案：一是做好宣传动员工作。全力做好贫困群众的宣传教育和思想

引领，注重扶贫先扶智、输血变造血、增强贫困群众的自我发展能力。驻嘎查工作组成员、帮扶干部、第一书记、嘎查“两委”和妇联各负其责，制定了每个嘎查脱贫方案。二是做好精准识别。对全苏木的所有贫困户实行动态管理，常态核查，及时调出脱贫户，返贫户和新致贫户及时纳入。三是发展主导产业。根据每个嘎查的人文自然地理环境优势，发展了不同模式的产业，扶持牧民合作社发展肉牛产业、黑木耳种植业、大鹅产业、异地搬迁户自主经营茶食店、嘎查集体+贫困户蔬菜大棚、合作社+贫困户，开设以布鲁亚特文化为核心的文创店，成立民族工艺品合作社、牧户家庭旅游点等。四是解决了无房户的住房问题、危房户的房屋改造、安全饮水、无电户的用电、偏远牧区的无通信等问题。

（二）“妇”字号协会、合作社、巾帼扶贫基地等在脱贫攻坚战中起到了重要作用。内蒙古各地妇联组织因地制宜创建各级巾帼脱贫基地 262 个，成立妇女手工编织协会 63 个，通过发展妇女手工制作带动 23 万多名妇女就业增收；还创建以妇女为主的种养殖合作社、奶食品加工协会、皮毛加工社、口岸跨境电商、口岸贸易公司、民族文化文创园等特色产业，带领一方百姓走上了致富之路。

（三）基层女干部 、女大学生回乡创业、进城务工人员创业扶贫。这些有担当有文化有知识有财力有技术的女性创办企业，在脱贫攻坚战中大显身手。党的十九大代表乌云苏依拉是阿拉善盟额济纳旗赛罕陶来苏木孟格图嘎查党支部书记，在她担任党支部书记的 20 年里孟格图嘎查牧民的平均收入由 2000 元增加到 18000 元，从贫困的边境嘎查成为远近闻名的富裕嘎查，并入选“全国百强村（嘎查）”，她也成为居延海畔的致富带头人。这几年，乌云苏依拉帮助全嘎查 120 户居民中的 39 户，成功转产就业致富。返乡创业的女大学生莲花、哈斯、山丹，进城务工人员斯琴等都带领姐妹们脱贫过上了好日子。

近几年，由于上下联动、各方配合，民族地区的扶贫脱贫工作初见成效，有些地区的贫困群众摘掉了“贫困帽子”，走上了富裕之路。

三、少数民族妇女在参与经济活动和脱贫行动中存在的问题

（一）贫困妇女既是扶贫工作的对象，又是脱贫致富的参与者，但是在牧区有一部分贫困女性安于现状、懒散、不思进取，“等、靠、要”思想严重。

（二）有的被异地搬迁的贫困妇女想勤劳致富，但由于文化水平低、没有一技之长、找不到门路，东碰西撞走进死胡同。

（三）有的对生活失去信心，没有正能量，觉得自己和自己的家庭是“扶不起的阿斗”，破罐子破摔，存在过一天算一天的消极思想。

（四）“语言障碍”是很多进城务工的少数民族妇女就业创业的一大坎儿。因为语言制约，从牧区进城或异地搬迁的少数民族妇女找工作就业只能从事技术含量低、薪水低、保障低、劳动强度大的工作。

（五）自古以来人们总说女性爱慕虚荣，好攀比。这句话有点贬低的意思，但现阶段在农村牧区广泛兴起新的攀比风，就是攀比“贫困等级”。谁家的“贫困等级”越高，入围了“建档立卡”的范围就越高兴，从此一家人不出力不流汗心安理得地拿着政府发放的钱财，过起了“坐享其福”的日子。如果没有被识别成贫困户，便想方设法“找人托关系”跑派出所、跑民政、跑便民服务办公室想被评估成为贫困户。更有甚者为了分得政策的一杯羹，忙着分家立户与父母“划清界限”，把年迈的需要照顾需要赡养的父母推给政府，让政府纳入其建档立卡范围，给自己减轻“负担”，着实令人唏嘘。

四、解决少数民族妇女参与经济活动和脱贫行动中问题的对策

鉴于上述状况必须采取有效的应对措施，助人自助，给牧区妇女一个机会一个保障。

（一）广泛深入地宣传党的十九大精神，使十九大提出的“决胜全面建成小康社会”的主题思想深入人心，广泛深入地宣传精准扶贫精准脱贫的重大举措，引导教育贫困妇女发扬自强不息，克服“等、靠、要”的思想，激发其求发展求富裕的“内生动力。”

（二）必须认真宣传贯彻习近平总书记提出的“扶贫先扶志”“扶贫必扶智”“治贫先治愚”的新时期扶贫工作的新论断。要从思想入手，从观念切入，既要送温暖，更要送志气，要用智慧消除贫困。让贫困群众正确理解党和政府推进的扶贫政策，让其知晓世界上任何一个政党政府不会鼓励和助长不劳而获的思想，不会圈养“懒汉子、败家女子”，更让其晓得“贫困不是什么光荣的事”。同时还要坚定其改变贫困落后面貌，摘掉“贫困帽子”，脱贫致富的信心和决心。

（三）应安排专项经费为牧区贫困妇女举办更多的实用技术培训和汉语语言培训，从实际出发，实行现场教学与实地教学相结合，让她们掌握更多的生存本领，引导她们就地取材走地方特色的创业之路，增强她们自我发展能力，鼓励她们自谋职业自主创业，提高她们的财产性收入并提高她们的汉语语言水平。

（四）加大基础性建设的投入。内蒙古地域辽阔，很多偏远边境地区尚未解决交通、电力、能源、人畜饮水安全、通讯、广播电视等基础建设，制约了与外界的联系，制约了地区经济均衡发展，制约了脱贫致富。

（五）应对贫困妇女进行“理财教育”。无论在哪个时代、哪个社会、哪个民族，女性想改变生活状况和对美好生活的向往是一样迫切的。由于贫困妇女自身的原因，好多人因缺乏“理财”知识，都有“今朝有钱今朝花”的习惯，生活没有计划甚至有些人不会经营家庭生活，因此要在对她们进行勤俭治家、勤劳致富的传统教育的同时进行管理家事管理财务的教育，使她们懂得如何经营家庭，如何管理钱财，如何提高生活质量，过上健康富裕的生活。

农牧区推广社会性别主流化政策的路径研究

——以内蒙古土地草原确权试点为例*

王红艳**

1997年，联合国一致将“社会性别主流化”定义为“把性别问题纳入主流是一个过程，它对任何领域各个层面上的任何一个计划行动，包括立法、政策或项目计划对妇女和男人产生的影响进行分析。它是一个战略，把妇女和男人的关注、经历作为在政治、经济和社会各领域中设计、执行、跟踪、评估政策和项目计划的不可分割的一部分来考虑，以使妇女和男人能平等受益，不平等不再延续下去。它的最终目的是达到社会性别平等”①②。到目前为止，该定义已通过20年，社会性别主流化相关议题在国际社会、国家层面的社会决策制定、执行以及评估过程③中发挥了重要影

---

* 本文系内蒙古自治区妇女联合会委托项目“土地确权中妇女权益保障现状研究”（项目编号20300-5450537）、内蒙古社科规划项目“内蒙古农牧区土地草原确权中新人地矛盾的生成机理与化解机制研究”（项目编号：2017NDB036）的阶段性研究成果。

** 王红艳，内蒙古大学民族学与社会学学院讲师。

① 肖扬：《社会性别平等主流化，性别平等培训》（内部资料）[Z]. 呼和浩特：2014.5。

② 刘伯红：《社会性别主流化的概念和特点》，载《中华女子学院山东分院学报》2009年第6期。

③ 国际社会应用参见：么兰：《社会性别主流化政策对妇女参与联合国维和行动的影响及其对策研究》，载《妇女研究论丛》2015年第3期。国家层面政策制定以及社会性别评估政策的推行：国务院《中国妇女发展纲要（2011-2020年）》明确提出将社会性别意识纳入法律体系和公共政策，当前各地开展的有关在法规政策制定、修订、执行和评估中增加性别视角，加强对法规政策中违反男女平等原则内容的审查，加强社会性别理论培训等。

响，学界围绕社会性别主流化理论及其应用进行大量研究①。然而，社会性别主流化在农牧区等基层社会实践状况如何，有哪些机遇，面临哪些挑战，相关研究还未引起学界过多关注。农地确权是中央一号文件自2009年到2017年（2011年除外）连续多年部署的农牧区重要改革工程，确权中的社会性别问题在一定程度上反映了社会性别主流化在农牧区推广现状。因此，通过研究农牧区妇女确权，可以深入了解社会性别主流化推广现状，也为相关研究提供了新的分析视角。

一、内蒙古土地草原确权试点旗县确权概况

2011年2月5日农业部提出“全国各省（自治区、直辖市）要根据各地实际，选择1—3个代表性强、领导重视、土地承包管理机构健全、工作扎实的县（市、区）开展农村土地承包经营权登记试点。可在若干乡（镇）或村开展先行试验，再扩展到全县（区、市）域。试点工作进度由各地统筹安排，2012年前完成。”同年，内蒙古自治区土地承包经营权确权登记颁证工作选择2个乡镇开展试点，2013年将4个旗县、5个苏木乡镇列为国家试点。2014年，内蒙古自治区政府发布《内蒙古自治区土地承包经营权确权登记颁证试点工作实施方案》《内蒙古自治区完善牧区草原确权承包试点工作实施方案》和《内蒙古自治区基本草原划定工作实施方案》（下文简称《方案》）并决定每个盟市选择1个旗县整旗县推进试点工作。《方案》中规定土地确权试点为全自治区12各盟市中每个盟市涉及一个旗县或镇，草原确权试点有：全区除呼和浩特市和乌海市之外的10个盟市中每盟市辖区内一个牧业旗，共计10个旗。截至2016年12月底，试点旗县确权工作基本完成。

二、农牧区推广社会性别主流化政策的现实机遇

（一）地方法规政策体系基础

社会性别主流化政策在农牧区的推广，需要地方性法规政策作为体系基础。内蒙古已基本形成一整套包括保护妇女权益、促进性别平等的地方

① 学界关于社会性别主流化进行了大量研究，有代表性的研究如：谭琳关于构建先进性别文化的国家责任、刘伯红关于提高社会性别主流化能力、马蔡琛等关于中国社会性别预算、罗杰关于社会性别主流化理念与反家暴立法、刘翠和郑军关于农村社会中社会性别主流化的研究等。

性法规和行政规章在内的法律体系。在土地草原确权中，相关部门还出台专门规定、细则保护妇女土地草原权益，如内蒙古自治区草原监督管理局2015年7月印制了《草原确权承包工作问题解析》，对因婚姻关系引起的草场确权问题进行政策解读并以案例形式介绍成功经验。

组织实施确权工作的试点旗县分别制定了确权指导、问答手册，对妇女作为共有人或承包方代表、妇女名字写入权证并对离异、外嫁女等确权做了专门规定①。

如《巴林左旗农村土地承包经营权确权登记颁证工作58问》规定：

对因婚姻成为新增成员的妇女，即使没有土地也将其作为共有人进行登记，并在备注栏标注出身份。

《阿荣旗农村土地承包经营权确权登记工作60问》中对离婚夫妇的承包地处理处理问题进行如下规定：1997年第二轮农村土地承包时，夫妻双方与其他家庭成员共同作为农村土地承包合同的承包方，对夫妻双方共同享有的土地承包经营权的份额作为夫妻共同财产进行分割确权登记；1997年第二轮农村土地承包时，夫妻双方作为承包方，其共同享有的土地承包经营权作为夫妻共同财产进行分割确权登记；结婚时，夫妻一方不享有另一方婚前的土地承包经营权，另一方婚前享有的承包经营权，作为另一方的婚前个人财产进行确权登记；夫妻关系存续期间以转让方式流转的土地或以其他方式承包的集体土地，按照夫妻共同资产进行分割，根据当事人的意愿变更承包合同，进行确权登记；夫妻关系存续期间以转包方式流转的土地，确权登记人员为原承包方。

地方性法规政策、细则的提出与制定为从源头上保障妇女权益，为性别主流化在农牧区的推行提供了示范途径。

（二）组织机构和人力资源基础

内蒙古法规政策性别平等评估机制，成立于2015年，是当时全国为数不多的法规政策性别平等评估机制的省区级议事领导机构，对自治区的地方性法规、政府规章、规范性文件及发展规划等开展性别平等评估工作，成员单位由自治区人大常委会内司委、法工委、党委组织部、农牧业厅、新闻出版广电局、妇联等17个单位组成，评估委员会依托内蒙古地区高校、科研机构及律师事务所等相关领域的专家学者组成专家组，内蒙古各盟市

---

① 以下细则内容均来自于内蒙古确权试点旗县印发的相关政策问答手册。

也相应成立法规政策性别平等评估工作机制，开展评估工作。该类组织机构的成立对内蒙古地区尤其是农牧区推广社会性别主流化具有重要作用。

各级妇联组织是社会性别主流化在农牧区推广的重要人力资源基础。在确权中，12 个盟市级妇联组织参与了盟市确权组织协调工作，确权旗县级妇联开展了大量的关于妇女确权、性别主流化宣传工作，确权乡镇苏木妇联主席、村嘎查妇女主任大多参与了确权实施工作。

根据对 360 名确权村嘎查妇女主任问卷调查，在“妇女主任为解决所在嘎查、村妇女土地权益纠纷采取的行动”选项中，有 73. 79%的妇女主任回答“开展协调”、12. 62%的妇女主任回答“向上级反映”①。

各级妇联组织在团结、动员农牧区妇女参与确权中发挥了不可忽视的作用，从某种意义上说，妇联组织是推动农牧区社会性别主流化的主要人力资源，在牧区，蒙古族妇联干部在蒙古文宣传、培训、蒙古语交流方面具有独特优势和作用，是牧区社会性别主流化推广的重要人力资源。

（三）已有示范效应基础

农牧区推广社会性别主流化政策，需要成功经验作为示范指导。确权中，维护妇女合法土地草原权益所积累的成功经验做法具有示范效应作用，是农牧区推广社会性别主流化政策的有利契机。

确权中所形成的、对推广社会性别主流化具有示范效应的成功经验有：一是基本实现了妇女名字上证，二是形成大量关于妇女确权的统计数据信息，三是解决了多起妇女确权难的实际问题。

确权中，虽然男方主要作为户主（承包方代表）登记，但妇女基本上作为共有人也被登记在相关权证上，确保了妇女“证上有名，名下有权”。同时，多个确权试点旗县，妇女参与确权登记比例与男性大体相当。此外，不少旗县出现以妇女作为户主进行确权的情况②。

妇女统计数据的形成与积累对于推动社会性别主流化具有重要作用。确权中，多数确权试点记录了大量妇女确权数据，包括：参与确权、已完成确权、未完成确权的妇女总数、女性户主以及二轮土地草原确权时妇女人数、女性户主数等信息。妇女数据的统计、积累与保留为深入了解与分

---

① 以上数据来源于《内蒙古自治区土地草原确权试点中农牧区妇女确权调查现状报告》，由于篇幅原因，相关统计表格省略。

② 以上数据均来源于确权旗县政府所印发的确权工作报告材料、确权统计数据汇总材料，由于篇幅，相关数据报表省略。

析社会性别主流化推广程度以及为今后农牧区开展相关工作提供了重要的示范作用[①]。

解决妇女确权难方面，乌海市海南区公安分局作为确权成员单位，发布《海南公安分局土地确权工作实施方案》，就土地确权中保障妇女儿童权益做了重要安排并集中解决96人（包括女性86人，男性4人，随迁儿童6人）落户及确权难问题。达茂旗妇联就巴音敖包苏木第一轮草场承包到户"遗漏户"问题进行专项调研，解决1名"被遗漏"妇女确权难问题。四子王旗在确权中处理了一起侄子侵占婶婶草场权益的历史纠纷，切实保障了该妇女草场权益。阿拉善左旗解决了2起离异妇女草场权益长期受丈夫占有的问题[②]。

三、农牧区推广社会性别主流化政策面临的挑战

（一）地方政府推动社会性别主流化政策的责任意识有待提高

虽然"中国政府在签署国际文书、阐述政治承诺、建立完善法律政策体系方面作出了卓有成效的努力"[③]，但国内社会性别主流化推广不仅相对缓慢，而且明显具有自上而下的特征。在确权中，2014年中央1号文件强调"要切实维护妇女的土地承包权益"，《中国妇女发展纲要》（2011—2020）将"确保农村妇女平等获得和拥有土地承包经营权"作为主要目标之一并提出"落实和完善保障农村妇女土地权益的相关政策"策略措施，在目标责任分解中，农业农村部是责任单位，妇联是配合单位。然而，在确权政策具体实行中，部分地方决策者对确权中社会性别政策认识不足，不少地方政府决策者对于确权中保障妇女土地草原权益知晓或认同程度较低，或仅从维护确权稳定的角度看待妇女确权，也有确权主要部门认为确权中维护妇女权益、推动性别主流化是妇联组织的工作，个别确权领导干部甚至直言确权工作以户为单位，不涉及妇女确权问题。

虽然社会性别主流化的地方政策法规体系已建立，但从以上问题可以看出，地方政府推动社会性别主流化的责任意识仍有待提高。

---

① 以上数据均来源于确权旗县政府所印发的确权工作报告材料、确权统计数据汇总材料，由于篇幅，相关数据报表省略。

② 以上案例均由确权旗县提供。

③ 马蔡琛、季仲赟：《中国社会性别预算推广中的机遇和挑战》，载《甘肃社会科学》2010年第3期。

（二）社会性别主流化的地方机制及资源保障仍显不足

内蒙古自治区性别评估机制的建立，为内蒙古地区社会性别主流化推广、维护农牧区妇女权益提供了保障机制，但该机制目前还难以对与农牧区妇女权益切实相关的村规民约形成有力约束。如确权中，普遍存在的现象有：一是村规民约对外嫁女权益的盲视，外嫁女虽已确权，但村委会以及村民小组认为此类妇女已离开本村，给了土地，也种不了，不如收回重分给能经营的人；二是部分离异妇女将确权在其名下的土地留在婆家，离异妇女虽已确权，但在原村内由于缺乏经营工具以及人手，不能有效利用土地，只能将土地留在婆家。

资源保障方面，一是人力资源保障不足，基层妇联组织是推动社会性别主流化的主要人力保障，但人手不足是严重的现实问题。乡镇苏木妇联主席、村嘎查妇女主任往往身兼数职，她们用“上面千条线，下面一根针”来形容其工作状态。如有的妇代会主任因计划生育工作，被抽调参与“十个全覆盖[①]”或个人身体原因等未能参加确权工作。二是财政与经费保障资源缺乏。社会性别主流化推广的经费不足与国家社会性别预算机制有关[②]，地方政府，尤其是农牧区，财政吃紧是普遍现象，村嘎查妇代会主任一般依靠补贴开展工作，这是制约性别主流化在农牧区推广的阻碍所在，也是现实挑战。

（三）社会性别主流化的推广缺乏农牧民的广泛参与与支持

农牧民对推广社会性别主流化缺乏支持参与。一是传统男权意识在农牧区仍然存在，在农牧区推广社会性别政策时，男性农牧民的支持参与程度普遍较低，如确权中，不少男性户主尽量回避其家庭中妇女参与确权，也有男性希望将其女儿的土地草原确权在儿媳或孙子名下。二是农牧区妇女参与的积极性不高，如在确权中，有的妇女不了解确权政策，有的妇女认为确权与己无关，不少妇女对其姓名能否上证不关心，还有妇女在谈及

---

① “十个全覆盖”是2014年1月13日内蒙古自治区农牧区工作会议上提出的新农村新牧区建设工程，包括：危房改造、安全饮水、街巷硬化、电力村村通和农网改造、村村通广播电视和通讯、校舍建设及安全改造、标准化卫生室建设、文化室建设、便民连锁超市、农村牧区常住人口养老医疗低保等社会保障工程，计划完成时间2017年1月。

② 马蔡琛、季仲赟：《中国社会性别预算推广中的机遇和挑战》，载《甘肃社会科学》2010年第3期。

确权时说“闲事不管、问事不知”，也有个别妇女因不认字、不会写字而指派其丈夫或家人确权。对于牧区妇女来说，一是多数牧区妇女听不懂、听不习惯或不认识以汉语、汉文为主的宣传，二是翻译为蒙古文、蒙古语的一般是大政方针，专门针对妇女确权与社会性别政策的宣传少之又少，造成她们对确权、社会性别政策了解不足，导致她们难以支持参与社会性别主流化政策。

结　语

“社会性别主流化”定义被正式通过20年来，关于社会性别意识纳入决策主流的观念在国际社会、国内顶层政策设计中逐渐发挥重要作用并逐渐成为共识性的观念。对于地方社会而言，有关社会性别主流化的地方法规政策体系正逐渐形成、实施社会性别主流化的组织机构和人力资源在发展、保障妇女权益的成功案例正在积累，这都为社会性别主流化政策的推广提供了难得的现实机遇。然而，如何在既有现实机遇下深入推进社会性别主流化政策，仍面临诸多现实挑战，这也说明社会性别主流化政策的推广仍是一项长期且艰巨的任务，对于农牧区而言，更是如此。

参考文献

[1] 陈澜燕主编:《性别统计与中国的和谐发展》，天津人民出版社2011版。

[2] 陈澜燕:《重视性别统计以提升公平治理和政府职能转变》，载《国外社会科学》2016年第4期。

[3] 杜洁:《女性主义与社会性别分析——社会性别理论在发展中的运用》，载《浙江学刊》2000年第2期。

[4] 杜洁:《国际有关社会性别主流化的理论观点述评—基于〈超越社会性别主流化〉专辑的讨论》，载《妇女研究论丛》2013年第6期。

[5] 刘伯红:《社会性别主流化的概念和特点》，载《中华女子学院山东分院学报》2009年第6期。

[6] 刘翠:《中国农村发展中社会性别主流化的障碍》，载《思想战线》2010年第2期。

[7] 马忆南:《妇女土地维权的困境与出路》，载《中华女子学院学报》2008年第4期。

[8] 马蔡琛、季仲赟：《中国社会性别预算推广中的机遇和挑战》，载《甘肃社会科学》2010 年第 3 期。

[9] 马蔡琛、王思：《社会性别预算：制度含义、基本特征与行动策略》，载《中国行政管理》2010 年第 10 期。

[10] 么兰：《社会性别主流化政策对妇女参与联合国维和行动的影响及其对策研究》，载《妇女研究论丛》2015 年第 3 期。

[11] 谭琳：《在变化的社会系统中关注妇女和性别问题——读〈转型社会中的中国妇女〉的思考》，载《妇女研究论丛》2004 年第 5 期。

[12] 肖扬：《社会性别平等主流化》，参见《性别平等培训（内部资料）》[Z]. 呼和浩特，2014 年 5 月。

注：该文初稿在 2017 年 11 月 25—26 日举办的中央民族大学“民族文化与社会性别”上宣读，得到云南民族大学杨国才教授精彩点评与宝贵的修改意见，在此深表谢意。同时该文修改稿在“2017 中国妇女研究会年会暨研讨会”上宣读。

情绪劳动视野下少数民族女性旅游展演研究

——以武陵山区土家族哭嫁表演为例

马　威　方小琴*

一、旅游中的情绪劳动与性别

“情绪劳动”概念最早由美国社会学家 Hochschild（1979，1983）提出①②，她从职业角色扮演角度，针对服务业从业人员，将“在公共场合，为呈现他人可见的面部表情和肢体语言而对自己的个人感受进行管理”的工作行为界定为情绪劳动。在随后研究中，学者又提炼出以下三个要点构成了情绪劳动分析的主体：第一，互动性。情绪劳动发生在服务者与服务对象进行面对面或声音的互动过程中；第二，影响性。情绪劳动工作者展现的情绪会对服务对象的情绪、态度和行为产生影响；第三，规则性。情绪展现必须遵循一定的规则③④。展现规则（display rules）是对服务者在承

* 马威，华中农业大学文法学院社会工作教研室副教授；方小琴，华中农业大学文法学院 2015 级硕士研究生。

① A. R. Hochschild. Emotion work, feeling rules, and social structure [J]. *American Journal of Sociology*, 1979 (85): 551-575.

② A. R. Hochschild. *The Managed Heart: Commercialization of Human Feeling* [M]. CA: University of California Press. 1983.

③ D. Zapf and M. Holz. On the positive and negative effects of emotion work in organizations [J]. *European Journal of Work and Organizational Psychology*, 2006 (15): 1-28.

④ A. A. Grandey. When "the show must go on": Surface and deep acting as predictors of emotional exhaustion and service delivery [J]. *Academy of Management Journal*, 2003 (46): 86-96.

担服务劳动过程中，组织对其情绪内容、程度、多样性和一致性的要求①。服务者调整自身情绪以符合规则要求过程中，界定了“表层扮演”（surface acting）和“深层扮演”（deep acting）两种状态②。随后，学者们开始在旅游从业者职业动机、职业倦怠等研究中运用情绪劳动理论③，对于许多旅游业从业者来说，被设计好职业情绪卷入成为一种职业必须，成为从业的关键要求，从业者的情绪卷入引发游客愉悦互动，则会为旅游业带来积极效果④。导游持续深度的接触，具有带入感的讲解，都会提升旅游品质，与其他服务业相比，旅游业在服务提供过程中更加侧重“表演性”⑤。阿什福时和汉弗莱（Ashforth and Humphrey，1993）发现旅游从业者很多时候被看作在充满挑剔观众面前表演的演员⑥。而情绪投入是表演过程的重要组成。从游客角度，从业者的投入会极大影响旅游体验，导游情绪投入越密集和正面，游客的体验就越具代入感。但是从旅游从业者角度，情绪投入也导致情绪耗竭等职业焦虑问题⑦。

以往对女性情绪劳动的研究主要局限在家庭劳动，或者育儿劳动，在职场文化中，对于女性的情绪有着很强的刻板印象，认为女性更加感性、更容易情绪表露，更加不容易对情绪进行控制⑧。这种职场偏见事实上忽略了情绪劳动与职业地位有关，当把工资收入和职业等级变量放入模型，就会发现，高阶层、高收入的女性与同等地位男性在情绪表达上并无显著差

---

① B. E. Ashforth and R. H. Humphrey. Emotional labor in service roles: The influence of identity [J]. *Academy of Management Review*. 1993 (18): 88-115.

② T. A. Judge and E. F. Woolf and C. Hurst. Is emotional labor more difficult for some than for others? A multilevel, experience-sampling study [J]. *Personnel Psychology*, 2009 (62): 57-88.

③ E. Cohen. The Tourist Guide: The Origins, Structure and Dynamics of a Role [J], *Annals of Tourism Research*, 1985 [12 (1)]: 5 - 29. P. 6.

④ P. A. van Dijk and A. Kirk. Emotional labor and tourism-based visitor interactions: job characteristics as determinants of emotion regulation [J]. *Tourism Analysis*, 2008 (13): 233-242.

⑤ G. Gurung, D. Simmons and P. Devlin. "The Evolving Role of Tourist Guides: The Nepali Experience" [C], In R. Butler and T. Hinch (eds) . *Tourism and Indigenous Peoples*, London: International Thomason Business Press. 1996.

⑥ A. Geva and A. Goldman. Satisfaction Measurement in Guided Tours [J], *Annals of Tourism Research*, 1991: 18: 177-185. P. 178.

⑦ P. Crang. Performing the Tourist Product [C], In C. Rojek and J. Urry (eds) . *Touring Cultures: Transformations of Travel and Theory*, London: Routledge. 1997 P. 143

⑧ B. Ashforth and R. Humphrey . "Emotional Labour in Service Roles: The Influence of Identity" [J]. *The Academy of Management Review*, 1993 (18) : 88.

异[①]。但是，大多数女性从事的行业往往要求情绪劳动，如服务业，而且这些情绪劳动要求女性要展示更加感性，如更愉悦、耐心等特质，在与客人的互动中，能够让客人感到舒适，并且控制和压抑同样作为情绪的愤怒、焦虑等[②]。民族地区旅游业发展与民族地区女性的参与密切相关，在研究中，学者发现女性在民族旅游行业中承担的积极作用，其中性别特质成为推动她们胜任角色的有效动力。周爱萍认为女性更加细腻和耐心[③]，善于与游客沟通，而在通过旅游不断与外界接触的过程中，从事服务业的女性也能够从游客视野建构自己，将情绪和其他特质转化为资本，以符合游客期待[④]，甚至形成一种情绪策略，去主动塑造游客对旅游地的感观[⑤]。然而，这种情况下，妇女被迫地进行情绪开采（emotion mining）[⑥]，在情绪上自我剥夺（emotional exploitation），更容易出现情绪透支。

尤其，很多民族地区，女性服饰、艺术形式更加能满足游客的“他者”想象，女性在民族地区民俗表演中承担了非常重要的角色，民俗表演对女性提出的要求是不仅要呈现民族艺术的结构，而且要通过情绪注入，来帮助游客实现“本真性”（authentic）体验，运用少数民族女性主体创造来实现“文化再生产”，情绪投入是保障文化本真性再现的实践手段。本文要回应的问题是，从事旅游服务的少数民族地区女性，在何种状况下能够规避情绪劳动中的剥夺现象？情绪开采和情绪耗竭是否是女性从事情绪劳动后不可避免的后果？什么样的外部支持能够使女性从业者保持情绪弹性？

二、调查对象的选取与调查方法

2009 年 6 月—8 月期间，笔者曾就情绪人类学主题带领研究小组到恩施

---

① J. Kathryn and B. Powell . Emotional expression at work and at home: domain, status, or individual Characteristics? [J]. *Social Psychology Quarterly*. 2006 (69): 17-38.

② R. Hodson and T. Sullivan. The Social Organization of Work [M]. Belmont, CA: Wadsworth. 2002.

③ 周爱萍：《纳西族女性在丽江旅游业参与中的角色分析》，载《思想战线》2010 年第 36 期，第 148 页。

④ 张文馨、叶文振、郑广怀、张敏、何江穗：《旅游地女性表演者身体的社会型塑——基于广西 L 演出剧场的考察》，载《妇女研究论丛》2014 年第 3 期，第 22-29 页。

⑤ 赵巧艳：《布迪厄实践理论视角下民族旅游与社会性别的互动——以龙胜金坑红瑶为例》，载《人文地理》2011 年 第 6 期，第 67-71 页。

⑥ D. Schweingruber and N. Berns. Shaping the Selves of Young Salespeople Through Emotion Management [J]. *Journal of Contemporary Ethnography*. 2005 (6): 679-706.

土家族苗族自治州的来凤县、宣恩县、咸丰县等地对土家族哭嫁进行研究①[19]，先后对43位女性就哭嫁形式、内容、唱腔、唱词等进行访谈。之后，笔者又多次重访调研点宣恩县竹寨，这个曾经的普通土家族村寨，已经被省里一家Y旅游公司打造成省级特色旅游村寨，并且在2015年申请成为4A级旅游景区，土家族“哭嫁”也成为村寨旅游的经典项目。曾接受过笔者访谈的三位文化持有者成为景区“驻唱”，其中一位彭粉秀老人（1958年出生），还在2013年被评为省级哭嫁“非遗”项目传承人。

竹寨建于本地称为送子山的山脚南麓，海拔800多米，冬暖夏凉，寨前清江支流穿行而过，距离寨子不远有一处山涧飞泉，掩映于竹林之间，成为旅游名胜。根据寨中老人保存的族谱记载，竹寨应建于清嘉庆末年，寨中保存9000多平方米具有典型土家风情的吊脚楼建筑，有上百年历史。寨中134户，575人，以彭姓土家族为主，汉族11户，侗族5户。笔者通过访问寨中女性了解本寨的通婚圈情况，彭姓土家族基本实行族内婚，所嫁入女子通常娘家村寨位于5—20公里通婚半径内，50岁以上妇女通婚范围大多不超过本乡，位于本寨10公里上游处的谭村妇女嫁入最多，有11个，而竹寨嫁过去的女性，据笔者的访谈资料，也有10余个。如今，青年男女外出打工，通婚圈已经大大拓展，通婚范围也不限于本族。竹寨哭嫁习俗悠久，2008年，申报省级“十姊妹”哭嫁非遗保护项目时，专家就造访过此寨，把本寨作为代表性申报点。

2016年7月28日，笔者在竹寨作为游客，又一次观看了粉秀的哭嫁表演，粉秀老人穿上代表新娘的嫁衣，头蒙秀帕，遮住整个面部，与对面另一个扮演母亲的表演者相对而坐，四臂环抱，一句句哭唱“别娘调”；粉秀唱毕，对面扮演母亲的老人接唱“送女调”，整个过程持续20分钟左右，腔调如泣如诉，到最后，两个表演者声音哽咽不止，虽然围观者都是游客，大多数人拿着手机不停拍照、录像，整个表演过程极具感染力。

随后一段时间，笔者运用焦点访谈法对参加“哭嫁”表演的表演者、观众、Y公司竹寨景区负责人、导游进行了访谈，了解哭嫁项目开发情况、演出效果、演员培训，重点访谈了表演者的情绪劳动投入、情绪认知、管理以及表演者与观众的情绪互动。同时，也参加了两户家庭的哭嫁仪式，观看了1个家庭女儿出嫁期间的婚嫁录像。共搜集了6位文化持有人的访谈

① 马威、邱泽媛、严文高：《情绪人类学视野下的土家族“哭嫁”习俗研究》，载《中南民族大学学报（人文社会科学版）》2010年第1期，第60-64页。

记录，3 位景区管理者、导游的资料，以及 5 位游客的访谈记录。

三、土家族哭嫁中的情绪

聚居在湘鄂渝黔交界武陵山脉以东、清江流域的土家族，其女性一般在 14—15 岁就结婚出嫁，出嫁之前，新娘会提前一个月或四至五天，开始以歌当哭，边歌边哭，来表达对娘家的不舍以及对婚姻的恐惧。土家族女性哭嫁，一定要面部蒙帕，这条蒙帕一般是黑色绸缎，由新娘在婚前自己绣上图样带到婆家，压在嫁妆箱底，很少示人，后来，人们常用彩色毛巾做蒙帕，哭嫁时，用手遮蒙帕盖住整个面部来哭唱，目的是把哭得花容失色、眼部红肿的脸遮住，或者说，看不到别人看自己，新娘可以哭得更畅快。

土家族不同地区的哭嫁歌腔调、唱词有所差异，各地也有不同的叫法，湖南湘西土家族苗族自治州的保靖县一带，泛称哭嫁歌为“悲调”或“悲腔”，沿清江流域多称为“沿河腔”①，笔者所调研地区属于“沿河调”。哭嫁歌往往以歌唱对象来区分内容，对母亲、父亲、哥哥、嫂子、弟弟、妹妹、姐姐、伯伯、伯母等，一个对象一首唱词，主要是表示在情感上的依依不舍以及对未来生活的嘱咐，当然，在表达对婚姻不满方面，主要是针对媒人，会唱“骂媒人”为内容的歌调，刻画媒人颠倒黑白、见利忘义、不顾女孩儿幸福的嘴脸。在很多地方，婚礼前一到两个晚上，新娘会邀请自己的堂表姐妹和朋友等，凑九人，组成“十姊妹”，通宵以“十姊妹”为形式来哭嫁。

一般而言，情绪依附于内容，也就是说，情绪应该是由内容引导出来，有了实质意义的内容才会有相应的情绪产生。但是，当形式独立于内容而自在，就不再需要内容感召，仪式结构中如何安排，即以固定情绪模式呈现，不再需要依附内容。很多“哭嫁”女性并非身世可怜，但是一旦置身仪式结构，情绪则凄厉悲凉，情绪脱离实质内容而独立存在。一位湖北省歌舞团独唱演员，2001 年 9 月在武汉市登记结婚，是自由恋爱，与爱人感情很好，次年春节期间，在家乡补办婚礼，唱了三天三夜“十姊妹”，把嗓子哭坏，直到隔年才恢复上台演出。

可见，土家族“哭嫁”情绪渲染能力极强，并且可以脱离内容存在，表现性极强。在哭嫁现场，女性用歌、哭的方式将情绪张力推到极致，歌

---

① 余咏宇：《土家族哭嫁歌之音乐特征与社会涵义》，中央民族大学出版社 2002 年版。第 2 页。

词中所描绘的，有感谢母亲、父亲、哥嫂的照顾：“我的苦命的爹娘啊，你们吃了几多冷茶饭，你们受了几多冷风吹，你们踩了几多冷水滩，你们淋了几多冷露水”[1]；追忆童年的幸福：“勤耕苦种费尽心，娘的恩情说不完；一教女儿学煮饭，二教女儿学结麻，三教女儿学背柴，四教女儿学挑花，五教女儿学写字”[2]；也有恐惧嫁人婆家后的心酸：“你们把女儿丢下九重岩，丢在海内水不涨，丢在高山树不青，丢在塘中不起泡，丢在河中水不浑，丢在岩脚不见响，丢在天坑无影踪，丢在青草坪，青草也不生”[3]；埋怨媒人的诱导、教唆：“背时媒人的话啊，像蜜糖甜坏了你们的心，像黑布蒙住了你们的眼睛，糊糊涂涂定下冤家亲”[4]；以及对亲人的思念：“叫莫伤心心越伤，叫莫流泪泪越流，谁人解得我千年苦！谁人了解我的万年忧！天长路又远，山高水又险，山隔几十座，路隔几百里，我有脚难走千里路，我有翅难飞万重山，爹娘啊，我有梦难得再团圆”[5] 等。都达到了对情绪的渲染作用，所包含的情绪有“哀伤”“眷恋”“感恩”“悲痛”“怨懑”“伤感”“恐惧”“愤怒”等。

配合对象、场景和歌词，哭嫁新娘和陪哭的“姊妹”们会时而低沉婉转、如泣如诉，时而高亢凄厉、做怒目金刚，情绪起伏跌宕，用叙述和抒发等方式将观者也带入情境中，使观者动容，为这些女儿的命运感到哀叹。

据笔者了解，畲族、苗族、瑶族、侗族等地区都有哭嫁，但是哭嫁主要集中在闺房之中，参与者主要是新娘与母亲、女性近亲属，哭嫁大多有感而发，新娘哭诉占其中一部分，其他部分包括母亲、女性亲属对新娘的教导，情绪起伏不大，曲调舒缓，整个氛围比较低沉舒缓。相比之下，土家族“哭嫁”仪式，不仅贯穿婚礼始终，而且占据婚礼现场大部分焦点，调动新娘与整个娘家亲属群体的参与，成为仪式表演不可或缺的部分。所以，武陵山地区土家族旅游开发进行到一定程度，“哭嫁”就成为人文旅游的一个经典，而“哭嫁”表演者如果将“哭嫁”精髓做以“本真”呈现，就必须有密集地（intensely）情绪投入。

---

① 武汉大学中文系土家族文艺调查队，中央民族学院分院中文系土家族文艺调查队搜集整理：《哭嫁歌土家族抒情长诗》，上海文艺出版社 1959 年版，第 3 页。

② 武汉大学中文系土家族文艺调查队，中央民族学院分院中文系土家族文艺调查队搜集整理：《哭嫁歌土家族抒情长诗》，上海文艺出版社 1959 年版，第 5 页。

③ 同上，第 7 页。

④ 同上，第 29 页。

⑤ 同上，第 15 页。

四、进入旅游市场的“哭嫁”与情绪劳动

（一）根据市场逻辑进行“哭嫁”的“文化再生产”

2010年2月11日，Y旅游公司与宣恩县旅游局正式签约，投资9000万元开发宣恩县旅游资源，打造包括竹寨在内的宣恩县旅游景区。竹寨由于“民族文化资源丰富，保留了浓郁的土家族民俗风情”，在打造人文旅游板块中成为重点。宣恩县旅游局聘请了湖北民族学院的几位专家，对资源开发进行论证，将土家族“哭嫁”放入人文旅游线路中，团游来寨中就可以看到由本寨妇女演唱的原生态“哭嫁”表演。最开始，公司以招募临时工的方式，向寨中聘请了4位会“哭嫁”的妇女，表演一场50元，后来还与其中一位签约，每月发放工资，帮公司培养新人。

情绪一旦成为劳动，进入市场，就转化成为资本，就有为游客服务的使命。所以，情绪需要根据游客的需求来进行管理，使情绪发生转化成“情绪展演”，那么作为哭嫁主体的表演者就在表演过程中实践着对于哭嫁的“文化再生产”，脱离婚嫁场域“哭嫁”，成为表演“哭嫁”，其情绪呈现与嵌入在婚嫁场域中的“哭嫁”存在本质上的不同。作为劳动的“哭嫁”必须在符合市场逻辑的前提下，进行“形式再生产”、“内容再生产”和“表达再生产”。

其一，“表达再生产”，将“哭嫁”中过度浓烈的情绪投入弱化。

> 负责竹寨开发与运营的程总说：“最早，县文体局田科帮我们联系了几个哭嫁的嬢嬢，哭得还是接受不了，那种哭腔实在是太惨了，脸上还蒙个黑帕子，有几个武汉来的老板，说看着怪瘆人，后来说，必须以唱为主，以哭为辅，动作也不能太夸张，把跪的动作去掉，几个嬢嬢动作也不一样，就统一一下。”（资料编号：CYL，2016-7-30-1）

其二，“形式再生产”，公司根据游客欣赏习惯和其他景区的演出规则，对哭嫁表演长度及表现形式进行重新组织。

> 游客一般都是来看热闹，尤其以前，游客来看婚嫁，以为就是吹吹打打，欢天喜地，没想到，到了这里，一看，是几个妇女坐着哭，就好像有点接受不了。5分钟，10分钟还好，20分钟觉得长。但我们还是坚持，你既然来看特色，我们就坚持特色，这个哭嫁就是我们的

特色，我们表演者脸上搭着帕子，带着微麦（微型话筒），还有乐队给伴奏，给游客发小手册，上面有歌词，游客也懂得意思，氛围渲染到位。游客有喜欢的，听得入神的，看哭了的也不少，这哭就表明他们认可了，我们这个表演也做足了。（资料编号：CYL，2016-7-30-1）

其三，“内容再生产”，公司聘请了一些专家对哭嫁唱词内容重新编排，弱化了其中的负面情绪，如愤怒、怨懑等。

县旅游局负责项目开发的李科说：“我们组织了一些专家，还请了民院的（湖北民族学院）搞非遗的一个教授帮我们设计了一下，唱词啊，曲调啊，情感表现就是集中在母女和姐妹，就是感谢养育之恩吧，还有姐妹情，集中在离别情，骂媒人，还有说嫁过去就怎样怎样的，就去掉了。毕竟是表演，表演就是要有主题，不能太分散。还有就是呼应，母女情、姐妹情更容易得到呼应，你说别的什么情，游客也很难产生呼应。”（资料编号：LXJ，2016-7-30-3）

（二）哭嫁表演者的情绪劳动

与其他情绪劳动不同，服务行业情绪劳动一般要求压抑和遮盖私人情绪，而重新建构起符合雇主和顾客预期的积极情绪，尤其体现在表层扮演（surface acting）方面，用表情、语调、姿态来营造愉悦、好客的氛围。土家族“哭嫁”表演不同，不仅表演者要传递出一种浓烈的情绪（intense e-motion），而且还要将个人体验卷入其中，是一种真正意义上的情绪开采（emotional mining）。对于从来没有职业经验的表演者，她们在哭嫁表演中是会投入真情实感的。

说起这个伤心，不说蛮丰富，还是可以的，我从小就乐意听到别人家里有嫁女，去看哭嫁，哭得火色，我小时，十岁不到就晓得跟着哭，自己会学，学这个哭嫁好，长道理，会懂事，大一点自己会编词，后儿个，自己嫁，哭得火色，晕都晕过几次。再到婆家，生了三个女子、三个男子，家里艰苦，陪她们出嫁，也是哭得火色，想想女人还是命苦些，不比男子，单是生子女，都是过鬼门关。现在过来（唱），每天也觉得充实，平日里的好词，也可以唱，唱完心里好像也舒服些。（资料编号：PFX，2016-7-28-1）

然而，过度情绪投入也会使表演的效果适得其反，表演者必须具有察觉观众情绪的能力，调整表演尺度，作为长期驻景区的表演者，田大姐（46岁，由于哭嫁受到游客欢迎，去年与景区签约，拿固定工资）她知道年纪长一些的观众，可以接受哭嫁中表演者哭腔的运用，但是年轻游客就会觉得哭腔太惨，不理解，不能接受。所以，在接待年轻游客时，田大姐就会以唱为主，弱化哽咽的哭腔。

公司管理者也坚持了哭嫁中情绪劳动的特色。

> 利川腾龙洞也有土家民俗表演，完全是舞台式的，里面哭嫁，哪里有哭嫁，就是唱歌，几个女声，合唱，模样乖是蛮乖哒，但是观众感受不到那种民俗的风味，我们这里哭嫁也可以那样做，那样演员也好找，但是那样做，特色就没得啰。哭嫁，就是要看个哭，让人家看我们女儿怎么哭哒。（资料编号：CYL，2016-7-30-2）

市场成为一个主要的界面，哭嫁场域发生了根本改变，其诉求对象，从可哭诉的"母亲""姊妹""姐姐""兄弟"，转向到游客，通过市场的过滤，哭嫁情绪也转化为情绪劳动和情绪资本，其特点体现为霍克斯查德（Hochschild）所界定的互动性、影响性和规则性。其规则性，一般由雇主来界定，具有标准性和可操作性，如在霍克斯查德书中所引用的空姐行业，对笑时露几颗牙都有界定。然而，在竹寨景区的规则性，规则界定由雇主和表演者双向完成，刚开始表演时，由于表演者害羞，游客只听到唱，看不到哭，唱出来没感情，景区对此做出了反应，并进行及时介入。

> 情感是蒙不了人的，我们这个产品就是要让游客感受到真情实感，那你表演者就要有这个真情实感，我们培训也好，还是在景区有一些督导，对演员有要求，唱还是容易，调子这些都很快能掌握，对嗓子也不要求，我们是要保留这种原生态的，但是干巴巴地唱出来，游客听着都没反应，这不行，我们培养几个，觉得好的苗子，也是说情感比较唱到位，坐下来一唱，人家听着就比较感动，现在音频视频上传都方便，游客觉得你能打动我，我就录下来，放到网上，就是一张名片了。（资料编号：LXJ，2016-7-30-3）

规则化在一定程度上是对情绪开采（emotion mining）的一种保护，规则化后，表演者操作性地将哭嫁表演出来，使得情绪变得容易再生。

五、作为日常化旅游空间的民族村寨与劳动者情绪弹性

情绪劳动的批判视角认为，女性总是蒙受着“感性”“情绪化”“不容易控制情绪”的刻板污名，导致女性长期在职场被边缘化，而实证研究发现，情绪劳动事实上与性别关联性不大，而与地位有关。越身处底层的人，其必须表露愉悦情绪，以取悦比其地位高的人，同时，必须控制自己的真实情绪，如愤怒等。相反，市场对职场地位高的人没有情绪劳动的要求，同时他（她）们可以更加随意地表达愤怒等负面情绪，去表达权威，控制下属。所以，低层从业者的情绪耗竭（emotional exhaustion）问题更加凸显，因为其愉悦情绪劳动通常是“表层表演”（surface acting）。这样看来，在情绪劳动中出现的情绪耗竭问题，是源于职场阶层不平等，是等级差序造成的。

本文所接触和访谈的从事哭嫁表演的土家族女性，她们虽然从事着密集的情绪劳动工作，但是并没有出现情绪耗竭，她们愿意从事哭嫁演出，喜欢与游客聊天，她们既能很快从“哭嫁”情绪中走出，同时也会快速地投入哭嫁演出中。“哭嫁”非遗传承人粉秀还在自己家里开了农家乐，看过她“哭嫁”表演的游客，也愿意到她农家乐吃她亲手烧制的土家菜。

首先，“哭嫁”表演者与游客之间距离近，虽然，管理者与表演者共同将“哭嫁”表演规则化，但是旅游产业并没有将游客与当地人的距离拉得太远，表演者身处的舞台仍然极具生活气息，表演者也没有承受职业刻板化而带来的情绪压力。

其次，“哭嫁”表演本身来源于生活，县旅游局尊重非物质文化遗产的保护规律，不切断表演生活来源，演出内容来源于日常所闻所见，减少对表演的程式化规训。哭嫁者的表演角色和生活角色契合度高，对表演行制熟悉并认同，缘于“深层表演”（deep acting），其劳动虽然也要经历情绪开采（emotional mining），然而，其情绪矿藏即在生活，资源绵延不断，不会出现情绪耗竭。

最后，如前所述，情绪耗竭状况多出现于女性，其原因在于女性在劳动市场中常处于弱势的地位，同时，在充分市场条件下，还伴随着性别刻板化，过分凸显女性特质，物化女性等相关问题。而在竹寨，市场化程度还不足以将游客与表演者隔离，体现出这里商业结构的松弛与自在。表演者以自然状态呈现于游客面前。

下表将竹寨与位于恩施市区一处民俗商业演出进行比较，呈现两地女

性情绪劳动的不同。

	商业民俗演出	民族村寨游（以竹寨为例）
表演者	角色单一，性征化	多元化，角色丰富
游客	不能与表演者互动	可以与表演者互动
情绪要求	表层表达	深层表达
表演场所	抽离生活场景	嵌入生活场景

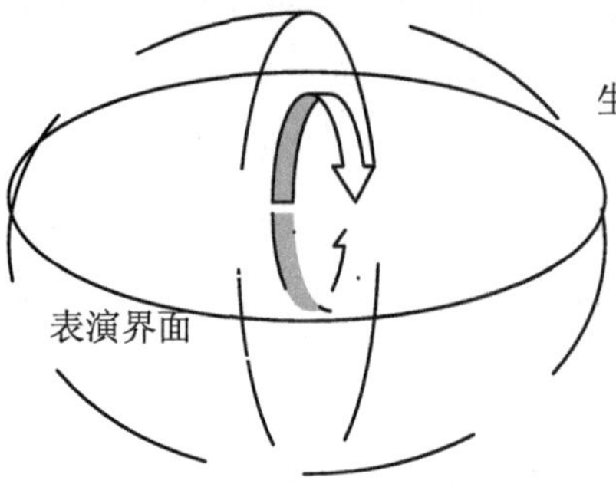

如上图所示，虚线外框代表生活场域，实线代表表演场域，在竹寨，表演场域套嵌于生活场域之中，以箭头代表表演者，勾连两者，基本可以真实折射生活场域的内容，表演者可以随时回归生活场域汲取资源，游客不仅通过表演来“凝视”表演者，同时也透过表演来关照生活。表演者的非抽离状态保持其角色和视角的丰富性，在游客看来，她们不仅是抽象的“女性”，而是母亲，女儿，姊妹，情感张力基于对家和家乡的依恋。

六、结　语

关于旅游的研究中，学者很多时候会纠结于旅游目的地的“本真性”与文化再生产之间的矛盾，认为，既然某一地域被景观化、产业化之后，其所呈现的文化也都是一种再现，不可能再保持本真性，而旅游者却常常抱着去观赏本真性的愿望[①][②]。本文所描述的“土家族哭嫁”表演，恰恰可以在文化再生产的同时，保持一定的本真性，究其原因，就在于当地民族

① 郎玉屏：《旅游语境下世界遗产本真性价值解读及展现》，载《西南民族大学学报》（人文社会科学版）2012 年第 6 期。

② 王宁：《旅游中的互动本真性：好客旅游研究》，载《广西民族大学学报》（哲学社会科学版）2007 年第 6 期。

村寨旅游没有过度市场化，旅游企业包装，只是对当地旅游资源的嫁接，并没有打破村落原有格局和生活场景，也没有对文化持有者进行职业化的改造，这种方式所营造的氛围，有利于文化持有者的自主性维系，其自主性体现在：表演生活化、角色多元化、职业平等化。本质上讲，这种民族旅游并没有将当地人边缘化，情绪弹性的维系也反映了这一良性事实，值得其他旅游开发区借鉴。

闽东畲族女性的贫困与反贫困

——以福安市穆云畲族乡为例

翁飞潇　　陈雪楠*

“十三五”时期是全面建成小康社会的决胜期，是脱贫的攻坚期。改革开放以来，经过近四十年的不断努力，中国的贫困人口大幅缩减，人民的生活水平显著提高，但依然存在着7000多万的贫困人口，这些人口主要分布在连片特殊困难地区，属于深度贫困地区。习近平总书记在深度贫困地区脱贫攻坚座谈会上指出，深度贫困地区是脱贫攻坚的坚中之坚。《中国农村扶贫开发纲要（2011—2020年）》提出了对扶贫重点人群在同等条件下优先安排、重点支持的意见。这些重点人群包括少数民族贫困人口、妇女、儿童、老年人及残疾人。《中国妇女发展纲要2011—2020年》指出，要加大对农村及贫困地区和民族地区妇女发展的支持力度。因此，加强对深度贫困地区人口的脱贫工作就显得尤为重要，而畲族女性作为贫困地区的重点人群，从畲族女性贫困的特点、原因等出发，实现畲族女性的精准脱贫，有助于补足短板，更好更快地实现全面小康社会的建成。

一、闽东畲族女性贫困表现

穆云乡畲族人口基本维持在9000人左右，从2001年的9078人到2009年的9887人①到现在的8904人，目前穆云乡畲族女性的人口比畲族男性和汉族女性都少，但畲族女性与畲族男性、汉族女性相比更易致贫。闽东畲族女性是脱贫过程中的重点人群，闽东畲族女性的贫困具有人数占贫困人

* 翁飞潇，宁德职业技术学院讲师；陈雪楠，宁德职业技术学院讲师。

① 蓝炯熹主编：《穆云畲族乡志》，海峡书局出版社2014年版，第129页。

口的比重大、老年贫困加重、因病返贫现象显现等特点，根据这些特点找到症结所在，逐步破解，不断突破，力争早日摆脱贫困。目前闽东畲族女性实现的脱贫仅仅是物质方面的脱贫，是最低一个层级的脱贫，希望在实现物质脱贫后可以不断提高畲族女性的精神脱贫比例，实现物质生活和精神生活的双丰富。

（一）闽东畲族女性贫困人口占比大

穆云乡总共有 33 个村落，其中畲族村有 16 个，由于外嫁、外迁等原因畲族人口基本维持在 9000 人左右，汉族人口比畲族人口总数多。穆云乡扶贫办提供的数据显示，穆云乡根据省定线人均 5000 元的标准划的贫困总人口为 813 人，其中汉族男性贫困人口为 245 人，畲族男性贫困人口为 203 人，汉族女性贫困人口为 207 人，畲族女性贫困人口 138 人，穆云乡总人口 29300 人，其中少数民族（畲族、回族等）总人口 9904 人，畲族人口最多，为 8904 人；穆云乡总的女性人口为 14041，其中畲族女性的人口为 3841 人。根据数据整理对比，如图 1 所示，畲族的贫困比例远高于汉族，畲族女性贫困的占比也高于汉族女性。虽然畲族的贫困人口中畲族女性与畲族男性的贫困比例相当，但畲族女性比畲族男性对于贫困带来的后果需要承担更多。畲族女性与畲族男性、汉族女性相比，贫困的占比较高，更易遭受贫困的困扰。

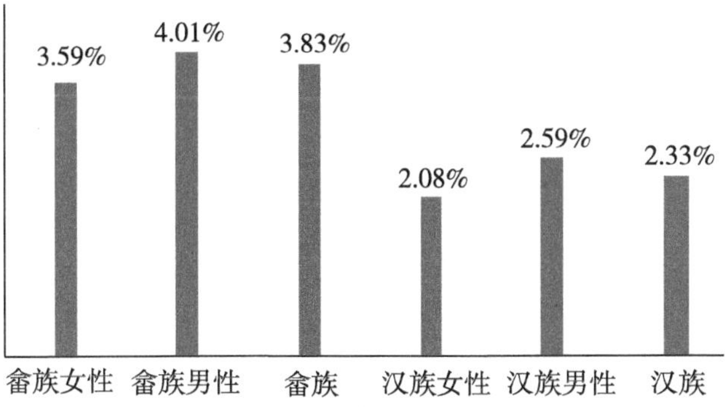

图 1　穆云畲族乡各类别人群的贫困占比

资料来源：根据穆云乡妇联提供的 2017 年最新数据制作而成

（二）闽东畲族老年女性贫困问题突出

如图 2 所示，穆云乡畲族女性老年人口比重较大，20 岁以下需要抚养的青少年占比也较大，这就造成了抚养比加大，对畲族老年女性的照顾必然会减少，畲族老年女性的贫困现象就凸显出来了。根据南山村、竹洲村的老年人口结构显示，高龄老年女性（80 岁以上）的人口占比大，这必然会给老人照料带来更大的困扰。目前穆云乡仅有两个养老院，分别位于桥溪新村和黄儒新村，其面向全乡的孤寡老人且每个养老院可容纳的人数仅为二三十人，尚不足以满足全乡的养老需求更不用说畲族老年女性的养老需求。家庭贫困难以赡养畲族老年女性，抑或整体为了新一代的教育暂时迁出，畲族老年女性只能留守在家中，其自身又缺乏自我供养的能力，加之畲族老年女性与其他老年女性一样也会有一些慢性疾病，在医疗保障方面的需求也难以满足，因此闽东畲族老年女性贫困状况突出，需要加强对畲族老年女性的关注。

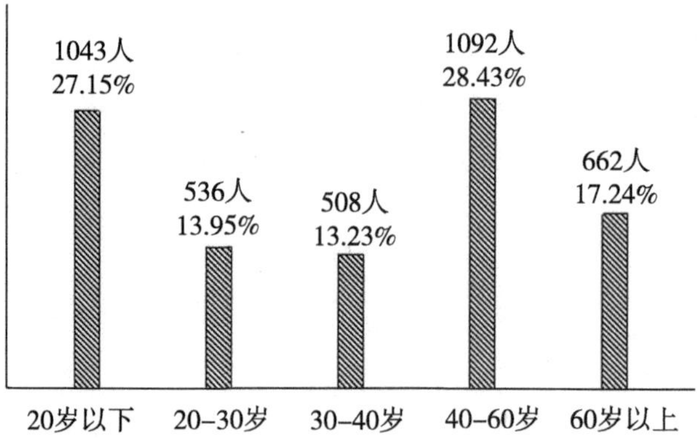

图 2　穆云畲族乡畲族女性各年龄层人数及占比

资料来源：根据穆云乡妇联提供的 2017 年最新数据制作而成

（三）闽东畲族女性因病返贫现象凸显

穆云乡的贫困人口数量在不断地动态调整过程中，有不断脱贫的，也有很大一部分是因病返贫的。数据显示，因病返贫的人口高达 162 人。在与穆云乡虎头村的村主任进行访谈中得知，虎头村依靠水蜜桃、桃花节等一系列产业活动实现了村民的脱贫，人均年收入高达 19000 多元，但依然还有 4 户贫困户，而这些都是因病返贫，其中有 3 户是畲族女性患病。作为一个纯畲族村落，因病返贫给一个家庭带来比较大的影响，尤其是对畲族女性的影响会更大，因此重视畲族女性的医疗保障显得尤为重要。只有真正采取行之有效的措施来避免因病返贫现象的出现，才能巩固脱贫的成果，早日全面建成小康社会，提高人民的生活水平，实现每个人自由而全面的发展。

二、闽东畲族女性致贫原因

闽东畲族女性的贫困属于深度贫困，这种深度贫困是因为偏远地区、少数民族、女性等多重因素交叉，具有脆弱性。所谓交叉性，主要体现在分布区域、年龄、身份的交叉上，例如西部留守老年妇女和少数民族地区女性更容易陷入贫困，而她们中的单亲妈妈、患病女性等特殊人群则更是贫困的“重灾区”。[①] 因此，闽东畲族女性致贫原因也是多因素的叠加，因此需要找准靶向，而不能用单一的扶贫方式。单一的扶贫方式并不能有效实现闽东畲族女性的真正脱贫，而是需要我们关注到闽东畲族女性的贫困原因，做到精准扶贫。

（一）多重交叉的脆弱性

闽东畲族女性叠加了连片贫困地区、少数民族、女性等多重身份，这势必在经济、环境、社会保障方面都较为薄弱，因此要实现闽东畲族女性的精准扶贫和脱贫是一个艰巨而长期的过程。

穆云畲族乡地形起伏较大，大部分属中低山和丘陵，境内有白云山、笔架山、王土岗、高山、长湾山等五大山脉。[②] 畲族人口基本居住在较为偏远的山中，条件较为恶劣，生活交通不便。虽然目前畲族穆云乡已完成了竹洲村和上洋村的易地搬迁工程，但数量依然还是较少。同时，虽然竹洲村和上洋村已经完成了易地搬迁，但由于在城镇并没有什么谋生手段，她们依然会跑回原来的村落进行农业的劳作，由于对新环境的不适应抑或是对原有生活环境的眷恋之情导致还有一些老人继续居住在原有村落慢慢孤独终老。地理环境、交通不便让畲族这个“山哈”民族面临着整体经济贫穷以及生活窘迫这样的一种状态。目前国家实现的“村村通公路”、美丽乡

---

① 闫坤：《我国女性贫困特征及致贫原因——精准扶贫应引入性别因素》，载《中国妇女报》，2017年1月18日。

② 蓝炯熹主编：《穆云畲族乡志》，海峡书局出版社2014年版，第129页。

村建设等措施在一定程度上改善了人民的生活水平，但依然需要加大对畲族人民的关注，尤其是地处连片贫困地区的畲族人民，争取实现早日脱贫，实现人人共享改革发展的成果。

女性在社会地位、经济收入、受教育程度方面与男性相比处于弱势地位。贫困妇女把大量的时间分配给了没有报酬的家务劳动，没有更多的时间从事有酬工作，缺乏独立的经济地位。即使在经济条件相对较好的虎头村，畲族女性不仅需要帮助家庭做一些修剪树枝等活动，还需要承担家庭劳务，在这之余并没有其他闲暇时间从事其他有偿活动，更不用说有什么休闲活动了，这无疑给畲族女性脱贫造成了一定的挑战。在对畲族女性经济扶助方面有对贫困母亲的创业贷款，额度仅为 2 万元，且目前仅在虎头村和王楼村作为试点，对畲族女性经济收入的提升、经济地位的提高覆盖面不够广，效果还未充分显现。畲族女性参与政治生活的人也极少，据调查结果显示只有每个村的妇联主席是女性，且政府宣传的力度略显不足，这使得畲族女性对于国家大事、村务的了解少之又少，不能有效发挥畲族女性在扶贫过程中的作用。同时在对于种植作物的培训方面基本上也是畲族男性参与培训，有的甚至只有各个村的农机员参与培训，这对于畲族女性的技能获得不利，更不利于畲族女性的脱贫。

（二）生命历程的劣势累积

老年人在整个生命历程中，人体机能有从幼年阶段不断上升到成年后不断下降的趋势，尤其到了老年身体机能更弱。[①] 在整个生命历程中，老年畲族女性与老年畲族男性相比，在整个生命历程的劣势累积必然导致畲族女性在老年阶段将会面临着更加严重的挑战。

在少年期，畲族女性由于经济等方面的原因接受教育的比例比汉族女性的平均水平要低，畲族贫困女性之间由于贫困的代际传递且整个社会对于女性教育尤其是畲族女性教育的观念导致畲族女性受教育水平越来越低。

在成年期，畲族女性外出务工的也很少，基本都是在家或者去城市里照料孩子的生活和学习。根据第五次人口普查数据显示，穆云畲族乡男性非农业户占总人数的比例为 3.07%，女性非农业户为 3.1% ；第六次人口普查数据显示，穆云畲族乡男性非农业户占总人数的比例为 1.99%，女性非农业户为 2.2%，整个乡比例尚且这么低，畲族女性非农业户的比例应该更

① 吴宏洛、范佐来：《农村妇女的贫困与反贫困》，载《福建论坛》2007 年第 6 期，第 121 页。

低。通过对穆云乡妇联王主席的访谈，我们得知穆云乡畲族成年女性极少出去务工，若有务工流向基本是福安居多，且主要是在按摩器和茶作坊从事劳作，大部分人都会在孩子完成学业后返回家中。

在老年期，畲族老年女性自我供给的能力不足，且由于在少年期和成年期的积贫积弱努力劳作而带来的慢性病在老年期凸显出来，这势必会给畲族老年女性带来一定的困扰。中国女性的平均寿命比男性高 5 岁左右，丧偶的人群中也有 7 成是女性，因此空巢老年女性的比例也很高，畲族老年女性也会面临同样的困境，成为孤寡老人。畲族老年女性由于一生的时间都在从事农业劳作，在社会保障方面只能给予最基本的保障，并不能满足畲族老年女性的养老需求，因此在整个生命历程中，畲族女性都处于劣势地位。

（三）社会保障制度缺乏特殊性

闽东畲族女性的精准脱贫是一场持久而艰巨的任务，但目前对于闽东畲族女性的社会保障不足，尤其是在养老和医疗方面，造成了老年贫困和因病返贫现象频发。社会保障制度存在着性别盲视，在涉及少数民族等特殊群体的政策方面略显不足。

社会养老保障制度更多地从普遍的养老情况出发，没有从性别角色去建构相关的保障制度。根据图 3 可以看出老年女性和老年男性生活来源是不同的，老年女性经济独立性较老年男性是不同的，老年女性需要更多依靠家庭，而目前整个社会的抚养比为 3∶1；老年女性和老年男性在养老金获得上是不平等的，且老年女性的养老供给能力低于老年男性，因此，在老年女性的养老保障制度中应该看到两性养老的差异，从社会性别的视角加以构建，不断提高老年女性的生活水平。城乡老年女性的养老金获得也存在着差异，农村老年女性享有社会养老保障的仅为 31.1%，远低于城市老年女性的 73.3%，畲族老年女性地处更加偏远的农村，获得社会养老保障的比例更低，畲族老年女性贫困现象严重，既要从性别角度加以构建，还需要看到其他如民族、地域等特点，制定特殊的精准的社会养老保障制度。

在医疗保险方面，虽然医疗保险的覆盖率很高，但大部分女性是参加保险水平较低的城镇居民医疗保险和新型农村合作医疗保险，医疗保险水

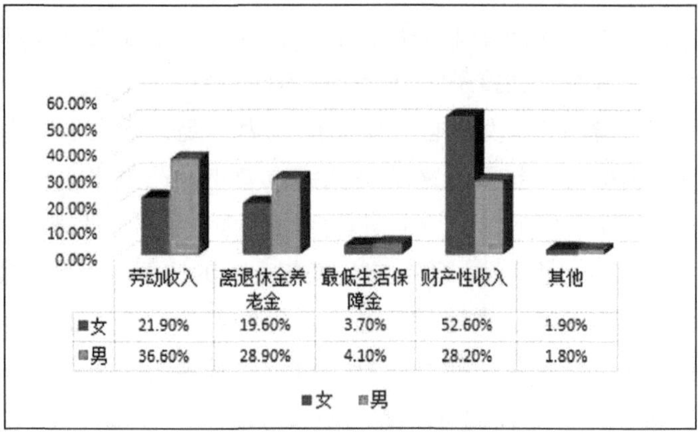

	劳动收入	离退休金养老金	最低生活保障金	财产性收入	其他
■女	21.90%	19.60%	3.70%	52.60%	1.90%
■男	36.60%	28.90%	4.10%	28.20%	1.80%

图 3　老人分性别生活来源

资料来源：根据第六次人口普查数据资料整理获得

平较高的职工医疗保险则远低于男性。[①] 畲族女性除了基本的新型农村合作医疗保险外，其他保险基本没有，而女性与男性相比患慢性病的比例更高，目前针对女性的仅有免费的“两癌”筛查，女性因病返贫的比例更高。在对穆云畲族乡妇联王主席的访谈中，她希望国家能够加大对畲族女性的医疗保障力度，使其覆盖面更广，让畲族女性免受因病返贫的困扰。因此，政策的制定更加需要关注特殊群体，尤其是畲族女性群体的医疗保障问题，逐步缩小群体的差距，最终实现全民健康快乐地生活。

三、闽东畲族女性脱贫路径

闽东畲族女性受多重因素的交叉影响，较男性、汉族女性而言更易遭受贫困。中国目前的扶贫方式是开发式扶贫与社会保障相结合，针对闽东畲族女性贫困的特点，应该树立马克思主义妇女观，将社会性别意识纳入政策制定的考虑范畴，运用特殊式开发扶贫，不断完善社会保障制度，最终实现闽东畲族女性的精准脱贫。

（一）树立马克思主义妇女观

马克思主义妇女观是对妇女社会地位的演变、妇女的社会作用、妇女

① 朱冬梅：《老年人社会福利性别差异分析——以山东省为例》，载《山东行政学院学报》2014 年第 12 期，第 35 页。

的社会权利和妇女争取解放的途径等基本问题做出的科学分析和概括。[①]《中国妇女发展纲要（2011—2020年）》提出，要从妇女生存发展的基本需求出发，着力解决关系妇女切身利益的现实问题，努力实现妇女在政治、经济、文化和社会等各方面的全面发展。社会主义的本质要求消除贫困，实现共同富裕。脱贫攻坚已进入关键期，重视对深度地区特殊群体的扶贫已成为重中之重。闽东畲族女性作为女性的一个重要组成部分，同样属于深度地区的贫困群体，更需要不断地予以关注。闽东畲族女性的精准脱贫需要牢固树立马克思主义妇女观，在马克思主义妇女观的指导下不断提高闽东畲族女性的经济地位、社会地位，进而实现闽东畲族女性自由而全面的发展。

（二）开展特殊式开发扶贫

闽东畲族女性由于条件和制度的原因，需要开展特殊式开发扶贫。目前闽东畲族女性急需解决的问题是提升闽东畲族女性的经济独立性。

要提升经济独立性，就必须走出一条能够提高闽东畲族女性经济收入的产业扶贫道路。习近平总书记在《摆脱贫困》一书中曾提到畲族地区在外来“输血”的同时，一定要增强自身的“造血功能”。这就是要根据本地的特点大力发展生产力，开发资源和开拓市场并举，走出一条具有畲族山区特色的市场、技术、资源相结合的开发路子。[②]《中国农村扶贫开发纲要（2011—2020年）》提出要充分发挥贫困地区生态环境和自然资源优势，推广先进实用技术，培植壮大特色支柱产业，大力推进旅游扶贫。穆云畲族乡虽然地理条件不佳，但穆云畲族乡气候受地形影响非常明显，具有山地、盆地气候等多种气候特点，气候类型呈多样性[③]，由此带来了丰富的旅游资源和可口的水果，有助于穆云畲族乡利用这些条件来进行产业扶贫。针对闽东畲族女性的产业扶贫可以在果酒、特色美食抑或是畲族文化方面下功夫，让闽东畲族女性真正参与其中，提高经济收入，实现经济独立。

开发式扶贫主要是通过闽东畲族女性自身的努力来摆脱贫困，这不仅需要闽东畲族女性的参与，更需要其不断提高自身的能力。闽东畲族女性可以通过受教育不断提升自身的素质和思想觉悟，自觉自主地参与到自我

① 江泽民：《江泽民文选（第1卷）》，人民出版社2016年版，第107页。

② 习近平：《摆脱贫困》，福建人民出版社1992年版，第120页。

③ 蓝炯熹主编：《穆云畲族乡志》，海峡书局出版社2014年版，第37页。

脱贫中去；可以通过接受培训掌握相关产业的技能，实现产业发展的科学性和可持续性，进而提高收入；主动了解和参与到村集体的决策中去，不断提高女性在参与决策和管理中的作用；将家务劳动进行合理分工，从而把更多的时间、精力投入到产业中去。

（三）普及完善社会保障制度

除了开发式扶贫，还需要社会保障制度来兜底。针对闽东畲族女性老年贫困现象以及因病返贫的发生，需要在养老保险制度和医疗保险制度方面有所体现。要解决闽东畲族老年女性养老问题，需要关注闽东畲族老年女性的现状，针对闽东畲族老年女性的特点不断完善老年女性养老保障体系，实现养老保险全覆盖，增建养老院，实现医养结合，让闽东畲族老年女性老有所养、老有所依、老有所靠。要解决闽东畲族女性的因病返贫现象，需要加强农村女性的大病医保救助体系，实行大病救助并加大大病救助的力度，不断完善社会保障制度。针对闽东畲族女性因病返贫的现象，应尽快实现医疗保障制度的全覆盖，让闽东畲族女性实现真正脱贫，从而实现整个民族的发展。

性别角色与社会地位

内蒙古少数民族妇女的抗日事迹与影响

赵图雅　刘　玥*

抗日战争时期，在国共两党建立统一战线的背景下，占全国人数一半的中国妇女以民族和国家利益为最高利益，以救国图存为共同目标，不分民族、阶层和党派，也不分地位、老幼、文化和职业等差别，全部投入到了抗日救国的历史洪流中，于是全国各地掀起了妇女运动的高潮。1936年11月中旬至12月中旬，傅作义率部在绥东、绥北经过红格尔图战斗、百灵庙战斗、锡拉木伦庙战斗击败日伪势力，取得绥远抗战的胜利。绥远抗战后，各地妇女组织慰问团、捐资捐物，以各种形式支援绥远抗战，激发了内蒙古少数民族妇女的抗战救亡热情。

一、内蒙古少数民族妇女抗日事迹

（一）抗日女王奇俊峰

在抗日战争时期，有七位女性曾被授予了将军军衔，有两位中将便是内蒙古的蒙古族妇女，分别是奇俊峰和巴云英，还有一位少将也是蒙古族，名叫额仁庆达赖，这三位女性都是蒙古王爷的夫人，在抗战中领导着族人

* 赵图雅，内蒙古师范大学马克思主义学院副教授，法学博士，中国社会科学院民族学博士后，研究方向：内蒙古近现代思想史。

刘玥，内蒙古师范大学马克思主义学院中国近现代基本问题研究专业研究生。

勇敢抗日，被人们称为“抗日三女王”。“抗日三女王”之一奇俊峰，蒙古族名字色布勒玛，1915 年出生于阿拉善和硕特旗一个蒙古贵族家庭。1934 年，不满 20 岁的奇俊峰嫁给了乌拉特前旗旗主，人称“石王”的札萨克石拉布多尔济，成了一名福晋。然而，只一年的时间她的丈夫乌拉特西公旗札萨克病逝，留下年轻的奇俊峰以及她腹中的胎儿。年轻的奇俊峰为保护丈夫王位，亲赴归绥拜见省主席傅作义，寻求支持，并赢得了执掌乌拉特西公旗的机会。

“七七事变”之后，为摆脱内蒙古亲日派伪政权的控制，号召全体乌拉特西公旗军政官员，表示接受绥远政府领导，并率部赴五原参加抗日。因此，也成为从日伪军占领区投向抗日阵营的第一个蒙旗王公。1938 年 5 月，奇俊峰被国民党中央军事委员会任命为乌拉特前旗防守司令部司令。1938 年 7 月 10 日，奇俊峰带领其军队借助地形的优势及对地形的熟悉程度，在后套的咽喉要塞西山嘴击溃敌军。奇俊峰以其独特的带兵作战方式和惊人的胆量，鼓舞着战士们勇敢杀敌，她的部队也因此而成为傅作义部下的一支抗战劲旅，被蒋介石称为“有胆有识的蒙古族女英雄”。抗战胜利后，奇俊峰回到王府，发布“告全旗人民书”，废除旧制度，推行新政。1947 年 7 月，她与幼王子被额宝斋等人杀害。[1]

（二）抗日女英雄巴增秀

巴增秀，蒙古族名字阿拉更，1916 年出生于一个内蒙古包头富裕的蒙古族家庭。上学期间，受到表哥勇夫和哥哥巴增华的影响，开始接受革命思想。1939 年 8 月，巴增秀等 20 多名蒙古族青年，在中共地下党员贾力更、奎壁的护送下，赴延安陕北公学学习。巴增秀在延安表现优秀，并于 1941 年加入中国共产党。1941 年 6 月，巴增秀在组织的派遣下回到了大青山抗日前线，从事地下工作。在大青山井儿沟归武县工作期间，她致力于当地文化和民族工作，面对艰苦的斗争环境，巴增秀和所有的男同志一样在夜里进行活动，对群众进行抗日宣讲。

1941 年冬天，日军加紧了扫荡的步伐，大青山根据地形势更加严峻。巴增秀被派到井儿沟一带继续宣传抗日，鼓励乡亲们坚持斗争，同时组织群众重建家园恢复生产。为了办好合作社，她多次冒着生命危险把生活必需品从城里运回山区，补充游击队的各种需要，也给群众生活带来了方便。1942 年春天的一个晚上，巴增秀在窑洞中正准备休息，日军突袭了村庄，她迅速起身组织村民转移。在转移途中，巴增秀突然早产，出血不止，当军医赶来时，为时已晚。巴增秀永远地闭上了眼睛，年仅 26 岁。中华人民共和国成立后，大青山井儿沟烈士陵园为巴增秀树立了烈士碑，以此来缅怀这位年轻的蒙古族抗日女英雄。[2]

二、内蒙古少数民族妇女抗日的原因

（一）抗日民族统一战线的形成，推动了各地妇女运动

1935 年 12 月，中国共产党中央政治局在瓦窑堡举行会议，明确指出："党的任务就是把红军的活动和全国工人、农民、学生、小资产阶级、民族资产阶级的一切活动汇合起来，成为一个统一的民族革命战线。"[3] 1937 年 8 月，洛川会议上通过了著名的《抗日救国十大纲领》，纲领中指出："在国共两党彻底合作的基础上，建立全国各党各派各界各军的抗日民族统一战线，领导抗日战争，精诚团结，共赴国难"。[4] 中国共产党的主张不仅为抗日战争提供了指导方针，也为妇女运动的发展指明了方向。1937 年 9 月，根据洛川会议的精神，中国共产党制定了《妇女工作大纲》，制定了：以动员妇女力量参加抗战，争取抗战胜利为基本任务。经过统一战线的活动和组织，团结各阶层广大妇女群众在党的周围，并特别注意发动和组织劳动妇女，为我党妇女工作的路线。[5] 1938 年的"三八"节后，中国共产党向国民党提出建立全国妇女统一战线的提议。

1938 年 5 月 20 日，宋美龄以个人名义邀请各地妇女领袖在庐山召开妇女工作谈话会。这次会议肯定了建立妇女组织的必要性，拟定了工作纲领《动员妇女参加抗战建国工作大纲》，这一方案在工作方针上与《抗战建国纲领》保持一致，而且采纳各方面妇女代表的意见，成为一个被妇女界普遍接受的工作计划。中国共产党派出邓颖超、孟庆树参加了这次谈话会，共同商讨建立妇女统一战线事宜。1939 年 2 月，中共中央制定出《关于开展妇女运动的决定》，强调建立健全各级妇女组织，培养妇女干部。党主要采取了三种方式来健全妇女组织，首先，按照各种不同的职业组织妇女。例如，女工参加职工会，农妇加入农会。其次，成立包括一切妇女的妇女联合会组织如全国妇女联合会。最后，依据不同的战时工作性质，在职业团体和妇女联合会周围，建立各种妇女救亡团体和附属组织如女护队、歌咏队。[6] 正是因为中国共产党的抗日民族统一战线方针以及建立健全各级妇女组织、培养妇女干部等实际行动，号召蒙古族妇女团结在抗战的旗帜

下，推动了举国上下轰轰烈烈的妇女运动热潮。

（二）绥远抗战的炮声，唤醒了内蒙古少数民族妇女的爱国之心

1931 年 9 月 18 日，日本关东军挑起柳条沟事件。“九一八”事变后，在短短的 4 个月零 18 天之内，即侵占了我国东北 3 省和内蒙古东部地区的主要城镇和铁路线。1932 年 1 月，日本侵略者在其《中国问题处理方针纲要》中提出：在满蒙建立与中国分离的“独立政权”。3 月即操纵建立了伪满洲国，在内蒙古东部地区设立了伪兴安省。日本在内蒙古东部地区建立了伪满洲国以后，加紧了对内蒙古东部地区的殖民统治。与此同时内蒙古西部大部分地区也沦为日本帝国主义的殖民地，并策划建立了伪蒙疆政权，成为在中国北疆建立伪蒙古国的雏形，并欲西侵我国大西北。1936 年 10 月，关东军制定了侵绥计划。关东军参谋田中隆吉接任驻化德特务机关长，直接指挥伪军行动。1936 年春，蒋介石调中央直属部队 5 个师进入山西，准备支援晋绥军，抵抗入侵绥远的日伪军。5 月 27 日，蒋介石致电阎锡山，要求其增兵援助绥远傅作义。

绥远抗战从 1936 年 11 月 15 日开始，到 12 月 19 日结束。整个抗战又分为红格尔图战斗、百灵庙战斗和锡拉木楞庙战斗。其中尤以百灵庙战斗影响最大，因而人们通常把绥远抗战称作“百灵庙战役”或“百灵庙大捷”。绥远抗战胜利的消息传到中国各地，各地妇女组织各种救国团体与武装力量，不少青年女子留书出走去参军，各高校的女学生积极开展游艺会为援绥运动募捐等等。绥远抗战的胜利及援绥运动的发展激发了内蒙古部分上层少数民族妇女和广大农牧民妇女的爱国热情和民族责任感，增强了抗日信心和斗志，使她们成为一名坚定的抗日女战士。

（三）中国共产党创建大青山根据地，培养了少数民族妇女干部

1937 年 8 月，日军察哈尔派遣兵团在以板恒征四郎为团长的日军华北方面军直辖第五师团配合下，占领张家口。9 月 4 日，“伪察哈尔政府”在张家口成立。后按照其制定的侵略计划，向平绥路西段进攻。9 月 13 日，日军占领大同，随即在 10 月 15 日成立了伪“晋北自治政府”。在此，傅作义任总司令的第二战区第七集团军担负察绥前线的抗敌任务，而阎锡山却率部南撤，守护太原。守护绥远的部队战斗力很弱。9 月 23 日，日军分别占领丰镇、集宁。10 月 11 日，日军第一团占领凉城后，在德王、李守信伪蒙军八个师的配合下，沿平绥铁路向绥包进犯。11 月，侵占了准格尔旗黄

河以北地区和达拉特旗部分地区。至此，内蒙古西部地区除了伊克昭盟大部、河套地区和阿拉善、额济纳旗以外，内蒙古西部地区的主要城镇和主要交通线平绥铁路相继沦于敌手。[7]

1938 年 5 月，中共中央做出了《关于沿大青山脉建立游击根据地的指示》和《关于建立大青山游击根据地及党的政策的指示》，在平绥路以北，沿大青山脉建立游击根据地既重要而且可能，是中心任务。要以长期游击战争为一切政策的出发点，处处照顾到傅作义的统一战线，团结蒙汉人民联合抗日，培养蒙古族干部。1938 年 8 月底，大青山抗日根据地游击队 2300 余人，由八路军 120 师 358 旅 715 团政治委员李井泉和参谋长姚喆率领，突破敌防线进入武川县境，9 月到达大青山。随后，大青山支队攻克乌兰花镇，开展抗日宣传，李井泉率部进驻武川县井尔沟，开辟根据地，在井尔沟柳沟门村首次召开会议，研究建立乡村基层抗日政权、军事部署等问题。毛主席亲自决策，组建八路军大青山支队，创建了党政军机构完整、军民一体、民族团结的大青山抗日游击根据地，坚持了艰苦卓绝的 14 年抗日斗争，完成了中共中央的战略部署，即牵制日本侵略军南下进攻抗日圣地陕甘宁、西进大西北。巴增秀就是中国共产党在革命根据地培养的女干部。

三、内蒙古少数民族妇女抗日事迹的影响

（一）少数民族妇女抗日事迹，促进了内蒙古妇女的觉醒和解放

全国妇女援绥活动以后，特别是 1937 年“七七事变”后，内蒙古地区成为抗日斗争的前线。内蒙古乌拉特西公旗札萨克的夫人奇俊峰、达茂明安旗王爷福晋额任庆达赖、东公旗额王的福晋巴云英的抗日事迹逐渐传入农村、牧区，激发了广大的农牧民劳动妇女的爱国心和责任感，她们积极投身到反对日寇的斗争中，逐渐成为内蒙古地区一支重要的革命力量。内蒙古妇女长期以来受封建压迫，日寇侵略以后，妇女备受蹂躏，她们的反抗意识十分强烈。在进行抗日救亡的同时，内蒙古少数民族妇女结合自身的利益开展妇女解放的斗争，争取妇女在政治、经济和其他方面的平等权利。少数民族妇女的抗日事迹，有力地促进了广大少数民族妇女的觉醒和思想解放。

（二）少数民族妇女抗日事迹，加速了内蒙古地区抗日战争的胜利

1937年“七七事变”后，日军侵占了内蒙古大部分地区，胁迫各盟、旗的上层人士接受日伪统治。在民族危亡的关键时刻，有三位旗王爷的夫人奇俊峰、巴云英、额仁庆达赖，在王爷去世后临危受命，掌管军政要务，自觉承担起应尽的义务，成为内蒙古地区抗战中一支特殊而不可或缺的革命力量，为内蒙古的抗日战争的胜利献出了自己的力量和宝贵的生命。内蒙古少数民族妇女的抗战事迹对内蒙古广大妇女来说，是一次宣传、是一次号召、是一次示范。中国共产党抗日妇女统一战线的方针，代表了妇女运动的正确方向。在内蒙古少数民族妇女英雄事迹的影响下，经受苦难的内蒙古广大妇女，以新的姿态走上历史的舞台，逐渐成为内蒙古解放的一支重要的力量。

（三）少数民族妇女抗日事迹，推动了中华民族解放进程

抗日战争时期的内蒙古少数民族妇女，在国难当头的危急时刻，投入到抗日救亡运动中，充分展示了抗日民族爱国统一战线的伟大力量。既采取军事斗争的形式，也以其他的斗争形式，如抗战宣传、教育以及募捐等形式，有力地打击和牵制了日军的进攻，进行保家卫国的斗争。在根据地妇女自觉地组织起妇女自卫军和女民兵组织，投入到武装斗争中，涌现出不少像巴增秀一样的抗日女英雄。毛泽东同志曾经高度评价了中国妇女运动对抗日战争的作用：“假如没有占半数的妇女的觉醒，中国的抗战是不会胜利的。”[8] 这一时期的少数民族妇女把自身的解放和挽救民族危亡的解放运动紧密地结合起来，以自己的方式推动了中华民族解放的进程。

参考文献

[1] 程昱．奇俊峰：抗日“奇女王”[J]．中国民族报．2005年（7）．

[2] 呼和浩特市委党校．巴增秀：蒙古族抗日女英雄[N]．北方新报．2017年，5（23）：15．

[3] 毛泽东选集（第一卷） [M]，北京：人民出版社1991年，第151页．

[4] 毛泽东选集（第二卷），[M]，北京：人民出版社1991年，第356页．

[5] 全国妇联妇运史研究室．中国妇女运动历史资料（1937－1945），

中国妇女出版社 1991 年，第 1 页.

[6] 曹亚萍. 抗日战争时期中国共产党妇女运动的方针与政策 [J]. 法制与社会. 2010 年 (8).

[7] 郝维民. 内蒙古近代简史 [M]. 呼和浩特：内蒙古大学出版社 1992 年，第 166 页.

[8] 毛泽东著作专题摘编 (下编) [M]. 北京：中央文献出版社 2003 年，1640 页.

论达斡尔族妇女社会地位的变化

——以莫力达瓦达斡尔族自治旗达斡尔族妇女为例

娜仁其木格*

中华人民共和国成立60多年来，我国重视妇女进步和发展工作，提倡提高妇女地位，鼓励支持妇女参与社会生活，制定了一系列妇女权益、实现男女平等的法律、法规、条例，保障了妇女在文化教育、参与政治、劳动就业、生育与妇幼保健等方面的权益。在各方的努力及妇女自身意识的不断提高下，我国妇女地位得到了明显的提高，少数民族地区少数民族妇女地位也得到了一定程度的改善。

达斡尔族是我国北方人口较少民族之一，据2010年人口普查资料全国达斡尔族人口有131992人，主要分布在内蒙古自治区、黑龙江省，占全国达斡尔族人口的92.48%。莫力达瓦达斡尔族自治旗（以下简称莫旗）是内蒙古自治区呼伦贝尔市达斡尔族聚居区，成立于1958年8月15日，是内蒙古自治区三个少数民族自治旗之一，2013年莫力达瓦达斡尔族自治旗总人口330527人，达斡尔族人口32866人，占总人口的9.94%。素有“大豆之乡”“曲棍球之乡”“歌舞之乡”美誉，全国重点尼尔基水利枢纽工程位于莫旗境内。本文主要以内蒙古自治区呼伦贝尔市莫力达瓦达斡尔族自治旗达斡尔族妇女为例分析论述达斡尔族妇女社会地位的变化。

一、妇女社会地位的变化

在我国重视提高妇女社会地位政策的驱动下，越来越多的妇女走出家

---

* 娜仁其木格，内蒙古社会科学院民族研究所副研究员。

门参与社会活动，妇女社会地位发生了很大变化。《中华人民共和国妇女权益保障法》规定：“妇女在政治的、经济的、文化的、社会的和家庭的生活等方面享有与男子平等的权利。国家保护妇女依法享有的特殊权益，逐步完善对妇女的社会保障制度。禁止歧视、虐待、残害妇女”。综观达斡尔族聚居区妇女地位变化体现在诸多方面，我们主要从受教育程度提高、就业人口增加等方面分析论述达斡尔族妇女社会地位的提高。

（一）受教育程度稳步提高

受文化教育是妇女的基本权益，在莫旗很多女性都享受到了九年义务教育，且近几年来受高等教育的女性越来越多。在“只有受教育才有出路”的思想影响下，供子女上学在达斡尔族中是比较普遍的现象，并且在受教育方面男孩女孩一律平等对待。我们在调查中得知很多家庭女孩受教育程度高于男孩，这也是达斡尔族历来重视教育事业的一种体现。

在此，我们通过访谈具体了解到达斡尔族妇女受教育的情况。

> 访谈 1. 一位沃姓达斡尔族老人的三个孩子都是大学生，姑娘研究生学历，在三个孩子中学历最高，在我们调查的村里也是学历最高的女孩。这位沃姓达斡尔族老人认为受教育方面要看子女的意愿，没有男女之分，如果子女想上学很多达斡尔族家庭会全力支持。①

> 访谈 2. 一位很小就搬迁到莫旗尼尔基镇（莫旗旗政府所在地）居住的达斡尔族妇女说，她父亲是为了让子女们接受良好教育才搬来镇里生活的。②

通过访谈可以看出，达斡尔族父母平等对待男孩女孩受教育问题，访谈 1 中支持姑娘读研究生充分体现了达斡尔族家庭女孩享受到了受教育权益。我们在调查中也了解到，很多父母支持女孩受教育，认为有了知识就有出路，大学毕业还能找到一份安稳的工作，父母把教育的重要性与职业联系得如此紧密，把教育视为体现自身价值、参与社会生活的基础。

---

① 娜仁其木格、德红英：《霍日里村达斡尔族文化记录与现状调查》，2013 年度国家社科规划委托项目《北部边疆历史与现状研究》子课题《现代中国达斡尔族、鄂温克族、鄂伦春族文化记录与现状调查》课题，打印本。

② 娜仁其木格、毅松、德红英：《走出森林草原——达斡尔族人口城市化研究》，内蒙古教育出版社 2013 年版，第 46 页。

我们根据三次人口普查资料6岁及6岁以上莫旗达斡尔族女性受教育情况，从女性受教育人口比例看，1990年为86.5%，2000年为95.05%，2010年为99.03%。从受不同教育程度看，受中专以上教育程度人口合计1990年占3.55%，2010年占9.46%，在20年间增长了5.91个百分点。从受小学教育程度人口看，1990年占51.27%，2010年占27.51%，在20年间减少了23.76个百分点。从受教育男女比例看，1990年女性占48.22%，2010年女性占50.13%，在2010年女性受教育人口高出了男性。可见，在聚居区达斡尔族女性受教育人口呈现了增长趋势，越来越多的女性享有文化教育的权益。

（二）妇女职业人口逐渐增多

妇女就业是妇女社会地位很重要的体现。“就业是妇女参与社会的基本形式，也是妇女获得经济独立的基本保障。”① 经济是维持一个家庭的必备条件，妇女经济收入是衡量妇女社会地位的一个重要因素。据2009年我们对莫镇尼尔基镇（莫旗旗政府所在地）达斡尔族妇女问卷的统计资料看，回答问卷的76位妇女中，有16位没有职业，因此没有收入，占21.05%，有职业者中有10位是打工，15位是临时工，这两项合计占32.89%，可见工作不太稳定。其他都在行政、事业单位工作，占调查人数的46.06%。其中有行政职务的7人，有技术职务的13人。有职业者中月收入在1000元以下的占25%，月收入在1000至2000元和2000元至3000元的各占23.68%，月收入在3000元以上的占6.58%②。从以上数据可以看出，尼尔基镇部分达斡尔族妇女参与劳动，有正式工作，收入比较稳定，但也有部分妇女没有职业或工作不稳定。职业不同收入有差距，从生活在乡镇与农村的妇女来看，在乡镇居住的女性有机会参加工作或打工，能挣工资生活，但居住在农村的女性靠种地生活，耕地面积多收入相对高，耕地面积少收入相对低，耕地面积的多少决定家庭收入的高低。这组数据是依据2009年调查资料获取的，虽然是8年前的数据，但能从一个侧面反映出莫旗妇女的职业状况。

达斡尔族妇女为体现自身价值努力争取机会，为提高其社会地位做出

---

① 郑玉顺主编：《女性与社会发展——第二届妇女发展国际研讨会论文集》，中央民族大学出版社2002年版，第14页。

② 根据《城镇达斡尔族问卷调查》统计数据统计。

了一定的工作贡献。20 世纪 70 年代，一些达斡尔族农村青年妇女组建了“铁姑娘队”，“铁姑娘队”是“姑娘们一起干活，一起娱乐，在村子里形成了一个团结向上、充满活力的青年妇女队伍，生产中姑娘们个个干劲十足，生活中她们能顶半边天。她们割草、打草、拔草，冬天修坝，春天积肥，为生产队搞副业，拉沙子。”[①] 受“男主外女主内”观念的影响，达斡尔族妇女能组建“铁姑娘队”参与社会劳动，为社会做贡献，为当地建设出力，这是达斡尔族妇女通过自身努力提高其社会地位的尝试，充分体现了妇女自身意识的提高对于提升妇女社会地位的作用。

在此，我们通过访谈了解到达斡尔族妇女打工的经历。[②]

案例 1. 达斡尔族妇女初中毕业后学过裁剪。1995 年北京新盛皮革厂在莫力达瓦达斡尔族自治旗招初中毕业在家待业者。1997 年又到北京一个时装公司做了半年缝纫工，以后在莫旗加州牛肉面馆当过炝菜工，又在西瓦尔图、坤米尔堤开过服装店。后来，她的母亲在尼尔基镇开了话吧、洗衣房，做服装，跟着母亲做服装，后来逐渐专门做达斡尔族服装。

案例 2. 一位达斡尔族妇女初中毕业后在饭店打工、在宾馆当服务员，老公在饭店当厨师，没有自己的房子，租房子住。她觉得生活比较困难，像她这样没有耕地，没有固定工作，生活比较困难的达斡尔族都靠打工维持生活。

通过访谈可以看出，掌握技能对于妇女找工作起到了积极作用，在当代达斡尔族妇女身上呈现了自力更生，靠自身努力寻找工作的现象，充分体现了妇女社会参与度的提高，相继提升了自身的社会地位。

从人口普查资料比较分析莫旗妇女职业情况，女性职业人口比例 1990 年为 26.87%，2000 年为 32.28%，2010 年为 40.43%，女性职业人口呈现逐年上升的趋势。从职业分布看，主要集中在农、林、牧、渔、水利业，这与农村人口多有直接关系。从 2010 年第六次人口普查资料看，全旗达斡尔族妇女中有职业的占少数，在全旗未工作人口中妇女占 64.56%。生活环

---

① 毅松、毛艳：《达斡尔族：内蒙古莫力达瓦旗哈力村调查》，云南大学出版社 2004 年版。第 107 页。

② 娜仁其木格、毅松、德红英：《走出森林草原——达斡尔族人口城市化研究》，内蒙古教育出版社 2013 年版，第 40、88 页。

境不同职业也有所不同，很多居住在农村的妇女除了种地没有其他职业。莫旗妇联为了给妇女扩宽就业渠道，增加家庭收入建立了各种基地，以"妇代会+协会的模式发展大鹅养殖，建立商品羊、獭兔、食用菌、马铃薯、反季节蔬菜、菇娘等34个基地"①，2013年"扶持50名妇女创业"②，为一部分妇女拓宽了就业渠道，带来了创业机遇，保障了妇女劳动权益，实现了妇女参与社会的愿望。

二、妇女面临的困境

莫旗很多达斡尔族妇女文化教育、婚姻家庭等权益得到了保障，但总体上看妇女受高中教育人口普遍较少、妇女就业面窄、享受权益不平等、妇女贫困人口较多等问题比较突出，在此做简要分析。

（一）达斡尔族妇女受高中教育人口较少

从2010年人口普查资料看，6岁及6岁以上女性人口中受大学专科以上教育程度合计占9.46%，受高中教育程度人口占15.17%，受初中教育程度人口占47.85%，妇女中受高中以上教育程度人口相对较少，受教育程度普遍集中在初中。莫旗各个乡镇学校没有高中，所以很多乡镇的子女读到初中就辍学的情况比较普遍，要想上高中就得到尼尔基镇（莫旗旗政府所在地）就读，虽然国家有各种政策支持少数民族上学难问题，但子女离开家庭、父母，出现想家、厌学等现象，从而导致部分农村子女辍学，读高中的人口明显减少。

（二）妇女就业面窄

从2010年莫旗人口普查资料看，全旗妇女职业人口中从事农、林、牧、渔、水利业生产人员占职业人口的81.32%，从事其他职业人口合计占职业人口的18.68%，可见从事第一产业人口比例较高，在行政、事业单位工作的妇女很少。在农村居住的妇女人口多，在农村职业分布窄的状况下很难从事其他职业，因此，第一产业人口多是必然现象。

---

① 莫力达瓦达斡尔族自治旗史志编纂委员会：《莫力达瓦达斡尔族自治旗志（1993—2005年）》，内蒙古文化出版社2008年版，第555页。

② 《2013年度莫旗妇联领导班子工作总结》（内部资料），莫旗妇女联合会提供，2013年12月。

（三）享受权益不平等

莫旗很多达斡尔族妇女都享受到文化教育、婚姻家庭权益，部分妇女的政治权利、劳动权益、人身权利、财产权益很难得到保障。由于很多农村妇女思想观念落后、受教育程度低、懂法知法程度低，导致法律维护权益意识薄弱，合法权益受到侵害时没能及时得到保护。有些妇女不愿意参与社会生活，甘于在家庭生活中体现价值，这就需要有关部门鼓励支持、引导妇女走出家门走向社会，全面提高妇女地位，保障妇女合法权益。

（四）存在妇女贫困人口

在莫旗有部分妇女由于没有固定工作、没有耕地牲畜、疾病等原因导致贫困。部分妇女自身能力弱有些工作很难胜任，很多妇女在饭店、旅店当服务员，收入低或没有收入，使得部分妇女陷入贫困状态，成为贫困人口。虽然国家出台了一系列政策扶持贫困妇女，很多妇女享受到了社会保障制度，但一个家庭不仅需要政策性收入，更需要劳动性收入来支撑家庭经济。

法律保障，社会重视，妇女意识的提高会促使越来越多的妇女走出家门参与社会活动，在社会中找到立足之地，参政议政，被社会容纳，妇女的社会地位与以往相比发生了显著变化，得到了明显的提高。

参考文献

[1] 莫力达瓦达斡尔族自治旗史志编纂委员会. 莫力达瓦达斡尔族自治旗志（1993—2005 年）. 内蒙古文化出版社，2008.

[2] 莫力达瓦达斡尔族自治旗统计局、莫力达瓦达斡尔族自治旗第六次人口普查办公室编. 莫力达瓦达斡尔族自治旗 2010 年人口普查资料.

[3] 莫力达瓦达斡尔族自治旗统计局、莫力达瓦达斡尔族自治旗第五次人口普查办公室编. 莫力达瓦达斡尔族自治旗 2000 年人口普查资料.

[4] 莫力达瓦达斡尔族自治旗统计局、莫力达瓦达斡尔族自治旗第四次人口普查办公室编. 莫力达瓦达斡尔族自治旗 1990 年人口普查资料.

[5] 满都尔图. 达斡尔族. 民族出版社，1991.

[6] 高娃. 农村达斡尔族妇女劳动生活及其变迁研究. 2007 年内蒙古大学硕士论文. 打印本.

流动视野下少数民族妇女性别角色重构研究

——以南阳聚居的维吾尔族为例*

孙　嬉**

引　言

性别角色是社会性别研究的重要内容。性别角色差异往往通过人们的行为、思想、情感等诸多方面呈现，究其原因一方面基于自然性别的不同，另一方面则是来自社会文化的建构。自然性别相对比较稳定，因而影响性别角色特征的因素主要来自社会文化方面。20世纪60—70年代以来，受女性主义思潮影响，很多学者已经在这方面开展了非常丰富的研究，尤其对影响和形塑性别角色的诸多因素进行了细致考察。这些主要的研究理论通常把性别关系和性别角色放置于列维-施特劳斯式的二元对立框架之中来讨论。① 在这种框架中，男性往往更多地与工作和公共生活相关联，而女性则通常被认为是属于家庭和私人领域。② 如中国社会传统的“男耕女织”观念

---

* 本文为2016年度国家社会科学基金项目“交往交流交融视野下南阳聚居维吾尔族流动人口研究”（16CMZ030）的阶段性成果。

** 孙嬉，中国社会科学院民族学与人类学研究所助理研究员。

① 张骊：《城市里的陌生人：中国流动人口的空间、权力与社会网络的重构》，南京：江苏人民出版社2014年版，第125页。

② Rosaldo, Michelle Z, “Woman, Culture, and Society: A Theoretical Overview,” in M. Z. Rosaldo and L. Lamphere, eds., *Woman, Culture, and Society*, Stanford, California: Stanford University Press, 1974, p. 17-42.

便是这一性别分工体系的集中体现。基于性别分工进而衍生出一套相应的象征分类体系。这套分类体系不仅赋予性别角色不同的权利地位，而且还将其与荣誉和道德建立对应关联。主导公共事务的男性通常被认为拥有比负责家庭事务的女性更多的权利，因而在很多社会中男性比女性获得更多的尊重。①

这种结构主义式的分析框架大多立足于人口相对稳定的社会，并未专注于流动人口或移民群体。与人口较稳定的社会相比，人口空间流动自然会导致社会的重新组织和权利体系的重新调整。那么这些变化会如何影响以往的性别权利关系呢？20 世纪 90 年代之后，一些受女性主义思潮影响的流动人口研究学者开始注意到这一议题。他们关注的核心就是人口的空间流动如何影响性别关系的改变和性别角色的重塑。20 世纪 80 年代以来中国社会大规模的人口流动为开展这一议题的研究提供了大量案例。中国西部和乡村的女性走出家庭，参与公共生活，投入各种各样的城市工作和商业活动中，其中很多人都成为其家庭经济收入的重要来源。按照二元结构的分析框架，这样一种分工形态的变化，势必会带来女性地位和角色的改善。然而，现有的一些研究表明，这一理论推测并不准确。这些女性在经济上对家庭的贡献或许确实有助于改善其在原生环境中的地位，能够获得更多一点的空间和尊重，但她们所进入的新环境很快又会生成新的性别等级关系，使这些女性在新的环境中再次沦为从属地位。李静君所揭示出的女工所遭遇的“地方专制”和“家庭霸权”正是形塑新的性别等级的重要机制。②

由此可见，二元对立分类法倾向于认为文化传统和历史造就的社会空间会形塑特定的性别和权力关系，但随着时空变化社会空间意义本身也会不断改变。人口的流动使得流出地和流入地两种生成性别关系的社会文化逻辑同时发挥作用，使性别角色重塑的过程变得更加复杂。新环境中重新形塑性别关系的因素本身的不确定性也增加了研究难度。前述李静君、潘毅等人的研究大多关注东南沿海工厂生产体制中的性别关系及其变化，在这种情境下，资本、市场成为形塑性别关系的重要因素，相对而言，她们较少关注流动群体自身的特殊性和来自政府体制权力在其间发挥的作用。

① 佟新、龙彦：《反思与重构：对中国劳动性别分工研究的回顾》，载《浙江学刊》2002 年第 4 期。

② Lee, Ching Kwan, Gender and the South China Miracle: Two Worlds of Factory Women, Berkeley: University of California Press, 1998, p21.

在人口流动导致多样化的社会情境中，形塑性别关系和性别角色的社会因素也需要在具体情境中来具体分析。本研究所讨论的南阳维吾尔族群体同样是中国流动人口潮流中的一部分，但相对于东南沿海的打工群体而言，他们面临的环境有其自身的特殊性。

在移民社会逐渐形成和不断发展的今天，少数民族流动人口成为学界的研究热点和重点。笔者从2014年开始关注聚居在南阳的流动维吾尔族群体，并先后于2016年5月、2016年7月赴南阳，2017年5月赴南阳、苏州、义乌，2017年7月赴新疆乌鲁木齐、和田进行累计为期4个多月的实地调研，一方面进行了大量细致的访谈，包括维吾尔族流动人口58人次，其中女性28人次，流入及流出地相关政府机构管理人员45人次，流入地普通百姓32人次，整理访谈资料12万字；另一方面对这一群体的经商及日常生活进行深度的参与观察，整理田野材料6万字，并收集了大量相关政策文件。笔者发现，维吾尔族流动人口与流入地居民在形成新的地域共同体（community）的过程中，该群体中妇女的性别角色在从家乡到南阳长住的过程中发生了重大改变，为适应新的家庭生活方式和新的社区公共生活及管理方式，其性别角色的变化究竟如何发生？如何定位？本文基于长期的实地调研，对上述问题进行了专题研究。对丰富细化少数民族人口流动研究具有积极意义，同时，对于探索城市少数民族流动人口管理模式也有重要的参考价值。

一、玉石贸易与流动维吾尔族妇女

河南省南阳市是国内重要的玉石交易中心。石镇位于该市中心以西40余公里处，是当地最重要的玉石加工和批发基地，常住人口7.2万，以汉族为主。[①] 2000年前后，来自新疆和田等地的维吾尔族开始零星来到当地贩卖玉石，随着和田玉市场逐渐升温，聚集到此的维吾尔族也越来越多。其中部分商贩逐渐改变独自流动经营的方式，开始长期驻守当地，并将老家的妻子、儿女接到身边，当地维吾尔族人口数量也随之迅速增加。2007年奥运会金镶玉奖牌中和田玉的使用令其在国内名声大振，进一步刺激了该地和田玉市场的发展，向好的市场和巨大的利润使更多的维吾尔族开始卷入玉石贸易行业，长住石镇的人数一度多达3000余人，短期流经此地的人数高峰期达1万人以上。2013年以来，受整体经济形势下滑影响，和田玉贸

① “石镇”为化名。后文中涉及具体的人名亦同样采用匿名化处理。

易逐渐转入低谷期，石镇的维吾尔族数量急剧减少，最新统计显示常住人口仅有 1000 人左右，其中儿童 300 余人，成年女性人口大概为 200 余人。这些维吾尔族 94%来自以和田为主的南疆各地州，其余分别来自伊犁、乌鲁木齐等地。①

玉石贸易完全不同于维吾尔族传统定居农业的生计方式，随生意而流动是这些玉石商人的生活常态。石镇作为重要的玉石加工和批发基地，玉石是当地人主要的生计来源，截至 2016 年，该镇已经发展出 8 个大规模的玉雕玉石市场和超过 5 万的玉石从业人口。维吾尔族商人进入当地之后主要经营和田玉原石，聚集效应逐渐形成这一群体独具特色的市场空间。早些年他们在石镇广场周边摆摊经营，后来根据政府规划建立了天下玉源市场，南北大厅共设 530 个摊位，主要由维吾尔族商人租用经营。维吾尔族商人们从和田购入玉石后，以此为据点向外出售。其经营方式主要有三种。第一种是每天上午在石镇市场摆摊；第二种是每周五下午乘车前往苏州、义乌等地的玉石市场摆摊；第三种是通过同行介绍买家，送货上门交易。因此，周期性往返奔波于和田、石镇、苏州、义乌等地是玉石商人们的常态，但这主要是男人们的工作，女人们则相对稳定地居住于某一市场附近，主要负责照顾孩子，安排一家人的一日三餐，料理家务等，石镇便是其中最主要的一个聚居地。

聚居石镇的维吾尔族虽族属相同，但由于过去在新疆生活的地域、家庭背景、受教育程度等各种因素的差别，这一群体内部依然存在较大差异，女性也不例外。这里的维吾尔族妇女几乎都是随丈夫迁居至此，因此大部分都来自南疆各地州的农村地区，少数来自城镇。来自农村地区的妇女教育水平普遍偏低，30 岁以上的大部分只上过小学，且其中多数未毕业；20—30 岁的大部分初中毕业就结婚，能够读完高中的极少。因此，她们的普通话水平普遍不高，刚到石镇只有少数人能够用普通话进行比较流畅的交流。少数来自城镇的妇女教育程度相对较高，其中不乏个别接受过高等教育。面对同一个新环境，她们的境遇既有许多相似之处，又由于各种差异在适应变化的过程中经历着不同的生命体验。

① 关于石镇维吾尔族的人口数据是笔者于 2016—2017 年调研期间根据对当地政府相关工作人员的访谈口述中整理而得。

二、家庭生活中的性别角色重塑

家庭是维吾尔族妇女生活的重心。传统维吾尔族社会的婚姻家庭观念受到宗教和父权制观念的影响，男性和女性在家庭生活中的关系是非常不平衡的。通常情况下，"女性对自己婚姻的选择权狭小""被要求早婚现象普遍""在家庭中的地位相对低下"等被认为是传统维吾尔族女性家庭生活的重要特征。[①] 随着中国社会的发展，相关法规不断完善，维吾尔族在婚姻家庭观念和习俗方面都发生了很多变化，女性在家庭生活中的地位得到了显著提高，但在乡村和偏远地区，一些相对保守的思想依然还在一定程度上影响着人们的生活。根据石镇来自和田农村的维吾尔族妇女描述，早婚在其家乡依然很普遍；婚后妇女不仅要承担所有家务，而且还要从事繁重的农业生产劳动；已婚妇女要遵循一系列严格的礼仪和习俗禁忌，被限定在非常狭窄的生活空间。来自城镇的妇女处境会相对较好。然而，从家乡到内地，地域空间的流动带来生计方式的变化，加之玉石行业特殊的经营模式，使家庭模式及家庭生活中的传统性别观念随之发生变化；进入内地自然发展的相当长一段时期，群体内部人员构成的复杂性以及自发分散租住当地民房的居住模式，在空间和心理上都加强了这一群体内部的区隔和不安全感，使得女性无论来自农村还是城市都封闭于自己的家庭；从封闭散居到集中居住于政府修建的公租房小区，居住空间的改变，社区管理的逐步完善，使曾经有工作的城市女性有机会重新实现自己的职业理想，年轻的农村女性也开始有新的期待，家庭中的性别角色又开始发生新的变化。时空流转中，流动维吾尔族妇女在家庭中的性别角色如此不断被重新塑造。

（一）新生计方式中的家庭核心化和妇女自主意识的增强

石镇从事玉石贸易的维吾尔族家庭大部分为相对年轻的核心家庭。因为远离家乡，这些家庭在很大程度上脱离于家乡传统扩大家庭观念的影响，夫妻关系成为家庭的核心关系，传统家族权威和习俗的影响有所弱化。如前所述，玉石行业的经营特点决定了家庭中丈夫需经常外出，四处奔波，日常的家庭事务则需要完全依靠妻子来完成，因而妇女对家庭事务和个人行为选择的自主性明显增强。丈夫不在石镇期间，妻子便是家庭的管理者，不仅能够完全支配自己的日常生活，而且还在一定范围内具有掌控家庭经

---

① 周亚成：《维吾尔族妇女婚姻家庭生活及其变迁》，载《西北民族研究》2003 年第 2 期。

济开支的权利。

30多岁的麦姐来自和田农村，跟丈夫到石镇生活已将近10年，现在是两个孩子的母亲。她刚到石镇时不会讲一句普通话，现在却已经能够熟练地跟当地人交流了。玉石生意增加了家庭收入，极大地改善了他们的生活状况。不仅如此，虽然丈夫依旧管账，但她也有了一部分可以自主支配的日常生活费用，而在老家时她手里根本没钱，哪怕一点油盐酱醋的零钱都要向丈夫伸手。现在喜欢打扮的麦姐有条件给自己添置更多漂亮的饰品，从她身着的印花头巾到耳边、颈畔和手指的黄金首饰看得出来，每一样都是经过精心挑选的，俨然已经不是在老家干活的农妇形象了。她在跟笔者聊石镇的生活时很自豪地说：

> "当然在这里好，每天只需要做饭和干一点家务，剩下的时间就可以睡觉和玩，这里的女人都可以穿漂亮的衣服，脸上抹各种护肤品，我以前在老家人又黑又瘦，你看现在人也胖了，皮肤也变好了，现在回去村里那些女人们都说认不出我了，羡慕得很"。

在石镇，像麦姐一样的妇女不在少数，他们原来在老家主要从事繁重的农业劳动，而现在大多成了专职的家庭妇女。

（二）散居陌生环境中的家庭分工调整

按照传统性别观念，婚后维吾尔族妇女的生活空间是被严格限制的，家务和家里的农活儿是她们主要的劳动范围，而农业劳动中需要与外界接触的环节一般都由家里的男人来完成。这种模式一定程度上也被带到了石镇。玉石市场是男人的天地，妇女一般很少抛头露面，偶尔出现也都是跟随丈夫一起。据访谈了解，在和田，女人可以去河里捡石头，然后交给丈夫去卖，但是绝不允许单独在玉石市场上抛头露面地做生意。而在石镇，女人可以在家帮丈夫串玉石项链，同样也不被允许抛头露面去售卖。① 因为诸如捡石头、串项链这类工作只被看作一种在家做的事，与真正的生意无关。家务活是女人的事，发生在家庭内部，没有现金收入，而做生意是男人的事，二者被明确区分为两种完全不同的具有价值差异的性别分工。这

---

① 这种现象一直持续到2015年，从2016年开始，石镇玉石市场上开始出现维吾尔族女性的身影，但基本都是抱着孩子和丈夫一起摆摊，也有丈夫有事，临时帮忙照看摊位的，均非独自经营。这一变化也正是伴随着这一群体居住空间变化等各种因素而同时发生的。

样的分类将市场与家划分为两个具有明确区隔的性别空间。很明显，人们对这种二元分类的性别区隔的理解在很大程度上是从家乡的传统经验中移植过来的。如果在一些地方农业劳动仍然作为满足自用的家庭劳动，那么妇女在家中制作珠串毫无疑问已成为参与市场经济活动的重要环节，其实际的家庭分工正随着生计方式的改变悄然变化，只是人们的观念尚未随之改变。

（三）聚居社区的家庭分工再调整与妇女重新走出家庭

然而，随着女性群体在石镇社会生活环境的不断改变，妇女自主意识的增强和家庭性别分工的新变化也日益明显。其中也不乏有一些自主性较强的妇女在经过一段时间的适应和准备之后，开始尝试在家庭之外做一些自己的工作。小祖是伊犁新源县人，幼师专业毕业后便在当地幼儿园当老师。她通过网络认识了自己的老公，结婚后不久便辞职和丈夫一起到石镇，从此变成了全职家庭主妇。每每谈到工作，她流露出一丝淡淡的无奈："没有办法，这是自己的选择，虽然我真的很想工作，但是在这里只能在家待着。"但她们并不同于那种完全受传统观念束缚的妇女，她们选择做全职家庭主妇的主要原因在于对新环境的陌生感和没有合适的机会，一旦时机成熟，这些妇女很快就能够转变自己的角色。和小祖相似，小萨从小接受过良好教育，大学毕业后曾经在当地社区负责妇女和计划生育工作，结婚生育后才跟丈夫到石镇。尽管做全职家庭妇女，但她却一直都在琢磨要找一个自己能做的事情。前文中提及，石镇聚集的维吾尔族人口中，儿童的数量非常高，但石镇的幼儿园不仅离她们居住的社区距离较远，而且在饮食上也有诸多不方便。小萨便有了开办一个维吾尔族社区幼儿园的想法。2016年，天下玉缘社区建成，石镇的维吾尔族玉石商人全部迁入小区集中居住。这一变化为小萨实现想法提供了条件。因为集中居住，小萨结识了有共同想法的小祖，两人很快成为好友，办幼儿园的想法也不谋而合。她们一同找到社区管理人员协商，并得到社区和当地政府的支持，同意将社区空置的旧物库房租借给她们改造为幼儿托管站。截至2017年5月，她们已经接收了50多名社区里的小孩儿。孩子在托管站，一方面可以让家长安心做生意，每日只要按时接送即可；另一方面老师还会教授基本的语言知识，帮助这些维吾尔族孩子从小学习普通话。对家长来说，即使每月需要付出一定经济费用，但却给他们减轻了不少负担。当地教育部门也肯定了她们的做法，因为这些小孩经过一定的学前教育，在语言和生活方面都会养成较好的习惯，待他们正式入学后便能够尽快跟上当地汉族同学的学习节奏。而对小萨她们而言，这是她们跨出家庭，在新环境中重新定位社会角色的重要机会。尽管目前的状况还未达到她们最初设想的目标，但至少已经迈出了关键的第一步。她们的努力也赢得了丈夫的尊重和加倍的爱护，因为都要工作，丈夫从不像其他男人那样要求她们做饭，大部分时间都是去餐馆。不仅如此，周末两家还常常带着孩子约上当地的汉族好友一起去附近的景区放松游玩。类似的案例还有医学院毕业的小阿，她在家务之余利用自己所学之长，为社区妇女开展理疗保健服务，虽然场地很小，收入有限，还面临种种不便，但她却坚定地实践着自己的想法，并希望有朝一日能够把这份事业做得更大。而对于玉石生意并不稳定的家庭，小阿的收入也能够为丈夫分忧。这些率先尝试走出家庭的维吾尔族女性，这种家庭中新的性别角色和性别关系，也在潜移默化地影响着社区中的其他人。流言蜚语和保守思想的抵制在所难免，但积极的引导作用也在悄然发生。小买来自和田农村，90后的她因为家里穷初中毕业就嫁人了，2017年初随丈夫一起来到石镇，访谈快结束时，她从床底下拿出自己绣的十字绣抱枕放在我面前，吐露出心底的希望："这里的生活很好，每天除了做家务就是帮丈夫串串珠子，但是我特别希望自己也能干点什么，像她们开幼儿园一样，也能自己挣钱。"

三、社会交往中的性别角色重塑

（一）动因：政府主导下居住空间的重构

到石镇从事玉石生意的维吾尔族商人最初都是租用当地普通民房，因此居住地点相对分散，后来有的维吾尔族家庭将自己租用房子的一部分再转租给朋友和老乡，从而形成几个小家庭相对集中居住的形式，但总体而言依然是大分散的居住格局。这种居住方式使他们不可避免地与生活习俗截然不同的当地人共享有限的生活空间，双方因此能够有更多机会接触和交往。从调查的情况可知，这种交往却一直保持在相对较低的水平。同住一个屋檐下的人们各自遵循自己的生活习惯，彼此之间隐形的界限依然很明显。大多数维吾尔族家庭在入住新房后会将房间布置成新疆老家的风格，并按照家乡的生活习惯和宗教习俗来安排日常起居。他们租用的房间内就形成一个相对独立的空间，而房间外则是当地人的空间，虽只有一门之隔，却风格迥异。按照传统的习俗，婚后的维吾尔族妇女被严格限制与外人交往，加之家中男性多在外做生意，妇女们大多数时间只能独自带孩子，因而往往更加注意看守门户，避免与当地人接触，以免落人口实。所以，有的维吾尔族家庭在一个房东家住了多年，但房东对他们日常生活的了解始终非常有限。

2016 年当地政府投资 4000 多万元建设了 8 栋楼，共计 408 套公租房，规划为安置分散居住的维吾尔族家庭的“天下玉源社区”。① 这些房屋基本为一居室，内部水电全通，分设厨房卫生间，面积为 30—50 平方米不等，基本能够满足一个小家庭日常所需。房屋产权由县房管局统一管理，根据面积大小以每月 300—500 元不等的价格租给维吾尔族商人家庭。相对于原来租用私人房子而言，这些新房设施齐全，环境舒畅，价格稳定合理，大多数维吾尔族家庭都按照规划于 2017 年初就自愿申请搬到了社区内居住。

从大分散居住转变为社区集中居住在很大程度上改变了石镇维吾尔族的生活。生活习惯相似的人们居住在一起，使大家感觉更舒适，有了“回到家乡”的感觉。尤其是对妇女而言，她们获得了更多彼此交流的机会，而不至于像原来那样将自己的活动空间囿于出租房内。很多妇女在家务之余认识了更多的朋友和老乡，大大扩展了自己的社会交往圈。

（二）善果：妇女社交活动“恰依”的重现

在新疆老家，维吾尔族妇女会经常参加一种当地盛行的定期聚会活动，维吾尔语称为“qaidǎˇcay”，普通话音译为“卡搭恰依”，简称为“恰依”。“恰依”通常分为家庭聚会和女性朋友聚会两种。每逢“恰依”，大家会聚在宴会厅，吃饭、唱歌、跳舞、说笑聊天，以此联络感情，放松身心。家庭聚会通常为每个月一次，而女性朋友们的聚会一般两个月左右一次。② 但来内地之后，这种“恰依”活动便几乎没有了。小热在与笔者的交流中感慨地说，“每次在微信朋友圈里看到老家朋友们聚会的照片都有些伤感，而我自己只能等到回老家才有机会找大家聚会”。对于这些年轻的维吾尔族妇女而言，“恰依”是她们重要的社会交往活动，无论是精神的交流，还是身体的放松都对她们的生活起到重要的调节作用，使她们在情绪上能够找到

① 郑飞：《维吾尔族社区里的幸福生活》，新浪新闻，网址：https：//item. btime. com/472hlbejplo975riu68k8trk1q5？from=haozcxw，2017. 07. 03。

② 徐黎丽、李智环、玛丽亚·雅绍克：《维吾尔族妇女“恰依”初探——以新疆喀什市、疏勒县维吾尔族妇女“恰依”为例》，载《民族研究》2009 年第 1 期。

出口，精神上找到依托。

然而，天下玉源社区建立之后，维吾尔族家庭集中居住，妇女们有更多的交流空间，类似于家乡的聚会活动又成为可能。社区的楼房之间有休闲纳凉的小花园，妇女们闲暇时大多带着孩子走出各自的小房间，在这些公共空间闲聊交流，对增进她们彼此的社会交往产生了重要影响。除此之外，在社区管委会和新疆工作站的大力支持下，专门由妇女们参加的集体活动也慢慢地筹办起来。[①] 2017 年“三八”妇女节期间，社区举办了“喜迎三八妇女节，茶话会上促和谐”为主题的茶话会。茶话会上，大家交流了当今社会妇女的社会和家庭地位，妇女如何主动接受社会新思想新观念等话题。座谈会后，100 多名妇女参与表演了麦西来甫舞蹈、歌曲独唱、互动游戏等节目，气氛非常热烈。尽管这项活动是社区干部筹办，但这无疑是一个好的开始，对当地维吾尔族妇女参与公共交际，增强信心，转变社会角色，适应新环境都起到了重要作用。在此次活动之后，相熟的妇女逐渐开始组织小型聚会，家乡的“恰依”似乎又开始重新回到了大家的生活之中。

（三）延展：妇女自主的新媒体精神社区

聚居的社区生活无疑扩展了妇女们的交际空间，而新媒体社交网络的流行则对妇女们在现实生活之外构建自主的“精神社区”提供了重要平台。从熟悉的家乡移居陌生的石镇，她们一直难舍和家乡朋友们的联系。因此，微信这种社交新媒体因为其可以从声音、图像、视频等多层面地呈现和交流的优势而受到她们的普遍欢迎。通过微信，她们可以及时了解老朋友和亲人们的动态，随时可以跟他们交流；通过朋友圈功能，她们结交了很多网上的朋友。在妇女们孤寂的出租屋日子中，这些网络上的朋友往往成为她们情绪上的出口和远方的思念。

除此之外，社交媒体更成为妇女们自主表达的一种渠道。现实生活中，妇女们难免会受到各种束缚，但在网络世界中则可以不用理会现实环境的拘束。她们在朋友圈里诉说自己的心情，发自己得意的照片。按照传统的习俗，维吾尔族已婚妇女外出时要戴头巾，避免让外人看到自己的头发。现实中的小热同样必须遵循这些习俗，但换了新发型后，她在朋友圈里发

---

① 社区管理委员会是当地政府主导建立的社区管理机构，由政府委派的干部、新疆干部组成；新疆工作站是由新疆维吾尔自治区派驻河南协助处理涉疆事务的政府工作人员组成的。

了自己不戴头巾的照片，让朋友们能看到她得意的新发型。小萨是年轻新派的维吾尔族女性，平时喜欢穿牛仔裤、短上衣，在一些保守的女性看来，这不符合维吾尔族妇女穿长裙的习惯，她曾经的二房东因此总会对她的生活指手画脚。当时因为要从他们那里租房，所以小萨不得不屈从于这种批评，将自己打扮得和其他女人差不多，避免更多的麻烦。但她的微信头像却是一位摩登女郎的局部——一双纤细的小腿下蹬着一双恨天高。相对于严肃保守的现实装扮而言，她所选择的头像或许才反映出她内心真实的想法。由此可见，在社交媒体建构的网络世界中，类似小萨这样的妇女们获得了展现真实自我的空间，尽管是虚拟的，却显得更加真实。

四、社区公共事务参与中的性别角色重塑

（一）社区妇联的成立与妇女公共参与意识的萌发

在中国现行体制中，妇联是妇女群众与共产党和政府联系的重要桥梁和纽带，是妇女自我组织化的重要形式，对于提高妇女社会地位，改善妇女生活状况都发挥着重要作用。石镇的维吾尔族家庭集中居住后，在社区管委会和新疆工作站的大力协助下，社区内的妇女于 2017 年 3 月开始筹建妇联组织。为了前期筹建工作的顺利开展，社区干部指定了一位平时各方面都表现积极的妇女担任筹建的联络人，由她负责召集妇女活动，并在合适的时候组织所有的妇女进行民主投票选举产生正式的社区妇联主任。社区干部认为这名被指定为联络人的妇女正是妇女主任的合适人选，并希望她通过这段临时任用期的锻炼能够在妇女中树立一定威信，以便将来顺利被选举成为妇女主任。妇联筹建工作进行 3 个月后，社区干部指定的联络人虽然在工作中表现很积极，但在妇女群众中的威信却始终难以提高，有的妇女群众私下跟社区干部反映希望能够正式选举其他人担任妇联主任。经过全面了解和认真考虑，社区管委会和工作站召集了全体妇女参加妇联选举大会，通过无记名投票方式选举了小祖作为正式的妇联主任。来自伊犁新源县的小祖大专毕业，普通话说得很好，性格开朗，很有自己的想法。她虽然年龄不大，却直爽大气，颇受社区年轻妇女们的欢迎。过去，但凡涉及家庭外部的公共性事务时，都是由家里的男人出面，妇女甚至很少出入公共场合。第一次田野调查中，当问及对一些事务的看法，她们常常害羞地摇头笑而不答，或是一句话“我老公说了算”，甚至想去逛街也一定要

在老公的陪同下。如今，在政府的引导下，她们不但有了自己的组织，而且在这一重要的社区公共事务中勇敢地表达出自己的想法，通过民主的方式最终选出了心中理想的代表。不仅如此，在妇联筹建的过程中，为了方便对妇女群体的管理，加强联系，社区管委会还为每栋楼指定了一位女楼长，负责帮助社区开展各项工作，同时反映大家的各种问题、困难和意见。这一系列的举措，逐渐使妇女尤其是其中的年轻女性萌发出参与社区公共事务的意识，并积极投入其中，由于是由政府引导并着力支持的，很多丈夫虽然内心并不情愿，但也不敢反对，后来逐渐理解并接受，有些人甚至觉得自己的老婆能够当女楼长是一件很有面子的事情，而这在过去是无法想象的。

（二）妇女社区公共事务的参与与少数民族流动人口治理的新思路

妇联成立初期许多工作都还处于摸索阶段，最重要的一项工作就是协助管委会开展各种活动。一部分是专门针对妇女的，如通过宣讲等方式帮助妇女树立正确的宗教观，加强法制教育，进行国家通用语言培训等。如2017年7月初，工作站通过妇联组织了全体社区妇女开展以“淡化极端思想，从我做起”为主题的宣讲活动；7月底举办了由社区200多名妇女参加的“歌声嘹亮·秀发飞扬”歌咏比赛，活动中参赛妇女纷纷摘掉头巾，身着维吾尔族传统服饰或现代裙装，在舞台上展现自己能歌善舞的天赋。另一部分是针对社区的集体活动，其中妇女是重要的参与对象。如2017年9月底举行的“喜迎十九大，深情颂党恩”文艺演出中，妇女们自编自导自演的舞蹈、小品、合唱等节目，不仅表达了自己的心声，也真正撑起了舞台的半边天。在这些社区公共事务实践中，妇女们走出了家庭，更走出了内心的封闭与恐惧，而妇联组织的工作能力也在这一系列活动中得到了切实的加强。

对于社区管委会而言，组织妇联活动大多是服务于社区服务管理的需要。这种需要一方面体现在宣传教育方面，组织方希望通过这些活动改变维吾尔族妇女的传统观念，使她们更快地适应新的环境，成为开放自主的城市新女性。因为女性的改变影响的不仅是自己，而且是下一代，是整个家庭。另一方面体现在社区管理方面，石镇的维吾尔族群体以玉石贸易为生计形成了一种流动性的生活空间，男人们每周有接近一半的时间不在石镇，而社区对这一群体的管理仅局限在石镇范围，并不能完全及时有效地了解他们的所需所想。然而，无论男人们流动到哪里，他们的女人却相对稳定地居住在石镇，因此，通过做好妇女工作间接地对他们进行更有效的服务管理是工作站的一项工作策略。

五、分析与讨论

本文从家庭、社会交往、公共事务参与三个维度立体呈现了南阳流动维吾尔族妇女性别角色重构的过程。从新疆到南阳，流动带来了这一群体生计方式的改变，内部社会关系的重新组织，以及与流入地社会及政府关系的全新建构，这些变化都是推动性别角色重塑的重要因素。同时，人口的流动还使得流出地和流入地两种生成性别关系的社会文化逻辑会同时发挥作用，重塑过程也因此变得更加复杂。从跨地域流动，到与流入地社会自发漫长的磨合，再到政府主导下居住空间的改变，随着时空流转，这一群体性别角色的重构过程呈现不断变化的动态性。对于妇女群体本身而言，表象上其性别角色并没有特别明显的变化，绝大多数依然没有独立的经济收入，依然是以守家为本的家庭妇女，但实际上她们不仅在家庭中获得了更多的自主意识和支配权，而且在不断扩大的社会交往和公共事务参与中不断重新认识自我，并得到社会、家庭的认可。在他者眼中，她们也常常被视为铁板一块，不存在彼此差异，但其内部由于教育和生活经历不同，对自身角色的定位与期待，及其所经历的性别角色重塑过程也存在较大差异。由此可见，这一群体性别角色重塑的过程具有多维度、多层次的立体性，影响因素的复杂性、不断变化的动态性以及群体内部的多样性等特点。二元分类并不是仅有的分析维度，稳定社会中文化传统与历史，工厂生产体制中的资本与市场等因素也不是必然的影响因素。

伴随着生计方式改变带来整个生活空间的改变，家乡经验和传统观念虽然依旧对石镇的维吾尔族妇女性别角色的重构过程产生影响，但作为流动人群这一特征所生成的诸多新因素发挥着更重要的作用。在这种特殊的生计模式下，维吾尔族妇女并没有因为流动到新的环境而获得更多经济收入机会，但她们却因为新的性别分工而获得了比原来更多的家庭管理和社区参与的自主权。导致这种改变的原因一方面是流动维吾尔族社区重新建构过程中权力结构形态发生了改变，流动的玉石生意使男性不得不在大部分的时间里脱离社区生活，住家的女性因而不得不承担起社区维护和建设的责任；另一方面，基层政府主要依托社区建设提供管理服务促进流动维吾尔族群体从各个方面适应当地的生活环境，而女性作为社区稳定的居住群体相对较多地承接了管理服务的工作。很多开放进步的思想逐渐通过妇女传递给整个家庭，让家庭中十分关键却又原本最为闭塞的妻子、母亲成为社会发展成果的及时共享者。这种改变促使维吾尔族女性与公共权力和话语体系产生更紧密的关联，对其内部性别角色关系的重新建构起到了重要的积极作用。因此，从根本意义上讲，正是人口的空间流动性及其后果成为影响维吾尔族女性群体性别角色重构过程呈现复杂性、多样性和动态性的关键因素。

在性别角色重构的过程中，维吾尔族女性自身因素也发挥了很大作用。当然，由于生活地域、家庭背景、受教育程度等各种因素的差别，其自身因素发挥作用的程度与方式也有所差别。对于小祖、小萨这样受过高等教育，曾经有独立经济来源的年轻女性而言，她们心中始终坚守信念，努力尝试改变现状，虽然小心翼翼，但只要条件允许，她们便会率先尝试，而新的就业机会和更广泛的社会参与，尤其是在参与社区公共管理事务中获得来自各级政府的引导和认可，使她们在家庭中获得丈夫更多的尊重和更高的地位，同时也成为女性群体中的一面旗帜。而对于文化程度较低，过去生活状态比较封闭保守的女性而言，环境的变化，身边女同胞的榜样，都在潜移默化中让她们慢慢打开心灵的窗户，意识到原来作为女性还可以这样生活，并期待着某些改变。这其中既有过去始终认为女人就应该对丈夫言听计从，一切依教法家法行事，绝不能在外面抛头露面的；有明知在家中遭遇不公平待遇，甚至看病都不能自主，却只会认命、自怜自哀的；也有想去改变，却不知如何能够改变的。曾经来自女性群体内部的保守舆论的压力和对年轻女性的规训，也在不断变化的新环境新气象中越来越弱。总之，文中呈现的仅仅是性别角色重构的过程和阶段性剖面，新的变化仍在不断发生且令人期待。

西北农村少数民族地区妇女角色困境及其发展研究

马雪莲*

一、当前西北少数民族妇女发展中值得再讨论之处

（一）偏重地域性，而忽略特定地域之外的整体社会结构的影响

中国的少数民族分散在不同的地区。其族群文化具有鲜明的地域特征，这决定我们在进行性别研究的时候，必须要把地域性因素作为重要考量。但是，过于偏重地域性，或者不考虑“地域性”本身的性质，就可能对地方社会的发展产生有偏差的理解。毕竟，“地域性”并不是全局，而是全局之中的“地域”。地域内的文化体系、社会关系、组织结构等都不是孤立或隔绝的，而是受到更大范围的外部文化的影响。外部社会，也在以一种不动声色的方式，在影响着少数民族地区。特别是在当下的经济社会中，民族地区谋求快速发展，积极迈入整个社会发展的步伐之中，联系就更密切了。因此，光谈民族地区文化或者族群文化是不够的。

（二）过于强调宗教信仰在影响少数民族妇女发展中的重要性

在讨论少数民族妇女发展机制的时候，更多的关注点放在“什么影响了妇女发展”（强调负面），而不是“什么能影响妇女发展”（强调正面）。前者过于强调宗教对女性的负面影响力，后者对于社会机制的正面影响力

---

* 马雪莲，西北政法大学副教授。

实际运用不足。宗教信仰的确较深地影响着少数民族妇女在婚姻家庭中的角色、禁忌与礼仪等日常生活中的方方面面，但它不是影响少数民族妇女的唯一因素。我们不能忽略中国传统文化的影响力。本土宗教本身就是根植于传统文化而产生的，传统文化的影响力无处不在。而世界性的宗教，在传播发展中经历了“中国化”的过程。宗教与传统文化更是融合在一起，共同影响着人们的社会生活。只是，在少数民族群体中，传统文化所发挥的影响更为隐性一些。事实是，宗教信仰、民族文化、传统文化、社会环境、群体意识等都在对妇女及其生活完成形塑。

（三）忽略了女性群体自身的主动性

在不少的性别研究中，有一个基本的设定，就是女性是“弱势群体”，这一点在少数民族女性研究中表现得尤为突出。弱势或者强势，都是一个相对概念而非绝对概念。从性别的角度来说，在中国的社会文化体系中，女性的确处于弱势地位，但绝不能由此而忽略女性自身的价值——相对的弱势和绝对的价值。以穆斯林妇女为例，过往的研究中常常把她们描述成缺乏主动性，只是被动地被宗教信仰、中国传统文化和地区文化塑造的群体。这种观点不足以对穆斯林妇女经历的差异性以及性别之间的实际权力关系做出判断。不能以汉族的标准或者男性的标准衡量，穆斯林妇女并非居于被动的弱势地位，她们在以自己的方式，在家庭或者群体及地域性发展、族群关系、地区稳定中发挥着不可替代的重要作用。伴随着社会的发展，她们也在积极寻求自我的重新定位。特别值得一提的是，性别机制在社会发展和地区安全稳定中的重要作用，“母亲”这一角色基于在文化传统及认知中的重要作用，从微观层面，在家庭传承、地区稳定、穆斯林青年良性引导规范等方面发挥着不可取代的重要作用。

二、发展中的困境

相比较于城市中日渐成熟定型的角色分工，农村妇女的角色变化正在遭遇困境，旧的角色分工未脱离，新的角色分工已经确定，在农村妇女身上成为二元共存的状态。少数民族农村妇女因为特殊的族群文化、宗教信仰、地域位置、地方文化等，角色变化的二元共存的特性更是突出。当角色分工重叠成为妇女身心发展的桎梏，对于少数民族农村妇女角色困境及发展困境的探究成为至关重要的内容。

（一）农村与城市之间

西北地区经济发展水平落后、农业发展后劲不足、生态环境脆弱，城市化被看作不发达地区谋求发展的必要条件，以及促进经济增长的必要进程和有效手段。城市化不仅是西北地区提高资源优化配置程度、人口集聚程度以及改善基础设施条件的过程，通过城市特有的“聚集效应”和“规模效应”及广泛的影响力，可以把不同才能、不同教育背景、种族背景、文化语言背景的人聚集在一起，为技术进步和外溢提供最佳环境，有效地缩短技术创新周期，加速信息化进程，从根本上改变经济增长方式。

西北少数民族地区，一般都处在自然条件相对落后、自然资源相对贫瘠的地区，经济发展水平不高，农业发展模式老旧固化。城市化进程是培育新的经济增长点、有效提高区域人均收入、解决就业问题、实现生态结构调整、建设小康社会的必要过程，同时也正在成为少数民族农村地区发展的重要推动力。城市化是一个逐步发展的过程，在未完成完全的城市化之前，按照滕尼斯的观点，少数民族农村地区始终处于传统社区（农村）与现代社会（城市）的连续统之间。社会系统里的人也必然处于传统社区与现代社会的结构之间。在他们的身上，过渡性和二元性同时存在。女人亦如是。

（二）个人与家庭之间

相对于城市地区而言，在农村家庭中的男女之间的角色定位，更多地保持着“男主外、女主内”的传统分工。而相对于西北地区的汉族而言，少数民族更是如此。这样的分工在传统经济模式下，尚能保持一个相对的平衡和稳定，维系起一个家庭的结构。但是，当城市化的进程不断冲击着传统模式，当新的思想观念、信息资源不断对传统观念构成威胁的时候，具体到一个家庭里，男女之间的这种角色分工，因为男性生活所具有的外向性和可扩展性，和女性所具有的内向性和固化性，必然会产生矛盾。而矛盾中处于不利地位的恰恰是女性。

（三）丈夫与儿子之间

女性的身上往往重叠着多个角色，妻子、母亲、女儿……这样的身份重叠，在传统的农业经济模式下，不会对女性的生活产生太大的影响。因为那时候人与土地联系紧密，人口不能随意迁移，女性在固定地域的固定生活中扮演着固定角色并习以为常。但是，当现代社会的变迁对固有模式产生冲击的时候，一切也就不同了。西北的少数民族地区，往往处于自然条件恶劣、土壤贫瘠的地区，这样的先天条件，再加上日益增长的农业成本等，导致农民看不到务农致富的希望。种地能温饱，致富靠打工，这成为几乎所有人的认知，于是大量的人口流动产生，农村劳动力迅速进入城市。第一代农民工文化程度不高，对生活的期望不大，大多依靠体力赚取收入。第二代农民工则不同。他们文化程度更高、对生活的期望更宏大更具体、对城市的接受度和认知度更高。于是，很多的人留在城市不愿回去，工作、结婚、生子，开始实施自己的城市梦。

城市生活给了人们很多想象的空间，高昂的生活成本却也让人们感受到了前所未有的压力。特别是第二代农民工，每天为生活费疲于奔命，他们结婚生子之后，既做不到像城里人那样雇请保姆，也无法让其中一个人不工作专门带孩子。于是母亲成为生活难题的“最优选择”。在儿女家给他们收拾家务照顾孩子，几乎是每个农村奶奶的生活日常。但农村与城市在地域上的二元性，也直接导致了农村生活与城市生活在妇女身上的撕裂。一头的农村生活连着需要照顾日常生活的老公，另一头连着儿女孙子。一位妇女对我说，自己这么辛苦还不落好，回老家，儿女怪她不体贴自己的辛苦；去儿女那里，老伴怪她是贪图城市享乐而不顾夫妻感情，“恨不得把自己劈成两半”。情感牵绊也好，责任义务也罢，其中唯一没有被重视的是农村妇女她们个人的生活感受。她们永远在不同的家庭角色中奔波，却没有时间顾及自己。她们没有居民社会保障来保证自己的晚年生活，只能寄希望于和儿女处理好关系让他们赡养终老；她们缺乏自由自立的个人能力，自然无法享受宽松明朗的生活氛围。

三、改进措施——女性发展机制初探

群体性是少数民族研究一直关注的一个特点。从性别的角度来看，所谓群体性，其实只有一个隐含的主体，即男性。是将男性等同于群体，以男性涵盖了男性和女性共同构建的族群，忽略了内部的差异性，特别是性别角色的差异性。但这在女性发展机制研究中又是必不可少的。因为在少数民族中，独特的民族历史、经济模式、宗教信仰等，男性和女性之间的关系，与汉族地区有着非常大的差异。对性别差异性的重视，是了解和尊重少数民族族群文化这一基本认知的重要内容。

因为受到一个不明确的未来和即时需要难以得到满足的环境的影响，越是处于社会或积极困境之中的少数民族妇女，越是期待接受直接的建议和切实可行的治疗方案。对于她们而言，长远而宏大的计划是没有任何意义的，也看不到希望所在，她们更希望帮助解决当前的困境。我们提出的发展措施必须是微小的、具体的、有针对性的。

（一）重视教育在农村少数民族妇女发展方面的重要作用

大部分女性的非独立、家庭地位不高、社会参与度差、生活状态差等状态都是与受教育程度有限相关的。如果想改变女性的生活状态，首先要从教育着手，切实地重视教育在民族社会工作中的重要性。教育不仅仅是识文断字，更重要的是通过文字、知识的教授，传递更为积极、正面的生活态度、自我认知、角色意识等。女性在学习中所拥有的成就感，更有助于她建立起自信心和安全感。这一点在现代社会的少数民族地区意义尤为重大。

在这方面，有一些民族地区的社会服务机构做出了有益尝试。广河多思文化发展中心，成立于甘肃省临夏回族自治州广河县，是一个扎根社区开展以阅读推广为核心的社区文化教育服务等为一体，致力于促进少数民族地区文化教育发展，提升少数民族的可持续发展能力的公益机构。该机构从 2013 年 12 月开始在下设的多思公益图书馆开设妇女识字班，主要由师范院校本科毕业的女教师进行授课，使用甘肃省教育厅提供的扫盲教材。

妇女识字班以国家教委制定的扫盲教育必学 1500 字为教学初始目标，每周一到周五早晨上课，让学员们学会进行日常的签字、检查孩子作业、看说明书、看通知公告、记账、方便使用手机、读书看报等。识字班不限定条件，愿意者即可参加。年龄从 21 到 50 岁均有。自 2013 年至今识字班已进行到第五期。事实证明，这样的识字班，在参与识字班的妇女们的自信心、成就感、社会参与度等方面起到了非常好的作用。教育对于人类世界观、人生观、价值观的影响是毋庸置疑的，它对于个体的独立与完善、群体的发展与延续的影响力也是毋庸置疑的。“上课期间能感受到她们渴望知识与好学的那股劲。因为她们的坚持她们学到了从未睁眼看懂过的知识。因而她们觉得知识丰富了生活，提升了生活品质。”

（二）关注社会群体性之下的性别差异性，了解妇女真正需要什么

广河多思面对的少数民族妇女，全部为没有文化、全职在家照顾老人

孩子的家庭妇女。在实务中给她们宣讲“意义”“价值”“平等”等是没有意义的，她们并不能深入理解。她们需要社工机构帮助解决的是非常细小而生活化的难题。相比于我们对女性这个宏大命题的关注，她们更关心发生在自己家的事。广河多思曾经在某期妇女识字班结束后做过一个关于学习收获的调查，妇女们罗列的内容是值得我们思考的。“ 1. 能填写基本信息（姓名、电话号码、身份证号、家庭住址等）。2. 自信、快乐、充实的生活。3. 发短信跟孩子的老师请假。4. 聊天终于不用发语音。5. 亲子阅读，互相讲故事。6. 跟孩子交流代沟减少。7. 凡是注音的书都能顺利地读下去。8. 语言表达不出的情感打字抒发，收获朋友。9. 跟异地上学的孩子短信交流。10. 去医院挂号找科室变得方便了。11. 吃饭的时候可以很自信地点菜了。12. 坐火车、坐飞机、去电影院找得见自己的位置。13. 跟家人关系融洽，收获赞赏和尊重。14. 帮家人找证件比以前好找了。15. 读书、看报、知识面扩充。16. 对教育有了更深刻的认识。通过总结收获，大家了解到自己的成长和进步，以及学习之后给自己的生活带来的便利。①”对于妇女们而言，这些具体细微到琐碎的改变，意义非凡，让她们在家庭和群体里找到了归属感和认同感，也得到了家人、孩子的尊重和认可，成为她们愿意坚持学习的重要动力。这也是促进她们日后自省和自我发展的基础。

（三）鼓励妇女提供社会服务，从家庭事务中解脱出来

少数民族地区相对艰苦的生活环境，让不少妇女都具备吃苦耐劳、精明强干的特点，她们很想参加工作或者开创事业，但就是因为没法解决烦琐的家庭事务而只能困于家庭，无法施展自己的抱负。对于这些妇女，有针对性的社会服务能帮她们解决后顾之忧。但有的学者不赞同妇女接受由妇女提供的社会服务，认为这是一种女性控制女性的方式。这种方式，必须说它体现着权力的张力，但如果是在一种自愿基础之上，是各取所需的平等交换，未尝没有它存在的价值。在中国的传统文化里，妇女往往是和照顾孩子、照顾老人、照顾家庭这样一些内容联系在一起的，而且被认为是天然的、理所当然的。不可能断然地说不，因为这其中有情感和责任在，现实中很多女性的矛盾心理在于，既想实现自我价值和理想，也想照顾好家庭孩子。这不仅是心理层面的矛盾，也是现实层面的矛盾。女性是无法做到分身的。那么，有一部分工作就可以由其他的女性来完成，最好是由

① 广河多思文化发展中心妇女识字班 2016 年 12 月总结。

经过专业培训的、有一定相关资质的机构来完成，以确保服务的质量。这样的分工，各取所需，各得其所。购买服务的一方，可以腾出时间去实现自己的人生规划；而出售服务的一方，可以通过自己的劳动赚取报酬，获取认可，实现自己的人生价值。

（四）少数民族地区的农村妇女，更需要心理疏导

现代社会中，巨大的生活压力、快节奏的生活等已成为人们生活中的标配。城市女性的心理疏导问题已经得到了越来越多的人的关注。各种心理咨询和专业辅导应运而生。但却很少有人意识到，农村少数民族妇女的心理同样需要疏导，甚至更需要疏导。因为她们既没有城市女性的职业生涯能够安身立命，也没有相对较高的文化程度做到自我调节。再则，少数民族妇女内心，既承受着传统文化和现代文化的冲击，也承受着民族文化与地方文化的约束。她们比城市中的女性要面对更多的内心的挣扎。

> 案例一：DHG，37岁，育有一儿一女，在商业街中经营童装。经济比较困难，丈夫务农，她做点小生意作为贴补。一次到县城进货的时候，货款被抢，受到刺激出现精神分裂，陆续去了几次地方医院，病情起伏，加上经济能力有限，看病就不了了之了。身体好转之后，继续经营童装，但与周围人不交流沟通。当地人背地里以“神经病”来称呼她，但其实在访谈中发现她能维持很正常的交流，她也能感受周围人对她的态度并产生了很大的压力。母亲的身体状况、周围人的眼光，也让她的孩子承重着非常沉重的心理压力，以致她的女儿个性极为内向自卑，10岁时退学，难以学习下去的理由是“神经病”。

从这一个案中我们会看到精神和心理上所遭受的突然刺激和抑郁是如何因为没有疏导而毁了一个女人的后半辈子，也会看到因为母亲的疾病影响和周围的环境压力，女儿正挣扎在黑暗的心理漩涡之中无法自拔，即将成为下一个悲剧。

> 个案二：XJZ，56岁，为人温和能干，育有三子，大儿子已婚。家境中等。因为要为三个儿子准备婚房挪借了不少外债。大儿子结婚时彩礼及金银首饰，均为借钱置办。结婚后儿媳妇为安全考虑交给她保管，后来被偷。情急之下，丈夫打了她一巴掌，从此精神失常，不与人接触，每日在家中抱着自己胳膊，口中念念有词，沿固定路线来回

行走。去过医院，效果不大。后来请教心理医生，说她的精神病其实是应激反应。借来的钱被偷了，她本来已经非常自责，又被丈夫殴打，心思顿时难以开解，骤然应激之下以致出现精神错乱。如果事情发生后，丈夫能够及时道歉并安抚，甚至善意地撒谎说首饰找回来了，她就会找回神智。但因为没有人能给予指导，以致如冬天流水，冰越积越厚，最后就难以撼动了。

博思（Boss）将家庭压力定义为：家庭系统中的压力或紧张，即系统处于低潮、有压迫的、扰乱的和不平静的情境之中，家庭稳定状态受到波折，并指出由于个人和家庭总是在发展或改变中，所以家庭压力是不可避免和正常的，有时候压力是可预期的；家庭压力无所谓好或坏，而要看这个家庭的因应状况……社会学则强调个人与家庭在管理压力时所拥有的资源，如家庭凝聚力与适应能力，以及用行动直接改变压力情境和环境。①

在社会快速发展的今天，妇女的社会角色伴随着个人、家庭、群体、社会的不断发展而重新定位。新的角色分工未脱离，新的角色分工已经确定，在农村妇女身上成为二元共存的状态。这样的角色困境已经成为影响少数民族妇女社会发展和身心健康的重要因素。对少数民族农村妇女角色困境及发展机制的探究变得意义非凡。本文立足田野调查，仅对当前西北少数民族农村地区妇女新旧角色二元共存的原因和消解途径做了粗线条的探讨，更细致的原因分析和发展机制研究留待进一步的探究。

参考文献

[1] 大卫·切尔 著：《家庭生活的社会学》，彭铟旎译，中华书局，2005年。

[2] 李小江、朱虹、董秀玉：《批判与重建》，三联书店出版社，2000年。

[3] 李银河：《两性关系》，华东师范大学出版社，2005年。

[4] 李小江：《女性？主义——文化冲突与身份认同》，江苏人民出版社，2000年。

[5] 李小江：《女性/性别的学术问题》，山东人民出版社，2005年。

[6] 丽莎·斯冈滋腻、约翰·斯冈兹尼 著：《角色变迁中的女性和女

① 徐安琪、包蕾萍：《家庭压力和应对：女性的认知、资源和社会支持》，载《性别与家庭调研报告》，上海社会科学院出版社2008年版，第91页。

性》，潘建国、潘邦顺、王晴波译，浙江人民出版社，1988 年。

[7] 马元曦等主编：《社会性别与发展译文集》，生活·读书·新知三联书店，2000 年。

[8] 沙莲香：《中国女性角色发展与角色冲突》，民族出版社，1995 年。

[9] 沙吉才：《当代中国妇女家庭地位研究》，天津人民出版社，1995 年。

[10] 谭琳、陈卫民：《女性与家庭——社会性别视角的分析》，天津人民出版社，2001 年。

[11] 王荣华：《性别与家庭调研报告》，上海社会科学院出版社，2008 年。

[12] 徐安琪编：《社会文化变迁中的性别研究》，上海社会科学院出版社，2005 年。

男女平等基本国策下少数民族妇女性别角色变迁初探

——以云南省大理市白族妇女为例

张　珍　祝平燕*

在1995年北京举行的联合国第四次世界妇女大会欢迎仪式上，我国政府将男女平等作为促进我国社会发展的基本国策，在党的十八大中首次明确提出“坚持男女平等基本国策，保障妇女儿童合法权益”。党的十九大，习近平总书记在2017年10月31日同中国妇联新一代干部集体谈话中强调：“坚持男女平等基本国策，发挥着我国妇女伟大作用。”男女平等基本国策提出了近20年，它是衡量社会文明进步的重要尺度，为妇女性别角色变迁提供了良好的环境。

白族是我国西南边陲的少数民族，主要分布在云南省大理白族自治州，丽江、昆明、安宁等地和贵州毕节、湖南桑植县等地亦有分布。但大理白族自治州是全国唯一的白族自治州，直到2015年末，全州户籍总人口358.44万人，其中：男性181.01万人，女性177.43万人；少数民族人口185.83万人，占总人口的51.84%，其中：白族人口121.79万人，白族妇女基本占三分之一。[①] 在大理地区，随着时代的变化，男女平等基本国策的落实程度不断提高，白族妇女的性别意识和性别角色发生了转变，妇女顶半边天的现象越来越明显。

---

* 张珍，华中师范大学社会学院2017级研究生；祝平燕，华中师范大学社会学博士/教授，性别社会学与社会工作硕士生导师。

① 云南省人民政府网：http：//www.yn.gov.cn/。

一、大理地区白族妇女的性别角色变迁现状

性别角色是指由于人的性别差异而带来的不同的心理特点或行为模式。男性与女性在姿势、神态、声调、举止等许多方面各有不同的特点。在任何社会或民族中，对男性与女性各自扮演不同的角色、起的不同的作用怀有一种普遍的期待。大理地区妇女的性别角色一般都是定位于自己的家庭，随着男女平等普及程度的提高，大理地区白族妇女的性别角色慢慢地随着时代的变化而变化，从传统的性别角色慢慢地转向新时代的女性角色，使自身的性别意识不断提高，主要表现在以下几个方面：

（一）白族妇女成为文化的传播者和继承者

云南省是我国旅游大省，少数民族众多，地理位置偏远，多喀斯特地貌，有众多旅游资源，大理市是主要的旅游城市，白族妇女开始走出家庭，走向市场，在旅游景点销售民族特产，一部分白族妇女做起当地的导游，了解自己身处地区的白族传统文化，比如“白族三道茶”文化、居民建筑文化等。而且在大理地区，白族有着尚白的习俗，在服饰上多以白色为主，白族妇女基本是穿着白族的服装，无论是在做家务、做农活或在不同的就业场所都穿着民族服饰，白族服饰中的“风花雪月”代表着白族文化的一部分，每一位白族妇女都对其有深刻的了解。白族妇女从小就会从母亲或婆婆那里学到好多东西，包括白族情歌的唱法，刺绣、扎染的手法，文艺表演等娱乐方式，每逢节日都会举行情歌对唱，比如剑川地区石宝山歌会和三月街对歌台等，吸引着诸多的白族妇女参加或者观看，丰富了白族妇女的娱乐方式，同时也是文化继承和传播的另一种形式。白族没有文字只有语言，大部分的文化都是经过口头形式传承，随着时间的推移，慢慢地在生活中积累，女性成为白族文化的传播者和继承者。

（二）白族妇女成为家庭经济的贡献主体

在白族家庭中，传统意义上的经济分工，男性是家庭经济的主体，妇女一般承担着家庭主妇的角色，除了家中日常生活照料、进行耕地劳作等，无其他的工作形式，家庭经济的贡献率比较低。随着经济的发展，旅游业的不断兴起，白族妇女的生存方式变得越来越宽广。随着信息时代的到来，白族妇女获取信息的方式不再局限于家中的男性，而是通过利用新媒体，

包括电视、手机、互联网等了解到社会发生的最新事情，同时也从下一代子女那里获取信息。渐渐地越来越多的白族妇女走出家门，慢慢去结识新朋友，接触新的环境，同时也寻找到自己的生存之机会，提高了自己的经济水平。提高经济水平的形式通常有以下几种：第一，一部分白族妇女利用自身家庭的优势，优越的家庭居住地理位置（如洱海边、旅游景点附近等）与家人经营民俗客栈或者私营饭馆来提高家中的经济水平。第二，部分白族妇女在家附近做一些零工或者农忙时节帮助其他家庭或到其他村做农活，赚取报酬，提升自己的经济地位。第三，一部分白族妇女做起小摊贩的生意，在笔者生活的小村庄中，菜市场上的小商贩都是白族妇女，大部分做生意的小商贩从原先的男性慢慢地转变成白族妇女，利用自家闲置的农田种时令蔬菜，同时在菜市场上进行销售，一部分销售给本村的居民，一部分通过当地的饭店销售给外来游客。除了时令蔬菜外，白族妇女还会从下关、大理等地方，批发干货、水果、服饰等进行销售，每一天都有固定收入，日积月累，自己的经济收入水平不断提高，对家庭经济的贡献率不断地增加。

（三）“莲池会”中“老妈妈”角色

白族主要崇拜“本主”，南诏以来，本主崇拜深深植于民间，是一个有本主崇拜的民族，“本主”，白语称之为“武增”，意为“我们的主人”，究其文化寓意，是白族社区或地区的保护神①。在大理地区，每一个地方都会信仰一至两个本主，每一个村都会有一至两个本主庙，它是本村人的保护神，照顾着人的生老病死、祸福。白族的本主庙建在村中，本主与村民之间有一种自然的亲和感，而频繁祭祀本主的活动则是村民本主崇拜的重要体现，一年四季从不间断。日常祭祀，举凡村民生儿育女、婚丧嫁娶、起房建屋、升官发财、出门远游、灾祸疾病等均要到本主庙中磕头献祭，祈求本主神保佑。重大祭祀则有以村社为单位的一年一度的“本主节”和大理坝子地域范围内的“绕三灵”等重要活动，规模浩大，热闹非凡。②

在大理地区，白族人民进行宗教活动一般通过参加民间自治组织，一个是主要由白族男性参加的“洞经会”和白族妇女参加的“莲池会”。“莲

---

① 张锡禄：《张锡禄学术文选——南诏与白族文化》，昆明：云南人民出版社 2015 年版，第 224 页。

② 金少萍：《宗教文化中的社会性别建构——白族女性与本主崇拜》，载《中央民族大学学报》（哲学社会科学版）2008 年第 1 期，第 77-81 页。

池会”，又称“老妈妈会”，是白族妇女民间自治组织，是白族妇女进行集体性宗教活动场所。“莲池会”是由一个德高望重的老白族妇女掌管，白语称“节姆”，白族妇女加入“莲池会”中，妇女的性别角色发生转变，由家庭主妇角色转到“老妈妈”的角色。一般入会是40岁以上的中年妇女，“莲池会”对妇女入会年龄的强调跟女性的生理特征相关。没有了月经，女性便渐渐进入了衰老期，也意味着妇女在家庭生活中角色的转换，她们不再承担生育与抚育的责任和义务，子女已经成婚，到了有儿孙的年龄，自己也由先前家庭经济生产的主要承担者转换为次要承担者，成为家人眼中的“闲人”。“闲人走闲会”，由此加入中老年女性组织“莲池会”便是从这样的角色转换开始的①。现在在大理地区入会偏年轻化，如果遇到参加祭祀时，来月经会自觉地不去参加祭祀活动。白族男性跟妇女在祭祀活动中承担着不同的任务，但地位是平等的。一般情况下男性跟女性的祭祀活动都是分开进行的，也有一部分的祭祀活动是整合在一起的。

随着时代的进步，政策的普及程度越来越高，白族妇女渐渐成为祭祀的主体，她们成为祭品的制作者和提供者，成为诵读经文的主体。在本主节，加入迎送活动的行列中，多彩的民族服饰使白族妇女成为最吸引人的一道亮丽的风景。“莲池会”平时念经拜佛的地点多选择在本主庙中，平时还派人轮流值日负责本主庙的卫生、上香、诵读经文等工作。莲池会诵念的经文，除了口头相传的佛经和道经外，还有一部分本主经。据有关资料记载，甚至连本主庙的保护维修也是由“莲池会”负责安排，组成修缮领导小组，招标选择工匠；拉赞助，挂功德，解决资金问题；确定修缮方案等，都由莲池会的经母们商议决定。② 在“莲池会”中妇女在组织中有话语权，能够自己协商处理内部事务。依托于组织，让自己有感情宣泄的场所，比如在家中受委屈，可以通过上会的时候，向自己的朋友求助，帮自己排忧解难。由此可见，“莲池会”中，白族妇女“老妈妈”的角色是很重要的，这一角色增强了白族妇女的性别意识。

二、白族妇女性别角色变迁的推动因素

旧时，白族妇女的社会地位低下，白族妇女的性别角色定位于家庭之中。随着时代的变迁，不同阶段都会发生变化，加之国家政策不断地普及，

① 张翠霞：《神坛女人：大理白族村落“莲池会”女性研究》，中央民族大学，2013。

② 张明曾：《白族村落中的莲池会》，载《南诏大理历史文化国际学术讨论会论文集》，2002。

政府部门加强重视，人们的性别意识也在慢慢地发生改变，经济水平的不断提高，白族独有的性别文化、生产方式的多样性，使大理地区白族妇女的性别角色也发生了式微。

（一）旅游行业的迅猛发展

云南是我国的旅游大省，大理地区则是云南的旅游城市，旅游业的发展，因为在服务行业中性别角色的不同，使大理地区的白族妇女成为旅游行业的主体。同时在大理经济的构成要素中，旅游业的发展占了很大的比重。据2017年1月份公开的数据，2016年，是“十三五”开局之年，大理白族自治州地区生产总值完成974.2亿元，按可比价比上年增长9%，完成年度预期目标。其中，第一、二、三产业分别完成205.3亿元、372.9亿元和395.9亿元，分别增长5.6%、8.4%和11.4%。旅游业总收入、居民消费价格指数、城镇登记失业率等指标均超额完成年度目标。[①] 全市旅游直接从业人员达3万多人，间接从业人员超10万人，各项旅游经济指标成倍增长，发展成效显著，实现了旅游经济的快速发展。全市共接待海内外游客1507.73万人次，同比增长46.73%；旅游社会总收入246.71亿元，同比增长51.33%。[②]

在大理地区，服务业发展较快，服务业中包括旅游行业、珠宝银器行业、特色民宿客栈等。由于性别角色的不同，女性从事服务业有着不一样的作用，男性从事服务行业的较少，妇女占主体，这就为妇女提供了良好的就业环境，许多妇女选择走出家门，在旅游景点摆摊设点进行销售民族特色的饰品；大理地区兴起的珠宝行业和银器行业越来越受到白族妇女的喜爱，在珠宝和银器行业中，有固定的底工资和提成，随着旅游旺季的到来，部分白族妇女选择到珠宝和银器店上班，以赚取更大的收益。而且，白族妇女受同辈群体的影响，群体意识增强，互相起到带动作用，一起约着去参与不同的工作，改变了自身围着“锅边转”、依附丈夫的角色，慢慢地成为旅游行业的主体。

（二）白族独有的性别文化：“崇阴尚母”

白族性别文化的基本特质是作为反映两性关系的价值观念、伦理道德、

---

① 大理政府信息网：http：//www.dali.gov.cn/dlzwz。
② 大理文明网：http：//yndl.wenming.cn/cjhd。

知识能力、风俗习惯和制度规范等方面的意识形态及其表现形式的性别文化，其核心内容是不同文化背景对男女两性赋予不同的角色内涵和价值标准。白族性别文化的基本特质隐含在其丧葬习俗、婚姻习俗、日常用语和民间妇女信仰团体活动之中，其文化准则与价值取向表现为一种“重女不轻男”的二元互补结构观。① 在笔者生活观察中，白族小朋友第一次叫或者在哭泣的时候，嘴里面出来的第一个词是“阿嬷”，即白语“妈妈”的意思。在笔者的印象中，每一个白族小伙伴都是如此。直到成年的我们，还依然如此，每次外出读书回家或者是做什么回来，有什么困难，我们都会想到自己的妈妈而不是爸爸，不论谁在家里面，第一时间的第一句话都是“阿嬷，宁则按那喂”，白语的意思是“妈妈，你在哪里？”而且在白语中天空，被称为“海嬷”，在剑川地区，农历八月十五，人们去高处的庙宇中祭拜天空。由此可见，白族妇女的性别角色在白族青年中有着重要的意义。在大理地区丧葬习俗中，相比“父丧”，人们更注重“母丧”。在父亲去世时，只要通知家族内的人就可以了，而且次数只有一次；母亲去世时，要派专人立马通知其娘家人和娘家的家族，而且多次去通知。将其娘家人请到家中，才进行最后的收敛，并且娘家人还要盖钉一颗棺材的钉子，这一颗钉子必须是由娘家人钉，不能由旁人代替，然后才可以盖棺。而且娘家人可以趁此次机会总结母亲生前（出嫁后到家里面）功与过，对于好的美德要后代继承和发扬，同时如果发现母亲生前遭受到不公平、不孝顺的对待，娘家人可以当众进行批评，以此警示后代。在墓碑的碑文上，与汉族不同，体现在“重视母亲”的情节上，汉族在碑文上刻“李苏氏”表达对逝去的母亲的尊重；而大理地区的碑文，则刻着“李母苏氏”。由此可见，白族的独特性别文化一直在白族人的生活、风俗习惯中传承着。

在大理剑川县的石钟山石窟的女性生殖崇拜，与释迦牟尼佛、观音菩萨、八大天王造像石窟并列在一个红山石的石窟中，在一个拱形的龛洞内，雕有须弥座莲台，台上雕着有一个高 0.42 米的女性生殖器外阴，白语称为“阿殃白”，意思是“小女孩有水且长草的地方”，白语中还有称为“直的裂缝”等等的说法，虽然在大理地区还存在“谈性色变”的思想，在民间比较隐晦，但每年都会有很多的信徒去祭拜。正如美国学者魏勒所说：“女人，任何女人，每一个女人都妙不可言。当我们思考她们所具有的一切时，把她的纤细

① 何志魁：《我国出生人口性别比例失调问题治理的跨文化启示——基于白族性别文化的视角》，载《西南民族大学学报》（人文社会科学版）2011 年第 7 期，第 25—28 页。

和我们的粗糙相比较时，她们身上惊人的创造力——她们的母性，她们的优美雅致，连同她们富于牺牲精神和忍受痛苦的能力，会使我们任何一个男人身上的担子显得微不足道，上帝知道，甚至她们中间最不怎么样的人，也值得男人屈膝去崇拜。”① 大理地区“阿娅白”的女性生殖崇拜体现着不一样的白族地区性别文化，为大理白族妇女性别角色变迁奠定了文化基础。

（三）白族地区生产方式的多样化

生产方式是指人们取得物质资料的方式，包括生产力和生产关系两个方面。以前大理地区的生产方式主要是以耕地为主，白族人民的收入来源主要靠种植业。随着时代的发展，茶马古道的开辟，马帮的经过，带来了不一样的经济形式。白族男性开始从事商业和手工业，女性则在家中进行传统的农业和手工业，随着经济的发展，白族妇女的生产方式越来越多样化。

第一，随着经济的发展，政府的招商引资，加之大理独特的地理优势，在苍山脚下有着丰富的牧草资源和丰富的水资源，于是慢慢地出现了较多的乳制品行业，娃哈哈、新希望、来思尔和欧亚、邓川等知名品牌的出现，给大理白族人民带来了不一样的经济收益。它们需要的奶源都来自当地的居民，畜牧业随之发展起来，白族妇女渐渐承担着畜牧业的任务。在笔者的家乡，每家基本有一头奶牛，妇女对其进行平日的饲养，挤牛奶、交牛奶给收奶的厂家，每月都会有不错的经济收益。奶牛的饲养是一个慢过程，经济收益是慢慢地体现出来的，一般男性性格比较着急，不适合干这种活，白族妇女承担了主要的饲养奶牛的工作。同时在大理地区有一种小吃叫“乳扇”，乳扇，是用鲜牛奶制作出来的，一般由家庭中的白族妇女制作，在大理地区无论是红白喜事还是过年过节，乳扇是主要的一道菜，它还可以做出乳饼，销售到各个地方。乳扇的销售带动了畜牧业的发展，对白族妇女带来了一定的经济收益。

第二，扎染是大理的一张名片，在大理地区的周城村，几乎是家家有染缸，村里面白族妇女是白族扎染的从业者和技术传授者，她们从小姑娘的时候，就会在母亲的教导下学会扎染的每一道工序，现在扎染工作坊越来越多，更多的白族妇女加入工作坊中，每天有固定的收入，甚至一部分白族妇女到大理、下关、上海、昆明等地进行扎染的展览和教授。金少萍

---

① 王元辅：《白族女人》，昆明：云南大学出版社 2006 年版，第 45 页。

女士说："白族妇女全凭着悟性和手感来掌握着针法的松紧，一松一紧本身就是一种艺术的创造，是心智和手力的相互协调、相互配合的结果。扎花工艺除了要掌握针法松紧的尺度，还要防止脱落。而错扎和遗落则是扎花中尤为忌讳的。贯穿在扎花工艺中的这种超乎寻常的耐心和细心，可以说是周城妇女特有的秉性。"① 扎染在白族妇女的一生中占有重要的人生意义，它象征着男女之间的爱情。同时扎染布的用途比较广泛，可以用于做桌布，做成杯垫和衣服。

第三，随着时代的发展，白族妇女的衣服越来越时尚化，在传统的基础上加入流行的元素，民族服饰的加工业也是越来越发展，民族服饰加工业中女性占主体，白族妇女有着很高的智慧和悟性，她们在师傅那里学会如何用缝纫机加工民族服饰，一度的嫁妆都是以缝纫机为主体，白族妇女心灵手巧，到一定年龄，就会去学习如何进行服饰加工，现在随着需求量的加大，时代潮流的不断变化，白族妇女的服饰花样也在发生着不同的改变，每一年都会流行不一样的花样，加之女性普遍都有爱美之心，她们会定期更换自己的服饰。

第四，大理是旅游城市，随着客流量的不断增加，原先一部分的客栈呈现出供不应求的局面，白族人民发现商机，凭借自己家独特的地理位置，在交通发达、靠近洱海或者是游客量较大的景点旁边，将自己家打造成为不一样的具有白族特色的民俗客栈，因此民俗客栈不断兴起，白族妇女负责日常的打扫、物品的清理等，甚至一部分客栈还带有饭店，妇女们负责做白族特色菜品以满足客人的需求。部分妇女还会进入居住地旁边的客栈或饭店工作，每天有固定的上班时间，以提高自己的经济能力。

三、白族妇女角色低下的情况依然存在

随着男女平等的逐渐实现，白族妇女的性别角色慢慢地从家庭主妇的角色转向到现代新时代的女性，但在白族妇女地位越来越提高的当下，在传统的婚姻习俗、村规民约的影响下，白族妇女的角色定位仍然较为低下。

（一）家庭地位的不平等

正如马耀先生所言，"东接亚洲大陆，处于儒家文化的西部边缘；西接亚洲次大陆，处于印度佛教文化的东部边缘，所以生长在这里的白族在长

---

① 王元辅：《白族女人》，昆明：云南大学出版社2006年版，第37页。

期文明的发展过程中，充分吸收了儒家和佛教文化之长”。儒家思想对于传统中国社会性别角色的塑造，有着很深的影响。在各个历史时期，白族是云南地区受汉族文化影响较深的民族之一，接受了相当深的儒家思想以及汉文化内涵。甚至即使如今在汉文化中已经很少流行的汉文化元素，在白族社会中却保留了下来[①]。白族深受儒家“男尊女卑”观念的影响。白族的民间俗语“母鸡做不得三牲”“女人不能上座”“妇女无喉结，说话无实权”等这些俗语也表达着受到传统文化影响下的白族妇女的家庭地位。在传统的白族家庭中至今还保存着这些习俗，家里面来客人时，妇女只能在厨房里面准备菜品，不能上桌吃饭，由家里的男性陪着客人吃饭。同时在传统习俗中，生了孩子之后，家门口都会有相应的标志，让别人知道这户人家生男生女。一般情况下，会在家门的门槛中间拴一根藤条，表示生男孩；在门槛右边拴一根藤条，则表示生女孩，在孩子周岁时，会请“竹米客”，主要是请家族同宗的人为新生儿取名字，一般主要是由家族中的年长的男性老人，在大门的照壁上会贴弄瓦之庆则表示生女孩，弄璋之庆则表示生男孩，而且二胎生女孩不请客，生男孩则请客。传统观念在白族家庭中根深蒂固，影响着人们的思想和行为。

（二）婚姻习俗的不平等

在大理地区，白族家庭一般是一夫一妻制的小家庭，这种家庭包括祖、父、子和未娶嫁的儿女。儿子结婚以后，大多是另修房子居住，有弟兄则分家。家庭各成员之间，父母有抚养子女的责任，子女有给老人养老送终的义务。小家庭普遍保持着浓厚的封建伦理观念，家长决定一切，父母、祖父母和曾祖父母对于子孙辈有无上的权威，子女对父母要尽抚养的义务，如果不尽抚养的义务则被宗族的长老所鞭策，甚至受到舆论的谴责。

白族家庭中，一般由男子继承家产，妇女无继承权，家庭中妇女的地位处于低下状态，夫妻之间是妻子服从丈夫的从属关系。家长大多为男子担任，也有妇女当家，但是只能在父母去世后，或是父母年老、丈夫外出的情况下才能当家。在白族地区的坊间流传着这样一句话：“男子得田产，女子得肚皮”。[②] 这句话的意思就是男子可以继承家里的田宅、土地等。对

---

① 施仲军：《旅游发展中的白族农村女性家庭角色的变迁——以云南省鹤庆县新华村为例》，载《云南财贸学院学报》2005 年第 6 期，第 78-80 页。

② 云南省编辑组：《白族社会历史调查（一）》，北京：民族出版社 2009 年版，第 189-190 页。

于女子而言，只负责生儿育女，做好自己的家庭妇女角色，对于家里面的财产、土地等没有继承权，女子出嫁的时候只得到家里准备的嫁妆，其他并不归她所有。女子之所以不能享受到财产继承权，主要是认为女子出嫁以后，其财产会带到夫家。家里的田地、房屋和所有财产都是由几个男子进行平分，除了给父母留一份养老田之外。

在大理地区，白族的婚姻制度是一夫一妻制，大部分人都遵守同姓同宗不婚，异姓或异宗，不论其为舅表、姑表均可通婚。寡妇可以再嫁，再嫁则失去对亡夫财产的继承权，聘礼为夫家所有。还有一种情况是，丈夫死后，寡妇可以留在婆家，经过婆家的同意，可以给寡妇招婿，但必须留在婆家生活，不然则失去对子女和丈夫财产的继承权。

在大理地区，20 世纪 60—70 年代的妇女性别角色从媳妇转变成为婆婆的角色，从行为上，婆婆会影响到媳妇，媳妇一般都会传承婆婆对待自己的方式，从而将方法用于下一代身上。妇女的家庭教育一般主要由母亲和婆婆进行，在未嫁之时，主要是由母亲进行教育，包括做儿媳妇的应尽的任务，日常的料理，如何与别人沟通交往等行为以及对扎花工艺等生存技能的学习。出嫁之后，则由婆婆进行教育，婆婆平时怎么对待儿媳妇，会让媳妇去效仿，从而影响到当媳妇作为婆婆时，用老婆婆的方式去对待下一代。

（三）村规民约中的性别偏差

村规民约是村民群众在村民自治起始阶段，结合本村的实际情况对本村村民的风俗习惯、社会公德等多方面规范约束的一种。在大理地区，村中的白族妇女未曾参与村规民约的制订，因自身、家庭角色的因素，无法参与到村规民约的制订中，甚至不清楚村规民约的内容。在大理地区，白族村庄中的禁忌较多，其中大部分的禁忌是针对女性的。新娘的新婚房间，凡是哑巴、不会说话的孩子和孕妇，都不能接触，意味着不吉祥；家里生了小孩，或者牛、马产崽，忌讳妇人进屋，据说会踩掉奶；男人用的蓑衣、扁担、锄头等劳动工具，也忌妇人从上面跨过；妇女的裤子只能晒在靠近厕所的位置，不能晒到有人在下面走过的地方或者是正对堂屋的地方，否则认为不祥。在笔者出生的村庄，女性是不能去关帝庙的，因为人们认为女性不干净，关公不喜欢女性，所以村中的关帝庙的门一般都是关着，女性一进去就会肚子疼。由此强化了女性的自我约束，构建了女性无法被解构的禁忌。这一禁忌被村里的女人们忠实地恪守，并以此教育年轻的女孩们，不论是小娃娃还是大学生，只要身为女性都一视同仁为禁忌的对象，即便是曾进去过关帝庙，并认为进去没有关系的女性也不再进入庙中。由此可见，似乎并非是社会强夺了女性的某些自由，而是女性自己限制了自己。[①] 在大理地区，白族妇女不参与村规民约的表决，妇女一般嫁出去，户口随着丈夫迁，无土地（宅基地、承包地、集体福利等）。村规民约中的妇女被限制太多，大部分的女性被束缚，从而导致自己限制了自己。

四、提升白族妇女性别意识的对策

（一）鼓励妇女接受再教育，提升妇女的文化水平

教育对于一个地区的发展有着重要的意义，在大理地区由于传统观念的影响，妇女的教育水平受到限制，大部分妇女的教育水平只有小学四、五年级的水平，随着时间的推移，生活中的主内角色，使她们不再接触课本的知识，认字的水平也变得越来越低。

随着旅游业的发展，妇女渐渐变成旅游业的主体，原本只会讲白族民家话的妇女，需要与外来游客进行沟通，由于自身的教育水平所限，导致沟通交流存在障碍。所以要提升妇女的教育水平，鼓励妇女接受再教育。第一，村委会可以利用农闲的时候，定期为妇女们提供免费普通话培训，同时可以进行日常英语的培训。第二，政府应结合当地旅游的需要，经常对白族女性进行各类旅游服务业的技能培训，鼓励妇女接受再教育，同时社区定期开展妇女手工、普通话等技能大赛，对表现优异的妇女进行表彰，以此提升妇女的地位，为更多的妇女树立榜样。第三，妇女自身提升意识，通过日常商品销售，在与外地游客进行交流过程中进行学习，以提高自己的知识水平。

（二）进行性别教育，提高白族妇女的性别意识

第一，政府利用广播、电视等大众媒体对男女平等和先进的性别文化进行宣传，对家中有双女及以上的家庭进行政策优惠，包括入学、医疗保障、生活等方面推行优惠政策，以此减少对女性的歧视。第二，在村民委员会的设置中，按一定的比例让妇女参政，提高妇女的参政意识。第三，

---

① 杨雪：《隐藏的锁链：周城传说故事与女性社会地位变迁——云南大理白族村的人类学考察》，载《西南边疆民族研究》2017 第 1 期，第 221-229 页。

调整村规民约，将对于妇女过多限制的内容进行改变，使妇女参与到村规民约的制定过程中，以此提高妇女的性别意识。第四，男性、大众传媒等要改变对女性的性别刻板印象，充分肯定家中妇女对家庭所做出的贡献，同时主动承担家务劳动，给予家中妇女一定的话语权，适当听取家中妇女的意见，提高妇女的性别意识。

（三）鼓励白族妇女创业，提高经济地位

随着创业浪潮的袭来，越来越多的女性投身于创业大军中，但女性在创业过程中遇到的困难和障碍会比较多。大理地区有着浓郁的民风民俗，独特的生产方式，政府可以寻求社会组织包括公益组织的帮助，帮扶鼓励妇女创业，可以对妇女互联网知识技能培训，通过互联网线上线下销售本民族的特色美食、服饰、银器、扎染等工艺品。同时，通过寻求社会组织的帮助，在有特色的村寨建立工作坊，使更多妇女参与其中，让更多的妇女受益。比如在大理周城村，寻求到"妈妈制造"公益扶贫项目，在当地建立了扎染合作社，使当地妇女在家也能创业，在传承古法扎染的同时在家享受亲情，取得一份固定收入，并且也让乡村妇女传承最传统、最擅长、最热爱的工作。其中"妈妈制造"是中国妇女发展基金会设立的公益扶贫项目，带动贫困妈妈就地创业脱贫。①

综上所述，随着男女平等的程度不断提高，旅游业的不断发展，给大理地区的白族妇女带来了机遇和挑战，白族妇女的性别意识和性别角色发生变化，"男主外，女主内"的传统观念逐渐被抛弃，从而使白族妇女提高了自身的自主性和性别认同感，逐渐成为新时代的现代女性。

参考文献

[1] 张翠霞．神坛女人：大理白族村落"莲池会"女性研究［D］．中央民族大学，2013.

[2] 杨丽琼．旅游开发中少数民族妇女社会角色变迁研究——基于大理新华白族旅游村的案例分析［J］．旅游研究，2011，3（02）：48-51.

[3] 邹丽娟．多元文化互动语境下的大理白族传统习俗［J］．贵州民族研究，2009，29（02）：64-68.

① 中国青年报・中青在线记者桂杰：《白族扎染艺术之乡的"妈妈制造"》，载《中国青年报》2017-05-22，第6版。

[4] 罗红．白族社会性别结社与族群认同［J］．云南民族大学学报（哲学社会科学版），2008（06）：33-36.

[5] 金少萍．宗教文化中的社会性别建构——白族女性与本主崇拜［J］．中央民族大学学报（哲学社会科学版），2008（01）：77-81.

[6] 黄丽．农地制度改革：多层次农村社会保障制度建立的经济基础——基于广东南海的实证分析［J］．经济体制改革，2007（05）：153-156.

[7] 金少萍．白族扎染工艺文化的传承、保护与开发［J］．中南民族大学学报（人文社会科学版），2005（05）：51-54.

[8] 陆家瑞．“阿央白”——白族“母性文化”符码［J］．民族艺术研究，2003（01）：39-45.

经济收入水平的提高并没有必然带来农村妇女政治地位的提升

——以广西东兴市澫尾村京族为例

罗树杰　叶文静*

在国外，西方女权主义者早在15世纪就开始关注妇女权利问题，女权主义将自己定义为一种为妇女权力的认可，为性别之间的平等和为女性特质的重新定义而进行的斗争。1949年中华人民共和国成立，毛泽东同志率先喊出“男女都一样”“妇女能顶半边天”的口号，中国妇女在新中国建立之后获得了空前的解放。一时间，中国大地上女性社会角色发生了深刻的变化，女性开始承担起越来越多的社会责任，从而彻底改变了女性的社会经济地位。但是，改革开放后，少数民族地区的农村妇女地位并没有随着经济收入的增加而上升。本文以广西东兴市澫尾村为例展开探讨。

一、问题的提出

京族位于广西壮族自治区防城港市东兴经济开发区江平镇境内，是我国改革开放后生活方式跨越发展速度最快的少数民族之一，现已成为广西最富裕的少数民族。特别是中越边境贸易开放以来，京族的产业结构不断调整和优化，日益活跃于市场经济大潮中。妇女一直在京族经济发展中发挥着重要作用，但其地位并非一直受到重视，正如宋涛在《传统裂变与现代超越：西部大开发与西南少数民族生活方式变革问题研究》中说的，“京

---

* 罗树杰，广西大学公共管理学院教授；叶文静，在南宁市威宁投资集团有限责任公司工作。

族妇女历来以勤劳能干著称，但其地位却十分低下，受歧视，这在传统的生产、生活、生育上的禁忌上反映十分突出，甚至在‘哈节’不允许女子入神亭，参加聚餐。”① 直到改革开放后，京族多元经济的发展为妇女就业和创业提供了机会，使当地青壮年妇女走出家庭，迅速成为各行各业的主力军和女能人。她们以致富的业绩赢得了男子的尊重，从而促进了男女平等。目前旧的男权统治已被废除，传统生产生活中有关妇女的禁忌也被取消，大部分京族家庭都由妇女理财、管家，妇女在“哈节”时也可以进入哈亭，代表家庭参加组内聚餐。马居里、陈家柳主编的《京族：广西东兴市山心村调查》通过对京族聚居的山心村进行调查，发现农业、商品贸易的发展极大地充实了该村的经济体系，促使产业结构日趋多元化，但渔业的主导地位仍无可替代，传统思想观念对妇女的影响并没有完全消除。山心村老年人在日常生活中有一定的性别分化，男性一般在吃亭活动，热衷于参与村里的公共活动，女性多在家中主持日常家务。女性若要求离婚会遭到村里人歧视，男性要求离婚则不会，而且离婚后女性很难再婚，一般要视其相貌和人品而定，男性离婚后只要有钱很容易再娶。在避孕问题上也主要由妇女完成，妇女长期服用避孕药，这会对身体造成不良影响。周建新、吕俊彪的《从边缘到前沿：广西京族地区社会经济文化变迁》一书通过对京族聚居的澫尾中间村进行田野调查，认为现实的经济生活和传统文化共同塑造了澫尾村京族人在各自家庭中的性别角色。由于受到海洋渔业生产方式的影响，澫尾村京族人在生产、生活上都有较明显的性别分工，虽然这种性别分工差异已经在人民公社时期的集体劳动中很大程度上被消解了，但落实家庭联产承包责任制后又重新恢复了传统的“男主外、女主内”的性别分工。目前因为劳动力的限制，妇女也参与到深海捕捞、海水养殖、海产品加工和运销等行业中，但男性在这些行业中起着主导作用，而女性主要从事浅海捕捞、餐饮、旅游、商品零售等行业。妇女在家庭经济中发挥的作用越来越大，家庭地位也得到相应提高，家庭成员关系渐趋平等。例如，近年来当地妇女从事海蜇加工增加了家庭收入，也在一定程度上提高了她们在家庭中的地位。

综观国内外学者的研究可以发现，首先，目前关于妇女地位的研究很多，但关于生产方式与妇女地位的研究并不多，也很少有学者从学理上回

---

① 宋涛等：《传统裂变与现代超越：西部大开发与西南少数民族生活方式变革问题研究》，北京：民族出版社 2006 年版，第 331 页。

答生产方式转变与妇女地位的关系。其次，妇女参加公共事务管理，增强话语权是提高妇女政治地位的重要表现，但目前关于生产方式与妇女地位的研究主要是研究经济转型或生产方式转变过程中妇女的经济、职业地位和家庭地位的变迁，很少研究生产方式转变过程中妇女在公共事务管理中的地位变迁。再次，京族作为我国的沿海沿边少数民族，其生产方式特别，人均收入高，而且在改革开放后面临生产方式急剧转型，妇女的地位和作用有所转变，但目前关于京族生产方式转变及其妇女地位的研究很少。因此，加强这方面的研究有助于提高少数民族地区妇女地位，推动性别主流化，进而发展和深化社会性别理论。

二、本次研究的田野点以及研究方法

按照社会学民族学的研究方法，我们选择广西东兴市江平镇澫尾村作为田野点，进行参与观察、深度访谈。

澫尾村位于广西东兴市江平镇，距离江平镇约 13 公里，距离东兴市约 21 公里，原来是个四面环海的孤岛，20 世纪 70 年代初围海造田工程中演变成半岛，与越南万柱隔海相望，陆地呈“品”字半岛状，东西长南北窄，东厚西薄，地势低洼，由北向南的海拔高度为 3—5 米，且由于是海水冲击而成的沙岛，海拔较低，只有 8 米左右。澫尾村的南面就是连绵 10 公里长的金滩海岸线，它沙细滩长，海水洁净，年均气温 22℃。这里的海产品资源丰富，鱼类种类繁多，如墨鱼、鱿鱼、黄鱼、青鳞鱼、力鱼等，常有大量的鱼群，还有丰富的介类和螺类，如青蟹、花蟹、石蟹、虾、车螺、白螺、红螺等。澫尾村全村土地面积 13.6 平方公里，其中耕地 1044.1 亩，土地以含沙层为主，个别坡地以泥沙层为主，多种红薯、玉米、花生、大豆，也有人种莲藕、蔬菜等。由于处在亚热带地区，该村全年降雨量较大，每年 6 月至 8 月最为集中，加上地面径流相对较少，土地干燥，所以农业生产主要靠雨水灌溉。

据清光绪元年（1875 年）澫尾村京族人订立的乡约记载，从 15 世纪开始澫尾村京族人的祖先就陆续从越南涂山、吉婆等地迁入我国境内，最初来到澫尾岛的京族人只有一二百人，主要有黄、刘、武、阮、吴、梁、苏、杜、裴、罗、龚等姓氏。1949 年以前，澫尾村曾被称为“福安村”“福安邑”“安南村”，20 世纪 50 年代初改为“福安村”。1952 年成立了澫尾京族自治乡，由当时的防城县第二区（江平区）管辖，包括澫尾、万东、万西 3

个自然村。1958年成立澫尾大队，由江平人民公社管辖。20世纪80年代后又相继成立澫尾村村公所和澫尾村村民委员会。到2012年，澫尾村有23个村民小组，全村总户数1158户，其中常住人口4948人，京族人口4676人，约占总人口的94.5%，其余人口大部分为汉族，也有少数的壮族。全村劳动力人口2964人（男性16—60岁，女性16—55岁），外出打工者不多，只有一些在外读书的人才留在外地打工，而且由于当地经济发展得好，外来打工者比较多。历史上澫尾村村民靠捕鱼为生，现在村民主要经济来源以旅游经营、海洋捕捞、海水养殖、海产品加工和边贸生意为主。2010年和2011年农民人均纯收入分别达10362元和12444元，村级集体经济主要通过发包土地、房屋、养殖塘以及联营等途径，年收入达10万元以上。经济收入增长了，村民的生活水平和生活质量也在不断提高，基础和配套设施不断完善，全村硬化道路四通八达，不仅修建了进入澫尾村的岛京港大道一级公路，还在村里修建了民族大道、中心大道、滨海路以及多条出海通道，各村民小组都通达了水泥硬化道路，水、电、电视、宽带到户，处处都是法式建筑和别墅式村民住宅，2012年全村有私家小汽车190多辆，摩托车1500辆，早已经达到了小康生活水平。

三、改革开放前澫尾村的生计方式与京族妇女社会地位

（一）改革开放前澫尾村的生计方式：半渔半农

改革开放前，澫尾村的京族人一直过着半渔半农的生活，其中以渔业为主，兼营农业。澫尾村的京族人世代都以捕鱼为生，过着一种“靠海吃海”的半自然经济生活。除了进行浅海捕捞外，澫尾村京族人还从事少量的海产品加工，比如做一些鱼露、蟹露等，但都是手工业生产，大多属于家庭副业，没有太大的经济贡献，所以当时村里的经济水平比较低下。中华人民共和国成立后，澫尾村在20世纪50年代初先后开展了土地改革和渔业民主改革，逐步走上了合作化道路。至1956年，京族地区基本完成了渔业和农业的社会主义改造，并于1958年秋建立了人民公社。① 当时村里先后成立了互助组、合作社，在一定程度上整合了渔业和农业资源，使得集体经济得到了发展。

早期来到澫尾村的京族人基本上以捕鱼为生，农业生产很少，只能用

---

① 《京族简史》编写组：《京族简史》，南宁：广西民族出版社1984年版，第4页。

自产的鱼产品向周边地区的汉族、壮族产粮区农民换取日常食用的稻谷、玉米等主食，经济依附性较强。20世纪60年代末70年代初，当地政府发动和组织群众开展了声势浩大的围海造田运动，长长的海堤使海岛变成了半岛，岛上的几千亩浅海滩涂也变成了可以改造成稻田的陆地，在一定程度上解决了澫尾村京族人耕地不足的问题，村民也基本实现了粮食自给。围海造田的成功大大地鼓舞了当地群众建设社会主义的热情。但是，由于土壤含盐量较高，种植水稻的产量很低，水稻双季亩产也只有200公斤左右。[①] 当时澫尾村还种了红薯、花生等农作物，沙质土壤适宜种红薯，产量也较高，却打不开销路，经济效益差。围海造田虽然给澫尾村带来了大面积的耕地，但由于当时的农业生计方式和技术水平落后，农产品的产量和市场价值较低，所以村民的经济收入仍然得不到提高。

（二）改革开放前京族妇女的社会地位：政治参与机会多，经济文化地位低

改革开放前，在传统的社会生计方式下，澫尾村的经济发展水平比较低下，人民生活比较困难，京族妇女的经济地位也不高，这主要体现在以下两方面：（1）京族妇女的职业选择少，用于农业劳动和打理家务的时间多。中华人民共和国成立前，京族妇女的主要工作就是扒螺、挖沙虫等滩涂作业，所得的海产品或拿去换取粮食，或留作自家吃，经济贡献很少。在人民公社时期，妇女也要参加集体劳动，进行农业耕作和浅海作业，如前面提到的拉大网。而且受到政治因素的影响，村民只能在生产队搞生产，不能从事其他的工作。（2）是京族妇女的经济收入低，可支配收入少。但是，改革开放前京族妇女参与政治生活的积极性比较高，对村里的政治建设和社会稳定做出了很大的贡献。一是积极响应号召，参与政治生活。改革开放前，京族妇女不仅积极参加生产劳动，投身于社会主义经济建设，而且政治觉悟很高，经常参加村里的政治活动。除了在平时忙碌的生产劳动后能积极参加生产队的大会，还积极响应当地政府号召，开展围海造田运动。在20世纪60年代末70年代初的围海造田运动中，澫尾村的很多京族妇女巾帼不让须眉，发扬了不畏艰险的奋斗精神。当时京族妇女们参与政治生活的积极性很高，甚至让村里的男人都折服，至今说起来还赞叹不

---

① 李甫春：《在改革开放中走向富裕的中国京族》，载《广西大学学报》（哲学社会科学版）1999年第1期。

已。村民 WJL 就说："改革开放前妇女地位重哦，那时候有民兵营啊，还有宣传队，民兵营女人也很多，跟男人数量差不多，宣传队就是女人多，那时候一帮女人给力（厉害）哦。平时妇女参与政治生活和公共事务管理的积极性很高，比现在高，村里有什么义务劳动她们都参加。以前到'三八'节就开妇女大会，主要是对一些妇女进行表扬或批评，表扬的就指名，批评的就不指名了，妇女都很积极参加，但是从九几年开始就没有过这种大会了。"① 二是积极参加民兵营组织，保卫边防安全。京族三岛位于中国与越南的交界处，属于沿海沿边地区，如此重要的地理位置决定了京族地区人民在保卫国防边境安全上的关键性。澫尾村在当时有民兵营组织，参加民兵营的有男人也有妇女，他们不仅要参加平时的生产劳动，还要进行训练，负责在海岸线上巡逻放哨，有些妇女怀孕了，大着肚子都要去海边放哨，有的妇女还担任过民兵营长。三是支持家属参军，积极报效国家。在1961—1975 年的越南战争期间，京族地区自然就成为援越战争的大后方。

四、改革开放后澫尾村的生计方式转变对京族妇女社会地位的影响

（一）改革开放后澫尾村的生计方式：由单一向多元化转变

改革开放后，澫尾村逐渐由原来的"以渔为主，兼顾农业"过渡到多种生计方式并存，商业发展特别迅猛，旅游经营、海洋捕捞、海水养殖、海产品加工和边贸生意成为澫尾村的支柱产业和村民的主要收入来源，农业生产逐渐淡出了村民的经济生活。

在渔业方面，改革开放以来海洋捕捞、海水养殖和海产品加工方面，生产工具和技术都有较大的改进和提高。随着市场经济的发展，交通运输日益发达，渔民的销售渠道拓宽了，不仅可以将海产品卖给当地的酒店、餐厅，也可以拿到当地的农贸市场出售，或者运到外地的海鲜市场去销售，海洋捕捞给渔民带来了比较丰厚的收入。20 世纪 90 年代中期海水养殖也发展起来，目前已成为村里的支柱产业之一。海水养殖以养殖对虾为主，也有个别养殖户利用网箱在小海湾养殖石斑鱼等经济价值较高的鱼类。而且大规模的海产品加工也在此时发展起来，以季节性的海蜇加工为主。在海蜇捕捞旺季时，岛上大大小小的海蜇加工厂有一百多两百个，大多数是外

① 访谈对象：WJL，男；时间：2012 年 6 月 7 日；地点：澫尾村 5 队受访者家中。

地商人开的，也有本地人开的，工人基本上都是本村或附近的村民，海蜇经过半成品加工后就卖到广东等地。

20 世纪 80 年代末，随着中越关系解冻，京族三岛的边境贸易迅速发展起来。1989 年春节期间，越南芒街镇的居民涉水渡过中越界河北仑河，来到当时我国广西东兴镇采购商品，由此打破了中越边境贸易的坚冰，从一开始的日用百货逐步发展为颇具规模的批量贸易。㵘尾村村民凭借地理环境和语言方面的优势，积极参与边境贸易活动，他们既有直接参与商品交易的，又有充当经纪人的。如现年五十多岁的村民 JHC 就是一名经纪人，他做这一行已经不下十年，平时主要是带一些广东的老板跟越南的老板洽谈煤炭生意，然后从中收取劳务费，由于资历丰富，品性敦厚，又精通越南语和粤语，在行内深受好评，他的劳务费也从刚开始每个月 1500 元涨到 8000 元左右，加上奖金和其他收入，现在每个月收入一万多元。目前，㵘尾村约有三四百人从事边境贸易，主要是从越南进口煤炭、海产品，如鱼、海蜇等。边境贸易的发展使村民的家庭经济收入得到较大提高，边境贸易一度成为㵘尾村的主导产业。

20 世纪 90 年代以来，㵘尾村凭借着沿海沿边的优越地理位置、迷人的海滨风景、浓郁的民族风情等，吸引了无数慕名而来的游客，形成了一种新的经济增长方式——旅游业。据江平镇政府统计，1997 年到㵘尾村旅游的人数已达到 30 万人次。旅游业的发展带动了当地的商业活动和其他经济行业，许多村民把人力物力投入到旅游服务业，经营与旅游相关的行业，如酒店、海鲜餐馆、小商店、游泳太阳伞摊位、修理店、发廊、客运面包车，等等，应有尽有。如今去到㵘尾村，可以看到海鲜餐馆鳞次栉比，沙滩太阳伞摊位五彩缤纷。刚开始时到㵘尾村旅游的多为广西区内游客，而且旅游季节集中在夏秋两季的双休日和节假日，后来随着知名度的不断提高，客源扩展到省区外和国外。特别是每年的京族哈节，它已被列为国家级非物质文化遗产，活动内容丰富多彩，持续时间长，规模宏大，吸引了无数游客从国内外过来参观旅游。现在旅游经营已成为㵘尾村的一大支柱产业，并且从根本上改变了当地的产业结构。

在边境贸易、旅游服务等新兴行业蓬勃发展的时候，㵘尾村的农业却逐渐淡出了村民的经济生活。2012 年全村土地总面积 20389 亩，耕地面积 2193 亩，仅占总面积的 10.8%。村里几乎家家户户都种有农作物，因为田地比较少，无法使用机械化，所以以传统牛耕、手工业为主，投入大，产出少。产出的农作物，如红薯、芋头、花生、玉米、蔬菜等，有的留作自家吃，有的卖到当地农贸市场，几乎没有出口，农业收入很少。

可见，改革开放以来澫尾村的生计方式发生了巨大的改变，呈现出一些新的特征。首先，渔业等传统生计方式有了新的发展，除了生产工具得到改进，经济效益提高外，出现了海水养殖、海产品加工等新的产业；其次，边境贸易和旅游业的兴起，从根本上改变了澫尾村的产业结构，并成为当地的支柱产业；再次，农业在澫尾村村民的经济收入中所占比重很低，将日益淡出村民的经济生活。

（二）改革开放后京族妇女社会地位的变化

1. 经济地位：就业机会增多，经济收入提高

改革开放后，随着生产力水平的提高和市场经济的发展，京族妇女的经济地位得到了很大的提高，主要体现在以下两个方面：

一是就业机会增多，妇女参与经济建设的热情高。改革开放带来了京族生计方式的巨大变革，澫尾村人民不再局限于传统的渔业和农业生产，一方面，新兴的经济产业创造了更多的就业岗位，京族妇女除了挖沙虫、扒螺、务农外，有了更多的职业选择，如去酒店当服务员、摆太阳伞、进工厂从事海产品加工等。而且接受访谈的妇女都说自己还有身边的女性朋友找工作时从来没有受到性别歧视。据一些村民反映，到了海蜇捕捞旺季，海蜇加工厂请的工人基本上都是妇女，因为妇女“手脚轻快”“细心”“能吃苦”“定性”（稳定），而且就算千把块钱的工资妇女也愿意做，男人就会嫌钱少不愿意做，妇女成了海产品加工的主力军。另一方面，社会环境和经济政策比改革开放前自由开放了，工作环境也得到极大的改善，这大大激发了妇女参与经济建设的热情，有些京族妇女还自己创业，如摆烧烤摊、开商店、做边贸生意等。

二是经济收入提高，对家庭的经济贡献增长。市场经济的发展，就业机会的增多，使得京族妇女的经济收入相比改革开放前有了很大的提高。通过访谈了解到，20 位受访的京族妇女中有 2 人的月收入在 3000 元以上，3 人的月收入在 2501—3000 元，1 人的月收入在 2001—2500，4 人的月收入在 1501—2000 元，4 人的月收入在 1001—1500 元，6 人的月收入在 1000 元及以下，其中月收入在 1000 元以下的妇女不是上了年纪不参加工作的，就是在家带小孩的家庭主妇，但即使这样，她们也通过务农、挖螺、挖沙虫或者其他途径获得一些收入。到了年底，生产组内还有集体收入分红。经济收入的提高，使京族妇女对家庭的经济贡献增长了，甚至成为家庭的主

要收入来源。如京族妇女 WY，她家里有 6 口人，她的主要工作是摆夜市摊，一年收入接近 10 万元，成为家里的主要经济来源。有了自己独立的经济能力，京族妇女在家庭中的地位也得到了提高，不仅可以管自己的钱，还可以管家庭的收支，家里要做什么重大决定也征求妇女的意见。接受访谈的妇女都对自己在家庭中的地位表示基本满意，自己的收入基本上可以自由支配，家人从不干涉。生计方式的变迁使京族妇女的就业选择越来越多样化，她们可以从事比较轻松的工作就得到满意的收入，而且收入的提高使其在家庭中拥有更多的自主权。

2. 政治地位：参与热情下降，参与程度降低

改革开放后，与经济地位提升相比，虽然妇女参政的法律和制度保障不断完善，澫尾村也制定了一些村民参政议政制度，鼓励村民参政议政，但出于各种各样的原因，村里的京族妇女参政议政的意识比较薄弱。在接受访谈的 20 位京族妇女中，有 16 人经常参加村里的民主选举，有 1 人偶尔参加，3 人从不参加。然而那些经常参加民主选举的人也并不都是自己画选票的，自己不在家的时候都是请老公或其他家人代劳。有 7 人经常参加村民会议，4 人偶尔参加，9 人从不参加；有 1 人经常针对村里存在的一些问题向村委会或村党支部提出意见或建议，有 4 人偶尔提，有 15 人从来不提。可见，澫尾村京族妇女对政治和公共事务参与热情不高，参与的比例仍然较低，主要表现在三个方面：一是村干部中的女性成员较少。2012 年在澫尾村的村民委员会和村党支部“两委”班子共 5 人，还有 1 名第一书记，2 名镇聘村用人员，1 名大学生村官，共 9 人，其中只有妇女主任一职由京族妇女担任，同时还兼任村党支部组织委员，可见京族妇女在村干部中的比例是比较低的。二是女性党员人数较少，澫尾村全村共有党员 104 人，其中女性党员 15 人，仅占 14.4%。三是女性村民代表较少，澫尾村全村共有村民代表 51 人，其中女性村民代表 11 人，仅占 21.6%。

当然，京族农村妇女的参政议政能力偏低，文化素质不高，对新形势下的政策规定不了解，对当今社会的热点问题关注不够。很多妇女只是从电视上听过妇女联合会，至于妇联是做什么的，有一部分妇女并不清楚，甚至有的连听都没听说过。此外，京族农村妇女的政治地位不高还表现在她们参政议政的渠道不畅，很多妇女有问题、有想法、有意见却不知道该如何反映，向谁反映，她们担心反映了没有人理会，甚至担心反映了问题会对自身和家庭带来不良的影响。

3. 文化地位：有了较大提高

首先是受教育的机会大大增加。经济的繁荣发展使澫尾村村民的物质生活水平大幅度提高，精神文化也越来越受到人们的重视，京族妇女的文化地位得到很大的提升。一是受教育机会增加，文化素质有所提高。特别是九年义务教育的普及，教育条件的不断改善，加上生活水平的日益提高，逐步降低了村民因为家庭贫困而不让孩子上学的比率，增加了京族妇女受教育的机会。人们也更加认识到教育的重要性，绝大部分家长都希望自己的子女多读书。同时，中华人民共和国成立后针对成年人文化教育的扫盲工作和改革开放后出现了以职业技术教育为主的成人教育，成立了一所“农民成人教育技术学校”，即当地人所称的“农民技术学校”，学校还设立了图书室，并且会不定期开展一些农业养殖技术培训，聘请技术专家和技术人才开展这方面的专题讲座。另外，村里还成立了“经济能人协会”“农家书屋”，为村民提供了经验交流的平台和阅读学习的资源。由于受教育机会的增加，提高了京族妇女的文化素质。正如村党支部书记所说：“现在年轻人都识字，六七十岁的都是小学文化，八九十岁的文盲多，能够送去读书的都去，没有重男轻女。现在有脱盲、夜大，妇女文化素质逐步提高，但在旧社会却不能读书。”① 村民 CFS 认为：“现在京族女人的文化素质比以前高了，以前生活水平低，家里没办法送去读书，文化水平就低。没文化没想法啊，思路不清楚，都是以打鱼为生，说话也没什么礼貌，现在读书多了，文明了。”②

其次是在传承传统文化中发挥着重要作用。京族的传统文化形式多样，内容丰富，无论是宗教艺术，还是语言文字，都蕴含着独特的民族气息，这正是它吸引无数学者和中外游客的地方。京族传统文化的传承主要得益于家庭和学校教育、节庆仪式、民间宗教等，一些地方精英更是积极地传承传统文化，如通过开办培训班教授京族语言、文字、歌唱、乐器等。京族妇女在唱哈、独弦琴演奏等传统文化的传承中发挥了很大的作用。

再次是闲暇活动增加，精神生活日益丰富。改革开放前整天忙着搞生产劳动，闲暇时间很少，加上电视、电脑、音响等家用电器和科技产品还没普及，生产劳动之余就是大家坐在一起聊聊天，唱唱山歌，自娱自乐，道路交通也不发达，与外界的接触比较少。随着社会的发展和物质生活水

---

① 访谈对象：澫尾村党支部书记，男；时间：2012 年 6 月 4 日；地点：澫尾村村委会。

② 访谈对象：CFS，男；时间：2012 年 6 月 5 日；地点：澫尾村 1 队受访者家中。

平的提高，澫尾村京族妇女的闲暇时间多了，活动也越来越丰富多彩。改革开放后，特别是20世纪90年代以后，京族妇女的活动形式多种多样，以看电视、逛街、打牌、跳舞、上网等为主。据一些妇女说，村里还有一个女老师教她们跳舞，就是现在流行的“广场舞”，很多妇女都去参加，2011年的时候是每人每月交五六十块钱，2012年之后每人每月交100块钱，只要天气好她们每晚都去，地点就在京族文化广场，从七点跳到九点。道路交通运输发达以后，京族妇女的活动地点不再局限于本村或本市，有的妇女闲暇时候还和家人去外地旅游。据村党支部书记介绍，现在村里有一个以妇女为主的文艺队，村委会平时也会组织妇女唱歌、跳舞，还参加一些健康方面的活动，文化生活十分丰富。

五、影响京族农村妇女政治地位的因素分析

通过以上分析，可以看出虽然改革开放后京族农村的经济地位和文化地位都有了很大的提高，但妇女的地位并没有显著的提升。其原因是什么呢？

（一）生计方式变迁并不必然带来政治地位的提高

妇女参政议政既是衡量妇女生存和发展状况的重要指标，又体现了一个国家的社会文明和发展程度，京族妇女作为社会主义基层民主政治建设的重要力量，参政议政也是衡量其政治地位的重要指标。第三期中国妇女社会地位调查显示：“2.2%的在业女性为国家机关、党群组织、企事业单位负责人，为男性相应比例的一半；高层人才所在单位一把手为男性的占80.5%，30.8%的高层人才所在单位存在‘同等条件下男性晋升比女性快’的情况。92.9%的女性关注‘国内外重大事务’，54.1%的女性至少有过一种民主监督行为，18.3%的女性主动给所在单位、社区和村提过建议。80.6%的农村女性近5年来参与了村委会选举。”① 这表明从全国来看，妇女的政治参与程度低于男性，特别是妇女担任领导岗位的比例远远低于男性。通过对澫尾村的调查发现，改革开放以来虽然该村京族妇女的政治权利有了法律法规的保障，但存在参政比例较低、参政议政意识薄弱、参政议政能力偏低以及参政议政渠道不畅等问题，与第三期中国妇女社会地位调查结果有相似之处。这些都印证了叶文振等人的研究，他们在分析马克

① 第三期中国妇女社会地位调查：http：//acwf. people. com. cn/GB/99058/15973949. html。

思主义妇女理论关于女性参政的观点时曾认为，该理论将女性参政作为实现妇女解放的重要环节和途径，却又仅仅将妇女受压迫的根本原因归结为私有制和经济剥削，这是将妇女解放问题简单化了，从而提出“经济解放固然是妇女解放的一个条件，但事实上，即使经济问题得以解决，妇女解放也不一定能随之实现”[①] 的观点。在澫尾村，改革开放前京族妇女的经济地位不高，政治参与程度却较高；改革开放后生计方式的变迁带来了京族妇女经济地位的提高，她们的职业选择增加、经济收入和生活水平提高，但政治参与程度却降低了，她们愿意把更多的时间和精力投入经济生产，而较少关心政治和公共事务。这表明生计方式的变迁并不会必然带来妇女政治地位的提高，妇女参与政治生活受到传统性别观念、自身素质能力和体制机制等制约。

（二）制约京族妇女政治地位提高的因素

1. 传统性别观念的影响

澫尾村的京族人从越南迁来中国已有几百年的时间，受到传统渔业生计方式的影响，“男主外，女主内” 的性别分工比较明显，男人出海捕鱼，女人照顾家庭，并做一些辅助性的工作，如解网、补网。这种性别分工在人民公社时期的集体劳动中得到较大程度的消解，但在家庭联产承包责任制落实以后又重新得到恢复。目前，生产力的发展和生计方式的变革在一定程度上打破了劳动性别分工对妇女的就业限制，但“男主外，女主内”的传统观念还束缚着京族妇女的发展。一方面，妇女参政议政的主体意识不强，认为这是男人的事情，自己只要照顾好家庭，教育好子女就行了，存在自卑和依赖心理，怕挑重任，不愿竞争。加上承担照顾家庭和生儿育女的双重压力，妇女参政议政需要比男人付出更多的时间和精力。特别是在市场经济条件下，有些妇女觉得当村干部吃力不讨好，收入不高，有时间还不如“去海”（进行海洋捕捞），这就导致了妇女参政议政的动力不足。另一方面，社会上对妇女参政议政的重要性认识不够，信心不足，不敢突破比例，委以重任。接受访谈的 20 位京族妇女都认为村干部中应该有妇女成员，但她们大部分都觉得妇女干部应该做与妇女相关的工作，比如妇女主任，这样与妇女容易沟通，如果做其他工作的话不如男干部厉害。村民 HYS 就说：“应该大部分男人比女人厉害，女人从智力、体力等各方面都比

---

① 叶文振主编：《女性学导论》，厦门：厦门大学出版社 2006 年版，第 309 页。

不上男人，绝大部分都是。比如我跟你做同一样工作，就说扛一块石头好了，你做不到，我做得到。一直以来有些女人依赖惯了。对于女人来说，嫁了一个老公，就傍着他，依赖他，养成了这样一个习惯，女人对事业方面可能不够男人看重一些。”①

2. 京族妇女的素质能力

妇女自身的素质能力决定其参政议政的水平。在澫尾村，随着经济的发展和教育制度的完善，京族妇女的受教育水平得到了一定提高，但是在这个信息时代，科学技术日新月异，对京族妇女的素质能力提出了新的更高要求。然而妇女在工作之余还要承担繁重的家务劳动，参加教育培训和自主学习的时间、精力和动力相对不足。加上培训机会少，培训内容缺乏吸引力，妇女的参与性不强，这就导致她们的知识更新慢，思想政治素养、心理素质和综合能力等与现代社会的要求有一定距离。调查发现，很多妇女对自身的能力持否定态度，认为自己学历低，不能胜任村干部的工作，从没想过参加竞选。

3. 妇女参政议政的体制机制

关于妇女参政议政，在我国并不缺乏相关的法律法规和政策制度。早在 1949 年颁布的《中国人民政治协商会议共同纲领》就明确规定了妇女与男子享有相同的政治权利。1975 年、1978 年和 1982 的《中华人民共和国宪法》中分别明确规定了妇女享有与男子同等的参政权。我国关于妇女权益的专门法律《中华人民共和国妇女权益保障法》提出国家权力机关中应该有适当数量和比例的女代表。广西壮族自治区近年来也在推进妇女参政议政、加强妇女干部培养选拔方面制定了不少政策措施。但是一些法律法规还缺乏具体操作实施细则，地方性政策在一些基层落实不到位，导致妇女参政议政缺乏有效的保障。

六、结　语

1995 年世界妇女大会在北京召开以来，推进社会性别主流化、促进两性平等和谐已成为世界潮流，我国也把男女平等作为一项基本国策。改革开放 30 多年来，我国逐步从计划经济向市场经济转化，从农业社会向工业社会转化，各地的生计方式发生了巨大的变革，经济收入大幅度增加，受教育程度也大大提高，京族农村妇女的政治权利得到了法律和制度的保障，

① 访谈对象：HYS，男；时间：2012 年 6 月 7 日；地点：澫尾村 12 队受访者家中。

但仍存在参政议政比例较低、意识薄弱、能力不强、渠道不畅等问题，这表明生计方式变迁带来京族妇女经济地位提高的同时，并没有提高其政治地位。澫尾村京族人目前对政治的参与积极性不如 1978 年以前高，如今“很少有村民主动到设在村委大楼的投票点进行投票，致使村民选举的组织者有时不得不抬着票箱到村民家里鼓励村民投票，而一些村民的投票往往带有某些应付性的色彩”①。为何改革开放前京族妇女的经济地位不高，政治参与程度高，而改革开放后经济地位提高了，政治参与程度却降低了呢？主要原因还是传统性别分工对人们的影响比较深。传统渔业生计方式使澫尾村京族人形成了“男主外，女主内”的性别分工，男人出海打鱼，女人照顾家庭，做一些辅助性的工作。这种性别分工在人民公社时期的集体劳动中得到很大消解，当时无论男性还是妇女都一起参与生产活动和政治生活。家庭联产承包责任制落实后，这种性别分工逐渐得到恢复。目前虽然生产力的发展和生计方式的变迁在一定程度上打破了传统性别分工对妇女就业的限制，但它对人们思想观念的影响根深蒂固：一方面社会对妇女担任领导干部的能力不信任，只要按照法律法规的规定使妇女干部比例达到要求即可，不敢突破比例，委以重任；另一方面，很多妇女存在自卑心理，觉得自身能力不足，怕挑重任，不愿竞争，加上家务劳动和生儿育女的沉重负担，妇女参政议政的时间、精力和动力不足。除了性别分工的影响外，妇女的素质能力相对不高，特别是在思想政治素养方面，对参政议政的认识不足，意识薄弱，改革开放以来妇女的就业机会增加，收入提高，在经济利益的推动下，她们更愿意把时间和精力投入经济活动中，降低了参与政治生活的热情。另外，体制机制不健全也制约了妇女政治地位的提高。可见，生计方式的变迁和经济的发展并不必然带来妇女政治地位的提高。因此，社会经济的发展和妇女经济上的独立并不一定能实现妇女的全面解放，政治上的性别不平等也影响了京族妇女地位的提高。要真正提高农村妇女的社会地位特别是政治地位，推进社会性别主流化仍然任重而道远。

---

① 周建新等：《从边缘到前沿：广西京族地区社会经济文化变迁（下册）》，北京：民族出版社 2007 年版，第 167 页。

五指山的百灵鸟

——海南本土女性生命叙事研究之一

杨文娴*

一、主人公黄某丹及其生活环境介绍

黄某丹，女，黎族，现年39岁①，大专文化，某民营歌舞团团长、法人代表，五指山市市级非物质文化（黎族民歌）传承人，五指山市政协委员。

五指山市位于海南岛中南部五指山区腹地，为海南岛中部地区的中心城市和交通枢纽，市区平均海拔328.5米，是海南岛海拔最高的山城。五指山市下辖冲山镇、南圣镇、毛阳镇、番阳镇、水满乡、畅好乡和毛道乡7个乡镇。市区面积1169平方公里，人口10.7万②，其中黎族为6万余人，约占总人口的60%。五指山市周围群山环抱，森林茂密，气候温和，冬暖夏凉，属热带季风气候带山区气候区，被誉为“养生福地，翡翠山城”。山城景色和黎苗民族风情为其最主要的旅游资源，是典型的“绿色生态”旅游城市。

五指山市原名为通什市③，是海南省主要少数民族黎族、苗族聚居地，原为广东省黎族苗族自治州州府所在地，1988年海南建省后，撤州建市更

* 杨文娴，副教授，海南热带海洋学院教育学院应用心理学专业负责人，海南妇女/性别研究与培训基地联系人。

① 本文涉及时间以2017年11月为基准。黄的这个年龄是根据她说“我的身份证上的出生年份是1978年”推算的。

② 此为2010年第六次人口普查数据，截至2010年全市总人口中，汉族人口为34009人，占总人口的32.66%；各少数民族人口为70113人，占总人口的67.34%。其中，黎族人口62491人，占总人口的60.02%；苗族人口为5641人，占总人口的5.42%。近年来由于房地产开发和候鸟人群的进入，目前常住人口大幅度上升。

③ “什”，音za，“通什”黎语意思是高山上许多古树包围的一片田地或山谷中连片的田地。

名为五指山市。作为海南省黎/苗文化传承基地，每年“三月三”节五指山市均要举办各种具有黎苗民族文化特色的庆典、展演和竞赛活动，比如黎族祖先祭祖“袍隆扣”大典活动、黎锦苗绣比赛、黎歌苗歌演唱会活动等，也吸引大批中外游客前来观光游览，“文化搭台，经济唱戏”，“三月三”节也成为海南省重要的旅游文化节之一。

二、研究思路与研究方法说明

首先，本研究从黄某丹的叙说开始，旨在通过对黄生命历程的探索，成长历程与个人发展经验的记录，剖析影响其自我意识的因素，体会作为一名黎族女性成长发展的酸甜苦辣，以及她从一名山村黎寨小姑娘迈向央视大赛评委席直至成为五指山市政协委员的心路历程。本研究采用质的研究方法，从叙事的角度，以个人生活史取向对黄某丹的自我意识进行探究。研究者在资料搜集上以深度访谈为主、文献回顾为辅。通过黄某丹亲自叙说个人生活经历以及研究者自身的追踪观察，了解其自我意识在个人发展过程中的作用。研究者以时间为序串起黄某丹 2006—2017 年这 11 来年生命中重大生活事件和重要他人，并以此作为主要叙述部分，以对话方式、侧重黄某丹的自叙带领读者走进主人公的生命历程，体验她的多彩人生。

本研究以主人公本人的叙述为主，辅之以笔者的说明作为印证或补充，其间也掺杂笔者的个人观察、部分媒体宣传内容的节选，特别是主人公在各种媒体采访中的自我叙说摘选等，其中稍加笔者自己的内心体验及评说。

其次，本研究侧重分析主人公黄某丹的成长历程与自我意识特点。研究发现：主人公黄某丹作为一名黎族民歌手和非物质文化传承人的专业成长，与其生命历程中的重要他人有极大的相关，这些人对她的生命历程有着重大的影响，自我实现是其专业发展的主轴。重要他人、生活事件 、女性的自我意识在她的专业发展历程中皆占有重要的地位。在黄某丹的成长发展过程中，生动地体现了国家力量、个体的主观能动性、文化规约对个人发展的影响力，这些影响因素并非单一的因果关系，而是综合的、交互作用后的结果。另一方面，从社会性别的视角审视主人公 2006—2017 这生命历程重要的 11 年的“那些人那些事”，黄某丹的自信及由此体现出的自我意识和主体意识，是海南本土女性少有的人格特质，而这种人格特质也正是她能够从同龄人、从同一境遇的女性中脱颖而出的重要原因之一，令人感慨万千。

最后，对国际旅游岛建设背景下海南本土女性成长与发展的意义、如何促进女性成长与发展，笔者结合本案从健全人格培育方面进行解读，并特别就性别意识提升如何促进少数民族女性成长提出了一些意见和建议，写下了自己在进行研究的过程中书写主人公黄某丹故事的自我检视，期待这样一份研究能引发各界对当下海南本土女性发展问题的关切与关怀。

三、这些年这些事这些人，我这 11 年（2006—2017）

生命历程理论认为，在个体生命发展过程中，重大生活事件①、重要他人②对我们人生的影响深远，它们的出现影响着我们的人生走向，形塑着我们的性格和人生，使我们成为今天的“我们”。

从一个几乎不会讲一句普通话的黎寨小姑娘到成为电视专栏节目采访嘉宾，面对摄像镜头侃侃而谈、自然而然或悲或喜，黄某丹用了 20 年（1996—2016）；从一个没有生活保障的临时工成长为一名具有较高知名度的黎族歌手再到成为五指山市的政协委员，为本民族文化的弘扬建言献策，黄某丹用了 11 年（2006—2017）！特别是 2006 年至 2017 年这最近的 11 年，她的命运发生了天翻地覆的变化，在这一段生命历程里究竟发生了什么？

以下就黄某丹生命历程最近的 11 年（2006—20017）期间的重要生活事件与重要他人与其展开讨论，间或有笔者自己的感悟或评价在内。

（一）第 1 张专辑的出版和“五指山的百灵鸟”名称的由来。2006 年 8 月，黄某丹自费推出自己的第一张专辑《五指山的歌声》，这也是海南世居民族-黎族音乐史上第一张民歌专辑，《海南日报》等主流媒体对此都有专题报道，称她为“五指山的百灵鸟”。其时黄某丹 28 岁，是海南省民族歌舞团③一名黎族民歌独唱演员，但不在编制之内，俗称临时工。

#. 代表笔者，※. 代表黄某丹

#. 当时（2006 年）怎么想到要出一张专辑？

※. 当时我在民族歌舞团唱黎族民歌好几年了，一直转不了正式编制。那些年，从艺术院校毕业的大学生到团里来了不少，年纪比我小

---

① 生活事件：是指人们在日常生活中遇到的各种各样的社会生活的变动，如结婚，升学，亲人亡故等。重要生活事件，则是对个体生活状态与人生轨迹产生重大影响的生活事件。如下文主人公黄某丹的第 1 张专辑的出版，影响到她随后被推荐进入大学学习，这于她就是一项重要生活事件。

② 重要他人，指对个体个性形成、人生选择和生命历程产生重大影响的人。

③ 原广东省黎族苗族自治州民族歌舞团，驻地五指山市。

很多，都是有编制的正式工了。还有，那个时候大家都唱流行歌曲，我们黎族的歌几乎没有人唱也没人听，自己就觉得没意思了。这样想着，就决定离开歌舞团了，离开前也想给自己做个总结留个纪念，就想到可不可以做个黎族民歌专辑，把自己这些年唱的黎歌录下来。

#. 出黎歌专辑，这个想法是你自己想出来的吗？还是有人也有建议？

※. 陈耿大哥，是海南日报社驻五指山记者。出专辑是他的主意，他懂得多。专辑还在制作的时候他就开始写文章宣传这个专辑和我了，说我是“五指山的百灵鸟”，后来（这个称呼）就这样叫开了。我现在的微信号“五指山的百灵鸟”就是这么来的。

《五指山的歌声》是海南黎族音乐历史上第一部黎族民歌专辑。专辑出来后《海南日报》《国际旅游岛报》等主流媒体进行了有分量的宣传报道，引起了社会各界的广泛关注，专辑中黄某丹人美歌甜，很是让广大黎族同胞引以为豪。

需要说明的是，“国际旅游岛建设”国家战略是国务院 2009 年 12 月正式提出的，但在此之前“国际旅游岛”这个概念已在海南各界广为流传家喻户晓，当时海南政界高层对体现海南本土文化特色的黎族文化的发掘整理工作极为重视。

2006 年 9 月—2008 年 7 月，黄某丹作为海南省重点培养的少数民族特殊人才，被省民族宗教委员会出资送到海南师范大学音乐系学习 2 年，进修声乐专业。

这两年的学习对黄某丹太重要了！这是一个化蛹为蝶的过程，充满了痛苦、煎熬，对她是一个重大挑战！与同班同学相比，不止专业功底，还有文化底蕴和年龄上的落差与对比。

※. 我一个初中都没有毕业的人，年龄也不小了，刚到学校时根本不知道什么是简谱和五线谱，跟那些受过专业训练的年轻仔一起上课！现在回想起来，简直是……

※. 对对，这两年收获太大了。过去唱的是原生态，想怎么唱就怎么唱，怎么高兴就怎么唱，现在则要练发声练气息，弹钢琴，还有形体训练等，以前钢琴可是从来没有摸过！

（二）第二张专辑出版。2009 年 1 月，黄某丹推出第 2 张个人专辑《大地恩情-黎族原生态歌曲专辑》，她邀请了黎族五种方言民歌手参与一起录制这个专辑，这是黎族音乐史上第一张用五种方言录制的民歌专辑。黄某丹时年30岁，刚刚从海南师范大学毕业返回歌舞团工作。

#. 谈谈这张专辑是怎么产生的。

※. 从2006年9月到2008年7月，我到海南师范大学音乐系（现艺术学院）学习声乐。毕业时按要求要举办个人独唱音乐会，这个专辑是在我的毕业作品的基础上录制的。

《大地恩情——黎族原生态歌曲专辑》是第一部涵盖海南黎族五大方言的民歌专辑。黄某丹刚刚入学，心里既兴奋又忐忑。有老师直言不讳地告诫她，“不要以为你是某领导推荐照顾进来的，就可以一直被照顾，达不到学校专业要求的水平，照样毕不了业！”

举办毕业演唱会是要求之一。毕竟只学习了短短两年，与班里其他“童子功”出身的同学相比，自己专业水平、自己的经济状况，黄某丹心里是有数的。但她是个很聪明、很努力也很幸运的人！

※. 在海南师范大学专业学习那两年，我是知道自己和那些学院派的同学不同的，我是野路子的！但老师说这个也就是我的优势呀。黎族是我们海南独有的民族，别的地方没有的。要听黎族歌，原汁原味的，还是要到海南来听。我是黎族人呀，就应该唱黎歌！可我们黎族有五种方言区，我当时只能唱一种方言区①的歌。

在海南师范大学学习的短短的两年时间里，内心充满危机感又不服输的黄某丹，利用周末跑遍海南中南部各县市，遍访黎族的五大方言区民间歌手，收集了1000余首黎族民间歌曲。在这个过程中，也逐渐形成了用黎族五大方言开原生态演唱会作为毕业作品的想法。

#. 演唱会和专辑为什么叫“大地恩情”？

※. 是因为当时要邀请我们黎族五大方言区的五名歌手来帮助我开这个演唱会，感恩于他们，也感恩我这一路上许多人的帮助，他们就像大地母亲一样哺育我成长呀！后来出的专辑也用这个名字。

---

① 黎族为海南世居少数民族，主要分布在海南中南部的五指山山区，分为哈、赛、杞、润、美孚等五大方言区。从现在的行政区划上看，哈方言位于乐东县、润方言位于白沙县、赛方言位于保亭县、美孚方言位于东方市、杞方言位于五指山市，黄某丹属于杞方言区黎族。

（三）第三张专辑《黎族童谣》。2017 年 9 月，黄某丹推出她的第三张音乐专辑《黎族童谣》，这是海南黎族音乐史上第一张儿童歌曲专辑，黄某丹是制作人。现在她是五指山市某民营歌舞团的“老板”，黎族歌舞“帝百扣”组合核心人物，同时兼任五指山市畅好乡中心校的音乐教师，这个专辑就是与她的这些学生一起录制的。

#. 怎么想到录制儿歌？什么时候开始关注黎族童谣的？

※. 这个是我参与的五指山市“乡村少年宫计划”①的结果呀。2012 年五指山教育局要在乡镇中小学搞“少年宫”计划，没有合适的老师，城里的正式老师②也一直搞不起来，领导们也着急呀。我和畅好乡中心学校的杨校长比较熟，就来给他们这个学校上上音乐课。

黄某丹和五指山畅好乡中心学校签订了一个“五年计划”的合同（2014—2019 年），算是五指山市“乡村少年宫计划”的实施点。自 2014 年 9 月起，她给这个学校的 2—4 年级学生开音乐课，专教黎族歌曲。因为畅好乡是黎族乡，这个学校“乡村少年宫计划”的实施得有民族特色。

※. 给小学生上音乐课，不像成年人的歌曲，都是情呀爱呀，阿哥呀小妹的，不合适他们的。我就开始收集黎族儿歌，自己收集，也让学生孩子们回家去收集了到班上来唱，我再整理修改一下，教给他们唱，这就积累了一些歌。

2014 年 10 月，黄某丹被推选为五指山市的黎族民歌传承人。传承人是有责任有义务传承黎族民歌的，国家也有一定的经费支持传承工作。她就把这个乡村学校的黎族音乐班当成她的传承基地，更用心整理黎族儿歌，有意识地培养了几个有“灵气”的黎族孩子。2017 年 9 月黄某丹推出的第三张个人专辑《黎族童谣》，歌曲选编自她这两年来教授的歌曲，专辑里的儿童就是她的学生们。

与畅好乡签订的“乡村少年宫计划”，规定她每个学期到校授课每周 2 节课，每节课 300 元，每个月按 8 节课算，课酬是 2400 元。这个课酬是比较可观的，因为现在五指山一般公务员的工资也不过 3000—4000 元左右。

---

① 乡村少年宫计划，是教育部联合其他几个部门实施的计划，旨在整合资源，丰富农村中小学校课余生活，提升农村青少年文化素养。

② 指有编制的老师，其工资纳入财政拨款范围。

早在2010年，毕业返回民族歌舞团两年多后，黄某丹就辞职了。她后来成立了以她自己名字命名的歌舞团，专门为各个旅游景区、农家乐等提供黎族特色的歌舞表演服务。刚开始表演范围主要在海南五指山区，现在名气大了，海口、琼海也会邀请她们去表演，收入比较可观。2017年8月笔者与她第一次正式见面深度访谈时，她刚刚参加完海南省政府在博鳌的外事接待活动，作为海南本土的知名艺术家，为东南亚某国元首演唱黎族民歌。

四、我也算幸运的吧——我的家庭，我的家人

黄某丹的丈夫王先生，也是黎族，年龄长其10多岁，现五指山市某政府机关工作人员。黄有一女孩，在北京某“985”大学读书，现为2年级学生。

2008年底大学毕业返回五指山，这个时候原单位民族歌舞团搬迁到了三亚。比起五指山的冬暖夏凉，三亚又热又燥，当时的三亚城市基础设施条件还没有现在这么好，生活也不便利。加上当时的民族歌舞团，整体处于低迷状态业务萧条，员工也没有什么工资可拿，黄某丹就想到辞职不干了！

※辞职？这个重大的决定是你自己一个人做的？家里人——我的意思是你丈夫等重要家人也同意和支持这个决定？

※不用商量的，我的事情从来都是我自己做主的！我自己管自己没人管我的，也没有人能管得了呀。

谈话到这里，笔者才得知黄某丹2002年就离婚了，孩子判给了男方，一直一个人过。自从15、16岁从黎寨出来，就一个人闯荡没有人管，家里父母年纪大了也管不了，兄弟姐妹都有自己的事情自己的家庭，都在农村，哪里顾得上她！

由此也谈到了她自己2006年以前的经历。父母都是五指山毛道乡的黎族，属于杞方言的黎族农民，家里兄弟姐妹多，也很穷，自己只上到初中[①]就出来打工。最先是到城里别人家里当保姆看孩子，后来到五指山的民族文化村当小妹（女服务员），先是给客人端茶倒水，后来一个偶然的机会老

---

① 黄离开家乡到五指山市打工，其时是否是初中毕业？不得而知。直到目前，笔者还没有从黄某丹处落实她当时的文化程度，留待后续研究确认探讨。

板发现她的嗓子不错，有唱歌的天赋，就改给客人唱歌，慢慢唱出名气了，就到民族歌舞团当歌唱演员。虽然是个临时工，但她自己很喜欢这一工作。

黄某丹的女儿现在北京某“985”大学读书，是她第一次婚姻的结果。女儿的亲生父亲现在是海南某高校教师，是她在民族歌舞团刚开始唱民歌时认识的，当时两人志趣相投①走到了一起，离异时女儿很小判归父亲抚养，因为父亲相对抚养条件比较好。但现在她们母女关系很好，特别是近些年经常联系，“现在微信也很方便，女儿很为我骄傲的!”提到在北京高校读书的女儿，黄某丹很是骄傲。

※“这个是我的孙子，我的接班人”。

黄很骄傲地拿手机展示了一个小孩子的图片。只 7 岁多，2017 年 6 月刚刚获得五指山黎族民歌大赛少儿组亚军。手机视频中的这个孩子年纪很小，但台风稳健落落大方。

※. 是我教的呀，我的接班人!

※. 他不会黎话的，但会唱黎歌，吐字清晰，音很准的。

#. 你这个孙子有 7 岁了？你这个奶奶也太年轻了吧？

尽管知道黎族女孩结婚早，这里 36—37 岁就当上了家婆（奶奶）或外婆的女性不乏其人，但黄年轻的模样还是让人质疑这个孙子的真实身份。

※. 他不是我的亲孙，是我现在爱人的儿子的小孩。

由此得知黄现在家庭的一些情况。原来黄某丹现在是个重组家庭，2002 年她与原来的先生离异一个人漂泊了多年，2011 年遇到现在的爱人，再次组成了家庭。

当时男方有一个儿子已婚，这个已当爹的儿子现在也有 30 来岁吧，现在三亚一个游艇公司工作，不常回来的。黄某丹刚刚与先生结婚时，这个孩子只有 6—7 个月就给她养了，养到现在 6—7 年也就有 7—8 岁了。

※. 小小个就我带着，我唱歌就教他唱，很聪明的!

※. 他遇到我这个家婆，是命好呀，我也有了接班人!

---

① 志趣相投为什么会离异？面对笔者微微疑惑的表情，黄某丹没有作解释，笔者也不便再追问，但这个问题值得后续跟进。

※. 我给你说，我这个爱人是很心疼我的。他很有耐心，最近我买了一辆车，他教我开车，可耐心了！那个驾校的小弟（驾校年轻的男教练）也赶不上他！

#. 你这么优秀，他当然心疼你啦！怕你跑了呀。

※. 对对，你说得太对了！

※. 不过，我这个人也对他好呀！不光他这个儿子的小孩我给他养，他们那个大家庭，原来也是很散的，是我来了把他们这个家拢起来了！那些个小姑小叔，都叫我“阿嫂阿嫂”的，我年纪不比他们大，但他们都很尊重我呀！

从2002年离异到2010年再婚，这近10年间，恰恰是黄某丹事业飞速发展的10年。这10年，这种单身的“自由”状态，没有家庭束缚和家人的顾虑，是否也是她义无反顾投身专业发展的原因或动力来源？不得而知。

五、我就是这样一个人！——黄某丹的自我分析

2014年，黄某丹被市文体局认定为五指山市第一批非物质文化遗产（黎族民歌）传承人之一。这个传承人的称号给她带来哪些便利？怎么看待这个称号①。

※. 这个传承人称号对我没有什么意义的。这个是2014年才搞的称号，当时搞了一大批人有将近20来人，我只是其中的一个！

谈到非遗传承人身份问题，黄某丹时而表现得不在意，时而又有些激动。平心而论，在海南省现有的黎族民歌传承人中，黄某丹是最出色的一位，这一点从她出道以来参加各种省内外比赛获奖情况就可以感受到。同时她也是其中名气最大的一个。且不论各种媒体对她的采访报道，仅在2016年12月，她代表海南省黎族担任央视主办的“中国民歌大赛”评委，名气就更大了。

而担任评委后又参加录制2017年春节期间民族歌舞晚会（宁夏电视台主办），她和她的学生也是她的本家侄女黄某蓓共同受邀参加，央视舞台上的黄某丹美目流盼风情万种，完全看不出已经是人到中年。

---

① 在笔者的另外一位黎族非物质文化传承人——黎锦传承人刘香兰的访谈中，对方多次强调授予传承人称号对她个人生活影响巨大。没有这个称号，她不可能得到后面一系列的机会发展她的织锦事业，详见参考文献相关内容。

这之后的她就由五指山政协的一般委员“变成”政协艺术界代表，2017年8月作为五指山政协考察团成员去重庆考察！

※. 现在海南还没有进行黎族民歌省级传承人的资格认定。听说快了，不知道会不会有我。

2017年7—8月，五指山文体局面向市民开放公益课程，有瑜伽、体育舞蹈、绘画、器乐学习培训班，都是免费向市民开放，但请的老师政府拿财政收入付费，请的教师多是当地有专长有影响力的专业人员。黄某丹知道这个消息时已经是距离统一开班期限时间只有3天了，而别人的班都是1个月前就得到通知早早着手招生开班事宜了。她马上给市文体局主管领导打电话，建议开设黎族儿歌班。因为自2014年以来，她作为传承人一直在五指山各个小学上黎族民歌课，多是儿歌，她知道孩子们很喜欢，特别是那些已经不会说黎话的黎族孩子们，他们的父母都很支持孩子学黎族歌曲。

※. 领导说这个黎族儿歌班不一定能开得起来，一个班要有10个人才能开班，现在只有3天时间了，不一定来得及。说有人要开黎族竹木器乐班，已经发出通知快一个月了，现在报名人数都很少，估计是开不起来了。

※. 领导说这个班的老师一节课只有15元钱。我说我不是为了钱。

※. 我说这个黎族儿歌班就发通知试一下，说不定呢。结果3天时间就有20名学生报名，到现在上课才1周，就有27人了！都是黎族孩子，都是父母看到通知送来学的。

从2014年9月起，黄某丹参加一个全国性的“乡村少年宫计划”，与五指山市畅好乡签订了一个5年的合约，每学期到这个学校给学生上音乐课，专门教黎族民歌。每周2节，每节课代课费是300元，由“乡村少年宫计划”项目支付。

在这个乡开设的音乐课基础上，黄某丹着力培养了几个学生，他们就构成了她即将推出的第三张个人专辑《黎族童谣》的主要演员。

六、自我意识与主体意识的提升——海南本土女性发展研究的展望

本研究主要采用“质的研究方法”，聚焦2006—2017年这10多年来黄

某丹个人生活的重大事件和重要他人展开讨论。笔者与主人公进行的深度访谈，或因同为女性又是同龄人彼此有很多认同与共鸣。这种情感的卷入或许使研究的过程与结果在一定程度偏离了“中立”与“客观”的科学研究要求，有了主观臆断的“嫌疑”，但从质的研究方法角度看，依然有其存在合理性。

在与黄某丹交流互动中，对伴随其成长轨迹生发的“心路历程”进行追问，与其共同探索“生活事件”背后深藏的前因后果。关注她生命历程中的重大事件和重要他人，特别是她对这些人这些事件的评价态度。在笔者看来，“由于个人始终携带其过去的经验历史，为了理解发展的心理方面，了解他/她对于自己经验的解释，可能比了解这些经验的客观信息更为重要”。

梳理黄的生命历程中的重要事件，提及她在 2006 年 8 月她出版第一张专辑《五指山的歌声》这件对她个人命运至关重要的事件，问“是什么原因促使你想要自费出专辑”成为我们之间讨论话题的起点。由此引发出她对黎歌的认识、对自己个性方面相关事件的描述和反思。

2008 年 9 月—2008 年 7 月，黄某丹作为特殊培养的民族人才，特招进入海南师范大学音乐系声乐专业学习两年。这两年的学习给她今后专业的成长与发展打下了坚实的基础，为她今后更自觉地开展黎族民歌的收集整理储备了良好的专业素养和科学的方法。这两年的系统专业学习，也让她大开眼界，过去自己是随心所欲想唱就唱的原生态唱法，现在经过系统的乐理学习和科学发声的训练，她的专业水平得到质的飞跃，这为她今后从事民歌整理改编工作也打下了坚实的基础，同时也为她在今后各类民歌大赛中耀眼夺目、一枝独秀奠定了扎实的专业基础。

2014 年 6 月，黄某丹被评为五指山市级非物质文化遗产（黎歌）代表性传承人。从歌唱水平来看，黄是目前海南省被大众认可且知名度很高的黎族女歌手，海南多次的对外接待活动，特别是接待外宾的文艺演出，只要是黎族歌舞表演，一般省文体厅或者民宗委都直接电话邀请黄及其团队“帝百扣”组合出演。

> “每当个人处理过一桩刺激事件之后，个人将根据自己体会到的成败经验，并参照自己所了解的一切，对自己的行为结果提出归因解释”；“在工作成败检讨之后的归因取向，将影响个人以后再从事类似工作时动机的高低，而影响以后动机高低者，将决定于个人对归因事

项所具特征的认知”。

本研究不是要从多方面去印证主人公黄某丹作为一位市级非物质文化遗产代表性传承人的“众望所归”，而是关注她的自我意识变化发展的历程、她的归因风格。就某一具体的生活事件，研究者有意识地考察她在整个事件过程中所经历的情绪、认识和感受，共同探讨这些生活事件在她个人生活史中的意义所在；共同分享她的生活经历和每一次经历所引发的重新发现自己的喜悦与无奈。这样的互动交流也让研究者一次次感受到内心的震荡与冲击，修正着对海南黎族女性的刻板印象，一个个性张扬的黎族女性“黄某丹”的形象鲜活生动地呈现出来了。

国际旅游岛国家战略的全面实施，为海南本土女性特别是黎族女性提供了新的人生选择和发展空间，不少黎族女性的社会角色因此发生了巨大的变化。这种外部的急剧变化也必然引起其内心世界的变化，她们开始重新发现自己，在环境与自我的互动中积极地调试自我、发掘自己，逐渐成长为具有现代意识的新女性。但从整体来看，在海南这样具有强烈自我意识的黎族女性还是为数不多，大多数人还处于“沉睡”之中，需要“唤醒”。特别是在海南南部、西部（琼南-琼西）连片贫困地区的黎族女性群体，更是如此。

本文选取了海南五指山地区一位黎族女性市级非物质文化遗产“黎族民歌”代表性传承人黄某丹作为访问对象。对其十多年个人生活与社会角色的巨大变化进行了白描式梳理，展示了当代海南黎族女性不断发现自我、完善自我、实现自我的心路历程，反映了民族旅游业发展对目的地少数民族女性发展的影响。从中折射出旅游业发展对目的地少数民族女性自我意识的影响，印证了自我意识和主体意识在个体发展中的引领作用。

自我意识是指个体对待自我的态度及体验。它包括自我认知、自我体验、自我调适三个部分，也包括了理想自我、现实自我和镜中我。人的一生都在追寻自我意识的统和。作为人格的重要构成部分，自我意识与自我观念直接关系到个体的心理健康、社会适应和人生幸福。从宏观层面上看，个体的自我意识涵盖着两层含义：生存的保障和发展的需要。

从黄某丹的目前现状来看，她已经超越了生存保障层面的需求，行进在自我实现的路上。她不计报酬主动到文体局要求开设黎族儿歌暑假公益课程班；积极参与“乡村少年宫”计划在乡中心小学常年开设黎族音乐课程，从一个渴望得到一份有正式编制工作的会唱黎歌的小姑娘成长为一名具有使命感的民族文化传承人，在黎族儿童中传唱黎族民歌，制作《黎族童谣》，黄某丹用了 10 年。

本研究也试图从一个微观的角度揭示社会变迁与人格变迁的互动关系，借此期望进一步深入探讨国际旅游岛建设背景下的海南本土女性自我意识、主体意识的发展进程及其特点。

女性占人口基数的一半，女性人力资源远远没有得到充分的发掘与显现！本研究认为关注本土女性发展、探索本土少数民族女性主体意识提升策略，应该成为海南国际旅游岛建设国家战略有效实施的选择之一。

探索提高本土女性主体意识的途径与方法，本研究期望能够为国际旅游岛国家战略的有效实施提供一个新的视角，一个新的启发。

需要说明的是，本研究是笔者主持在研的海南省社科基金项目“海南本土女性生命叙事研究”阶段性成果之一。该研究项目力图将置身于国家发展、社会变迁大环境中的海南本土女性存在状态真实呈现，以期引起更多人来关注其生存境遇，共同找寻改善与发展之路，减小各种人为的阻碍女性发展的因素，加快步伐完善有利于其发展的制度与环境；同时为处于相同境遇的其他地域和群体的女性提供观照，从而使她们在人生历程中做出更多自觉而能动的抉择。与黄某丹的深度访谈互动中，笔者也切身感受到了本人所主持的这一项目的价值所在。

“在别人的故事里照亮了我们的人生”。关于生命叙事研究、关于质性研究方法，是将研究者自己作为研究工具与研究对象互动，研究者与研究对象的互动过程中他/她也会产生自我关照，反思反省自己作为一个生命的历程，省视当下的生活，展望未来的自我。相对量化研究，质性研究的研究者在研究过程中已不是一个超然物外的旁观者，她与研究对象共命运同呼吸，为之喜为之悲。在为研究对象生命力的顽强和韧性而暗自赞叹同时，研究者也会产生自我关照，在应对自己当下的生活困境和难题时，也生发出莫名的勇气和活力来。

参考文献

[1] 杨文娴，林日举. 旅游业对五指山黎族女性自我意识的影响的个案研究［J］. 民族论坛，2015（1）.

[2] Norman c. Gysbers，Mary J. Heppner，Joseph A. Johnston. 职业生涯咨询——过程技术及相关问题［M］. 高等教育出版社.

[3] 杨丽琼. 旅游开发中少数民族妇女社会角色变迁研究——基于大理

新华白族旅游村的案列分析 [J]. 旅游研究, 2011 (6).

[4] 杨宜音. 人格变迁与变迁人格: 社会变迁视角下的人格研究 [J]. 西南大学学报 (社会科学版), 2010 (7) .

[5] 李强等. 社会变迁与个人发展: 生命历程研究的范式与方法 [J]. 社会学研究, 1999 年第 6 期.

[6] 陈向明. 质的研究方法与社会科学研究 [M]. 教育科学出版社 , 2006 年 3 月.

从村规民约中思考当代社会性别不平等现状

——以海南省昌江县乌烈镇乌烈村为例

余　娜*

因为受到长久的封建思想的影响，人们潜意识里“男尊女卑”的思想极为严重，认为女性无论在哪方面是无法与男性相比，似乎女人的作用无外乎就是生孩子和做家务而已。她们应该依附男人生存，成为男性的附属品。女性的任何对自己权利争取的行为都会被毫无理由地妖魔化，被认为是大逆不道，异想天开，接踵而来的便是各种残酷的打击。随着社会的发展，大家逐渐意识到女性的重要，因为社会的分工不同，女性在社会上起到的作用越来越大，甚至可以与男性平分秋色，可以做很多男性无法做到的事。但是即便是有了健全的法律规定，有了众多的法规约束，在很多偏远的村子里，很多村民思想中还存在着根深蒂固的男尊女卑的思想。

这个暑假，我走访了乌烈村各个地方，以乌烈村为调研地点，通过了解分析，透过乌烈村的现状，对当代社会性别不平等现状做出了一定的分析。

一、乌烈村的基本情况

乌烈村位于海南省昌江县乌烈镇，现有居民2000户，约11942人，其中女性居民大约7000人。每户居民平均2到3个孩子。

---

* 余娜，海南热带海洋学院讲师。

乌烈村村民以水稻种植为主，每户人口 1 到 2 亩土地。村民以水稻种植谋生。因为国家经济的不断发展，现在农民的生活水平逐步提高，家里生活条件也在逐渐改善。现在基本家家户户用上电话，也有的家庭买上了私家车，但更多的是摩托车。村民生活的改善除了当地政府的支持、重视之外，取决于农民思想意识的提高。

乌烈村村干部由村支部书记、文书、妇联主任等 15 人构成。干部实行轮流值班制，由于村里实际情况限制，干部均是半工半农，故干部任期时间长、工作压力大。在 15 人的干部成员中，要求计生员、支委、妇联等部门，必须有女性干部各一名。在村干部的评选中，全村符合条件的女性均有参选资格。这相对于过去，无疑是一大进步，女性能够进入领导班子，不再是旁观者和被动的一方，这也证明了乌烈村在思想上一大进步的地方。

二、“村规民约”的社会性别差异分析

乌烈村和其他地区的农村一样有着一套成文规范的村规，但是它对村民的影响又如何呢？通过我们实地走访调查中发现，在现实中，这套完整的成文村规内容，其实村民们都不太了解，甚至都不感兴趣，只有有事的时候才会去查查翻翻它的内容。在调查中，我们还发现村民们很多时候在处理或者在解决事情的时候，往往受传统思想的影响非常之大，例如分配村里的土地财产的时候，男性与女性的差别就非常之明显，男性总能得到比女性更多的利益，而其中的“标准”就是本地区长期形成的民族思维习惯，而规范成文的村规几乎没有起到什么作用。在走访调查中，我还收集到了一些非成文的“村规民约”。其中在涉及社会性别方面的条约包括：

1. 属于乌烈村的村民，在嫁娶之后，女方必须遵守三从四德，丈夫有责任义务挣钱养家，妻子必须侍奉公婆。

2. 妻子有为丈夫生儿育女、传宗接代的义务，不得以任何理由拒绝。

3. 乌烈村女儿（一般为年龄在 32 岁以上的，那时出生的人由国家分配土地）出嫁外村之后，仍然享有土地使用权，如果丈夫家境富裕，则可由女方同意转给哥哥或弟弟使用。娘家任何人不得干涉女方对所享有土地的处理权。

4. 家中父母的赡养送终者一般为家里最小的儿子，其他的孩子没有强加的责任、义务，出嫁的女儿对父母没有承担的责任，但是可以根据具体情况选择。

5. 每对夫妻可以生养两个孩子，但如果前两个孩子均为女孩，则可以再生一胎。保证家中至少有一胎是男孩，否则女性地位受到一定程度的影响。

6. 离婚回村的妇女如果坟地有空，允许葬入家族坟地。

7. 到了入学年龄，家里会优先考虑男孩接受教育，如果家庭经济宽裕，那么女孩子就会有就学的机会；如果条件不好，那么就只能是男孩子接受教育。

8. 在接受教育的过程中，有这样一个分水岭。初中毕业，面临高中升学考试有过这样的规矩：男孩子没考上高中，家里会出钱送男孩去上高中，接受教育；女孩子没考上的话，家里条件好，则会选择高中让她继续接受教育，条件不好的，则让女孩上中专学校，或是休学。

9. 中专之后的女孩子可以选择继续往上考，也可以选择就业，但是往上考的条件是自己挣钱、自立自主，家里不会再出钱让女孩上学。

在村民的日常生活中还有很多这样那样的非成文的“村规民约”，都是村里人自觉遵守的道德规范。在长时间的约定俗成中，村民对一些不公平的现象已经习以为常认为存在即是合理，单就受教育的机会和土地分割的男女比例的情况上看，女性是明显的被主宰的一方，即获得的利益最少以及无争取的权利，即使知道应该去争取自身的利益，却又受家庭因素和周遭环境的影响，而这种影响往往对于女性来说又是致命的，因为在农村的家庭的组成结构来说，男性是作为整个家庭的“顶梁柱”，女性在地位上已经低了一节，而周遭的环境因素就更不用说，大多数是以保护男性权利为主的舆论倾向更是在女性自我争取权利上打上了一层枷锁。这也就使得争取权利的机会变得微乎其微。

三、各个不同阶段的性别差异对待现状

（一）在抚养阶段存在的性别差异

1. 抚养时间上存在着男孩抚养长女孩抚养时间短的性别差异。西方国家对成人礼比较重视，一般是指孩子法定 18 岁时成人，父母可以不履行抚养义务，而在我国传统文化中通常把子女结婚成家，而不是成人，定义为父母完成抚养子女的时间界限。这主要是中国人存在严重的世袭思想，子承父业、父债子偿等思想较为浓厚，家里如果只有女孩的话，也会考虑说

让其招婿回家，继承香火。在中国农村存在着这样的一种现实：儿子的婚事父母会操心费力，如新房、像样的婚礼、不菲的彩礼、结婚物品等。当然，父母也要为女儿的婚事陪嫁、准备宴席，但是在女儿的婚礼上，父母的花费不会多于娶媳妇花的钱。而且，女儿嫁出去之后，父母对其不会存在抚养责任，偶尔回家过年过节都是女儿女婿孝敬父母，而不是父母给钱了；但是，儿子的情况完全不一样，娶了媳妇之后，暂时没有分家的，住在一起的话，父母还是会为其生活操心，甚至于养着儿子儿媳，这在一些农村是存在的。

乌烈村有个不成文的规定，男方女方在结婚之前，订婚之后，男方住到女方家里去，两个人住在一起，允许有孩子，等到孩子 3—4 岁的时候再结婚是被允许的，结婚之后搬到男方家去住，女方家就不再承担其生活。因此，父母对女孩真正的抚养时间应该以结婚为界限，而对儿子的抚养时间则没有明确的界限。

2. 抚养态度上也存在着重男轻女的性别差异情况。父母在教育、结婚等方面为儿子大量投资，而为女儿投资则相对较少。如之前说到的家里儿子的婚事几乎可以用掉一直以来的积蓄：新房、厚重的彩礼、像样的婚礼、结婚物品等，而女儿结婚就不会花费太多。不仅婚姻大事如此，在事关前途命运的教育问题上也是这样子的，男孩子没考上高中，家里会出钱送男孩去上高中，接受教育；女孩子没考上的话，家里条件好，则会选择高中让她继续接受教育，条件不好的，则让女孩上中专学校，或是休学。可以说为了能让儿子能有一技之长，家长们都会费尽心思且投资较多。而女孩的情况就不是这样了，传统观念中家长对女孩的教育一直采取顺其自然的态度，都认为儿子至少要养家糊口，照顾家庭 ；女儿呢，是帮别人养的，最后也是别人家的人，结婚后，就有吃饭的地方了，要是嫁个有出息的人还能好吃好喝一辈子。在乌烈村，这种重男轻女的观念很普遍，特别是当家庭中儿子与女儿的利益发生冲突时，一定是牺牲女儿的利益来维护儿子，如女儿辍学打工贴补家用、支持儿子上学等。

（二）在父母与子女双方自立阶段存在着对男孩女孩区别对待的现象

传统的家庭代际理论将代际交换划分为抚养与赡养两个阶段。其实在抚养和赡养过程之间，还存在一个子女结婚后不需要父母抚养而父母尚未年老不需要赡养的时期，即双方自立时期。与抚养阶段不同，这一时期是已经结婚的子女与尚未年老且能自食其力的父母互助、协作的阶段。但在村落中，这一协作、互助的阶段似乎只存在于父母与儿子之间，对于女儿而言，抚养阶段的结束就意味着赡养阶段的开始。在家长为女孩子陪嫁办好婚礼之后，婚后的女儿就已会定期看望父母，不仅担负精神慰藉、生活照料任务，而且还负责为父母置办衣服、首饰、营养品、逢年过节的礼物。此外，婚后女儿在弟弟结婚、买房时，还会给予礼金支持，这被冠以回报父母的一种体现。而之后的父母几乎不会再对女儿进行支持、帮助。在乌烈村有这么一种现象，其实这种现象存在于很多农村家庭，甚至城镇家庭，那就是如果对婚后的女儿提供支持与帮助，比如：带孩子、照顾生活等，会被讥讽为“替婆婆受累”，也会被认为是女儿在婆家没地位的表现。而且父母通常也“担心会惹来儿子、儿媳的不满”或“担心帮女儿而把自己的身体累坏了今后无法帮儿子”。因此，即使有个别父母帮助女儿也是悄悄进行的，否则被儿子、儿媳知道会让父母为难。而通常情况下，尚未年老的父母只有继续为儿子儿媳做些力所能及的事情：看门、做饭、照顾孙子、干农活甚至是分担经济负担，才会得到儿子儿媳相应的回报：逢年过节的烟酒点心、给父母置办衣物、日后的赡养等。有些家庭就是因为父母没有继续力所能及地帮助儿子、儿媳，而没有得到儿子、儿媳的回报。

农村中严格实行的子承父业是双方自立阶段出现性别差异的根本原因。在这一村规民约中，女儿被认为是父亲家庭中的非正式成员，在婚前“替别人家养的”、婚后则被视为“外人”“泼出去的水”，所以父母尽可能减少对女儿的支持、帮助；而女儿的“娘家情结”或者叫“顾娘家”情结已经形成一种被推崇的风俗，使得女儿虽得不到父母的帮助但依然持有孝敬父母的动力。而儿子则被认为是担负传宗接代、光宗耀祖及养老送终等重任的人，因此父母对其提供支持与帮助被认为是第一重要的，而儿子则天经地义、理所应当地接受着父母的帮助。特别是儿媳的加入使得双方自立阶段父母与儿子之间的互助非常必要。儿媳由他人家嫁过来，没有受过公婆的抚育之惠。因此她对公婆的赡养回报，更多的是看公婆在其有劳动能力时对自己的帮助有多大、能减轻多少自己的经济负担及去世后能留给自己多少财产。所以会出现很多小心眼媳妇，婆媳问题才成为中国自古以来亘古不变的话题，有女人的地方就会有争吵。

（三）在赡养阶段又存在着不一样的性别差异问题

以父亲为主心骨的家族关系决定了子女为父母提供老年支持的性别差异。因此，传统的家庭养老中，往往是儿子，而不是女儿为父母养老提供根本性支持。但在现实的乌烈村，则存在一些女孩出嫁之后继续承担着赡养父母的责任。因为很多的男孩子在个人生活轨迹上没有太多突出的表现，有些生活比较潦倒，以至于赡养父母的责任就落在了女儿的身上，而且女儿嫁出去之后回家赡养父母，则是一种社会地位提升的表现，很多人乐于这样去做，既照顾了父母也提高了女性的地位。有些家庭呢，在几个儿子中，会把更多的爱给小儿子，这样的话，小儿子得到父母的爱比较多，也就相应承担着赡养父母的责任，大儿子即使不赡养，也不会受到人们的指责。

由此在一定程度上，我们也能看出当前整个农村地区多子女家庭中男女责任分工变化上的性别差异。

四、女性权利的过分扼制、男性权利的过分维护

（一）妇女的不平等地位

在整个家庭里，乌烈村实行着一些不成文的规定，女人必须在家从父，出嫁从夫，夫死从子。在家庭的大事决定中，没有绝对的决定权，拿主意的都是家里的男人，女孩就更不用说了。在调研中，我们发现乌烈村对于宗祠堂很是重视，我们采访到一位寡居老婆婆，她的丈夫病死多年了，而且没有孩子，她一直一个人居住，在整个宗族中，老婆婆的资历、辈分最老，而且口碑超好，很有威望，但在家族需要做决策时，要做什么重大决定时，能够做主的还是他的侄子，丈夫家的儿子，老婆婆是没有决定权的。

1. 家庭责任分工不公

据调查，在乌烈村的主要经济来源——水稻的种植上，女人的付出绝对比男人多很多，由于本地客观因素，气候炎热，男人们都乐于打打麻将、喝喝茶、聊聊天，成天不着家，在外面和朋友们玩，很少在家做农活，这里的女人，不仅要种植水稻，收割橡胶、经济作物，还有照顾公婆、孩子，有些也在外面打散工，贴补家用。男人什么都不管，但在重要时候却决定着家中的命运，这种不合理的分工模式严重遏制了女性的权利。

2. 生女孩的女人地位低下

乌烈村现在的男女比例出入不大，但是如果哪一家家中只有女儿没有儿子的话，家中女人的地位就会更加低下。由于在许多老人心中仍存在着重男轻女的思想，在农村以前母凭子贵的封建传统仍然存在。据调查，乌

烈村70%以上的年轻人思想都得到了很大的提高，即使生的是女孩，还是会很疼爱女儿，但农村老年人就不一样了，他们有些甚至把女人当作延续香火的工具，如果生的是个女儿没有儿子，媳妇在家要受婆婆的气，在外还会被别人瞧不起，这给妇女的身心造成了极大的伤害。乌烈村现在一般家庭都是两胎，而且似乎是受上天庇佑，每个家庭都会至少有一个儿子，这样乌烈村的妇女们也就没有受到太大的指责。

3. *农村妇女参政情况*

在前文我们已经提到乌烈村村干部由村支部书记、文书、妇联主任等15人构成。干部实行轮流值班制，而且干部均是半工半农，任期时间长，工作压力大。在15人的干部成员中，要求计生员、支委、妇联等部门，必须有女性干部各一名。在村干部的评选中，全村符合条件的女性均有参选资格，女性虽然进入领导队伍中，不再是旁观者和被动的一方，但是在全部的干部比例中，女性干部很少，仍然彰显着男性在村中说话起决定性作用的地位。

当然，这里面可能也有女性自身的原因，如：农村妇女的综合素质普遍偏低，农村妇女的家庭任务较重等。但不管怎样，应该提供给农村妇女参政的机会，让她们在锻炼中进步，既能照顾家人又能兼顾工作，不会像别人认为的那样不懂人情世故，让男人们懂得保护、尊重自己的女人。

（二）女孩在家的不平等待遇

根据在乌烈村的调查，该村大多数女孩小学初中毕业，大部分人没有一技之长。还是之前提到的问题，家中若是有男孩在上学，家中条件又不是很优越，在只能供一个孩子上学的情况下，无论女孩的成绩如何优秀，都不会选择让男孩子辍学，女孩子继续升学的。但如果情况相反的话，家长很乐意让女孩子辍学供男孩子上学。在父母的意识里，女孩子始终是别人家的，嫁出去就不是自己家的了，即使怎么优秀、能干，那也只是在帮别人养孩子，所以对女孩子的教育不会比男孩子重视。

在农村，家里会有很多农活，乌烈村也不例外，在家做农活的一般都是女孩子，男孩子粗心大意，而且玩性比较大，常常在学校和同伴玩耍，吃饭时间直接回家吃饭，吃完饭后，刷碗的还是家中女孩子。在调查期间，乌烈村的孩子们正有补习班补课，在采访上课教师时，有教师告诉我们：这里的孩子学习都很认真，特别是女孩子，成绩好的也是女孩子占多数，她们在学习之余，还要兼顾家务，特别是农忙时期，家长不在家，多数女孩子都要请最后一堂课的假回家做饭等爸妈回家……

五、改善的对策及建议

通过调查分析得知：造成海南部分地区特别是乌烈村社会性别不平等的原因是多方面的。既有她们自身的原因，也有社会的原因。那么，解决问题的对策则主要应从改变整个社会的观念、教育现状、能力培养和经济等各个方面去寻求。

（一）着重加强农村道德法规建设，完善村规民约

对于整个村庄的观念转变，最重要的是要有一个得力的领导者，从一个正确的方向引导他们。所以组建一个健全有力的领导班子是特别重要的，在领导班子中既要有德高望重的老人，还要有接受新思想的新型父辈人物，更重要的是要有能力卓越、受人尊重、明白事理、具备领导能力的文化人。既然要领导村民，就一定要有比一般村民优秀、有能力、有说服力的人担任要职。不急功近利，要因势利导、循序渐进地将正确的观念植入村民的思想观念中。

村规民约是人们生活的一个准则，是大家自觉遵守的条例，村规民约在人们生活中的作用并不弱于法律的约束力，因为有道德的规范、有大家约定俗成的共同遵守的准则，各村生活才能和谐。村规在人们生活中扮演着重要的角色，那么我们就将村规更加完善，加入新的内容，使村规民约具有现实意义，不能因为是老祖宗定下的规矩就不更改。时代不同了，我们就要根据时代的变化加入新鲜元素，加入现当代元素。根据现行的条例，制定新型的村规民约，尽量减少性别差异带来的不公平现象，保护女性的权益与地位。

（二）改变教育现状，提高女性的自我存在感

要改变一个人的思想，首先就要从教育开始。“教育是立国之根本”，试想一个没有文化的国家怎样称之为国家，要在农村实现男孩女孩都享有同等受教育的机会，就应该在农村中大力宣传“生男生女都一样”“女孩将来也成材”“关注女孩，就是关注民族的未来”这一类有利于女孩成长的观念，并且通过各方面的宣传和实际行动相结合的方式，把这些观念逐步渗透到农民心中，当这些观念深入人心的时候，女孩的生存状况就会有很大

的改善，女孩的不平等的待遇就会得到改善，那样女性的素质就会提高，地位也就相应提高，那么在农村很多性别不平等的问题也就会得到改变。

“再穷不能穷教育”是很早以前就提出的一个口号，但之前中国的教育确实是很落后的，现在人们已经普遍认识到教育的重要性了。各乡镇政府除了要继续贯彻国家为推广九年义务教育而实行的中小学免收学费、书本费，贫困生补贴生活费的政策外，还应该对本地区学校的师资力量、教学设备、校园环境等加大投入，使学校的软、硬件都能达到一个较高的水平。这样不仅可以让贫困家庭的孩子上得起学，而且可以让他们读完初中后，还有机会读高中，甚至读大学。这种机会对于农村地区的女孩子来说显得尤其珍贵，这样她们不用辍学打工，而是可以公平地接受高中、大学的教育。

在很多时候，女性之所以没有享有与男性平等的受教育的待遇，除了其他客观原因之外，最重要的就是女性自身的自我意识感不强，她们没有找到自我的存在感，没有独立性，没有自信心。我们应该从这些方面教育女性，让她们找到自身的存在感，知道自身的价值，只有从源头上解决思想问题，我们才能让性别问题得到真正的解决。

（三）政策与经济方法双管齐下，加强女性的能力培养

女性的能力并不只是烧火做饭、孝敬爸妈、伺候公婆。作为社会的一分子，她们有义务、有权利学习社会生存的技能，提高自身的竞争力。这就需要当地有关部门在政策上给予照顾在经济上给予辅助，投入足够的资金宣传男女平等、尊重女性的思想，举办各式各类培训班或者讲座，提高农村女性的综合素质。

只有经济发展起来了，人们的生活才能真正好起来，经济改善了，不需要区别对待，那么女孩的命运与男孩也就一样了。据调查，全球女性的收入只有男性的一半，女性拥有的财富只有男性的十分之一。这仅仅只是从全球范围来看，女性在经济上的地位远远落后于男性，部分落后地区的女性在经济上毫无地位可言，甚至女性根本没有经济来源。在现实世界里，经济在一定程度上可以体现人的社会地位及社会生活水平。在经济收入低下甚至没有经济来源的情况下，提高女性的地位，尤其是提高农村女性的地位，更重要的措施便是提高女性的经济收入。我们可以在经济投入方面有意识地考虑女性，加大教育投资力度，完善教育公平制度，在技能培训上，由政府牵头进行经济投入，提高女性的社会技能，为下岗或待业的女

性提供就业岗位。

六、结 语

中国是一个拥有两千多年封建思想的大国，很多残留的封建思想一直禁锢着国人的思想，“男尊女卑”的问题一直未得到真正的解决。但经济基础决定上层建筑，在逐步发展的中国经济中，当女性的经济地位得到一定的承认后，她们也需要在政治上得到认可。

在我国，早在中华人民共和国成立之时，男女都可以参政议政，没有偏向。从20世纪提出的“妇女能顶半边天”至今，女性在政治上的表现越来越突出，在我国的政治生活中发挥着越来越重要的作用。我们坚信，经过我们的努力，男女性别平等上存在的问题一定会切实得到解决。

参考文献

［1］费孝通．家庭结构变动中的老年赡养问题——再论中国家庭结构的变动［J］．天津社会科学，1982（3）：2-3．

［2］任晶菁．2010，社会性别平等问题现状分析．

［3］高华．2011，农村多子女家庭代际交换中的新性别差异研究，C913.11．

［4］《中华人民共和国妇女权益保障法》，人民出版社，2005年版．

［5］《中华人民共和国继承法》．

教育与能力提升

社会性别视角下
云南少数民族妇女教育的跨越发展

杨国才　张瞿纯纯*

男女两性的社会地位和发展是衡量社会文明进步的重要尺度，也是事关经济社会可持续协调发展的重大问题。同样，少数民族男女两性的社会地位不断变化和提高，与其接受学校教育程度息息相关。受教育程度是衡量教育地位的指标之一，而教育地位是少数民族男女两性地位的核心内容，也正是中国特色社会主义进入新时代以后，我国教育事业发展及妇女发展新的历史方位。中国是由56个民族组成的统一的多民族国家，中国特色社会主义建设离不开少数民族教育事业的全面发展。中国共产党第十九次全国代表大会指出，建设教育强国是中华民族伟大复兴的基础工程，必须把教育事业放在优先位置，加快教育现代化，办好人民满意的教育，不断满足人民日益增长的美好生活需要，不断促进教育公平，形成有效的全面教育体系。显然，如果没有男女两性的平等、协调发展，也就难以实现全面建设惠及十几亿人口的更高水平的小康社会；没有少数民族男女两性平等地享有接受学校教育的权利，使少数民族男女两性地位不断提升，也就更难以贯彻实施男女平等的基本国策；而没有少数民族地区社会经济的全面发展，也就难以构建社会主义和谐社会。

---

* 杨国才，云南民族大学人文学院二级教授，博士生导师，主要研究方向为少数民族女性与社会性别。

张瞿纯纯，云南民族大学人文学院社会学博士研究生，主要研究方向为性别社会学。

因此，关注少数民族的教育，提升少数民族的教育水平和参与能力，消除社会性别的盲点，探索少数民族男女两性在和谐社会建设中的地位和作用，提出相关的政策建议，不仅对我国构建和谐社会，对社会发展进程中政策的调整和完善具有重要的现实意义，而且对认识构建和谐社会中少数民族男女两性享有教育资源的基本情况，提升少数民族教育水平，有着重要的理论价值。

一 、云南少数民族女性教育的兴起

教育是云南少数民族地区发展的根本，也是云南少数民族妇女发展的关键。云南少数民族女性教育何时产生？如今现状怎样？必须追溯到中国女性教育的缘起和云南女性教育的产生。

（一）中国女性教育的兴起

中国近代女子学校的产生，可以说发端于19世纪30年代。那时，正值中国社会由传统的农业宗法社会向现代工业社会全面转型，在转型期社会发生了剧烈的变化，中国女性的教育，正是在这种转型变化中兴起和发展的。然而，我国最早的女性教育，却始于教会女学。19世纪30年代，以美国公理会传教士禅治文夫人利沙（Elizah bndgman）为代表，在广州设立私塾，是外国教会在中国内地创办女性学校的开始。随后，由教会创办的女性学校不断涌现，形成了“教会所至，女塾接轨”的局面。[①] 20世纪初，外国传教士在云南少数民族地区兴办了不少女子学校，同时还创造了佤、傈僳、景颇、苗、拉祜、哈尼、独龙和纳西等民族的拉丁文字，用于学校教学，这对云南早期的民族教育起到了推动作用。基督教传教士在怒江地区怒族、傈僳族中传教和兴办学校，一方面加强了资本主义对中国文化的侵略，而且渗透到边疆民族地区；另一方面，教会在民族地区兴办学校，结束了民族地区无学校的落后状态。同时，对开启少数民族女性的智慧起到了积极的作用，帮助少数民族妇女改变生活方式，教她们卫生知识、识字和改变粗放的生产方式，为后来民族地区的发展，尤其是教育发展奠定了基础。

---

① 王秀美：《中国近代社会转型与女子教育的发展》，载《北京大学学报》（哲学社会科学版）2001年第3期，第88页。

②梁启超 ：《饮冰室合集》第2册，北京：中华书局1989年版，第43页。

据有关学者研究表明，中国近代女学的发端是戊戌变法时期，一些维新志士们深深认识到中国女性教育的重要性。1898 年 5 月 31 日，中国历史上第一所由中国人自己创办的女学堂——经正女学堂在上海城南诞生了，由此，标志着中国女性学校教育的兴起。伴随着女性学校教育的兴起和发展，清政府于 1907 年 3 月 8 日颁布了《学部奏定女子小学堂章程》26 条和《学部奏定女子师范学堂章程》39 条，对女子学校办学宗旨、入学年龄、课程设置、修业年限、培养目标做了规定，中国女性第一次获得了享受学校教育的合法权利。随后，经过一代又一代仁人志士的努力和女性先烈们的不断努力和奋斗，中国女性学校教育从无到有，而且随着社会发展也在不断发展壮大。一个多世纪以来，中国女性的学校教育经历了翻天覆地的变化，中华人民共和国成立以前，能够进学校读书的人极少，女性就更少，少数民族女性的教育基本是空白。

中华人民共和国成立以后，广大妇女，包括边疆地区少数民族妇女获得了与男子平等地接受学校教育的机会。男女平等，各民族一律平等，以宪法的形式加以规定。从 20 世纪 50 年代开始，党和政府开展了全民性的扫盲运动，让以前没有机会进入学校学习的妇女们学会了写自己的名字，能够进行简单的计算，有能力参与政治运动，甚至担负起领导职务。20 世纪 80 年代以来，9 年制义务教育从法律上赋予女性接受教育的权利，大多数适龄儿童都有进学校学习的机会。截至 2015 年年末，我国总人口为 137462 万人，其中男性人口 70414 万人，女性人口 67048 万人。根据人口抽样调查样本数据，15 岁及以上人口数为 17790430 人，文盲人口数为 964050 人，其中男性 260677 人，女性 703374 人，占 72.96%，而 2011 年，这一数据为 73.45%。云南的情况如下表：

表 1 主要年份小学学龄儿童入学率（节选）①

单位：万人

年份	小学学龄儿童入学率（%）			初中阶段毛入学率（%）		
	总计	男生	女生	总计	男生	女生
2000	99.02	99.11	98.9	82.77	84.37	81.00
2001	99.37	99.69	99.06	84.95	86.64	83.09
2002	99.58	99.56	99.60	84.95	89.14	85.68

① 云南省统计局：《云南年鉴 2016》，北京：中国统计出版社，2016 年 9 月，第 348 页。

续表

年份	小学学龄儿童入学率（%）			初中阶段毛入学率（%）		
	总计	男生	女生	总计	男生	女生
2003	96. 14	96. 35	95. 89	90. 79	92. 00	89. 44
2004	96. 15	96. 28	96. 00	93. 29	94. 06	92. 43
2005	96. 30	96. 42	96. 17	95. 35	96. 27	94. 31
2015	99. 68	99. 69	99. 66	106. 36	106. 44	106. 28

注：小学学龄儿童入学率：指调查范围内已入小学学习的学龄儿童占该地区校内外学龄儿童总数（包括弱智儿童在内，但不包括盲聋哑儿童）的比重。计算公式为：

小学学龄儿童入学率=已入学的小学学龄儿童数/校内外小学学龄儿童总数×100%

（二）云南女性教育的缘起

云南女性学校教育也同全国一样，是在社会转型和急剧变更中产生及曲折发展的。云南女性学校教育在省会于光绪二十九年（1904 年）创办小学，到民国 12 年（1923 年），开始设立女子中学。抗战胜利后，女子中学得到迅速发展。伴随着女子中学的创立，云南女子师范教育和女子职业教育也应运而生。由此，云南女性获得了接受高等教育的权利。然而，相对男性教育，云南女性无论是小学、中学、职业教育，还是高等教育，都远远滞后于男性，这不仅与当时社会政治、经济发展有关，而且与云南的社会性别制度的建构及男权占主导地位的男性文化有关。其中，云南少数民族女性的学校教育机会和占有的教育资源比一般女性就更差和更少。

云南地处中国西南边陲，是一个多民族的边疆山区省。直到 20 世纪 50 年代，有的地区照明仍靠明子火把，运输靠人背马驮，原始的刀耕火种制约着经济的发展。全省有 5000 人以上的少数民族 25 个，有 15 个民族是云南特有的民族，其中 15 个民族跨境而居。妇女人口有 1900 万，她们长期居住在红土高原上，素以纯朴勤劳而著称。她们心灵手巧、团结友爱、各民族姐妹世世代代和睦相处，共同创造了云南独特的女性文化。但由于自然地理环境和历史原因，直到中华人民共和国成立前，云南少数民族分别处于前资本主义诸形态的不同历史阶段，加上各民族传统文化教育具有自己的特点，使得云南各民族妇女虽然是云南文化的创造者、传承与教育者之一，但又不能享受学校的文化教育。

中华人民共和国成立以前的中国妇女，尤其是云南少数民族妇女，承受的压迫比世界许多国家妇女都深重。延续几千年的封建宗法制度对妇女进行残酷的压迫与摧残，使妇女处于与男子不平等的地位。政治上无权，经济上依附于男人，普遍没有财产所有权和继承权，在社会上无地位，被要求在家从父、出嫁从夫、夫死从子，没有独立的人格和尊严，被剥夺了接受学校文化教育和参加社会活动的权利，在各民族中广泛流行女人只能跟着男人走，围着锅边转，缝补浆洗、挑花刺绣、烧火做饭、带孩子，读书识字进学校是男人的事。因此，中华人民共和国成立以前，云南的教育事业十分落后，到 1949 年底，全省人口文盲率占 85%，女性人口中文盲率高达 90%。为数不多的学校主要分布在内地、城镇、坝区及经济交通较发达的地区，边远、高寒、民族地区几乎没有学校，适龄儿童入学率仅为 20%，各类学生数仅占总人口的 1.3%。[①] 一些民族甚至没有小学生，许多民族的妇女几乎均为文盲。社会经济较为发达的白、纳西、彝、傣、回等少数民族中，虽然有人进过学校，但能读到中学者凤毛麟角，能上大学者寥寥无几，各民族女性的学校教育水平很低。

二、云南少数民族女性教育的阶段性成果

中华人民共和国成立以后，政府以法律的形式确立了妇女在政治、经济、教育、科技、文化等各个方面享有与男子同等的权利，政府在各民族妇女中掀起学习文化，接受学校教育的热潮，并在少数民族地区广泛兴办学校。如 1951 年宁蒗和平解放后，在党和政府的亲切关怀下，开办了第一所省立小学，到 1957 年创办了第一所初级中学，1972 年开始办高中教育，实行男女同校。在民族地区办识字班、妇女夜校。一大批各民族的优秀妇女从此起步，她们走出狭小的家庭天地，进入各级各类学校学习，逐步扫除女性文盲。据统计，仅 1993 年，云南就有 16 万妇女脱盲，有 20 万妇女在扫盲班学习，使云南妇女占文盲总数比例由 1949 年的 90%下降到 50%以下。7—11 周岁的女童入学率为 94.8%，比“七·五”期间提高了 4.2 个百分点。云南各民族妇女为迅速摆脱贫困和愚昧，以空前的热情，更主动地进入各级各类学校学习。进入 20 世纪 80 年代，云南少数民族妇女的主体意识进一步觉醒，少数民族妇女基本享有同男子和汉族女性平等地接受学校教育的权利，包括入学、升学、毕业分配、授予学位、留学等各个方面。

---

① 福东、胡发稳：《云南省世居少数民族受教育状况分析》，载《红河学院学报》2005 年第 1 期。课题组：《关于“缩小教育差距”问题与讨论》，载《北京师范大学学报》2005 年第 3 期。

尤其自20世纪80年代以来，云南省政府确立了“教育为本，科技兴滇”的经济发展方针，进一步加大了民族地区的教育投资，兴办了40所寄宿制中学和小学，设立了3000所半寄宿制高小，在内地学校开办民族班，在云南33个县开设民族班，建立3所民族中专学校，11所民族师范学校，10所地州民族干部学校，并建立了民族地区基础教育奖励基金和民族地区职业教育发展基金，使少数民族学生占学生总数比例不断提高。云南在校学生中女性比例也逐年上升，据1992年统计，其中小学占45.1%，中学占43.9%，大学占36.87%，研究生占27.29%；各级各类中专、职业中学和技术学校女生比例为44.27%、45.95%和36.32%。笔者多年在云南民族大学工作，对云南民族大学建校以来招生、毕业、在校学生从性别比例进行分析，结果也表明，云南少数民族女性接受教育比例不断上升。

云南妇女在各级各类学校中学习的人数逐年增加，受教育年限不断提高，在中等专业学校和高校在校生中的比重日益增大；山区、边疆和经济欠发达的少数民族女性的学校教育也在不断发展。而云南少数民族女性的教育之所以有进步，关键是因为有一个有利于少数民族妇女受教育的社会环境。中华人民共和国成立以来，尤其是改革开放后，党和政府十分重视提高少数民族妇女政治、经济和社会地位。宪法、义务教育法及妇女儿童权益保障法等法规规定在民族地区的实施，从法律上维护了少数民族女性接受学校教育的权利。实际生活中的各个方面，也为民族女性的发展和享受学校教育创造和提供了有利条件。1997年，云南省政府投入1.28亿元，重点建设400个扶贫攻坚乡中心完小，投入7000多万元帮助每个贫困县建好一所职业高中；拨款3355万元，增加了17所寄宿制、半寄宿制学校；拨款2450万元，建好了44所边境口岸学校；省级建立了5530万元的救助失学中小学助学基金；投入9600万元，在边远民族贫困山区新增小学校点1200个，改建“草棚小学”1200个；上海与云南省31个贫困县及高校对口帮助取得了新进展。在云南省内还发展了经济较发达的昆明、曲靖、玉溪等地与迪庆、怒江、宁蒗等贫困地区的对口支援。除政府教育部门外，全社会积极参与和协调配合，保证民族女性的教育。非政府组织，如滋根基金会、联合国儿童基金会等捐资助学、群众集资办学活动不断深入，如云南希望工程自1989年实施以来，累计接受捐款1.03亿元，救助失学儿童59000名，其中大多数是少数民族贫困学生，女童又占一半以上。已建、再建小学360所，援建“希望工程”一村一校261所。又如全国妇联实施的专为资助少数民族地区辍学女孩重返校园的“春蕾计划”等活动，云南共有82个春蕾班，救助失学女童7676名，培养3422个技能生，还为农村少数民族贫困女学生减免杂费，提供食宿或给予生活补贴，由乡或村资助所需学习用品，发给助学金，开办免费的女子班或女子学校，适当放宽对女性考生的优惠条件，并对积极送女童入学的家长给予奖励；同时，还在少数民族边远山区采取灵活多样的办学形式，如根据民族地区居住分散的特点，开办小学分校，在分校中开设复式班，开展双语教学，开设半月制、巡回制小学，确保女童入学。从1988年开始，还在昆明28中开设了城市“春蕾班”，招收下岗女工的女儿，保证城市贫困女工继续升学，从而使云南少数民族女性教育有了长足的发展与进步。

2006年，云南教育发展取得新的突破，“普九”县达到112个，增加24个，人口覆盖率86%，提高14.4个百分点。青壮年文盲率下降到5%以下，高中阶段毛入学率33.7%，提高8.8个百分点，高等教育毛入学率从4.9%提高到12.7%。

2010年云南省预算内基础教育投入资金445.1亿元，是2000年的5.4倍；第六次全国人口普查数据显示，全省文盲人口为277.0万人，其中妇女文盲数为193.9万人，分别比2000年下降205.3万人和137.7万人。文盲率由11.4%下降为6.0%，下降了5.4个百分点。2010年，云南省内学前教育毛入园率为59.6%，其中女童为58.7%。小学学龄儿童净入学率99.7%，其中女童为99.7%，十年来一直保持在95.0%以上；小学学生辍学率为0.6%，其中女童辍学率为0.5%，十年来一直控制在1%左右；小学毕业生升学率为96.1%，比2000年提高了10.2个百分点。初中阶段毛入学率达到104.4%，其中女童为104.0%，比2000年提高了21.6个百分点；初中学生辍学率为1.6%，其中女童为1.3%，十年来一直控制在3%以下。而高中阶段毛入学率由2000年的24.9%上升到2010年的65.0%，提高了40.1个百分点。全省普通高中在校生从2000年的22.2万人增加到2010年的63.28万人，其中女生32.43万人。2010年全省中等职业教育在校生人数已达66.87万人，其中女生31.95万人。高等教育毛入学率达到20.0%，比2000年提高了15.1个百分点。截止至2010年底，全省中小学特殊教育学校发展到26所，普通中小学附设特教班8个，普通中小学残疾儿童在校学生21432人，其中女生7647人，中小学三类残疾儿童入学率达93.9%，比2000年提高了27.8个百分点。

2015年，云南省常住人口中，具有大学（指大专以上）教育程度人口为342.0万人；具有高中（含中专）教育程度人口为456.5万人；具有初中教育程度人口为 1387.2 万人；具有小学教育程度人口为 2006.3 万人（以上各种受教育程度的人包括各类学校的毕业生、肄业生和在校生）。同 2010 年第六次全国人口普查相比，每 10 万人中具有大学教育程度人口由 5778 人上升为 7221 人；具有高中教育程度人口由 8376 人上升为 9637 人；具有初中教育程度人口由 27480 人上升为 29286 人；具有小学教育程度人口由 43388 人下降为 42355 人。

总之，云南少数民族女性教育从无到有，而且有了较快的发展。女童接受学前教育的比例继续提高，适龄女童基本能够平等接受义务教育，高中阶段教育性别差距持续缩小，女性接受高等教育比重提高。各民族都有本民族的学者、教授、艺术家、女记者、女县长等。然而，云南的民族教育如果与沿海发达地区和内地相比，仍然存在极大差距，与全社会奔小康、构建和谐社会、建设社会主义新农村的要求还有极大差距。

三、云南少数民族教育的差距

教育既可能成为促进社会平等的平衡器，也可能成为加大社会不公的加速器。随着社会历史的发展，云南省少数民族女性教育从无到有，且不断发展。但与发达地区和汉族聚居区相比，差距仍然很大。从云南各民族人口总数拥有各种文化程度的比例看：学历越高，少数民族女性占有的比例越低；从各年度录取学生的总数来看，男生多于女生；从同年度入学人口或升学人口比例看，也是男孩多于女孩；此外，少数民族女性教育差距既表现为民族、地域之间的差距，还表现为城乡之间、各阶层之间的差距，不同教育类别和教育程度的差距。

（一）族际差距与地域差距

云南少数民族人口有大聚居、小杂居、散居并存的特点，分布在边疆、山区、河谷、坝区。正是这样的地理环境，造成云南各民族社会、政治、经济发展不平衡，导致各民族之间的教育也存在很大差距。

1. 各民族间受高等教育和文盲半文盲的差距

云南人口超过 5000 人的 25 个少数民族的教育不仅与汉族差距大，就 25 个民族之间受高等教育和文盲半文盲也同样存在差距。在每万人口中受各级教育程度的少数民族人数和受各级教育的人口，在其民族总人口中的

比例存在差距（见表1）[①]

表1　云南各民族间受高等教育和文盲半文盲的差距

民　族	汉	彝	白	哈尼	壮	傣	苗	傈僳	回
文盲半文盲率	15.05	17.13	12.19	33.23	17.28	19.33	30.24	36.03	9.42
高等教育接受率	2.74	1.15	2.88	0.70	0.86	0.93	0.41	0.54	3.44
民　族	藏	景颇	布依	普米	怒	阿昌	德昂	基诺	拉祜
文盲半文盲率	34.14	17.42	17.22	28.94	36.34	16.89	27.40	18.50	35.09
高等教育接受率	1.75	0.76	1.83	1.75	1.14	1.05	0.45	1.30	0.51
民　族	佤	纳西	瑶	水	蒙古	布朗	独龙	满	
文盲半文盲率	29.04	13.37	36.28	9.66	13.21	29.34	30.85	7.61	
高等教育接受率	0.43	3.47	0.50	1.41	4.94	0.52	1.33	17.34	

在这组数据中，不仅反映出各民族与汉族之间的差距，其中也表明满族、蒙古族、回族、白族、纳西族中受高等教育人数在其民族人口中的比例超过了汉族，但其他少数民族受高等教育的人口在其民族总人口中的比例仍然很低；少数民族受高等教育的比例更低，少数民族中文盲半文盲人口在其总人口中比例则很高。

然而，不仅各民族之间受教育存在差距，而且同一民族中男女两性接受教育类型程度也存在很大差距。以白族为例，白族接受教育水平已超过汉族，可就白族男女两性之间接受教育还有一定差别。在20世纪50—80年代，白族聚居区小学女孩入学率高，但辍学率也高，小学毕业升入初中者较少，能上高中者不多，上大学者就更少。改革开放后这一现象有所改变，但男女两性接受学校教育的事实差距仍然存在。这是社会性别制度建构的结果，家中有男孩与女孩，供男孩上学是天经地义的，因为他是继承人；而每当家庭经济困难时，让女孩辍学，或者让女孩去打工挣钱供哥哥或弟弟上学，那也是理所当然的。更有甚者，许多家庭中女孩成绩极好，可家长仍让她辍学，而去供成绩差、不愿学习的男孩去补习，继续上学，结果造成同一家庭中男女两性享有教育资源的不平等。

2. 各民族间地域差别与受教育的差距

云南不仅民族众多，而且分布区域广泛，有的民族不仅在边疆，且跨

① 云南妇女儿童发展规划监测统计组：《云南妇女儿童发展规划监测统计表》2000-2004年。

境而居，如景颇族、哈尼族等，一些民族在山区，如彝族，宁蒗小凉山的彝族大多居住在山区和高寒山区，有些同一民族分布在不同的地域，如白族，大理白族大多居住于坝区，而白族支系拉马人和勒墨人大多聚居在山区、河谷。不同聚居区的民族和同一民族的不同聚居地的男女两性接受教育、教育环境和教育条件都不一样。

居住在坝区的彝族，女童入学率均达到98%以上，而小凉山女童入学率和小学五年保留率在90%和80%之间徘徊，坝区和山区男女童受教育年限也不同。坝区男孩多数在9年以上，山区女童6年都达不到；同一民族不同聚居区也不同，坝区白族女童接受学校教育的条件、师资力量配备、教师教学水平、学校校舍、桌椅等硬件和教师本人学历都远远高于山区。如怒江泸水县洛本桌乡的白族支系勒默人，现仍存在一师一校，不同年龄段的28个学生在同一间教室上课。不仅教室是危房，且学生课桌破烂不堪，连教师都没有备课桌。① 又如南涧县乐秋乡米家禄村村委会葩木村，原来有一所小学，因教师属外地人，退休回家后，就再也没有教师愿意到民族山区来任教，该村及周围村子的学生只能翻越高山、蹚过河水到其他学校读书。②

（二）少数民族地区城乡和阶层之间的差距

少数民族女性教育不仅表现为民族、地域之间的差距，还表现在城乡、资源分配及贫富之间的差别，阶层之间的差距。

1. 少数民族女性教育的城乡差别

城乡教育的城乡差距，是教育差距中的重中之重，各民族教育的城乡差别不仅特别突出，而且少数民族女性的城乡差距极其严重。首先是城乡接受教育观念的差距；其次是城乡生均教育经费的差异。不仅如此，还有东西部城乡之间差异，民族地区城乡的差异，就学校的危房，东西部相比，西部多；城乡相比，农村多。故云南省近几年每年两会政府工作报告中均有安排改建中小学危房的指标。城乡差别还表现在教师的水平和教学质量上。我国教育问题的焦点在农村，难点在少数民族聚居区的农村，而农村教育的焦点、难点在教师。教师学历差距主要表现在城乡之间。城市大学毕业生一般不愿到农村、边远山区、高寒山区，就连民族地区送出去的学

---

① 笔者2005年到怒江调查时，亲眼所见。

② 笔者2002年到该村时学校房屋一半已倒塌，但现在校址、校舍仍在，只不过是一片废墟。

生也不愿回来，即使愿意回来也没有指标，造成现在一些学校缺编现象严重。而教师的学历差距又直接影响教学质量，结果民族地区的乡村中学，在升学、高考中，不用说女生，男生也很少有考上大学的。

2. 少数民族女性教育中的阶层差距

享有不同的教育资源直接反映了不同阶层的地位及其对资源的占有。近 40 年的教育实践表明，从重点小学到重点中学的学生，近 80%的家长是干部、知识分子和高收入家庭子女；有专长的幼儿园、双语小学、民办中学的学生 90%以上都是高收入阶层的子女。笔者在民族院校工作，曾对北京大学、清华大学入学新生做过调查表明，少数民族农民子女比例随着学校层次的升高而降低，北大、清华学生的家长大多为国家干部，知识分子居多。可见，父母的地位与子女上学的机会及院校相关，父母的职业与学生所学专业也相连，父母的职业不仅影响子女获得不同层次高等教育的机会大小，而且还与其子女能够进入的学科相关。所以，父母受过良好教育，尤其是受教育程度高，子女接受更高一级教育的可能性越大。民族院校的学生，来自民族地区干部、教师子女居多。因此，优质教育资源被社会上层所占有，这是世界各国的普遍规律，这一趋势在边疆少数民族地区的少数民族女性教育中也有表现。

（三）少数民族女性教育中的性别差距

云南少数民族的社会性别制度建构在没有接受汉文化之前，男女两性无论是社会分工还是在公有领域和私有领域的职责、对财产的支配权和占有权均相对平等。究其根源，在云南少数民族中，普遍存在招婿入赘婚、女儿能继承财产的婚姻制度，在拉祜族、纳西族摩梭人、哈尼族叶车人中还有从妻居的习俗，女性在家庭中的地位比较高。但随着汉文化在民族地区的传播，少数民族中宗法观念的一步步加固，男尊女卑思想也不断强化，反映在教育中，男女受教育的差距也越来越凸显。

1. 云南教育中的男女两性受教育年限的差异

云南女性教育从无到有，尤其是改革开放以来，发生了巨大的变化。但是，与东部发达地区、省内的汉族、各民族之间及男女两性之间相比，仍然存在很大差距。无论是小学学龄儿童入学率，还是小学 5 年保留率，均为男孩高于女孩，而小学生辍学率则女孩高于男孩。初中阶段和高中阶段的男女入学率差异比小学大，青壮年文盲率和复盲率中，女性远远高于男性，结果平均受教育年限女孩比男孩少 1—2 年。这种状况在少数民族女性受各级教育中也同样存在。

2. 云南少数民族女性受各级学校教育的差异

中国传统社会性别制度建构，一直沿袭男主外，女主内，男性活跃在公共领域，女性则生活在私人领域，在资源分配上往往也是男性占有优先享有权和支配权，反映到接受学校教育上也不例外。人人享有接受学校教育权，然而在家庭中成为男孩优先，在家族中男性优越，在社会上男性领先。结果造成了少数民族女性接受学校教育与汉族女性相比，也存在差别；与少数民族男性接受各级教育相比，也有差异。与汉族女性相比，少数民族妇女由于传统观念、基础教育设施等原因的制约，导致教育的有些项目比汉族女性高，而文盲与半文盲却比汉族高。所以，云南少数民族女性受学校教育程度不仅比男性低得多，而且与少数民族女性在本民族人口中所占的比例也不平衡。

总之，从云南省民族人口总数中拥有各种教育程度的比例看，学历越高，少数民族妇女所占的比例就越低，而中学教育和小学教育阶段女性辍学率比男性高；同时，在云南各民族中女性接受教育现状也呈现不平衡状况；民族与民族之间的差异、同一民族内山区与坝区、边疆与内地也不相同。由此种种，影响和制约着少数民族女性平等享受学校教育的权利。

四、消除少数民族教育差距的举措

教育，特别是少数民族女性教育，无论在任何时候、任何民族的任何地区，都会存在差别。差距是绝对的，没有差距是相对的，要消灭差距必须消除存在差距的根源。

云南少数民族女性的教育和发展，不仅仅是使广大少数民族女性都受到应有教育的问题，而是关系到民族素质、国家进步、少数民族地区可持续发展及构建社会主义和谐社会的重大问题。因此，必须坚持教育优先发展原则，强化政府对义务教育的保障责任，将农村义务教育全面纳入公共财政保障范围。从 2006 年起全部免除农村义务教育阶段学生学杂费，提高农村义务教育阶段中小学公用经费保障水平，建立农村义务教育阶段中小学校舍维修改造长效机制，巩固和完善农村中小学教师工资保障机制。努力扩大高中阶段教育规模，在城市和经济发达地区有步骤地普及高中阶段教育。大力发展职业教育，实现中等职业学校与普通高中招生规模和在校生规模大体相当，高等职业教育与普通本科高校招生规模大体相当。发展高等教育，改善办学条件，努力提升教育质量，全面实施素质教育。深化教育体制改革，加快教育结构调整，完善公共教育管理和服务体系，鼓励发展民办教育，积极发展现代远程教育，促进各级各类教育协调发展。到2010年，全面普及九年义务教育，达到人口覆盖率95%以上，人均受教育年限8年，高中阶段毛入学率50%以上，高等教育毛入学率18%以上（现达到12.7%）。①

而要达到上述目标，全社会必须更加关注女性的教育和发展，充分认识少数民族女性教育与建设社会主义新农村，构建和谐社会的重要性，把进一步发展少数民族女性教育作为各级政府的重要任务来抓，逐步实现教育公平，让少数民族女性公平享有公共教育资源是每个公民的权利，使每个少数民族妇女享有公平的教育机会是政府的义务，掀起全社会关心和参与少数民族女性教育的热潮，努力开创少数民族女性教育的新局面。

云南少数民族地区要采取一些特殊措施，进一步提高少数民族女性在各级各类学校受教育的比例，如继续办好寄宿制和半寄宿制高小，确保初等教育阶段适龄女童按时入学接受教育，降低女童失学、辍学、弃学率，保证女童完成接受学校义务教育，将民族女性文盲消灭在21世纪初。

继续办好委培中专、少数民族重点高中班、少数民族干部专科班和各级各类职业技术教育与成人教育，全面提高云南女性素质，实现中等教育阶段大多数适龄女性继续升学接受教育。

继续加大对普通高校民族预科班和云南民族大学的投资和管理协调工作，制订相应措施，适当提供优先条件提高少数民族女性进入高等院校学习的机会，从根本上扭转云南少数民族女性教育的宝塔型状况，为云南民族地区培养大批女性专门人才。同时，为实现云南民族女性学校教育的发展，除继续采取过去一些行之有效的办法外，还必须采取一系列新的对策。

1. 搞好民族女性教育立法，使民族女性教育逐步走上依法治教的轨道

十九大报告强调建设教育强国是中华民族伟大复兴的基础工程，必须把教育事业放在优先位置；95世妇会北京宣言及北京+20都强调平等、发展与和平，以促进全世界妇女健康、教育和就业。在争取男女平等参与发展、保证妇女平等受教育权利旗帜下，加速发展云南少数民族女性教育，在认真执行宪法和妇女儿童权益保障法的同时，搞好民族女性教育立法，

① 云南省第十届人民代表大会第三次会议：《政府工作报告》，2005-1-19；《政府工作报告》，2006-1-16。

坚持依法治教，强化执法力度，建立少数民族女童教育工作责任制，落实各级政府保障女童入学的职责，使女性教育逐步走上依法治教的轨道，真正做到男女平等，从而消除事实上的不平等，保障民族女性受教育权利。

2. 加强教育投资，切实保障少数民族女性接受学校教育的权利

各级政府要全面贯彻党的教育方针，落实立德树人根本任务，发展素质教育，推进教育公平，培养德智体美全面发展的社会主义建设者和接班人。必须在现有基础上，加大对民族女性的教育投资，对民族女性教育实行倾斜，提供和创造条件，保证适龄民族女童入学率尽快达到全国平均水平，支持和规范社会力量兴办教育。尽快缩短男女在普通教育上的差距，逐步提高民族女性接受中等专业技术教育和高等学校教育的比例，坚持依法治教，强化在民族地区的执法力度，坚持男女平等原则，从而保障民族女性受教育的权利，使人民获得感、幸福感、安全感更加充实、更有保障、更可持续。

3. 加大对少数民族女性教育的扶贫力度，关键要从学前教育入手

从整体上看，近年来云南省的学前教育事业发展迅速，但由于起步晚，底子薄，目前仍是全省基础教育的薄弱环节。一是普惠性学前教育资源短缺依然是主要矛盾。集中连片特困地区、少数民族地区、留守儿童集中地区和人口分散地区入园率整体偏低；二是学前教育成本分担和运行保障机制尚未普遍建立，绝大部分地区幼儿园教师工资和日常运行主要依靠收费，家长负担较重。切实解决民族地区的贫困问题，缩小与发达地区的差距，这是贫困地区民族女性教育发展的重要保障。云南少数民族女性教育的现状表明，加强女童教育，尤其是民族贫困女童教育，是云南普及义务教育的重点和难点，这既是提高整个国民素质和民族发展的紧迫任务，也是一项艰巨复杂的社会系统工程。需要统筹考虑少数民族贫困地区学前教育资源短缺的现状、城镇化发展趋势、人口流动以及“单独二孩”政策带来的人口增加等因素，继续扩大城乡学前教育资源。调整资源结构和布局结构，努力扩大幼儿园覆盖率，在少数民族地区构建有示范层次差异且能辐射所有区域的幼儿园体系，提高其面向社会提供公共服务的能力。必须从云南民族地区实际出发，各级政府、全社会和家长通力合作，坚持从女童抓起，认真落实保证女童入学职责；采取灵活的办学形式和教育制度，保障少数民族女童有入学受教育的机会。

4. 完善职业教育和技能培训

结合云南民族地区实际，开办各类型女子技能学校，把学习普通文化知识与学技术、技能结合起来；增设具有民族文化特点的培训班，如彝族

舞、白族戏剧、景颇目瑙纵歌、纳西族东巴文化和洞经音乐等；开办民族劳动技能课如白族扎染、蜡染，苗、瑶民族刺绣，傣族织锦、编织、民族饰品、民族工艺课，创办乡镇企业，发挥民族地区优势，使各民族女性通过接受教育培训，把她们从单一的农业生产劳动中解放出来。完善职业教育和培训体系，深化产教融合、校企合作。办好继续教育，加快建设学习型社会，大力提高国民素质。

5. 加快少数民族地区义务教育的均衡发展

推动城乡义务教育一体化发展，高度重视农村义务教育，重视少数民族妇女教育，努力让每个孩子都能享有公平而有质量的教育。一是着力优化校点布局，夯实教育资源均衡配置基础，使得学校布局和规模更好地满足少数民族学龄儿童就近接受义务教育的要求，促进少数民族地区女童义务教育科学发展；二是着力改善办学条件，推动义务教育资源在少数民族地区的均衡配置，整合资源，加快云南教育资源服务平台建设应用，通过名校集团化办学模式等方式，有效地缓解优质教育资源不足的状况；三是推动城乡师资均衡配置，改善教师资源初次配置，加强师德师风建设，培养高素质教师队伍，倡导全社会尊师重教，推进少数民族地区基本公共服务均等化。

6. 提高对女性教育的认识，消除传统观念的影响

在云南的许多民族中，男尊女卑的思想和重男轻女的观念一直是制约女童入学的重要因素。据调查，上过学的母亲和其家庭重视女儿教育，期望值也高。笔者在普米族地区调查期间曾问一位大嫂是否愿意供她女儿上学，大嫂很干脆地回答：“只要她考得上，砸锅卖铁也要供她上大学”。这位大嫂是小学毕业生，至今遗憾自己没能念中学。而在怒族、德昂族中调查发现多数母亲不愿供女孩上学，认为女孩迟早都是别人家的人。而持这种观点的母亲自己往往又都是文盲。所以在少数民族女童教育上，家长的意见和社会对女孩受教育的态度是关键之关键。故当务之急，仍然是消除传统观念的影响，提高贫困山区和民族地区人们对女孩受教育的认识，转变家庭内父母对女孩接受教育的观念，才能从根本上消除女童入学、失学、辍学、弃学，保障女童入学、升学的权益。

总之，云南少数民族女性教育从无到有，经历了一个不断发展变化的过程。如今少数民族女性经过学校教育成为走进新时代的带头人，她们与男性一起携手合作，共同为实现中国梦而努力。然而，我们也要充分地认识到，在少数民族地区，教育不均衡的现象仍然存在。因此，真正落实男女平等，让少数民族女性平等地享有受教育的权利，我们还任重道远！

云南少数民族妇女的教育权益保障

李思蒙*

“中国特色社会主义进入了新时代”，十九大报告作出的这一重大新论断，明确了我国发展新的历史方位。新时代，伴随着社会主要矛盾的转化，对经济社会发展提出了更高要求。从决胜全面建成小康社会，到基本实现社会主义现代化，再到建成社会主义现代化强国，优先发展教育事业成为了以习近平同志为核心的党中央的重大决策部署。十九大报告指出：“建设教育强国是中华民族伟大复兴的基础工程，必须把教育事业放在优先位置，加快教育现代化，办好人民满意的教育。”办好人民满意的教育，是全面建成小康社会的需要，同时也是发展少数民族教育事业的需要，尤其是少数民族妇女教育事业发展的需要。发展少数民族妇女教育事业，保障少数民族妇女受教育的权益，有利于进一步构建和谐社会，有利于民族团结和实现男女平等，有利于推动我国教育事业的跨越式发展。

一、云南少数民族妇女教育

云南地处祖国西南边疆，属山地高原地形。这里生活着26个当地民族，除汉族外，人口在6000人以上的当地民族有彝族、哈尼族、白族、傣族、壮族、苗族、回族、傈僳族等25个。其中哈尼族、白族、傣族、傈僳族、拉祜族、佤族、纳西族、景颇族、布朗族、普米族、阿昌族、怒族、基诺族、德昂族、独龙族15个民族为特有少数民族。“新中国成立后的1950年2月，云南获得完全解放，从此翻开了历史的新篇章。”① 在党的民族政策

---

* 李思蒙，云南财经大学讲师，云南民族大学博士研究生。

① 《云南年鉴》，2016年（第31卷）第334页。

的指引下，云南少数民族地区的经济社会发生了翻天覆地的变化，少数民族教育、少数民族妇女教育得到了长足发展。党的十一届三中全会以来，改革开放为少数民族地区的教育注入了新的活力，一大批少数民族妇女在接受正规教育的过程中得到实惠，不断成长为边疆稳定、经济繁荣、民族团结中的有生力量。特别是党的十八大以来，以习近平同志为核心的党中央，始终坚持以人民为中心的发展思想，高度重视教育公平、高度重视少数民族教育、高度重视少数民族妇女教育。五年砥砺奋进，云南少数民族妇女教育取得重大进展，确保“不让一个学生因家庭经济困难失学”，为少数民族学生，特别是少数民族女生实现人生梦想提供了强有力的保障。

（一）云南少数民族妇女教育概念界定

“教育是国家发展的基石，当今世界，知识成为提高综合国力和国际竞争力的决定性因素，人力资源成为推动经济社会发展的战略资源，人才培养与储备成为各国在竞争与合作中占据制高点的重要手段。”① 广义的教育，既包括学校教育，又包括家庭教育和社会教育。本文所论及的云南少数民族妇女教育是指日常生活中少数民族妇女在儿童时代接受小学教育，少年时代接受中学教育，青年时代接受大学教育乃至在获得本科教育的基础上接受研究生学历教育。之所以强调少数民族妇女教育的现代性，是因为云南少数民族长期以来所处的居住环境多为山区或半山区，无论是自然条件、交通状况、生产方式、生活习惯、文化背景、社会形态、经济结构等与相对发达地区相比，都存在着极大的差距。这种巨大的差距，从中可以窥看到人们在接受教育过程中的千差万别。随着历史的演进和时代的发展，党和国家不断出台重视和发展民族教育的相关政策，大批有识之士通过大量的社会调查，从实践中寻找答案，从理论上提出了“少数民族妇女教育”这一富有地域特色、时代特征的话题。

（二）少数民族妇女教育的实质内涵

少数民族妇女教育指的是在民族地区各级政府、各级学校针对少数民族女性中的儿童、少年、青年、成年人的教育。旨在通过正规的小学、中学、大学乃至研究生学历的教育，不断提高少数民族妇女在思想觉悟、道德水准、文化素质及专业知识和社会生产技术能力，从而促进少数民族地

---

① 温家宝：《百年大计，教育为本》，载《人民日报》2009年1月5日。

区人力资源结构的改变，使其这些地区的社会经济得到发展，人民生活水平得到提高。这一实质的内涵为：一是教育对象为少数民族中的女性；二是教育的类别是小学、中学、大学的教育；三是教育的方式为全日制教育；四是教育的目的是对一个多民族国家中少数民族女性成员实施正规教育。“一方面帮助少数民族成员提高适应现代社会的能力，以求得个人的最大限度的发展，另一方面继承和发扬少数民族的优秀传统文化遗产，丰富人类文化宝库，为人类做出应有的贡献。”①

（三）受教育权是少数民族妇女根据法律规定平等享有的基本权益

平等是一个在日常生活中使用频率较高的形容词，在现代汉语词典中释义为：“人们在社会、政治、经济、法律等方面享有相等待遇。”② 因此，平等之词涉及的领域极其广泛。在对受教育平等权的理解方面，学者的观点也各不相同，例如托尔斯顿·胡森认为：“平等”不仅要使每个人不受任何歧视地都具有开始其学生生涯的机会，还要考虑使用不同的方式来对待每一个人，进而使学业成功的机会更加平等。再如索里·特尔福认为“使受教育者站在平等的立足点上，不受社会地位、经济条件、男女性别、宗教信仰、种族地域等的限制，均有机会接受一种适当的教育，使每个人的天赋才智都能获得最大限度的发展。③

学者各自的言说和论述对受教育权平等的内容做出了理性的阐释，但对受教育权平等的层次上未能进行细分，而对于少数民族地区的教育，特别是少数民族妇女教育也未能提升到理论的高度加以认识，这是令人遗憾的。实际上，中华人民共和国的成立，党和国家为各族人民绘制了一幅受教育权平等的蓝图，这种平等的概念贯穿于城乡之间、工农之间、民族之间、男女之间，充分体现了社会主义制度的优越性。

（四）云南少数民族妇女教育在发展中的情况

中华人民共和国成立以来，随着社会主义建设事业的蓬勃发展，农村教育、少数民族教育、妇女教育等方面取得了巨大的成就。特别是党的十八大以来，各级党委、政府认真贯彻落实党中央、国务院的重大决策部署，

---

① ［奥］曼弗雷德：《国际人权制度导论》，北京大学出版社 2010 年版。

② 《现代汉语词典》，北京商务印书馆 2012 年版，第 1000 页。

③ 吴德刚：《中国人民教育问题研究》，教育科学出版社 1998 年版，第 82 页。

坚持以努力办好人民满意的教育为目标，以促进教育公平为重点，以提升教育质量为核心，不断深化教育综合改革。在改革的过程中，云南少数民族地区的教育事业得到了空前发展，无论是政策支持、法律保障还是经费倾斜、办学规模都得到了明显提高。

受教育权平等是我国立法的重要原则。《中华人民共和国宪法》第4条规定："中华人民共和国各民族一律平等。国家保障各少数民族的合法的权利和利益。"第48条规定："中华人民共和国妇女在政治的、经济的、文化的、社会的和家庭的生活等各个方面享有同男子平等的权利，国家保护妇女的权利和利益。"《中华人民共和国教育法》第36条规定："学校和有关行政部门应当按照国家有关规定，保障女子在入学、升学、就业、授予学位、派出留学等方面享有同男子平等的权利。"

由此可见，在国家颁布的法律面前，少数民族妇女在受教育权和其他人的受教育权是平等的，在社会主义建设进程中，不会因为地域、民族、性别而受到歧视。

云南少数民族在省内分布地区很广，约占总面积的70%左右，其分布特点是小块聚居、大片杂居，其中哈尼族、壮族、傣族、苗族、瑶族、傈僳族、拉祜族、景颇族、布朗族、德昂族、怒族、独龙族等十几个民族的300多万人口居住在边疆。由于大部分云南少数民族居住在山区或半山区，交通不便，自然条件所限，生产方式落后，生活贫困等客观原因，教育基础相对薄弱，凸显了云南少数民族所具有的特征。由于教育基础薄弱，加之受到一些民族宗法的影响，使得少数民族妇女教育与发达地区的妇女教育相比显得滞后。

中华人民共和国成立之初，云南少数民族教育十分落后，少数民族妇女教育更是处于空白。1949年以后，"经过多年的改革和建设，云南各少数民族先后跨入了社会主义社会，经过和平协商，民主改革，废除了小凉山彝族的奴隶制和西双版纳傣族的农奴制。这样，处于原始社会的民族，处于奴隶制的民族，处于封建地主制的民族，分别跨越一至四个社会阶段，直接过渡到社会主义社会阶段。"① 随着生产力、生产关系的发展和改变，经济社会的推进，云南少数民族妇女教育经历了从无到有、从小到大的发展过程。从最初的"妇女扫盲夜校""妇女识字夜校"的兴办到民族小学、民族中学、民族大学的设立，为少数民族妇女受教育插上了腾飞的翅膀。

① 《云南风采》，人民日报出版社1989年版，第237页。

一大批少数民族妇女经过接受不同层次的教育，实现了走出大山的梦想。“截至2015年底，云南省学前教育少数民族在园（班）幼儿44.22万人；普通小学少数民族在校生145.83万人；普通初级中学少数民族在校生66.36万人；普通高中少数民族在校生23.64万人；高等学校少数民族在校生23.58万人。全省有省定民族中小学41所，民族中专6所，民族大学一所，各地自行认定的民族学校近500所，民族地区寄宿制中、小学4000所。”① 据有关专家分析估计，在各级学校接受教育的女生几乎占到了在校生的一半左右。随着少数民族地区社会经济的不断发展，人民生活水平的提高以及教育条件的改善，少数民族女性中的文盲率、辍学率大幅降低。通过有序的、系统的、正规的教育，一大批少数民族女青年学有所成，有的成为本民族中的作家、艺术家、教授、科学家等，更多的少数民族女青年毕业回到家乡，在各个不同的领域中施展才华，为少数民族走一条共同繁荣、共同富裕之路贡献力量。

由于长期以来形成的城乡之间、地区之间，工农之间、民族之间的差别以及经济社会发展不均衡，在很大程度上制约了少数民族妇女教育的整体发展。例如居住在大理白族自治州坝区的白族与居住在巍山县山区的彝族相比，无论是女生的入学率、升学率以及就业率，前者明显高于后者；又如生活在丽江市坝区的纳西族与生活在宁蒗县山区的彝族、普米族相比较，纳西族女性受教育的程度普遍高于彝族、普米族女性；再如生活在西双版纳傣族自治州坝区的傣族女性与生活在大山丛林中的基诺族女性相比较，傣族女性接受教育的自觉性、自信心明显优于基诺族女性。各地区、各民族间存在的差异，既有历史的原因，也有现实的客观因素，究其根源，主要是因为各民族间的文化认同感、道德伦理以及价值观不同所造成的。所以，更新观念，走一条民族团结、共同发展、共同富裕之路，少数民族妇女教育才能得到更好、更快的发展。

二、云南少数民族妇女教育发展经验及存在的问题

云南少数民族教育虽然起步较晚，但由于各级党委和政府的重视，始终从提高少数民族的科学文化素质、促进民族进步、保障各民族享有宪法所规定的民族平等权利的重大意义上来认识，加强对民族教育工作的领导，夯实民族教育工作，各州市将教育工作的重心移至民族教育上，帮助解决

---

① 《云南年鉴》，2016年（第31卷），第335页。

民族教育发展中的特殊问题。比如，在分配教育经费时，除对贫困的少数民族地区给予照顾外，还拨出专款作为发展民族教育的专项经费。根据民族地区的特点、采取各种灵活多样的办学形式，实行分类指导，因地制宜地做好普及九年义务教育工作。这期间，少数民族妇女受教育工作也初见成效。

（一）云南少数民族妇女教育发展经验

“1978 年中共十一届三中全会以后，云南省进一步明确了少数民族基础教育的重要意义，采取多种措施促进民族中小学教育的发展。”① 1988 年云南省教委制订了《关于充实和加强省定寄宿制民族中小学的意见》，1990 年，为了使少数民族学生得到更多的学习机会，云南省教委在 12 个教育相对后进的民族中，选派学生到昆明的重点中学进行学习。“1998—1999 年，云南省按要求配套 2.2 亿元，州市县也按要求做了配套，加强了民族贫困地区小学和初中的基本建设、教学仪器、图书资料的配置以及校长教师的培训。”② 从 2001 年起，云南省委、省政府先后制定《云南妇女发展规划（2001—2010）》《云南妇女发展规划（2011—2020）》，2002 年，制定了《云南省基础教育振兴行动计划》《云南省中长期教育改革和发展规划纲要》等重要文件。这些文件的先后出台和实施，为少数民族妇女教育提供了政策保障，这些适合省情的文件，强化了教育工作中的性别平等意识，在教育法规及政策的制定、修订、执行和评估中，加强对教育管理者及教师的社会性别理论培训，提高了教学双方的性别意识，改善了教育管理者的性别结构，提高了教育决策管理层中的女性的比例，均衡了高等教育各类专业学生的姓别结构，为女性参与高科技领域的学习和研究提供了机会。

之前，云南省政府颁布的《云南扫除文盲工作实例办法》和《云南省少数民族教育促进条例》，不仅具有强烈的针对性，而且有着行之有效的可操作性。由于各级党委、政府高度重视，广大少数民族妇女积极参与，使两个政策法规性文件落地生根，具体表现为：

1. 在山高坡陡、交通不便、自然环境较差的少数民族聚居区，人们在脱贫过程中生活水平逐年提高，少数民族妇女的文盲力逐步下降，少数民族女生的入学率和升学率不断上升。

---

① 陶天麟、徐忠祥：《云南少数民族教育史》，云南民族出版社 2015 年版，第 344 页。

② 陶天麟、徐忠祥：《云南少数民族教育史》，云南民族出版社 2015 年版，第 347 页。

2. 随着农业科学技术在少数民族地区的推广使用以及文化知识的不断传播，由政府投资兴建的各级学校，无论是师资力量还是办学规模，都为少数民族女性受教育创造了条件，增加了机会。

3. 经过多年努力，九年义务教育的普及化在少数民族地区开花结果。少数民族女性受教育的自觉性不断增强，普及化正向着均衡化转变。

（二）少数民族妇女受教育中存在的问题

1. 在幅员广阔的山区或半山区，由于少数民族地区自然条件差，经济不发达，文化较落后，交通不方便，致使男女性别受教育的概率存在差异。差异中显现出的“男尊女卑”“重男轻女”“男权思想”等旧习，束缚了妇女求学上进的手脚，加之沉重的田野劳作和家务劳动失去了求学的机会，“早婚早生”以及落后的乡规民俗的约束，挤压了少数民族妇女的精神状态。客观原因的长期存在，致使少数民族男女性别受教育的比例严重失衡。

2. 生活在山区或半山区的少数民族妇女，长期封闭在崇山峻岭中，日出而作，日落而歇的生活成为习惯，女大当婚，早婚、早育的观念根深蒂固地渗入女性的内心世界，加之宗教思想和落后观念的影响，使少数民族妇女对受教育的重视程度明显偏低，缺失了走出大山的自觉性和自信心。

3. 处于贫困状况的少数民族妇女，虽然大多在“普九”教育中得到了实惠，但进入高中、大学的学习机会相比于汉族妇女要少。从升学比例来看，不难看到教育资源的分布不均衡，这种教育资源的分布不均衡，阻碍了少数民族妇女教育发展的步伐。

（三）客观原因影响了少数民族妇女受教育的成效

1. 在自然条件较差，经济较为落后的少数民族聚集区，贫困直接影响着少数民族妇女受教育的主动性和积极性。

2. 由于少数民族地区的普法教育未能处于常态，导致少数民族妇女的法律意识淡薄，不学法，不懂法，缺失了对自身权益的保护。

3. 在云南少数民族中，传承和保留着丰富优秀的民族文化，但也存在一些落后的传统观念，加之一些陈旧的乡规民俗、宗法的影响，使少数民族妇女教育或多或少地增加了难度。

4. 目前，在云南少数民族教育中，有 14 个民族使用 22 种文字，在众多少数民族地区的学校中开展双语教学，但由于双语教学中的师资力量严重不足，直接影响了双语教学的效果，导致双语教学的难度在短期内无法克服。

（四）少数民族妇女教育中存在的问题和原因带来的不利影响

1. 少数民族妇女教育中所涉及的问题和不利因素，使妇女的心理压力增大，厌学、弃学的女孩陷入了难以自拔的境地。

2. 子女再教育的难题得不到破解，直接影响父女、母女关系，使家庭得不到和谐。

3. 少数民族妇女在受教育的过程中，文化高低、整体素质直接影响到职业选择、生活保障等实际问题。

4. 少数民族妇女教育中的不利因素对于生态环境的平衡和保护产生不良的负面影响。

三、云南少数民族妇女教育的法律保障措施

“任何法律制度和司法能实践的根本目的，都不应当是为了一种权威化的思想，而是解决实际问题，调整社会关系，使人们比较协调，达到一种制度上的正义。”①

（一）少数民族妇女教育的法律保障

我国是由56个民族组成的国家，宪法规定，中华人民共和国各民族一律平等，国家保障各少数民族的合法权益，维护和发展各民族的平等团结互助和谐关系。宪法作为我国的根本大法，为国家的长治久安保驾护航。《中华人民共和国义务教育法》为全民接受教育提供了法律保障，《妇女权利保障法》为广大妇女的合法权益实行了保护，1995年、2001、2011年相继颁布的《妇女发展纲要（1995—2000）》《妇女发展纲要（2001—2010）》、《妇女发展纲要（2011—2020）》，为少数民族妇女教育提供了强有力的法律依据。中华人民共和国成立后，随着国家各种法律、法规的颁布，作为民族教育重要组成部分的少数民族妇女教育，受到了各级党委、政府的高度重视和社会的广泛关注。

（二）保障云南少数民族妇女教育权益的措施

由于历史、地域、环境、贫困等客观原因，云南广大民族地区在经济

---

① 苏力：《法制及本土资源》，中国政府大学出版社1999年版，第28页。

发展方面与汉族先进地区差距较大，发展少数民族妇女教育事业任务非常艰巨，也十分迫切。

1. 树立正确的思想观念

云南少数民族聚居的广大地区，其经济、社会、科技、文化的发展，直接影响着民族团结、边疆稳定、国家安全的大局。从现实和未来看，少数民族事业的全方位发展都离不开少数民族妇女的积极参与，而少数民族妇女人力资源的开发与利用，主要是依靠提高少数民族妇女的综合文化素质实现的。当务之急，就是要认真、扎实地在广大少数民族地区做好普法、用法的宣传、教育推广工作，各级党委政府要从战略的高度，引领广大少数民族妇女利用法律维护自身在受教育过程中的合法权益。

2. 以法治教是维护和保障少数民族受教育的重要手段

随着基础教育阶段少数民族女生入学率的提高，辍学率的逐渐下降和中、高等教育中，少数民族妇女受教育比例的增长，不仅改变了性别之间受教育的差距，也改变了人口较少，如基诺族、独龙族中没有大学生的状况。针对云南少数民族妇女，尤其是一些云南独有的少数民族妇女受教育的现状，构建良好的法治环境，各级党委、政府应高度重视少数民族妇女受教育过程中出现的新情况、新问题。以法律为依据，解决处理好各种矛盾，以便以法治教朝着正确的轨道前行。

3. 构建良好的教育环境，推进少数民族妇女教育向前发展

云南少数民族妇女教育是一项肩负着历史使命、开创未来的伟大事业，面向世界，面向未来，面向社会主义新时代，满足新要求是广大少数民族妇女的必然选择。因此，认真扎实地做好少数民族妇女教育工作，使少数民族妇女在受教育的过程中分享改革开放的成果尤为重要。所谓分享改革开放的成果，就是少数民族妇女在受教育中要有良好的制度保障、物质保障和师资保障。良好的制度保障是在法律框架下制定一套行之有效的规章制度，使少数民族妇女在初等教育、中等教育、高等教育中受益；物质保障就是要解决好少数民族妇女受教育中所涉及的就近上学、校舍改造、校舍新建、添加教学仪器、设备等诸多问题。在“普九教育”的基础上，切实做好高中教育；大学教育过程中，少数民族女生因家庭经济困难遇到的种种难题，如学费减免或全免、生活费实施补助等应成为常态，使经济贫困、特困的女生顺利完成学业，让她们毕业后投身于建设家乡，为改变家乡落后面貌贡献青春和力量。师资保障就是要不断选派一大批学有所长，业务精良的教师奔赴少数民族地区，致力于这些地区的民族教育事业；同

时要从已经毕业的少数民族大学生中选拔一批品学兼优的人员充实到教师队伍中来，不断提高教育质量，培养出一批又一批的少数民族优秀学生，使之成为建设边疆、保卫边疆的接班人。

“教育兴，则民族兴。”我们完全可以相信，在以习近平同志为核心的党中央正确领导下，在各级党委、政府的关心、支持下，云南少数民族妇女受教育的权益将得到更好的保障，云南少数民族妇女教育这一世纪工程将会迎来更加美好的明天。

族学生辍学相关，是外出务工者行为自我正当化过程中对教育带功利色彩的批评，一定程度上反映了教育本身的问题。但批评中将普及性的大众教育和选拔性的精英教育混为一谈。这种批评因而成为具有盲目性的流毒，务工者既无视自身所享受的大众教育之利，亦未知自身缺乏向上流动的途径与教育之间的关系。故而其生命政治仅停留在身体政治这一表层，其资源的缺乏令其无法摆脱身体的框架，实为身体的魔咒，是其生存困境的反映。而学界对此的讨论亦有待深化。

二、文献综述

（一）生命政治的表层："身体的政治"抑或"身体的魔咒"

1. 流动人口的婚恋研究

当前中国人口呈现东中部往西部、西部往东中部两个方向的流动，其中东中部农村劳动力向当地城市流动、东中部汉族往西部少数民族聚居地流动并成为当地人口重要的组成部分；西部农村劳动力向本地城市流动、西部农村劳动力（以少数民族为主）往东中部城市流动。[①] 新生代农民工进城打工不纯粹以挣钱为主要目标。新生代农民工中女性的比例较高。"80后""90后"新生代女性农民工从内心认同城市的生活方式和价值观念，表现出强烈的城市定居意愿、较强的城市适应性和融入能力。[②] 新生代农民工在逐渐认同城市的文化和价值观念的过程中，其婚恋呈现了家乡的"归根"和城市的"扎根"两种取向。[③] 这是由于受户籍制度、就业制度等的影响。[④] 农村户籍和城市生活的双重影响下新生代农民工在婚恋上兼具传统和现代性，其中一部分女性农民工的婚恋具有功利性目的。[⑤]

2. bio-politics：生命政治与身体政治

bio-politics 可以译作"生命政治"或"身体政治"，而"生命政治"可涵括"身体政治"。福柯认为，"生命政治"是从自由主义以来的一种治理技艺。现代国家的统治者不仅拥有对死亡的权力，而且拥有对生命的控制力，通过干涉人的生活方式来对生命及其行为进行监督、干涉、扶持、优

---

① 马戎．中国人口跨地域流动及其对族际交往的影响．中国人口科学，2009（6）：2-13.
② 国晓丽．我国女性农民工就业特点与对策．现代经济探讨，2010（3）：67-70.
③ 刘淑华．家乡的"归根"抑或城市的"扎根"．中国青年研究，2008（1）：47-50.
④ 顾青青．新生代农民工的婚恋状况分析．改革与开放，2010（22）：103-105.
⑤ 曹锐．新生代农民工婚恋模式初探．南方人口，2010（5）：53-59.

化、评价、调整、修正。简言之，国家通过各类政策的施行来限制或扶植个体对其生命历程的完成。“身体政治”所体现的身体与政治的关系，不单指身体是政治施行权力的对象，还包括身体通过一定行为对政治和社会制度进行反抗实现个人目的。①

具体到本研究讨论的主题，国家政策导致的区域发展的差异促使个体的流动。流动主体通过身体移动、技能获得等实现更好的生命历程，这属于生命政治中“身体政治”的意涵。在这里，身体政治包含了两个部分：(1) 因对城市生活的想象、向往到付诸实践去实现自己的梦想或自我价值。新生代女性农民工通过大众媒体和亲朋了解到城市生活的片段，产生对城市生活的渴望，并将之与自己的未来人生轨迹联系起来，产生关于自己未来的新的可能性的想象——想象指向前方，是对未来的希望②——从而形成自己主动外出的动力。(2) 在流入地通过务工（或婚恋自主性）努力获得自己渴望的生活。

综上所述，bio-politics（生命政治）的意涵中包含了生命政治和身体政治两层含义，“身体政治”强调女工外出务工和婚恋自主性的身体化，这是浅层的“生命政治”，或者说是她们目前仅有的资源，是相对弱势者参与全球化的方式（globalization from below）③，也是他们困境的体现。少数民族农民工因为文化程度低、劳动技能缺乏，成为城市底层的弱势群体，要面对在异地生活的压力和没有社会保障的担忧。而少数民族女性农民工则还要承受社会对女性的歧视。④她们的身体政治只是实现了地域的流动，但缺乏阶层的向上的流动。她们在工作与婚恋中的自主性和能动性都表现为身体化，因此本文称之为“身体的魔咒”。这种个体的生存困境和痛苦感，不仅可以理解个体与政治、国家、权力之间的关系⑤，同时与教育的社会功能相关，尤其与向上阶层的流动密切相关。但学界将流动性和教育相互结合的讨论并不多。

---

① ［法］米歇尔·福柯．生命政治的诞生．莫伟民、赵伟译．上海人民出版社，2011.

② （英）丽泽特·约瑟芙迪思．想象未来：一种存在主义的实践活动．武宁译．贵州民族大学学报，2015（4）：40-52.

③ Yang, Wen-Shan; Lu, Melody Chia-Wen, *Asian Cross-border Marriage Migration : Demographic Patterns and Social Issues*, Amsterdam University Press, 2010.

④ 李昱．女性农民工的“融城”困境与思想政治教育实践．吉首大学学报，2010（5）：113-118.

⑤ 潘毅．中国女工：新兴打工者主体的形成．九州出版社，2011.

（二）少数民族女性教育研究

在以往民族教育研究中，无论是关于少数民族教育还是少数民族女性教育，更多关注的是教育不公平和性别歧视带来的受教育权利被剥夺①。教育的社会功能讨论不够②，多是在流动人口研究中只言片语地提到少数民族外出务工人员因文化程度低或文化资本不够导致其在城市社会底层的生存困境。对傣族教育的研究则更少，刀波等人虽然很早就关注了傣族教育问题，但侧重于传统教育和宗教的影响。③ 而且傣族教育研究多集中在西双版纳，对德宏傣族的关注度略低。教育学界对瑞丽傣族现代教育为数不多的研究，主要关注一元化的教学模式导致的问题。傣族学生因为语言障碍和文化断裂，无法跟上课程进度，从而教育需求普遍较低。④ 学者们强调应注重从文化融合的角度解决辍学问题。⑤ 但傣族学生辍学后的去向、他们对教育的评价、教育对他们的影响，即教育的社会功能，学界关注不多。

因此，本文依据调研材料，将瑞丽农村傣族女性教育发展状况和其外出务工和婚姻的状况相结合展开分析，从身体政治的角度就教育的社会功能做一尝试性的分析。

三、傣族传统社会的教育、性别分工和女性的人生轨迹：经济独立的傣族妇女

傣族普遍信仰南传上座部佛教，佛教传入当地时与原有的信仰整合，形成傣族包含世界观和生死观在内的特有的信仰体系。根据信仰体系和社会文化，傣族将处于人生轨迹不同阶段的人划分成不同的年龄组。傣族年

---

① 吴洪亮．当前我国少数民族教育文化中的几个问题．内蒙古民族大学学报．2012（4）：26-29.

② 滕星（2009）指出普适性的国家课程教育中与少数民族文化融合不够，导致少数民族学生成为主流文化与民族文化边缘游走的“空心人”。这一分析符合社会现状，但忽略了这与少数民族农民工外出的动力之间的关系，这在某种程度上成就了流动的可能，以及对当地社会带来的变化，虽然流动后的生存状况和社会阶层向上流动的可能以及当地社会结构的变化有待进一步探讨。参看滕星主编．多元文化社会的女童教育——中国少数民族女童教育导论．民族出版社，2009.

③ 刀波．试论南传上座部佛教对傣族教育的积极影响．民族教育研究，1998（3）：23-28.

④ 相虹．“文化中断”视角傣族大学生高等教育需求及其影响因素研究．普洱学院学报，2010（1）：107-112.

⑤ 沈洪成．民族地区青少年辍学的文化解释——以云南芒市傣族教育为例．青年研究，2013（1）：20-28.

龄组依据年龄、婚否和进洼与否[①]分为孩童（0〈x〈13）、未婚青年、婚后中青年、老年（进洼之后，传统上45岁开始进洼）多个阶段区分辈分。这样的年龄组按个体的生命时间划分，每个年龄组有效地界定其所应承担的责任和义务，成员由此明确自身的社会角色，承担相应的责任和义务，从而社会分工明确，便于集体活动的组织分工。

传统的傣族社会是以家庭为核心的家族扩展的村落和社区。传统教育方式以奘寺教育为主，但只有男子可以进入奘寺受戒接受教育学习傣文和经文。在家庭教育和生产生活的实践中，傣族男女习得不同的社会性别分工，男孩自小在父兄的指导下学习养牛、编制竹木器、犁田等技术；女孩在母亲带领下料理家务等。[②] 傣族恋爱自由，实行一夫一妻制，多为族内婚。[③] 婚后家庭中，傣族男子负担田间较为繁重的体力劳动和部分家庭副业；女性则以家务劳动为主，兼作部分农业劳动，如水稻种植、饲养、种菜以及甘蔗、茶叶、橡胶等经济作物的种植与收割采摘等。女性常将自己制作的织布、小商品或是农产品拿到集市销售，所得自行管理，她们在家庭中经济独立。[④] 而在前述傣族传统社会的人生阶段划分和社会性别分工之中，傣族女性自小在家中帮忙，20岁之前结婚，40岁出头待儿女成家立业后进洼，进入老年阶段。

傣族传统教育嵌入在傣族的宗教活动和日常生活之中。但现代教育制度随工业社会发展而来，有着严格的学校作息时间和受教育时长，会影响农事活动，同时人们（尤其是家长）的观念中对人生轨迹的传统看法在某种程度上对学生求学造成束缚；但另一方面，现代教育的知识体系具有跨地域的特点，这使得学生们成为可以跨地域就业的人力资源，其就业甚至婚恋的变化，也影响了其人生的轨迹。

---

① 进洼：也称“关门节”。“洼”的意思是静静地坐下来恭听诵读经文，传授佛法。每个傣族到一定年龄后开始进洼，在每年的雨季到来时进行。在进洼期间，傣族老人穿戴整齐，在固定的时间集中到佛寺食宿持戒，听经坐禅，忏悔自己的过错。年轻人则负责老人进洼期间的饮食。进洼持续三个月，进洼结束时傣族各界会聚集欢庆出洼。进洼后的傣族进入老人阶段，不得杀生并获得村民的尊敬。传统是45岁左右即可进洼。现今进洼的年龄后推，但一旦有了孙辈，就必须进洼。

② 刀承华，蔡荣男．傣族文化史．云南民族出版社，2005：369-370.

③ 江应樑，傣族史．四川民族出版社，1983：589-596.

④ 董印红．西双版纳傣族女性观念及其变迁研究．中央民族大学，2006.

四、现代教育与人生轨迹变化

（一）瑞丽教育发展：瑞丽现代教育制度的建立和教育资源分布特点

1950年代瑞丽的现代教育基础薄弱，仅有云南省立瑞丽小学1所。目前当地已建立包括幼儿园、小学、初级中学、高级中学和职业中学在内的比较完整的现代教育教学体系（见表1）。教育资源分布呈现出城乡二元结构，教学资源最好的学校集中在瑞丽市中心。

表1　瑞丽市教育统计数据（2014年）①

类别	数量	在读总人数	少数民族学生	少数民族学生比例
幼儿园	41	8345	——	——
小学	40	17164	8098	47.18%
中学（不含职中）	8	10078	4418	43.84%

（二）家长的“读书无用论”：传统观念对学生求学造成的消极影响

虽然通过政府、校方和社会的多方努力，辍学问题近些年来有所减缓，但乡村傣族学生辍学问题依然存在。初中阶段学生经常会有“间接性辍学”：报名之后经常不去上学，只参加考试，直到拿到初中毕业证。造成这种现象的原因有多方面：学生厌学、家长受传统观念影响持有“读书无用论”。

乡村傣族日常交流用傣语，学校以汉语为交流语言而且缺少过渡衔接的环节，傣族学生由于语言障碍上课听不懂，学习积极性不高，学业成绩普遍较差。家庭的督促不够甚至是缺失，加上农村地区高中升学率相对较低，所以学生容易滋生厌学、辍学念头。

家长对教育的督促不力，受到传统观念（如对人生目标的规划、婚育和就业）的影响，甚至对教育持“读书无用论”的消极态度。如前所述，傣族长期以农耕为主，通常在20岁之前结婚，20岁出头就做了父母。很多家长认为祖辈都是这样生活，读不读书都可以填饱肚子，所以并不觉得早婚、不读书会对孩子有不好的影响；而非义务教育阶段花费高却并不一定

① 根据2015年瑞丽市教育局统计数据制表。

能找到好工作。笔者访谈的乡村中学老师谈道，有些女生因为要结婚而辍学，有不少是迫于家长的压力，其中不乏学习成绩不错的学生。虽然老师会给学生、家长做工作，但常常是无功而返，又不得不尊重当地习俗，老师在做这类思想工作时常会感到无助。这类现象对其他升学的同学也会产生影响。高中生提到初中同学聚会时有的同学带着孩子来参加。刚刚大学毕业的 H 告诉笔者，和她同龄的同村姑娘基本上都已婚了。她母亲因为孩子还未成家立业，自己不能去“进洼”，不时会有抱怨。当父母唠叨这些事情时，H 感觉压力挺大的。

可以看到，原有婚育年龄和人生阶段划分，与农耕和传统教育是相合的。但现代教育与之有所冲突。在这种冲突中，家长因经济、家庭劳力、婚姻和工作各方面务实的考量而产生对现代教育相对消极的观念。当地越来越多的农村傣族学生初中毕业后外出打工，同龄人相互影响形成打工潮。这些人用功利性话语进一步强化“读书无用论”，在当地形成影响。无论哪种“读书无用论”，其核心是就业生计的问题。但这些观点持有者忽略了，实际上无论是继续求学者，还是辍学者都试图摆脱务农生活，渴求改变人生轨迹。而且辍学者能够在外生存同样得益于教育。这是“读书无用论”中的逻辑矛盾。

（三）对改变人生轨迹的渴求：教育与就业

1. 通过求学摆脱务农生活

前边提到的 H，家庭经济条件不太好，寒暑假里她和弟弟都会在家帮父母干农活。她弟弟和她一样，亲身体验了务农辛苦而收入不高，希望能够通过自己的勤奋努力，考上大学逃离这种生活。这是乡村地区小部分成绩优异学生的想法，他们将此种想法转化为求学的动力。

在这种对未来的规划和设想方面，女生的自主性更高，尤其在继续求学方面表现明显。村里同年龄阶段，选择继续读书的女孩的数量多于男孩，并且女孩想要继续读书的意愿也比男孩子强烈。笔者访谈时选择了不同阶段的在读女生（初中毕业、高中、高中毕业）了解情况。她们求学的欲望更为强烈的主要原因包括：（1）逃避过早结婚。（2）为了躲避繁重的家务和农务劳动，这与前述的性别分工有一定关系，也与城乡差距有关。除了升学这一路径外，有些女生会去职业学校学习手艺（美容美发、厨师等），或是去邻近的地方做小生意。（3）身边有通过读书获得稳定工作的成功女性榜样。

从这些原因中，可以看到这些女生是想通过求学后就业这条路径改变祖辈务农的生计生活方式，是基于对城乡差距（农务劳动）和性别地位（早婚和家务）的认知，并将之转化为动力。而这同样也是初中毕业外出务工者的动力。而榜样的力量，在外出务工人员之间同样存在并进而形成滚雪球效应，从而形成打工潮。

2. 打工潮：打工者“读书无用论”中的矛盾逻辑

（1）打工者的“读书无用论”：享受大众教育之利后对精英教育的短视批评

除了同龄人早婚带来的压力之外，在高中和大学求学的过程中，H 尤其感到有压力的是就业问题：

> “现在工作都不好找……上高中和读初中比起来，高中更费钱，因为不是义务教育了，会有书费、学费、材料费各种支出，这对于家境不太好的家庭是一笔不小的费用……初中毕业、高中毕业后出来打工的已经赚钱了，像我们大学毕业的最后还是要和他们一样出去打工。”

H 的压力某种程度上反映了当前大学生就业中存在的问题①，同时也显示了村民受传统观念和经济条件约束形成的短视。随着就业方式和劳动力市场变化，学生拿到初中毕业证之后就可外出打工。虽然从社会结构的角度看，尤其从长期来看，大学生就业后所处的社会阶层和工作稳定性都会有优势，但在村民眼中，尤其在家境不好的家庭看来，读书时间短的人反而赚钱早，于是对教育的时间和经济投入产生怀疑。但从根本上说，形成这种短视的原因在于，村民未能区分九年义务教育的大众教育功能和经过义务教育筛选后进入的高等教育功能（非义务教育阶段）。或者说现有教育模式尚未让村民甚至学生们明白两种教育的区别，反过来对教育本身带来负面影响。访谈中，不少傣族学生抱怨课堂所学平常用不到，提不起兴趣，从而在这类功利性短视影响之下产生抵触或厌学心理，而他们会在出去打工回来的同龄人那里听到说：课本学的知识在社会上用处不大，倒是小学学的语文、数学有用多了，所以多读了也是浪费时间、金钱。不如早点打工，积累社会经验，反而比读高中、考大学来得实在。② 家长的消极、厌学

① 至截稿时，据了解，H 毕业后成为乡政府合同编制的工作人员。

② 甚至不少在读大学生也持有类似观点，有困惑感。这与前面谈及的教育性质和功能不明有关，也是目前教育本身存在并亟待解决的问题。

加之同龄人的鼓动，动摇了在读生的心志，正如一位 17 岁的打工者描述："上初中时，每年班上学生越来越少。"

被这些年轻人强化的"读书无用论"，一方面强调就业工作经验的重要性，显然是对自己行为（不再升学、辍学和外出务工）的一种正当化；另一方面是对学校教育的功利性批评。在某种程度上，这种评价是新事物（如近年外出务工潮）出现时常伴有的一种声音。这种声音虽存在负面性，但也可促进教育本身的反思和方式上的改进①，我们通常说"百年树人"，教育的作用需要时间来体现，从历时来看，教育的功效开始逐渐显现并改变村民尤其是年轻一代的观念②。但在这里本文想着重提出的是，这种"读书无用论"里内含自相矛盾的逻辑——普及性的大众教育成为他们外出务工的敲门砖，他们在享受教育之利的同时批评教育无用。而且他们这种批评言论本身映射的是他们不自知的自身务工的困境：他们只是作为简单劳力的人力资本。

（2）流动的前提：大众普及性九年义务教育作为务工的敲门砖

2017 年暑期笔者在隶属于瑞丽市姐相乡以农业生产为主的 D 村进行了问卷调查。全村 243 户 1170 人，傣族占 91%。当时共发放 225 份问卷，因 59 户不在家，回收有效问卷 167 份③，统计总人口 763 人。其中曾经外出务工或正在外出的有 76 户，共 126 人，其中男性 64 人，占 50.8%，女性 62 人，占 49.2%。外出打工人员的年龄分布在 18 岁至 45 岁，青壮年是外出务工的主要人员。从受教育状况来看，大部分人都是仅完成了九年义务教育就不再继续读书。外出务工家庭成员的学历为初中毕业的有 61 户，占 80%，

---

① 政府和社会团体面对瑞丽教育中存在的问题正在尝试用资助、鼓励和其他途径改变少数民族学生和家长的教育观念。政府相关部门和一些社会团体近年来开展了一定程度的推动工作。贫困生的教育资助越来越多，通过家访的形式了解学生家庭背景并确定为低保户的学生，根据不同学龄阶段获得不同的助学金；每年顺利升学（包括初升高、高升专本、本升硕）的傣族学生能获得鼓励性的奖学金；此外还有地方性的资助和教育基金。学校组织了家长委员会，每年会有专题家长会，向家长强调家庭教育的辅导。关注下一代工作委员会到学校给学生做思想工作，每年在学校组织大型高职学生的技术展业、文化展业，比如汽修、舞蹈、酒店管理等，让学生们对于日后就业方向有所了解。

② 历时来看傣族家长更为看重孩子的教育问题，例如前述 H 的母亲虽然内心矛盾，但最后还是支持孩子继续深造。外出打工的年轻人逐渐意识到学历的重要性。当地实行了中考录取分数线对农村少数民族降分。在多种因素影响下，近几年傣族学生升学率不断上升，每年有 100 多个傣族学生考上高中。

③ 其中有一份问卷通过其邻居了解到具体情况。

另有专科毕业的2户。

劳动力需求量大的劳动密集型制造业招工门槛低，“只要懂汉话，会写汉字就行了”。“能识字、不是文盲”显然是大众教育的基本目标，经过九年义务教育，傣族学生基本上能够用普通话进行交流，能读写日常所用的汉字。但劳动密集型工业生产的低要求其实质是他们需要的是年轻力壮身体健康能从事重复性简单劳动的人力。这也就导致了他们在务工中的困境：工作乏味、缺乏上升空间、容易被替代、受年龄限制（只适合青壮年时期），因而流动性强。换言之，他们因接受了大众教育而能够外出务工，因缺失精英教育而致其身陷困境。他们身处困境却不得其解，而在自我行为正当化的“读书无用论”中混淆了视听并影响在读学生。这种言论能被广为接受，也是因大众教育已然能使其达成“离乡进城”之愿这一事实，是城乡差距使得只要“进城”就成为相对于务农而言轻松的生活。无论是打工者的“进城”还是身处的困境，都是教育带来的流动性的体现——因获得教育而将身体从农田劳作转化为外出到城里务工的流动、因缺失教育只能从事体力上的重复劳动而缺乏向上的流动，是教育的社会功能的体现。对傣族女性而言，除了务工之外，婚恋成为她们试图摆脱现状的另一途径。

五、傣族女性外出务工与婚恋：自觉意识增强和自主性实现方式受限

（一）务工模式

1. 务工途径

根据D村统计数据，外出务工的傣族女性主要分为：未婚外出型、夫妻一同外出型、妻子外出丈夫在家型、离异外出型。其中以未婚外出型与夫妻一同外出型最为常见（如图1）。这些女性通常是在朋友、亲戚等社会关系的帮助下外出，并参考同乡的经验选择流入地。不少人在省内务工，省外流入地包括广东、浙江、福建、天津、北京、山东，以轻工业制造业发达的广东和浙江为主要输出地（图2）。

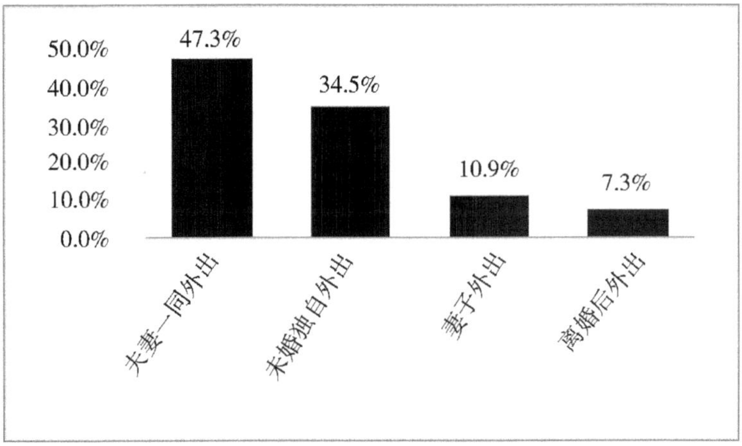

图 1　D 村外出务工女性类型图

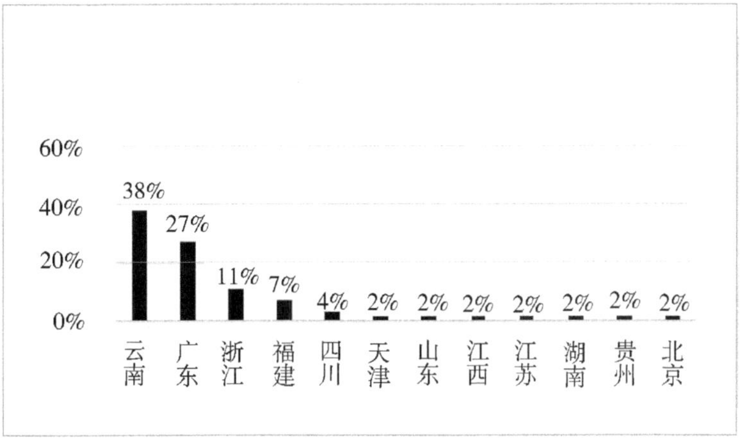

图 2　D 村外出务工地数据图

务工的傣族女性存在被动外出与主动外出之分。一部分人是被动跟随丈夫外出务工，有些工厂里更愿意招夫妻，因为夫妻相对更稳定。但很大一部分女性是主动外出务工。主动外出的女性多是受到身边人（家人、亲戚、同学）的影响而渴望能去往城市、融入城市生活。这类女性的自我觉醒意识程度较高。她们一般会多次外出，打工时长少的只有四五个月，多的外出七八年。在初次外出归来后，女性再次外出的意愿比男性强烈，有些已婚女性会独自外出务工，丈夫则在家种地、照顾家庭。

2. 工作类型和流动性

大部分的傣族女性在轻工业制造业工厂里的流水线上工作，如袜子厂、帽子厂、鞋厂、玩具厂、自行车厂等。因为这些厂家人工需求量大，招工门槛低，对学历和普通话要求不高，而且已婚的夫妇可以在一起工作。她们多数是没签劳动合同的临时工，工厂未购买保险。她们日工作时间都在 8 个小时以上，加班时间集中在晚饭后两三个小时。工资计算方式有固定工资、计件、计时、加班费和提前预支年末结算等方式，基本上这些工厂工资结算是计件给钱。月薪水平从一两千到五六千不等。

这些女性基本上满意现阶段工资水平。她们觉得外出务工的收入远高于在家种田所得，务农劳作辛苦且收入不稳定，外出务工相对轻松而且收入更高更稳定，短期就可以拿到现钱。她们的收入基本上不用作自我投资，基本上没有人通过提高自己的受教育水平来获得更好的职业发展。所以就算她们在外务工多年，多从事的是劳动密集型工作。

（二）对傣族女性个体的影响

1. 外出意愿强烈、对流入地归属感弱的傣族女性

傣族女性受到家庭方面的牵制比男性多：受怀孕、哺育孩子、照顾老人等因素的影响，外出务工的女性常常不得不返回家乡。但如前所述，当条件允许时，女性再次外出的意愿比男性更强烈。一位已婚女性告诉笔者：

> “孩子大了，我还是想出去走一走……我喜欢热闹的地方，年轻人喜欢的时尚的东西我也关注着，我觉得人还是要跟着社会进步……在家里要种地，看孩子，在外面就一个人，自由呀，而且钱赚的也多，如果有机会还想出去呀。”

从这一女性的言辞中可以看到，除了经济因素外，渴望追逐并融入城市文化的意愿（“热闹”“时尚”“进步”）也是动力之一。此外，她觉得在外更自由，“种地”“看孩子”显然是在家时基于性别的劳动分工，她对在外地不被此种性别分工束缚的自由的渴望，在某种程度上体现了她个人的一种自主性和性别自觉意识。而男性在外出务工回来后，反而认为留在家里更自由，这同样与傣族传统的男女分工有关。如前所述，家里不会强求他们用功学习，只要会种地就行；而婚后，农业生产女性与其分担，其他家里的大小事务、家务劳动多是女性承担，空暇时间他们可以与伙伴相约外出玩耍，而在工厂务工会受到厂方管束，所以

他们感觉平日在家的生活更“自由”。故而男性再次外出务工的意愿并不强烈。

虽然外出务工使女性暂时脱离农田、家庭的繁重劳动，并对城市中丰富多彩的物质生活和高于农业收入的工资比较满意，在回乡后再次外出的意愿强烈，但务工地的气候和饮食、高强度的工作压力、重复枯燥的工作内容、城市的高消费也困扰着这些外出务工的女性。城市里冷漠的人情使她们对务工地缺乏归属感，休息日聚会以同乡为主。

2. 婚姻自主性增强的傣族女性

傣族女性在外出务工中对傣族之外的异性有更多接触和了解，基于家庭性别分工的比较，傣族女性普遍认为汉族男性更勤劳持家、更有责任担当。另一方面因村寨位于边境，有些男性村民沾染到了毒品。出于这两方面的考虑，傣族女性的择偶范围近年有所变化。

据统计，D 村近 5 年共计有 60 次婚姻变动，除去离婚 7 对，结婚共有 53 对：入赘婚 23 次（汉族上门 15 人，境内傣族上门 5 人，缅甸傣族上门 2 人，去别村上门 1 人）；嫁娶婚 30 次（跨境婚姻 12 人，本村嫁到外村 4 人，外村嫁入本村 8 人，村内互相婚配 6 人）。

表 2　D 村近 5 年通婚类型一览表

结婚总数	类型	民族	人数	比例	占结婚总数的比例
53 对	入赘 23 (43.4%)	汉族男性	15	65.2%	28.3%
		境内傣族男性	5	21.7%	
		缅甸傣族男性	2	8.7%	3.8%
		本村男性去境内别村上门	1	4.3%	
	嫁娶 30 (56.6%)	缅甸傣族女性嫁入本村	12	40%	22.6%
		本村女性嫁到境内外村	4	13.3%	
		境内外村傣族女性嫁入	8	26.7%	
		村内互相婚配	6	20%	

由表 2 可见，傣族村民的通婚圈明显扩大。村内入赘婚姻的比例高达 43.4%，其中以汉族男性为主（占入赘婚姻的 65.2%，占婚姻总次数的

28.3%），既有来自云南省内的汉族，也有来自外省区如广西、湖南、四川、福建等地的汉族男性。[①] 跨境婚姻的比例也比较高（占婚姻总次数的26.4%），嫁入的缅甸籍傣族女性居多（占跨境婚姻的85.7%，占嫁娶婚姻的40%）。两者之间相互关联，形成跨民族、跨区域通婚的链式反应：村中傣族女性与外地汉族男性通婚人数增长后，导致村中傣族男性娶缅甸傣族女性的比例上升。

可见，傣族女性在外出务工中自觉意识增强，她们试图通过外出务工摆脱繁重的家务获得相对自由的空间，在婚姻中也体现了一定的自主性。但她们自主性的实现方式依然受限并呈现个体化特点，在外出务工中，暂离乡土的她们受困于工厂的体力劳动；她们试图改变婚后的家庭劳动分工或逃避可能的厄运，但仅仅是通过改变通婚对象，村落的民族比例发生了变化，但更深层的社会结构（性别分工）和社会环境（毒品）未必因此得到有效改善。

六、“身体的魔咒”：得失皆因教育的农民工生存困境

综上所述，教育的社会功能在此表现为教育带来的傣族人生轨迹的变化。从中可以看到，一小部分傣族学生通过教育的选拔接受了精英教育，他们由此很可能实现纵向的阶层流动；但大部分的农村傣族摆脱务农的途径只是通过跨地域的流动，这种流动性是一种身体化的生命政治，尤其在女性中体现得更为明显。她们对于城市生活的想象和渴求成为外出务工的动力，虽然具体转化为实际行动，实现了从乡村进入城市的地域流动，但事实上进入城市后并未实现阶层上的流动，“农民工”这一称谓可谓是她们身份准确的描述，也可以说是其身份困境或生存困境的表述。所以她们这种身体政治：1. 进入城市只能作为简单重复劳动的人力资源——对学历不做过多要求的体力活；2. 个体通过婚姻寻求自主性——某种意义上的交换。这种表层的生命政治和个体化的自觉自主，都没有逃离“身体”的框架，无吝是一种“身体的魔咒”，反映的是更深层的社会问题。她们作为流动者对自身的处境更多地停留于感性阶段和基于比较的认知（外出愿望强、归属感弱、个体化的自觉），并在此基础上因自我认知不甚清晰导致短视

① 傣族女性和汉族男性结婚后，女性户口通常不迁出，所以通常被算作上门。这主要是基于利益权衡：在二胎政策未开放前，保留女方当地户籍，孩子出生后随母亲，可以生第二胎。此外，保留本村户口，女方可以保留家中土地的继承权和村中集体用地的分配权。

（“读书无用论”）。

“读书无用论”的出现，既有社会环境的影响，也反映了教育本身存在的问题。大众教育和精英教育区分不明晰，也体现在打工者的混淆之中：他们在享受大众教育惠利之时无端批评精英教育无用，并对自身因缺失精英教育而陷入的困境认识不足。政府和社会团体在尝试多种途径推动少数民族学生和家长的教育观念的转变，历时地看，村民的观念在缓慢转变之中。相关措施的力度仍有待加大，尤其是教育本身存在的问题亟待解决：教育资源分布不均问题、传统习俗与现代社会生活节奏和人生规划之间的协调、教学中的文化融合与过渡衔接、知识和就业间的关系等。

学者对少数民族教育问题虽有关注，但深度不够，特别是在教育的社会功能方面，教育与流动性、阶层化、农民工的生存困境等方面的关系鲜有深度分析；这些方面带来的当地社会结构的变化（通婚圈的跨地域链式反应），缺乏与更宏观的社会视角结合分析。政府和男性主导的妇女解放运动导致中国女性自觉的个体性特点在农民工群体中的体现，女性具有更强的外出意愿绝不仅仅是经济因素造成的推拉力，这些重要的方面都未能在以往研究中看到有力度的分析。但这些就在我们周遭发生的一切，亟须进一步的关注。

面向“一带一路”，提升广西少数民族女性语言服务能力的路径研究*

刘丽静**

一、面向“一带一路”广西少数民族妇女语言服务能力的机遇

广西是“海上丝绸之路”的重要节点，是连接东盟国家的桥头堡。广西还是我国少数民族人口最多的省区，女性少数民族人口数量众多。区内有 12 个世居民族，2014 年广西常住人口 4754 万人，少数民族人口占常住人口的 37.14%，其中壮族人口占总人口的 31.5%，瑶、苗、侗、仫佬、毛南、回、京、彝、水、仡佬等其他民族占 5.6%。常住人口中男性人口 2470 万人，占常住人口的 51.95%；女性人口 2284 万人，占总人口的 48.05%。根据以上数据推算，广西的少数民族女性常住人口总量应该有 800 多万人。2014 年广西妇女就业人员为 1273.9 万人，占全社会就业人员的比例为 45.6%。① 少数民族女性占其中的 37.14%，约为 473.17 万人，是一支不容忽视的力量。

2010 年 1 月 1 日，中国-东盟自由贸易区正式建立，中国和东盟的经贸往来日益加深，贸易额逐年攀升，全区货物进出口总额从 2012 年的 294.74 亿美元上升到 2015 年的 512.62 亿美元。“海上丝绸之路”更为畅通，广西

---

* 本文为基金项目：面向“一带一路”建设的广西语言服务能力提升问题研究（15AYY001）成果。

** 刘丽静，华中师范大学文学院语言学与应用语言学博士，玉林师范学院文学院教授，主要研究方向为现代汉语语法学、语用学、应用语言学。

① 广西壮族自治区统计局：《2014 年度广西妇女发展状况统计监测报告》，载《广西统计局网站》，2015 年 9 月 13 日。网页：http：//www. gxtj. gov. cn/wap/sjfb/fs/201512/t20151202_ 62909. html。

的对外贸易国家遍布沿线的亚洲、非洲、欧洲、美洲、大洋洲国家。广西有 8 个县市和越南交界，边境线长 637 千米，有 12 个国家一二类口岸、26 个边民互市点。沿线少数民族地区密集，少数民族女性是经贸活动的主力军，也是边境地区语言文化传承与交流的主要力量。

广西拥有丰富而优质的旅游资源，少数民族聚居地大部分都成为非遗的保护地，吸引了国内外大量的游客前往观光旅游。其中“海上丝绸之路”沿线国家的游客也在不断增加。少数民族女性在展示民族风情文化方面是一支不可或缺的力量。

以上这些都意味着对广西少数民族女性语言服务能力的需求在扩大。广西少数民族女性已经成为“一带一路”建设的重要参与者与建设者。提升她们的语言服务能力，有助于提升全区的对外经贸能力和文化交流能力，维护边境地区的和平与发展，提升广西的区域形象。

二、面向“一带一路”广西少数民族女性语言服务能力的现状与不足

李宇明先生认为，语言服务就是利用语言（包括文字）、语言知识、语言艺术、语言技术、语言标准、语言数据、语言产品等等语言的所有衍生品，来满足政府、社会及家庭、个人的需求。据此推导广西少数民族女性的语言服务能力就是广西少数民族女性利用语言及其语言产品满足政府、社会及家庭、个人的需求的一种能力。广西少数民族女性的语言服务能力究竟如何呢？

从 2014 年度的“广西妇女发展状况统计监测报告”看，广西少数民族女性平均受教育的年限为 8.6 年，与全区女性受教育的年限持平。普通高校本科在校女学生数为 19.59 万人，占在校学生数的 55.0%。广西是多语种和多方言杂居区，由于长期以来坚持推广普通话政策、双语教育政策，全区 80%以上的人口具有双语能力或者多语能力。但随着广西对外开放的步伐加快，社会对英语、东盟小语种、日语、德语、法语、西班牙语等外语的需求在扩大，对各种地方语言的需求也越来越迫切，广西少数民族女性的语言能力已经不能满足对外交往的需要，主要表现在：

（一）广西少数民族女性的母语服务能力不足

中华人民共和国成立后，广西少数民族地区的语言生态环境发生了变

化，对少数民族女性的母语使用造成了影响。

首先是对普通话的热爱，促使广西少数民族女性广泛学习和使用国家通用语言文字。1949年之前，广西少数民族地区经济文化落后，大部分人口目不识丁。为了促进经济、文化的发展，加强各族人民的联系，中华人民共和国成立后，国家提倡在全国推广普通话，同时在民族地区推行双语教育。进入21世纪，广西与东盟的合作加深，对语言的统一性和规范性要求更高。为了贯彻《中华人民共和国国家通用语言文字法》，从2005年至2014年广西先后进行了一类、二类、三类城市语言文字工作评估，广西的推广普通话工作取得了显著的成绩，各族人民热爱普通话，城乡都掀起了学习普通话的热潮。2011年，广西的普通话普及率已经达到了80.7%。广西少数民族女性以掌握普通话为自豪。

其次是改革开放之后，广西加快了城镇化的步伐，2016年常住人口城镇化率为48.1%，而2007年广西城镇化率为36.24%，1990年为11.83%。人口的迁移，改变了少数民族女性在日常生活中的语言使用习惯。很多少数民族女性家庭迁移到经济较为发达的地方生活，脱离了原来的生活环境，在对后一代的教育上，减少了对母语的运用，许多90后已经不会使用母语进行交际了。在广西的一二三类城市，许多少数民族家庭转用普通话为日常交际语言，年轻一代少数民族女性的母语能力普遍下降，造成母语传承的断层，出现重视普通话，轻视母语，或者重视所生活地域的方言土语，轻视母语的情况。这些对民族语言文化的传承是不利的。

（二）广西少数民族语女性语言人才储备不足

广西少数民族语女性语言人才储备不足，特别是具有母语读写能力的高层次女性人才比较缺乏，表现在会使用壮文拉丁字母、侗文拉丁字母进行书面交际的少数民族女性数量有限。2015年，广西实施壮汉双语教育教学的县（市、区）共有35个，壮汉双语学校158所，在校生92547人，有些少数民族地区有女童班，这都说明了党和国家对女性壮语教育的重视。

《中华人民共和国国家通用语言文字法》第十条规定，学校及其他教育机构以普通话和规范汉字为基本的教育教学用语用字，法律另有规定的除外；第八条规定，各民族都有使用和发展自己的语言文字的自由。为落实国家的语言文字法律法规，广西的中小学教材有汉文和壮文两种版本。除了民族地区的民族中学，大部分中小学都以汉文为教材。各民族女性书写汉文的程度普遍较高，而使用壮文、侗文书写的能力较弱。2017年10月笔者曾询问本学院南宁、河池壮族地区的男女在校大学生，是否会写壮文，他们都表示只会说，不会写。可见少数民族年轻一代的母语能力处于口语和书面语分离的状态。另外，能规范使用少数民族标准口语的年轻人也不是很多。

2017 年，广西有 74 所大学，其中本科 36 所，大专 38 所。查阅广西的《招生指南》，开设壮语言文学本科的只有广西民族大学文学院，而 2014 年全区的壮族常住人口就有 1497.51 万。社会的壮语推广、教育、文化、宣传、卫生等都需要大量的精通壮语言文字的人才，所以女性壮语言文字人才缺口比较大。以宣传工作为例，广西加大了对民族语的使用力度。2012 年，全区只有 9 个广播播出机构开办了 9 个壮语广播节目、11 个电视播出机构开办了 13 个民族语电视节目，全区全年民族语广播电视节目制作量和播出量总共不足 1000 小时。截至 2017 年 5 月，全区共有 33 个广播电视播出机构开设了民族语节目，节目语种从只有壮语、侗语增加到瑶语、苗语、仫佬语、毛南语等语种。① 这些都说明少数民族聚居市县广电部门对民族语节目的重视。

然而在实际操作中，因少数民族女性人才的缺乏，要招聘到合适的少数民族语言女主持人，也不是一件容易的事情。很多招聘启事在学历方面要求并不高。如 2017 广西隆林电视台少数民族语言广播电视节目播音主持人招聘 3 人公告中这样描述：彝族、仡佬族、壮族各一名，年龄 28 岁以下，男女不限，要求中专以上学历（播音主持专业优先），形象好，声音清脆，精通本民族语言，并具备运用本民族语言流利主持和翻译节目的能力。从公告的描述中，可以看到少数民族地区高层次语言人才的缺乏，精通本民族语言的年轻男女数量都比较稀缺。

（三）广西少数民族地区和边境地区女性语言人才缺口较大

“一带一路”的核心是发展基础设施和商业关系，广西的企业和文化需要走出去，国外的企业和文化也要走进来。

1. 广西的企业和产品走出去，需要大量的懂国际英语和目的地国家各语种的女性人才。以“翻译”为主题词，查阅 2017 年 9 月至 11 月 8 日的广西人才网（网址：http：//www.gxrc.com/），发现对外语人才有翻译需求的公司有 77 家，需要翻译人才 841 人。对外语人才需求最旺盛的地区在首府

---

① 蔡健：《发展广西民族语广播电视节目对策研究》，载《视听》2017 年第 7 期，第 5—6 页。

南宁，共有61家公司招聘，占总招聘公司的79.22%；桂林2家，占2.5%；其他沿边城市共14家，占18.2%。招聘的语种前八名依次是日语173名，英语164名，法语145名，德语133名，越南语40名，西班牙语32名，老挝语25名，印尼语24名。对学历的要求分为四级，其中要求大专的为31家，本科及以上的26家，不限学历的17家，中专学历的3家。这说明对外贸易中对学历的要求不是很高；77家公司有75家对男女性别不限，仅有2家公司要求是女性（见表1）。

以上数据有一定的代表性，说明南宁和沿边城市和“一带一路”沿线国家对外交往频繁，对翻译人才需求大。除了东盟各国，“海上丝绸之路”沿线的发达国家，也是广西主要的经贸、文化往来对象。从工作性质看，排在前几位的日语、英语、法语、德语翻译，除了英语翻译外，大部分都是要求收集资料的文案翻译。而排在之后的越南语、西班牙语、老挝语、印尼语等基本都是口译+文案人员，对口语服务的需求更旺盛。

在高校，外语系是女生的集中营，所以用人单位基本对招聘对象的性别不做要求。少数有性别要求的单位，也注明需要女性。广西对外经贸需要的语种人才种类繁多，而南宁、桂林、东兴、防城港、靖西等都是少数民族聚集地区。以南宁为例，2012年，该市总人口713.50万，其中少数民族人口414万，占总人口的58.02%。说明在这个城市语言文字工作者有许多是少数民族女性。面向“一带一路”，对少数民族女性语言人才需求很大。

表1　各语种“翻译”职位招聘公司、人数、地区需求等一览表

语种	公司/家	需求/名	学历/家				性别要求/家			工作地点/家	
			不限	中专	大专	本科及以上	不论	男	女	南宁	其他
1. 英语	11	164	4		4	3	11			10	钦州1
2. 越南语	18	40	5	1	8	4	17		1	12	东兴3 靖西2 龙州1
3. 泰语	4	11	1		1	2	4			4	
4. 缅甸语	3	22			1	2	3			3	

续表

语种	公司/家	需求/名	学历/家				性别要求/家			工作地点/家	
			不限	中专	大专	本科及以上	不论	男	女	南宁	其他
5. 马来/印尼语	1	22	1				1			1	
6. 老挝语	3	25	1		1	1	3			3	
7. 印尼语	4	24	2		1	1	4			4	
8. 柬埔寨语	4	22	1	1	1	1	4			4	
9. 日语	10	173		1	6	3	9		1	9	梧州 1
10. 韩语	4	17	1		2	1	4			2	钦州 1 东兴 1
11. 法语	8	145	1		3	4	8			4	桂林 1 临桂 1 区内 2
12. 德语	3	133			2	1	3			3	
13. 俄语	2	11				2	2			1	防城港 1
14. 西班牙语	2	32			1	1	2			1	桂林 1
合计	77	841	17	3	31	26	75		2	61	16

2. 国外的人流物流、走进来也需要当地提供的语言服务。国外进入广西的人员身份多样，有经商的，有办实业的，从事教育的，更多的是来旅游的。边境旅游是广西建设 21 世纪海上丝绸之路的重要内容。表 2 是 2012—2016 年到广西旅游和过夜的游客人数和外汇收入的情况统计，据此有助于了解广西的境外语言服务需求情况。

表 2　广西 2012—2016 年境外旅游的入境人数及收入

年份	入境过夜游客/万人次	外汇收入	游客来源（万人）
2012	350.27	12.79 亿美元	无细分
2013	391.54	15.47 亿美元	无细分

续表

年份	入境过夜游客/万人次	外汇收入	游客来源（万人）
2014	421.18	17.28 亿美元	无细分
2015	450.06	19.17 亿美元	无细分
2016	482.52	21.64 亿美元	无细分
2017 年 1—9 月	397.74	18.40 亿美元	台湾同胞：87.29 澳门同胞：30.21 香港同胞：87.51 外国人：192.73 其中东盟国家：95.37

（数据见广西统计局 2012 年至 2016 年广西壮族自治区国民经济和社会发展统计公报；广西旅发委 2017 年第三季度旅游主要指标数据通报）

从表 2 可见，到广西的境外过夜游客逐年增加，外汇收入也不断增加。2017 年 1—9 月的数据表明，到广西的境外游客来源地依次是：外国人、东盟国家、香港同胞、台湾同胞、澳门同胞。可见他们需要的语言服务种类繁多，外国人离不开英、法、德、俄、西班牙、阿拉伯等语言服务，东盟国家游客需要东盟语种服务，港澳台同胞除了汉语，还需要粤语、客家方言、闽语、桂柳方言、少数民族语言等服务。

国外游客的旅游目的地很多在少数民族地区。因为少数民族地区自然风光秀丽，民族风情浓郁。而少数民族地区大多是老少边穷山区，经济、文化相对滞后，语言服务能力不足的问题比较突出。这就对少数民族地区的女性语言服务提出了新要求，如果不掌握来客的语言，进行有针对性的交往，就不能满足游客的体验，不利于促进旅游消费和营造旅游目的地的美誉度。

广西旅游业从业人员众多，数据表明 2015 年末广西旅游直接从业人数约 78.5 万人，其中旅游人才总量约 30.59 万人，人才率达到 38.94%，接待游客众多。如“十二五”期间，广西红色旅游接待游客 1.65 亿人次，年均增长 25.2%；实现红色旅游综合收入 763.5 亿元，年均增长 35.5%；红色旅游直接就业人数 12.6 万人，间接就业人员 65.7 万人。2016 年接待红色旅游人数 3497.21 万人次，同比增长 18%。红色旅游已成为革命老区精准扶贫、精准脱贫的重要途径。① 在以上的就业人员中少数民族女性占了很大的比率，因为游客的来源复杂，必须配备多语种的翻译和导游，才能满足旅游活动的需要。

三、提升广西少数民族女性语言服务能力的路径

面向“一带一路”提升广西少数民族女性的语言服务能力，目的是从整体上提升广西少数民族女性掌握母语、国家通用语言文字、国际通用语言、某种小语种的多语能力，拥有在日常社交和职业活动中灵活选用语种的语言能力。实现的路径主要有变革语言观念、提升语言能力、在实践中提高等三个方面。

（一）变革语言观念

要树立既要学好国家通用语言文字，又要使用母语，保持母语传承的理念。学好国家通用语言文字是少数民族女性融入国家经济社会建设的必要工具和媒介，要在现有的普及基础上提高国家语言文字的规范运用和表达能力上下功夫，表现在职业活动中能使用标准的普通话进行沟通和交流，在公务活动中熟练运用法定公务文书进行交流，在商务活动中具有较高的语用能力等。

在母语运用方面，广西少数民族女性要意识到文化传承的重要性，带头在家庭、日常生活领域使用母语，形成良好的母语使用氛围。传承母语文化，促进少数民族地区的语言保护和文化生态良性循环，保持少数民族地区特有的文化资源和社会风情，维护边境地区的安全，增强对世界的吸引力。有数据表明母亲的语言态度对孩子的母语态度有很大的影响。学者黄夏歆在调查了母亲的壮语水平与孩子最常使用的语言关系数据后得出一个结论：在母亲完全不会说壮语的情况下，孩子不会与母亲说壮语，而使用其他语言代替；母亲壮语语言使用能力强，孩子使用壮语的比例也逐步上升。

学校要加强宣传教育。在基础教育阶段，学校要有意识进行母语教育和区情教育，从小培养孩子热爱母语、使用母语的情怀。利用广西的节庆文化开展母语使用日、使用活动。让少数民族女生在耳濡目染中学会使用

---

① 程大兴：《红色旅游：广西革命老区脱贫的重要途径》，载广西新闻网网站 2017 年 6 月 9 日。网页：http：//www. gxta. gov. cn/home/detail/35505。

母语。

（二）提高广西少数民族女性运用壮文写作的能力

在广西少数民族聚居地的中小学，要加强壮文写作能力的培养。

首先要正确认识壮文拼音文字。壮族有自己独特的语言和文化，但历史上没有本民族的通用文字，1957 年《壮文方案》颁布，采用拉丁字母书写壮文。这套方案有着简单易学的优点。但是社会上不少民众对拼音文字的认同程度不高，加上长期和汉族接触，壮族一直以来都借用汉字来书写自己的语言，所以即使在少数民族地区，多数师生也是长于使用汉字。少数民族地区的双语教学，偏重汉语。在教学汉语过程中，教师多采用双语单文的形式进行教学，即教读用汉语（文），讲解用壮语。① 使用壮文的情况很少。

其次要加强拼音文字拼读教学与训练。《壮文方案》根据壮语的发音特点，规范了其声母、韵母和声调。20 世纪 80 年代后壮文全部采取 26 个拉丁字母形式。只要学会基本的音节拼读，书写就不是问题。有个壮族作家在博客里这样谈学习壮文书写：一个完成九年义务教育的初中毕业生，在老师的指导下，最多一个星期就可以用拼音文字书写自己的母语；一个文盲的农夫或农妇，用工余时间，坚持几个月也能学会用拼音文字拼写自己的母语。

可见学会壮文书写不是一件难事，难在学会以后能不能坚持使用，愿不愿意使用。

（三）加强广西少数民族女性应用型语言人才的培养

1. 鼓励少数民族地区女生利用语言优势学习英语和小语种专业。在义务教育阶段广西的中小学都开设有英语课，但是因为一时使用不上，很多学生学习的积极性不高。但从前面的数据看，英语在面向“一带一路”的过程中扮演着国际通用语的角色。经贸往来，人员交流，英语都是国际化的工具，所以要好好学习。

越南是广西的主要经贸对象，要针对广西区域发展的需要，重点学习英语和东盟国家语言，特别是越南语。法语、日语、德语、韩语、西班牙

---

① 滕星：《壮汉双语教育的问题及转向》，载《广西民族大学学报》（哲学社会科学版）2012 年第 7 期，第 154—159 页。

语也是广西对外经贸活动中使用频率较高的语种，也需要鼓励少数民族女生报读。

2. 从实际应用出发，加强少数民族职业女性语言应用培训。在国际化程度高的城市如南宁、桂林、北海、防城港，以及中越边境地区加强少数民族职业女性的通用英语和小语种口语及书面语继续教育培训，加强商贸语言的学习。广西的成人教育发达，区内广西广播电视大学及分校、奥鹏广西教育中心及其分支机构遍布全区各县市，还有各个大学的函授站，大多开设有英语和小语种专业。有关用人单位要多鼓励少数民族女性利用业余时间学习，从时间上、经费上予以支持和帮助。

此外，还可以面向少数民族地区增加小语种的继续教育培训。如在少数民族旅游地区加强旅游英语的培训；在边境地区加强外贸英语、越南语的培训；在涉外部门，需要使用小语种的机构开展培训。目前网络媒体、广播新闻电视发达，培训机构众多，从多种渠道都可以获得外语能力的提升帮助。

3. 广西少数民族女性应自觉融入“一带一路”建设，在实践中提升语言服务能力。

广西的少数民族女性在职业生涯中，在各种涉外经济活动中，要主动参加政府有关部门组织的和外国友人的双边交流活动及民间组织的文化交流活动，在实践中学习和运用语言，在活动中提升语言文化素养。

四、结　语

广西是“一带一路”的主要通道，国际化的广西需要多样化的语言能力服务。广西少数民族女性是“一带一路”建设的生力军，她们在传承民族语言文化传统、服务广西区域政治、经济、文化建设方面发挥着不可或缺的作用。她们勤劳美丽，善于运用民族语言表达丰富的民族情感，创造出辉煌的山歌文化、节庆文化、婚嫁文化，等等。在广西融入“一带一路”建设的时代洪流中，当她们意识到母语的重要性，在掌握国家通用语言文字的基础上，掌握一门或多门外语，在职业实践活动中转变语言观念，那么她们的语言服务能力也必将获得一个新的提升。

参考文献

[1] 广西壮族自治区统计局：《广西壮族自治区国民经济和社会发展统计公

报》（2012—2015），载广西统计局网站 2015 年 9 月 13 日，网页：http：//www. gxtj. gov. cn/tjsj/tjgb/ndgmjjhshfz/201604/t20160417_ 121816. html。

[2] 李宇明：《语言服务与语言消费》，载《教育导刊》2014 年第 7 期，第 93—94 页。

[3] 广西壮族自治区统计局：《2014 年度广西妇女发展状况统计监测报告》，载广西统计局网站 2015 年 9 月 13 日，网页：http：//www. gxtj. gov. cn/wap/sjfb/fs/201512/t20151202_ 62909. html。

[4] 广西统计局：《加快推进广西城乡经济社会发展一体化新格局进程》，载广西统计局网站 2008 年 10 月 8 日，网页：http：//www. gxtj. gov. cn/wap/sjfb/fs/201512/t20151202_ 62909. html。

[5] 广西统计局：《提高广西城镇化水平亟需实施超常规发展战略》，载广西统计局网站 2008 年 5 月 19 日，网页：http：//www. gxtj. gov. cn/wap/sjfb/fs/201512/t20151202_ 62696. html。

[6] 广西教育厅：《2020 年壮汉双语学校达 300 所、在校生达 15 万人，广西出台壮汉双语教育发展规划（2016—2020 年）》，载广西教育厅网站 2016 年 4 月 26 日，网页：http：//www. gxedu. gov. cn/Item/13024. aspx。

[7] 隆林广播电视台：《2017 广西隆林电视台少数民族语言广播电视节目播音主持人招聘 3 人公告》，原载广西隆林网，转载自招聘网网站 2017 年 3 月 15 日，网页：http：//www. zhaopin. com/sydw/guangxi/baise/longlinxian/169857. html。

[8] 广西旅游发展委员会：《广西旅游职业教育教学指导委员会成立》，载中华人民共和国国家旅游局网站 2016 年 6 月 16 日，网页：http：//www. cnta. gov. cn/。

[9] 黄夏歆：《壮族中小学生壮语使用状况调查研究——以广西壮族自治区河池市都安瑶族自治县为例》，载《广西教育》2013 年第 42 期：8—10 页。

[10] 路漫：《还是拼音壮文好》，载路漫的博客，2014 年 1 月 1 日，网页：http：//www. fotosay. com/article/107434. shtml。

社会性别视角下广西少数民族地区农村女性媒介素养教育研究

罗雪松*

一、关于媒介素养及媒介素养教育

“媒介素养”理念和教育实践最早起源于20世纪30年代的英国，1933年，英国文学批评家F. R. 列维斯和丹尼斯·汤普生合著的文学批评著作《文化与环境：批判意识的培养》中首次提出将媒介素养教育引入学校课堂的建议，这标志着英国乃至世界关于媒介素养教育研究的开端。及至美国媒介素养研究者詹姆斯·波特在其1995年出版的《媒介素养》一书①，可以说，媒介素养研究及媒介素养教育研究在西方各国已经有了几十年的研究发展历程，其研究的重心也不断变化。② 迄今为止，西方国家关于媒介素养研究已经进入了理论与实践相结合的实际应用阶段。

1997年，我国新闻研究所学者卜卫发表了题为《论媒介教育的意义、内容和方法》的论文，此文首次使用了“媒介素养”这个概念。此后，在20世纪90年代后期，中国内地学者逐渐开始了翻译一些西方媒介素养的文

---

* 罗雪松，玉林师范学院文学与传媒学院教授。

① 詹姆斯·波特在《媒介素养》中指出：“媒介素养有三大重要基石：你的个人定位、知识结构和技能。这三项是构建一个人具有一套更为广阔的媒介视野的必备条件。你的个人定位是你的能量与目标，知识结构是原料，技能就是工具。”〔美〕詹姆斯·波特：《媒介素养》，清华大学出版社，2012年，第13页。

② 在这几十年的研究过程中，媒介素养理念和教育实践经历了四次重心转移，也叫“范式转移”、“批判范式”或“免疫范式”（20世纪30年代）——“分析”范式（60年代）——“再现范式”或是“解密范式”（80年代）——“自主范式”（90年代至今）。

章。进入21世纪以来，我国学者从翻译外国理论进入了结合我国情况的本土研究。媒介素养研究在2004年前后经历了一个高峰，2004年1月，经教育部备案批准，中国传媒大学（当时的北京广播学院）传媒教育研究中心在国内率先设置传媒教育硕士点，并设置了媒介素养研究方向。2004年10月在中国传媒大学举行了以“信息社会的媒介素养教育”为主题的首次媒介素养研究国际探讨会，为我国媒介素养研究翻开了新的篇章。也是2004年10月，上海建立了我国第一家媒介素养研究网站。至此很多学者开始研究各类特定人群的媒介素养现状。近年来，我国的媒介素养研究由理论研究发展到了理论与实践相结合的阶段，媒介素养教育实践越来越受到业界的重视。2007年，教育部设立了重大攻关项目“媒介素养教育理论与实践研究”，虽然我国媒介素养研究取得了很大的进展，但距离实际应用的需求还有相当的距离。我国浙江、江苏、山东、北京等省市的一些高校陆续开设“媒介素养”必修课或选修课，但至今未出现媒介素养教育的高潮。

何为媒介素养？媒介素养是指人们接触媒介、获取信息、解读和接受讯息并利用媒介工具传播信息的知识能力和文化素养。一般而言，媒介素养是指公众接触、解读、使用媒介的素质和修养。也有学者定义为“人们对各种媒介信息的解读和判断能力以及使用媒介信息作为个人生活、社会发展所应用的能力”①。即是指受众了解媒介是如何运作，以及媒介组织建构与其政治上与经济相关体的隐性关系，从而能够对媒介所传递的信息进行思考及辨析，能够对媒介信息背后所包含的媒体意识形态和价值取向给予正确的评估以及选择能力。何为媒介素养教育？顾名思义，媒介素养教育就是指受众通过适当的渠道，学习培训掌握媒介的使用方法，具备解读信息与传递信息的能力。由于现代生活越来越媒介化，媒介素养成为现代公民的基本素养之一，媒介素养教育研究也越来越显示其重要性与必要性。我国关于特定人群的媒介素养研究关注较多的是青少年群体、教师、公务员、城市女性等。近年来农民群体的媒介素养逐步引起关注，其中有不少以少数民族地区人群的媒介素质为研究对象的成果。但由于我国农村居民媒介素养的现状展现很不平衡，尤其是少数民族农村女性群体的媒介素养还有待提高，因此应该引起更多的关注。

---

① 张志安、沈国麟：《一个亟待重视的全民教育课题——对中国大陆媒介研究的回顾和简评》，载《新闻记者》2004年第5期，第11—13页。

二、广西少数民族地区农村女性的媒介素养现状例析

据2017年最新统计，广西人口数量约为4602.38万人，乡村人口占广西总人口的58.2%。而少数民族人口1896万人，占广西总人口的41.2%。据此推算，广西少数民族地区农村女性不少于550万人。广西是一个多民族聚居的地区，除汉族外，还有壮、侗、瑶、苗等11个少数民族。而对广西全部的少数民族农村女性的媒介素养现状做全面的分析难度过大，所以，笔者选取了有代表性的平村为观察对象，以窥一斑而见全豹。为什么选择平村呢？因为它属于贫困村，交通不便利（平村是个自然村，距离县城约40公里，距离省府南宁约450公里，距离最近的一线城市广州420公里），那里差不多一半的女性为初中文化程度，但她们的媒介素养尚且不能适应现代社会生活的要求。其他比平村条件差的民族地区的女性，她们的媒介素养欠缺程度就可想而知了。

（一）广西贵港市平村女性的基本情况

平村全村约308人，已婚女性110人，[①] 55岁以上的22人（小学以下文化），40—54岁的31人（小学文化），40岁以下的47人（初中文化）。她们接触最多的媒介依次是：手机、电视、电脑网络，其他的媒介，如报纸杂志、广播等，她们几乎是没有兴趣关注的。

（二）平村女性媒介使用的情况

1. 手机使用情况。平村的成年女性人人都有手机，40岁以上的大都是用老年人手机，主要是接打电话，不会发短信。40岁以下的大多数用智能手机，不少人会用QQ或微信聊天，年轻的还有QQ群或微信群，个别人还会手机网上购物。她们会使用手机拍照、手机上网、手机视频等功能。但她们仅停留在聊天娱乐上，没有人用手机学习或做微商。

2. 电视使用情况。在十多年前平村达到每户一台电视。随着全国广播电视村村通工程的实施，该村大部分拥有电视的家庭都安装了“村村通”卫星接收器。平村的女性在劳作之余，也会看电视娱乐节目，但很少收看农业科技知识或其他知识的节目。

---

① 之所以选择已婚女性为观察对象，是因为已婚女性相对比较稳定，而未婚的女性大多是女孩子，流动性相对大得多。

3. 电脑网络使用情况。在数字化和信息化高度发达的今天，少数民族地区虽然发展相对滞后，全村只有三户人家连通了互联网（村支书一家、另外两家有人在本地学校做老师），基本能熟练上网，如果村民有需要，也会偶尔到他们家来上网，相互交流和帮助。

（三）广西少数民族农村女性媒介素养偏低的表现及原因分析

1. 广西少数民族农村女性媒介素养偏低的表现

依据詹姆斯·波特《媒介素养》“三大重要基石”中“七项技能”[①] 的理论，从平村的观察调查中发现，广西少数民族农村女性媒介素质普遍偏低，主要表现在以下几点：

（1）从媒介工具使用情况看，媒介工具仅限于电视与手机，互联网的利用率非常低。在文化发达的城市或乡镇，人们的生活是离不开网络的，在“人人可以是编辑，人人可以是记者”的自媒体时代，少数民族地区农村女性既不会用手机上网，也不会通过网络传递图片信息，甚至连电脑还不会使用。比如，前面提到的平村，只有极个别人会使用电脑。她们使用媒介工具的能力之低，是完全可以想象的。

（2）从使用媒体的目标与动机看，其目标偏低，动机单一，仅用于与家人的联络。例如，平村的女性虽然人人拥有手机，但基本仅限于接听在外打工的丈夫或儿子打回来的电话，手机的其他功能根本没有使用。年轻一点的，虽然会用微信，但也仅限于与亲人之间的聊天，或转发一些低俗搞笑的图片或音频。能在网上购物的也是极少数，并且是从广东打工回乡的少数人。她们很少使用手机去和外界的朋友亲戚联系，更没有利用现代便利的网络资源，去学习知识，发展生产，提高文化生活水平。

（3）从媒介使用的技能看，不具备对媒介信息内容的分析和评价及运用的能力。调查发现，她们的手机常常会接到一些手机短信，有时也会看看电视上的广告。虽然40岁以下的女性大多用智能手机，也接触不少网上信息或广告，但她们从来不会去分析辨别这些信息或广告的真假，她们也不具备辨别真假的能力。她们要与亲人联系，就是拨打电话，很少编辑短信沟通联系。更谈不上通过媒介信息，传递思想，化解矛盾与困境。

由此可见，广西少数民族农村妇女的媒介素养非常低，还没有具备媒介素养要求的相关技能，即没有具备分析、评价、分类、归纳、演绎、综

---

① ［美］詹姆斯·波特：《媒介素养》，清华大学出版社2012年版，第15—16页。

合与提炼媒介信息的技能，微博、微信、App 等现代基本的媒介形态及利用对她们来说还是陌生与遥远的。

2. 其原因与影响主要有以下四个方面

（1）地处老少边穷山区，交通落后。广西长期以来，铁路、公路的建设都比较落后。先看看铁路，广西的第一条铁路湘桂线（从湖南衡阳至凭祥）建于 1937 年，直至 1955 年才全部建成通车；广西的第二条铁路为黔桂线（柳州至贵阳）于 1959 年建成通车。之后长达 30 多年的时间里，广西没有新开工建设一条铁路，整个桂东地区地无寸铁，直至 2009 年洛湛线开通才结束整个桂东地区没有通火车的历史。再看看公路，虽然有了几条高速公路，但在偏僻的农村很多地方还是机耕路甚至泥路。长期落后的交通，限制了少数民族地区民众与外界交流的机会，也限制了他们的眼光，自然就失去了自我发展的机会。

（2）广电基础设施建设严重滞后。截至 2017 年 5 月，全区 1126 个乡镇才全部实现光纤联网和广播电视、宽带覆盖。计划于 2020 年底前，才能在全区范围内新建 7760 个行政村，23280 个 20 户以上自然村的光缆联网，实现全区 98%以上行政村有线数字电视和广电宽带全覆盖，实现全广西广电农村公共服务信息化网络全覆盖。而发达的省区早在十年前就已经实现了广电网络的“村村通”。毫无疑问，这对少数民族地区农村妇女媒介素养的提高造成了极为严重的影响。

（3）受教育的程度普遍较低。陆莹在《新时期少数民族人口教育的状况、问题和发展途径——以广西为例》一文中指出，第六次人口普查数据显示，广西少数民族人口文化素质在进入新世纪以后有了大幅提升，高学历人口增长迅速，但是各少数民族文化素质发展差异明显，整体文化素质低于汉族，个别民族处于后进水平。低水平的文化程度，直接导致少数民族地区女性媒介素养的低下，媒介信息的获取能力严重不足，无法从社会中获取所需的文化科技信息。

（4）思想观念落后。很多人还停留在“男尊女卑”“女子无才便是德”的旧藩篱中，不具备现代女性自立自强的精神，改变自身命运的意志薄弱，无法支撑其独立的人格，这样就不可能从飞速发展的时代中抓住发展的机遇，跟上时代的步伐。

“身体的魔咒”*

——以瑞丽傣族例析少数民族农村女性教育与人生轨迹的变化

胡琰　思娜　张若晴　郭祯臻

玛丽瓦提·叶尔波拉提**

一、绪　论

瑞丽市属云南省德宏傣族景颇族自治州，地处云南省西南，其西北、西南、东南三面与缅甸毗邻。瑞丽是多民族聚居区，境内居住着傣、景颇、德昂、傈僳、汉等20个民族，多为跨境民族。其中傣族为主要的当地民族之一，在瑞丽城市发展过程中，傣族主要分布在乡村，并主要分布在瑞丽江沿岸的姐相、弄岛、勐卯3个乡镇。2014年末全市常住总人口197472多人，其中少数民族人口为83414人，占总人口比重为42.2%；傣族58532人，占总人口的29.64%，占全市少数民族人口的70.17%。①

本文依据2016至2017年多次调研的材料，将瑞丽农村傣族女性教育发展状况和其外出务工和婚恋情况相结合，从生命政治的角度对农村傣族女性的人生轨迹变化进行分析。由此发现，当地教育无用论的出现与农村傣

---

* ［基金项目］本文获得中央民族大学2017年度“建设世界一流大学（学科）和特色发展引导专项资金”之社会学学科经费资助（项目号10301-017004010102）和中央民族大学2017年度大学生创新创业训练计划配套经费资助（项目号10301-0170020208）。

** 胡琰，中央民族大学民族学与社会学学院讲师；思娜、张若晴、郭祯臻、玛丽瓦提·叶尔波拉提，中央民族大学民族学与社会学学院研究生。

① 瑞丽史志办公室．瑞丽市年鉴2015．瑞丽史志出版社，2015：43-50.

三、社会性别视角下广西少数民族地区农村女性媒介素养教育的意义

（一）关于社会性别与媒介素养的研究

所谓社会性别视角是一种以社会性别理论为依据分析问题的方法，即用社会性别的理念、内涵去认识、分析有关两性的社会现象。“社会性别”和“阶级”、“种族”是传播研究制度中构建社会权力关系的三个轴心，如格尔·戴尼斯与杰母·胡木滋合编的《媒介中的社会性别、种族和阶级：一个文本读本》文集、夏利·比格与玛利恩·科恩-福克斯沃斯合编的《面对差异：种族、社会性别与大众媒介》文集是该领域的重要研究成果。20世纪70年代以来，“媒介与社会性别研究”成为当今传播研究批判学派的重镇，也是女性主义者积极参与行动和学理研究的核心概念，其以新的视角和批判的力量重新审视西方文化传统的实践，并检讨人类社会的经验知识与观念，使这一研究逐渐成为西方文化重构的一支充满生机的生力军。

（二）媒介素养教育对于少数民族农村女性的意义

1. 媒介素养的低下，直接影响着少数民族农村女性生活水平与生活质量

联合国教科文组织指出，在工业化程度高的国家，适龄儿童接触媒介的时间为每周30多个小时，而在课堂学习的时间为每周20多个小时。目前英国、法国、德国、瑞典、加拿大、澳大利亚等国家，在中小学阶段开设了媒介素养教育课程，并将其纳入正规的教育内容。在我国目前的基础教育体系中，尚未开设有媒介素养课程，受教育者几乎没有在课堂上受到过相关的媒介素养课程的教育。而在互联网时代，各种移动终端在不断地普及，社会现代生活越来越媒介化，在媒介素养成为现代社会公民基本素养的今天，公民的媒介素养教育研究也就越来越显示出其重要性与必要性了。

目前国内外研究，无论是社会性别研究或传媒素质研究，对农村女性的研究集中于政治因素、经济结构对女性的影响上，很少考察其文化人格及社会角色的变化对社会性别结构变化的影响，尤其是很少有系统地对其

民族思维方式与文化习俗影响的研究。少数民族地区农村女性是一个特定社会性别群体，媒介素养的低下，直接影响着她们生活水平与生活质量。如果她们的媒介素养能够提高，就能够改变她们的生活，进而改变她们的命运。而且，媒介素养对她们的社会角色、人格成长也会产生深远的影响，并且对其民族文化的传承与发展也会产生深远影响。但从平村的情况看，由于媒介素养的欠缺，尤其是对高科技媒介的“低水平满足”，她们对于媒介功能的使用往往只局限于其消遣娱乐上，并没有发挥其巨大的潜能。媒介素养已经不仅仅是接触媒介的问题，更重要的是如何发挥媒介作用的问题。

2. 提高少数民族农村女性的媒介素养，有利于培养她们积极进取、自强自立的独立人格

从社会性别的角度考察媒介使用对女性的素养与人格成长变化折射出来的政治、经济、文化科技等要素，采用性别理论、社会学及传播学理论考察各要素对少数民族地区农村女性的生活和人格成长的影响，分析它们之间的关系，建构符合将性别因素纳入决策层面的世界潮流，更符合中国构建和谐社会的愿景。这对性别因素进入决策领域有重要意义，对当代中国本土性别理论的构建有重大意义，对民族研究领域的拓展也有重要意义。因此，研究她们接触媒介的基本习惯与经验、运用媒介的能力，以及媒介对其生活、人格变化的影响，考察她们与外界社会的联系模式的变化以及所产生的深远影响，为丰富中国本土化的传播学理论和社会性别理论研究、为建设社会主义新农村提供文化和智力的支持。

四、广西少数民族地区农村女性媒介素养教育的基本内容、途径与方法

加强广西少数民族地区农村女性媒介素养教育，是国家发展战略的需要，是少数民族文化发展的需要，更是少数民族农村女性个人发展的需要。党的十九大报告指出：要“网络强国”，“让贫困人口和贫困地区同全国一道进入全面小康社会是我们党的庄严承诺”。所以，我们应该积极探讨提升民族地区民众媒介素养能力的途径与方法，提升其知识传播与应用能力。应该以开阔的、全局性的眼光，将民族地区民众的媒介素养教育纳入 21 世纪中国即将来临的终生学习体系。

（一）基本内容

关于媒介素养教育的内容，国内外学者都有较明确的表述。其中较有代表性的是加拿大媒介素养教育专家丹·布雷克的观点。丹·布雷克认为媒介素养教育内容有三大方面：一是分析媒介产品；二是受众解读；三是媒介与社会关系。有学者概括为“普及媒介基础知识，传播媒介运用方法，传播媒介批评理念”。笔者认为他们对媒介素养教育内容的归纳是到位的，而对少数民族农村女性而言，她们的媒介素养教育内容主要包括：当代媒介与媒体知识的普及、媒介信息与媒介符号的解读与评判、当代媒介的功能及方法的运用。

（二）途径与方法

1. 培植正确的媒介意识

任何一种新事物的出现，若要被群体接受，首先要树立认同感。媒介素养教育在少数民族农村地区的推广也是如此。从目前情况来看，在我国进行媒介素养教育最大的障碍首先是意识上的落后，大多数人对媒介以及媒介信息还是被动接受的。但他们并不认为自己有接受这方面教育的迫切感和自觉性，更谈不上需要自己创立自媒体并以之为载体进行文化的学习与传播。因此，构建少数民族媒介素养的教育体系，必须促成决策者与接受者在思想意识上的重视，并在此基础上构建科学的媒介素养教育制度，从源头抓起。目前，澳大利亚、加拿大、英国、法国、德国、瑞典等国已将媒介素养教育设为中小学的正规教育内容，而在我国的基础教育阶段尚无这样的要求。故此，需要在高等教育阶段及时补上这一课，成年人与未成年人同样需要提高媒介素养。

2. 提供必要的“硬件”

政府应该为不同地理环境、不同文化水平的受众提供必要的媒介条件。应该加大农村信息基础设施的投入和建设，大力推进各种相关工程，确保有效地改善民族地区民众听广播、看电视、看电影、打电话、上网等问题。即加大力度改善信息基础设施和接收设备等“硬件”建设，为少数民族地区农村女性媒介素养教育提供保障。

3. 加强媒介素养教育的师资培养

通过政府组织协调，探索如何构建少数民族媒介素养教育的师资培养模式。可以发挥当地基础教育师资的力量，还可以在全省范围内招聘志愿者，为少数民族农村女性讲授媒介素养课程，让她们利用好媒体这个平台，发展自己。

4. 开设媒介素养教育相关课程

对于少数民族地区农村女性媒介教育课程的设置，应该包括实践操作课程和思想理论素养两部分。实践操作课程主要指教会她们如何使用媒介、利用媒介。思想理论素养主要指培养她们养成接触新闻的习惯，引导她们关心国家大事、关注世界潮流，培养她们对传媒信息的选择能力、理解能力、质疑能力、评估能力，使她们在接受素养教育的过程中，增强她们的女性意识，提高她们的性别文化自觉，能更好地运用媒介信息为社会服务，提升社会责任意识和主人翁精神。

5. 建立少数民族地区农村女性媒介学习动态分析资料库

通过对少数民族地区农村女性媒介使用状况的动态分析，建立动态分析资料库，完善和推动媒介素养教育的课程体系建设。应该构建由政府—村落—学界等共同参与的少数民族媒体素养教育体系，由学界组织研究力量，政府提供研究便利，在村落形成一种宽松的教育氛围，民众积极参与配合，进行系统媒介使用知识的培训学习，提高她们的媒介素养。学界跟踪并深度调查研究，以掌握其素质的动态发展情况。

五、结　语

广西少数民族地区农村女性媒介素养教育是一项复杂而又艰巨的文化工程，构建广西少数民族地区农村女性媒介素养的教育体系，加强少数民族地区农村女性媒介素养教育研究，既是大势所趋，又是形势所迫。提升民族地区农村女性的整体素质，提升民族地区农村女性应对信息时代的能力，这对增强民族地区社会发展的原动力，消除知识贫困，促进民族地区的社会发展和建设和谐美丽的中国一定会起到非常重大的作用。

参考文献

[1] 卜卫：《论媒介教育的意义、内容和方法》，载《现代传播-中国传媒大学学报》1997年第1期，第29—33页。

[2] 陆莹：《新时期少数民族人口教育的状况、问题和发展途径——以广西为例》，载《桂海论丛》2013年第5期，第120—124页。

[3] 曹晋：《媒介与社会性别研究：实例与实践》，上海三联书店，

2008 年版。

［4］王枫华、贺江平：《社会性别文化的历史未来》，中国社会科学出版社 2006 年版。

［5］高萍：《当代媒介素养十讲》，中国人民大学出版社 2015 年版。

［6］［美］詹姆斯·波特：《媒介素养》，清华大学出版社 2012 年版。

论蒙古族基层妇联干部的新媒体应用能力建设

——以锡林郭勒盟苏尼特右旗基层妇联干部为例

斯琴巴图　赵红军　杨利润*

随着新媒体技术的迅速发展，在工作生活中应用新媒体已经成为大众的习惯，无论是从网民数量，还是从国家政府层面对新媒体使用的要求，还是从网络舆论引导的角度，都迫切需要基层妇联干部通过新媒体开展工作。这就要求必须提升基层妇联干部应用新媒体的能力和素养。本文在调查了锡林郭勒盟苏尼特右旗蒙古族基层妇联干部应用新媒体开展工作的基础上，给出了一种新媒体应用能力建设方案。

一、新媒体应用能力建设的必要性

（一）网民数量的因素

根据中国互联网络信息中心（CNNIC）发布的第40次《中国互联网络发展状况统计报告》，截至2017年6月，中国网民规模达到7.51亿，占全球网民总数的1/5。手机网民规模达到7.24亿。在网民性别结构上，男女比例为52.4∶47.6（同期的人口比例为51.2∶48.8）。[①] 女性手机网民有3.44亿左右。在此大背景下，以极具交互性为特点的新媒体正迅速改变着

---

* 斯琴巴图、赵红军，内蒙古妇女干部学校讲师；杨利润，内蒙古建筑职业技术学院讲师。

① 中国互联网络信息中心：第40次《中国互联网络发展状况统计报告》，2017年1月，第13页。

经济社会和人们的工作生活方式。

在内蒙古，截至 2016 年 12 月，网民数已达 1311 万人，普及率为 52.2%[①]。通过比例计算可得出内蒙古女性网民有 624 万人左右。妇联的主要工作服务对象为广大女性，如此庞大的女性网民数量成为妇联在网上开展工作的前提条件。

（二）政府应用的因素

2016 年 2 月 19 日，习近平同志在党的新闻舆论工作座谈会上强调："要适应分众化、差异化传播趋势，加快构建舆论引导新格局。要推动融合发展，主动借助新媒体传播优势。"因此，运用好新技术、新平台成为各级党政机关政务信息传播工作的要点。[②]

互联网政务新媒体矩阵主要由网站、APP、微博、微信公众号、头条号等组成，截至 2016 年 12 月，共有 2.39 亿人使用了在线政务平台。

（三）全国妇联改革的需要

2016 年 9 月，中共中央办公厅印发了《全国妇联改革方案》，分别从七个方面提出了改革措施[③]。其中第六个方面为"打造'网上妇女之家'"。主要内容为用好全国妇联现有的一网两微一端（"女性之声"网站、微博、微信和 APP），广泛联系妇女群众，同时指导各级妇联建成"互联网+妇联"工作新格局，将线上联系、工作和服务整合到一起。并明确提出主动开展网上舆论斗争，为构建清朗网络空间发挥积极作用。

（四）网络舆论的需要

新媒体的迅速发展，使得每个网民都有机会成为信息源，彻底改变了传统社会舆论形成方式，传统媒体的主导作用被严重削弱，失去了引导舆情发展的控制力，难以形成统一舆论，加之，难以控制信息的传播，致使网络负面舆情频出。近年来，我国发生的众多热点舆情事件，大多是由新

① 中国互联网络信息中心：第 39 次《中国互联网络发展状况统计报告》，2017 年 1 月，第 39 页。

② 中国互联网络信息中心：第 39 次《中国互联网络发展状况统计报告》，2017 年 1 月，第 78 页。

③ 中共中央办公厅印发《全国妇联改革方案》，人民网，http：//cpc.people.com.cn/n1/2016/0921/c64387-28731117.html（2016-09-21）。

媒体引发的，部分由传统媒体进行报道、新媒体积极转载和讨论后又增强了这些热点舆情事件的覆盖面和影响力。这些新出现的传播现象在实践层面上证明了新媒体在引导网络舆情、影响现实社会生活以及重塑网络传播空间等方面所发挥的重要作用。①

二、蒙古族基层妇联干部应用新媒体现状及存在的问题

（一）应用新媒体现状

本文中的蒙古族基层妇联干部特指使用蒙古文字和语言工作的基层妇联干部，且主要指苏木（乡）镇及以下层级的妇联干部。目前，这些基层妇联干部的网上工作主要通过手机上的各类 APP 进行。工作方面主要使用的中文 APP 有微信、美篇、动态相册制作 APP、美图软件等，主要使用的纯蒙古文 APP 有 Chimee（能输入编辑蒙古文，并将其生成为图片，能够发送到各种社交软件的 APP）、Bainu（百努，类似于微信的 APP）等。

其中，绝大多数妇联干部使用微信进行工作，具体为通过微信群进行联系沟通。旗妇联建立以旗妇联干部和各苏木镇的妇联主席为群员的微信群；苏木镇妇联建立以苏木镇妇联干部和嘎查妇联主席为群员的微信群，工作信息逐级向下传达。

工作信息内容形式为文件照片，其中，以汉文文件为主，有些苏木会将文件翻译为蒙古文，但多数直接下发汉文文件，同时发送用蒙古语解释的微信语音。嘎查妇联向苏木镇妇联报送工作活动信息时，通过微信直接发送工作活动场景图片和语音，苏木镇妇联将根据图片语音拟写稿件报送旗妇联或通过美篇、动态相册 APP 制作成图文页面发布到各类微信群或朋友圈内。其中，旗妇联收到稿件后，将视情况发布到旗妇联微信公众号。上述稿件全部用汉文写成，无蒙古文稿件。有少数基层妇联干部使用蒙古文输入法输入蒙古文字在微信中发送信息，或使用 Chimee 等 APP 将蒙古文处理成图片发送至微信。根据调查基层妇联干部中没有人采用纯蒙古文社交软件 Bainu 或其他纯蒙古文 APP 作为工作平台。

① 魏超：《新媒体技术发展对网络舆情信息工作的影响研究》，载《图书情报工作》2014 年 58 卷第 1 期，第 30 页。

（二）存在的问题

1. 由于嘎查级妇联干部的汉语水平参差不齐，虽然发送信息或文件时，配有蒙古语语音解释，但由于语音不便查看和发送人自身对信息和文件的理解偏差，导致嘎查妇联干部不能很精准地理解信息和文件内容。

2. 在牧区的一些地方，移动信号较弱或干脆没有信号，导致无法收到微信传来的工作信息，以至不能及时完成工作。

3. 在舆情处理和引导方面，在舆情出现初期，不能很好地辨别是否为舆情事件，延误舆情处理的最佳时机。舆情处理的意识不足，不能较主动地开展舆论斗争。

4. 在构建清朗网络空间方面，对网络中的文章辨别能力不足，经常上报并无危害的文章链接，导致收集人的工作量骤增。

5. 由于宣传意识不足，不会使用网络平台，传播方法技巧不足，汉语文字能力不好，不会在计算机、手机等设备中输入蒙古文字等原因，不能很好地宣传展示工作成果。

6. 由于基层妇联干部工作量较大，并兼职了大量其他工作，所以在时间和精力上都不能及时使用新媒体与广大妇女沟通。

7. 由于妇女群众的咨询问题涉及多个方面，而妇联干部的知识面不够，经常需要向其他部门和人员多方咨询才能回答问题，延误了及时回复，有些妇联干部嫌麻烦干脆就采取拖延的方法，导致妇女群众由于长期得不到问题解答而失望，从而放弃通过网络新媒体得到问题解决的途径。

三、新媒体应用能力建设方案

目前，新媒体建设应该契合全国妇联的改革要求，围绕“打造‘网上妇女之家’”的主题进行，主要从三个方面开展工作，分别为“平台建设”、“服务建设”和“引领建设”。其中，“平台建设”的内容为开通网站、微博、微信等网络平台；“服务建设”的内容为通过网络平台开展妇联针对妇女群众的各项服务；“引领建设”的内容为主动设计符合社会主义文明方面的主题，围绕主题开展多种类型的活动，通过活动引领广大妇女群众。

基层妇联干部的新媒体应用能力建设也将主要围绕上述三个方面进行，具体为通过系列培训和常态化工作交流，以及协同工作的形式完成应用能力建设。

（一）开展系列培训

1. 培训内容

培训内容围绕“平台建设”、“服务建设”和“引领建设”三点进行设计和选择。目前，全国妇联的网络平台建设情况为一网两微一端四号。一网指的是全国妇联官网“女性之声”网站；两微指的是“女性之声”微博和微信公众号；一端指的是“女性之声”移动端 APP；四号分别为头条号、企鹅号、网易号、一点号。除没有一端，各省市级妇联的网络平台建设情况同全国妇联基本相同。

对于蒙古族基层妇联干部，分析其工作对象的网络使用习惯，围绕“平台建设”、“服务建设”和“引领建设”设计了系列培训课程。课程简要说明如表 1 所示。

表 1　蒙古族基层妇联干部新媒体应用能力建设系列培训课程

课程名称	关键内容描述
互联网（新媒体）思维	了解互联网新媒体的特点；了解互联网一代的特点；使用互联网思维的一些成功案例；加深使用互联网新媒体的意识。
新媒体品牌建设	品牌的重要性；建设运营品牌的知识。
新媒体平台搭建实操	创建微信公号，申请开通微博、美篇、Bainu、优酷、直播平台等平台账户，在各种平台上进行简单编辑、发布等操作。
蒙古文 Office 应用基础	蒙古文字录入、编辑、图文混排。
蒙古文 APP 应用基础	介绍主流蒙古文 APP 及其使用方法。
新媒体文章编写及排版技巧	介绍新媒体文章编写方法，排版方法，以及如何能抓住读者眼球的技巧。
信息检索方法	介绍一些蒙汉文检索工具以及检索方法。
视频拍摄及后期处理	使用手机拍摄视频的方法技巧和后期剪裁、添加字幕，以及在各平台上传发布的方法。
图片处理及动态相册制作	图片处理的一些工具软件的介绍及简单处理技巧，动态相册制作 APP 的介绍和使用。
传播渠道和传播技巧	传播学的一些内容，传播渠道的介绍和应用案例，传播技巧的应用案例。

续表

课程名称	关键内容描述
网络舆情及处理	网络舆情及其处理的案例和舆情处理方法、原则等，并配合以舆情处理模拟练习。
使用网络新媒体开展服务工作的案例分析	展示妇联系统使用网络新媒体开展服务工作的经典案例及分析讨论。
使用网络新媒体开展引领工作的案例分析	展示妇联系统使用网络新媒体引领妇女群众的经典案例及分析讨论。

课程的教学工作应分阶段进行，根据学习规律将课程分组分批次。每两个月开展一次集中培训，一年内完成所有培训内容。

2. 培训形式

培训形式根据授课内容的不同，采用线上线下两种形式进行。线上教学采用学习类微信公号平台、学习通等 APP 以及微信群进行。学习资源有教学视频、教学 PPT、课程相关电子资料等。线下教学分讲授和实际操作两种。

（二）常态化工作交流

培训期间建立微信交流群，对不同批次的学员建立不同的群组；培训结束后继续在群里引导学员展示其新媒体工作成果，通过群内交流学员之间取长补短，互相学习。定期开展线上线下活动。线上活动每月两次，线下活动每年两次，线上线下每次活动均建立新群，将不同群组的活跃学员纳入新群组，保持新群组活力，建立常态化工作交流机制。

（三）协同工作

将协同工作的理念引入基层妇联干部的新媒体工作当中，培养其互联网分享精神，帮助其建立互联网虚拟社区，通过社区进行协作式工作，发挥个人长处，并让更多的人参与进来，共同建设虚拟社区，使其有参与感并获得归属感。

四、结　语

随着智能手机普及和新媒体技术迅速发展，在工作生活中应用新媒体已经成为人们的习惯，无论是从网民数量，还是从国家政府层面对新媒体使用的要求，还是从网络舆论引导的角度，都迫切需要基层妇联干部通过新媒体开展工作。本文分析了目前蒙古族基层妇联干部应用新媒体工作的现状和存在的问题，并给出了一种建设新媒体应用能力可行的解决方案。但是，实施这项方案需要足够的人力和资金，并需要省市自治区一级的妇联和相关部门的大力支持，且需要设立专门机构和专项资金。

参考文献

[1] 中国互联网络信息中心：第 39 次《中国互联网络发展状况统计报告》，2017 年 1 月。

[2] 中国互联网络信息中心：第 40 次《中国互联网络发展状况统计报告》，2017 年 7 月。

[3] 中共中央办公厅印发《全国妇联改革方案》，人民网，http://cpc.people.com.cn/n1/2016/0921/c64387-28731117.html（2016-09-21）。

[4] 魏超：《新媒体技术发展对网络舆情信息工作的影响研究》，载《图书情报工作》2014 年 58 卷第 1 期，第 30 页。

[5] 欧科良：《网络舆情新常态下的公安机关新媒体建设》，载《山东警察学院学报》2015 年第 6 期，第 147 页。

[6] 丁飞：《互联网社区信息交互和传播模式的研究》，北京交通大学博士论文，2010 年 12 月。

传播赋权

——互联网使用与少数民族女大学生自我效能感的提升

冯剑侠*

随着数字与互联网技术的迅速普及，普通社会公众依靠互联网（包括手机、平板电脑等移动终端互联网）掌握外在世界的信息、参与互联网内容的生产、分享和传播、利用互联网表达和维护个人权利日益成为常态。正如美国社会学家卡斯特所言，在互联网时代，“链接就意味着价值，而没有与互联网连接就很有可能意味着被淘汰。”对于信息社会中处于无权（powerlessness）状态的群体而言，互联网是一把双刃剑，既有可能拉大他们与有权群体的能力差距，但也可能为他们的自我发展带来新的机遇，即通过积极有效的互联网使用，提升个人的效能意识，增强个体达成目标的信心，创造自己控制局面的过程，从而实现自我赋权。

在我国，由于经济社会发展的不均衡性，处于中西部地区的少数民族在政治经济和社会参与各方面相对落后，而少数民族女性更是弱势群体中的弱势群体，由于不平等性别体系的压制，她们在资金、社会地位、权力、社会资本等方面处于劣势地位，更容易缺乏足够的健康与教育，陷入经济上的贫困，难以表达自己的声音和立场，以及在公共政策的制定过程中缺乏影响力，成为社会中的“隐形”人。她们是急需赋权的角色群体，尤其需要“积极接入、使用媒介并参与传播实践，以改善自我权能、人际交往和社会参与行为等方面的状态，最终达成有权能以实际行动改变自我生存

* 冯剑侠，西南民族大学文学与新闻传播学院讲师。

或发展现状的目标。”①

相对而言，少数民族女大学生是少数民族女性中的精英，她们受过更高的教育，基本掌握互联网等现代信息传播技术，具备一定的自我反思能力和批判意识，以及作为少数民族女性这一身份的自我感知和认同。通过对少数民族女大学生互联网使用情况的调查，可以获知以互联网为代表的传播赋权手段，对于少数民族女性寻求发展过程中自我效能感的提升，是否有影响以及如何产生影响。

一、理论与文献回顾

根据赋权概念的提出者所罗门的定义，赋权（empowerment）是通过一系列活动降低被赋权对象作为相对弱势群体一员因负面评价产生的无力感的过程②。赋权的对象通常是社会中“无权”（powerlessness）的少数群体、边缘群体，以及能力丧失者（disabled），也即我们常说的弱势群体。赋权的过程，就是通过弱势群体自己的参与，激发他们的发展潜能，令他们在更大程度上掌握社会资源和自身的命运，从而实现社会变革③。

因此，从心理学的个体动机角度看，赋权是赋能（enabling），一种“自我效能”（self-efficiency），它源于个体对自主（self -determination）的内在需求，在这个意义上，赋能就是通过提升强烈的个人效能意识，以增强个体达成目标的动机，它是一个让个体感受到能自己控制局面的过程④。

而这种“自我效能感”的提升，对于个体的成就会产生重要的影响。社会心理学家班杜拉的社会认知理论认为，自我效能感指的是人们对于自己实现特定领域行为目标所需能力的认知或信念，这种“能做什么”的信念充分反映出个体对于环境的控制感。也就是说，如果一个人相信自己能够处理好各种事情，能够控制局面，在生活中就会更加的积极和主动，也

---

① 邓倩：《互联网时代传播赋权研究——基于网民个体心理与行为的实证考察》，武汉大学博士学位论文，2014 年。

② Barbaba，Bryant Solomon. Black Empowerment：*Social Work in Oppressed Communities.* Columbia University Press，1976：9。

③ 丁未：《新媒体赋权：理论建构与个案分析——以中国稀有血型群体网络自组织为例》，载《开放时代》2011 年第 1 期，第 124-145 页。

④ Jay A. Conger & Rabindra N. Kanungo，The Empowerment Process：Integrating Theory and Practice，*The Academy of Management Review*，Vol. 13，No. 3（Jul 1988），pp. 471-481。

会更容易取得成就①。

作为社会性生物，人类个体自我效能感的产生，事实上离不开所处群体的社会关系的相互作用，离不开信息的沟通与人际交流。正如美国传播学家罗杰斯所言，赋权是“一种传播过程，这一过程往往来自小群体成员之间的交流。”② 因此，作为互动的社会过程，信息的沟通和对话的展开是赋权过程的基本构成③。

在媒介化社会中，大众传播媒介在人们的信息沟通和对话过程中扮演了重要的角色。传播赋权研究探讨的就是传播媒介如何赋权于民众。这一研究旨趣始于 1967 年加拿大国家电影局在纽芬兰地区试验成功的 FOGO 项目，20 世纪 70 年代以来被广泛应用在社区、族群、女性、中下阶层和其他少数团体之中④。进入网络社会后，互联网传播颠覆了传统媒体的信息传播形态，实现了社会个体之间开放、共享、交互和即时的参与式交往，也为不同利益群体的人如何借助互联网表达基本权利诉求提供了更多的可能性。

美国学者梅赫拉的《少数群体与边缘群体的网络赋权》可谓典型，通过对三个典型案例——美国伊利诺伊州香槟县一项针对低收入家庭计算机和互联网使用培养项目，性少数群体如何通过群发邮件、互联网线下参与等方式表达自我特殊的身份并建立社群，以及非裔女性如何参与社区健康网络的内容生产、参与技术培训以提高自身计算机应用技能等——采取民族志观察、焦点访谈、电话访问、日记等研究方法，探究他们的互联网使用及互联网对其日常生活的影响和意义，以及如何实现扩大社会交际网络、提供集体支持、参与社会活动等赋权结果⑤。

塞库迪等人《互联网、赋权与身份认同》选取了英国一项社区互联网项目（CIP）的参与者作为研究对象，解析了来自发展中国家的女性难民如何通过学习互联网技术以实现赋权。通过对六位来自不同国家的女性难民进行半结构式访谈，研究者们发现互联网技术的学习培养了女性难民的心

---

① 池丽萍、辛自强：《女大学生一般自我效能感的质性研究》，载《中国青年研究》2006 年第 4 期，第 41-44 页。

② E. M. Rogers & A. Singhal, Empowerment and Communication: Lessons Learned from Organizing for Social Change, *Communication Yearbook*, 2003 (27), pp. 67-85。

③ 孙信茹、杨星星：《媒介化社会中的少数民族村民传播实践与赋权——云南大羊普米族村的研究个案》，载《现代传播》2012 年第 3 期，第 23-28 页。

④ 谢进川：《试论传播学中的增权研究》，载《国际新闻界》2008 年第 4 期，第 22-27 页。

⑤ Bharat Mehra, Cecelia Merkel & Ann Peterson Bishop, The Internet for Empowerment of Minority and Marginalized Users, *New media & Society*, Vol. 6, No. 6 (2004), pp. 781-802。

理赋权和自我认同，有助于她们新的社会融入和生活安置。也有学者研究伊朗女性在信息传播技术上的运用现状，发现伊朗女性的数字传播活动是一种沟通对话和动员参与以争取社会公正和公平的有效手段①。

在国内，刘锐以北京"蚁族"为研究对象，考察互联网对"蚁族"的赋权意义②。丁未则通过对稀有血型群体网络社群的研究，呈现了该群体如何自发利用QQ群和专业网站建立全国性的救治体系实现自我赋权③；肖荣春等人研究大学生群体的新媒体使用实践如何产生线上线下的舆论，分散决策风险，进而对学校管理层的决策产生影响，从而实现自我行动的扩展和寻求一定的自治空间④。孙琼如、侯志阳的研究发现，新媒体技术有助于新生代女性农民工在城市中的职业发展，如获取流入城市的相关信息、增加收入、平衡工作与家庭、扩展社会关系网络，以及帮助学习知识和技能⑤。

现有赋权研究中对少数民族，尤其是少数民族女性的关注较少。如孙信茹等对云南大羊普米族村民传播赋权的研究中，性别并不是一个着重分析的维度，尽管其研究表明能够自主认识和运用媒体的村民几乎都是男性⑥。在关于如何实现少数民族女性发展与赋权的研究中，互联网等传播媒介也成为缺失的环节⑦。

综上，研究证明积极的互联网使用行为能有效提升个体在社会发展过程中的自我效能感，达到赋权个体的目的。但是，互联网传播赋权进程存在着显著的社会分层差异，与使用者的受教育程度、家庭收入水平与网民个体的互联网使用强度、依赖度和信息处理方式的差异都有关系。对于正在接受高等教育的女大学生而言，已经不存在互联网使用上的智识障碍，

---

① Farid Shirazi. Information and communication technology and women empowerment in Iran. *Telematics and Informatics*. 2012（29）：186。

② 刘锐：《互联网对城市"蚁族"的增权作用：以"京蚁"为例》，载《中国青年研究》2010第7期，第34-38页。

③ 丁未：《新媒体赋权：理论建构与个案分析——以中国稀有血型群体网络自组织为例》，载《开放时代》2011年第1期，第124-145页。

④ 肖荣春、白金龙：《移动的自留地：知识青年、新媒介赋权、场景生产与媒介素养——以大学生的新媒介使用实践为观察》，载《新闻与传播研究》2012年第1期，第15-19页。

⑤ 孙琼如、侯志阳：《新媒体赋权与新生代女性农民工的职业发展》，载《东岳论丛》2016年第7期，第141-147页。

⑥ 孙信茹、杨星星：《媒介化社会中的少数民族村民传播实践与赋权——云南大羊普米族村的研究个案》，载《现代传播》2012年第3期，第23-28页。

⑦ 李凤琴：《"增权理论"视阈下的少数民族妇女发展研究——以云南少数民族妇女发展为例》，载《北方民族大学学报》（哲学社会科学版）2011年第4期，第71-76页。

那么互联网使用是否会同等提升她们的自我效能感？如果没有，哪些因素产生影响？这仍然是有待探究的问题。

二、分析层次与研究方法

美国社区心理学家帕金斯和齐默曼发展了一套较为严密的分析框架，将赋权分为“过程”（process）和“结果”（outcome）两个方面。“过程”是赋权行动的具体展开，注重的是个人、组织和社区是如何被赋权的（how）；结果是对这些过程所产生的影响的检验，用来评估、测量赋权所带来的社会后果（consequences）。同时，赋权也可以从个体、组织和社群三个层次加以考察，这三个层次相互影响，但以个体心理层面自我效能感的提高作为基本目标。在此基础上，邓倩在其博士论文中从“心理赋权”（个体自我能力评价）、“人际交往状态”和“社会参与程度”三个方面来测量互联网对网民的赋权效果①。本文沿用了这一分析层次，以回答以下问题：

第一，互联网使用是否显著提升了少数民族女大学生的自我能力评估？

第二，互联网使用是否有助于扩大少数民族女大学生的人际交往状况？

第三，互联网使用是否促使少数民族女大学生更积极的社会参与行为？

鉴于互联网传播赋权实践的复杂性和主观性，且本文的研究重心是探究少数民族女大学生的网络使用行为及其主观意义建构，因此本文采取扎根理论的研究路径，力图“基于数据的研究中发展理论，而不是从已有的理论中演绎可验证性的假设”②。在具体研究方法的选择上，主要以焦点小组访谈方法收集文本等类型的信息。

首先，笔者在参照传播赋权与自我效能感等相关理论的基础上，编制了包含十个开放性问题的访谈提纲。访谈问题聚焦于少数民族女大学生个体赋权的现状、互联网传播对她们自我效能感提升的影响，以及互联网是否有助于能够以及应当如何赋权少数民族女性等议题的讨论。通过这些问题的设定，力图从多维视角反映少数民族女大学生个体互联网使用和日常行为的丰富性，还原参与式传播与赋权之间生动、复杂的相互关系。

接着，在被试者的选择上，笔者采用了立意抽样的方式，这是一种根

① 邓倩：《互联网时代传播赋权研究——基于网民个体心理与行为的实证考察》，武汉大学博士学位论文，2014 年

② （英）凯西·卡麦兹：《建构扎根理论：质性研究实践指南》，重庆：重庆大学出版社 2009 年版。

据研究者的主观判断和研究目的选择最具有典型性的个案的抽样方法。笔者在任教的西南民族大学新闻系和广播电视学系分别选取了一名彝族女大学生和一名回族女大学生，她们都有着相对丰富的网络使用经验和出色的表达能力、组织能力。经由她们的社交网络，分别召集了十名来自不同学院和年级的少数民族女大学生，组成两个焦点小组，每个小组5人。被试者们来自大学一至三年级，年龄在18—24岁之间，民族有回族、彝族、藏族、维吾尔族、壮族、蒙古族等，所学专业涉及外语、新闻、广电、旅游管理、软件工程、彝语、药学等。每场焦点小组访谈时间持续三至四个小时。

三、研究发现

（一）互联网使用对少数民族女大学生自我能力评估有积极影响

在班杜拉的理论中，自我效能感体现为个体对自己应对各种情境和要求的信心，也是一种个体有效应对压力情境的广泛而稳定的能力感。通常而言，自我效能感获得途径主要来自四个方面：实践的成功经历、替代性经验、言语劝导和活动过程中的生理唤醒水平（高申春，1999）。但在以往对女大学生一般自我效能感的研究中，学者发现实践中的成功经验和个人特征归因成为她们进行“效能运算”的两个重要指标①。

在两个焦点小组的访谈中，笔者都会让被试者对自己个人的综合能力进行自我评估。10位少数民族女大学生对自己的能力的赋值从一般（5分）到较好（8分）不等，最常提到的判断标准，也是来自过去实践中的成功经验和个人特征归因。如壮族学生WYX认为自己是一个能力很高的学生，自信能够解决学习和生活中的绝大多数问题，她提出来的佐证是自己进入大学以来参与过的学生社团和大学生创新创业项目，以及她乐观开朗善于与人交流的性格特质如何帮助她与陌生人建立利益联系以服务自己的发展。而对自己能力评估相对较低的维吾尔族同学SNMGL则谈到自己能力发挥是如何受制于自己内向、害羞的性格特质，“因为我是那种别人不跟我说话，我也不会主动说话的人，所以社会活动很少。”

研究表明，自我效能感评价总是基于一定的参照系，一方面包括个体能力得以发展的纵向经历，另一方面也来自同类具有相似性的群体的相互

---

① 池丽萍、辛自强：《女大学生一般自我效能感的质性研究》，载《中国青年研究》2006年第4期，第41-44页。

比较。藏族女生 QZ 的经历颇具代表性，从小生长在西藏日喀则农村的她，在小学和初中时成绩优秀，一直担任班长和学习委员，对自己也很有自信。中考时分数很高，考入了江西南昌的内地班。然而她发现由于西藏地区义务教育阶段与内地仍然存在较大差距，以至于她与其他两位藏族同学的成绩和同班的汉族同学相比，总是处于班级垫底的名次，“我就变得很不自信，也没有参加过什么活动。”

值得注意的是，当少数民族女大学生在与同辈群体进行比较时，汉族同学的表现往往是一个重要的参照。来自四川凉山的彝族女生 YZZ 就坦言“我觉得我的个人能力在彝学院还可以，但是走出去和其他学院的汉族同学一比就差了些。”她很清醒地认识到是由于社会经济水平的落后和对教育的重视不足引起的，“毕竟我们那个地方经济比较落后，父母对我们的教育也不是一开始就很重视的。”另一个来自四川盐边县的彝族女大学生 YGF 通过对自己上大学前后的对比来说明互联网在其自我能力判断上的作用：

> “我高考之前都没有上过网，学校在高一时开了计算机课，但什么也没讲，就认识了鼠标键盘怎么用。高考后要在网上填志愿，我和我的同学那几天天天都去网吧里摸索怎么使用计算机，怎么上网，怎么打开网页，然后按照高考指南那本书来填报志愿。我都不知道我们学校还有官方网站，也没有登录过，就这么糊里糊涂地被录取到这里来了。大一时参加学生会，才开始学着用办公软件。到现在两年多了，互联网对我的影响真的挺大的，别的不说，像我们山区里的女孩子，以前出一趟门是很不容易的，像我表姐她们，去哪里都需要有人带着。但现在我只要有手机，有百度地图，去再远的地方我都不怕，我有这个信心。”

而对于那些在经济发展水平和文化上和汉族地区比较接近的回族、壮族和蒙古族女大学生而言，她们能更早地从互联网的使用中获得能力提升的机会，也更容易对自己产生更积极的评价。回族女大学生 WYR 在宁夏回族自治区首府银川市长大，是受访者中最早“触网”的人，早在小学五年级就学会了通过聊天室结交远在福建的网友，小升初为了择校开始逛目标学校的贴吧搜集信息，中学阶段混迹于百度贴吧、天涯论坛、新浪微博，大学填报志愿之时发动网友广泛征集目标学校的情况。进入大学之后，互联网成为她生活中不可或缺的元素，不管是组队申报和完成大创项目，还是做微商、找兼职以及为社团经营微信公众号，都如鱼得水，大展拳脚。

以往的成功经验使她充满自信，也是受访者中对自己能力评价最高的人，而这都得益于积极的互联网使用。

（二）互联网成为少数民族女大学生人际交往中的双刃剑

无论是从个体层面将“赋权”理解为通过提升强烈的个人能力意识，以增强个体达成目标并能自己控制局面的过程，还是从集体层面将“赋权”视作一个动态的、跨层次性的、关系的概念体系，都揭示出赋权本身是一个社会互动的过程，离不开信息的沟通与人际交流，所以与人类最基本的传播行为有着天然的联系。赋权理论倡导的是一种参与式传播，即社群中的成员发展出相互尊敬、关怀、具有团体参与与批判性反应的过程，以分享社会资源和改善社会权力的分布①。那么，互联网使用是否有助于少数民族女大学生建构开放、共享、交互和即时的参与式交往关系？

几乎所有的受试者都谈到了互联网在加强亲友之间的联系、发展社会关系网络等人际交往行为中的积极作用，尤其是在移动互联网和社交媒体兴起后，给远距离的交流带来了极大的便利。藏族女大学生 QZ 家在日喀则下辖牧区的山村里，坐车到拉萨要近 20 个小时，而从拉萨坐火车到南昌需要三天三夜。由于交通不便，三年的高中生涯中她从未回过家，只有当在外地上大学的哥哥寒暑假回西藏后，才可以通过微信与父母视频见上一面，但由于家里是 2G 网络，信号不好，父母和哥哥得坐 3 小时车到镇上才能连上视频。“现在我们那里架起了基站，就能够直接在家里视频聊天了。虽然还是会卡，会掉线，但是方便多了。我还记得我妈妈第一次在手机里看到我的时候，觉得神奇极了。”

社交媒体所提供的不仅是亲友等“强关系”的维系所带来的亲密感和归属感，也会有助于少数民族女大学生开拓“弱关系”。美国社会学家马克·格兰诺维特关于社交网络如何帮助居民找工作的经典研究《弱连接的力量》（The Strength of Weak Ties）中，发现和一个人工作和事业成就联系最密切的，正是这种社会经济特征联系不紧密的“弱连接”，由于充当信息桥的作用而有利于创造更多的社会流动②。回族女生 GJ 就充分感受到互联网给自己“弱关系”人际交往圈带来的积极影响：

---

① Rappaport, J. Empowerment Meets Narrative: Listening to Stories and Creating Setting, *Americans Journal of Community Psychology*, 1995, 23 (5).

② Mark Granovetter. The Strength of Weak Ties: A Network Theory Revisited, *Sociological Theory*, 1983 (6): 201-233.

“我买滑板的配件，会认识一些淘宝客服，在网上一聊，发现他们就在成都，就会加上微信，他们也会邀请我加滑板爱好者的QQ群，群主和管理员都是比较厉害的大佬，大家都相互认识，然后做朋友。从线上发展到线下聊，邀请他们来我们学校一起玩滑板。所以我认识了很多校外的朋友，有些上学了，有的工作了，虽然经历不同，但我们兴趣相投。有他们的支持和帮助，我才能在学校里组织滑板比赛，对自己能力的提高真是很明显。而且我觉得跟他们的交往，也超过了我作为在校大学生的经历，丰富了我的生活体验。”

受访者们普遍认为，互联网尤其是微信、QQ、微博等社交媒体在人际交往中是一柄双刃剑，带来便利的同时也使得人与人的关系变得更加淡薄。尤其是当她们回忆到高中被断网“封闭”迎接高考的三年中，同学之间面对面的交流多，彼此情谊是最密切的。上了大学之后大多是通过朋友圈和说说来了解朋友的动态，都是碎片化的，朋友之间缺乏深入的交流。

另一方面，大量虚假消息和欺骗性的内容，通过熟人建构起来的社交网络大肆传播，骗取涉世未深的大学生们的信任，甚至带来经济上的损失，这也为受访者们带来很多困扰。彝族女生YHQ所在班级QQ群里就曾有人发出链接，称只要六人加好友，就能参加抽奖获得手表等奖品。出于对同学的信任，YHQ也和好友一起加入了活动，在缴纳了十几块钱的邮费后，收到的礼品却是两三块钱的地摊玩具。不少受访者都有过通过兼职群找工作，结果被招聘公司要求交费办卡等通知等糟心的遭遇。

（三）互联网使用不同程度地促进了少数民族女大学生的社会参与

已有研究表明，互联网作为交互性信息生产平台，其特有的微结构、微内容特征，与对个性化和原创性的强调，都能有效激发互联网使用者的兴趣和参与意愿，从而提升其自我效能感。从更宏观的层面而言，个体网民通过内容生产、表达自我观点来参与社会，也扩展了社会的意见市场，有更为深远的赋权意义。因此，在焦点小组访谈中，笔者特意设置了关于少数民族女大学生是否会主动参与社会信息生产——是否会转发并评论热点新闻事件、是否会主动发帖和话题讨论、是否曾创建/编辑微信公众号——等问题，以考察参与式网络传播行为对她们自我效能感的影响。

焦点小组的访谈结果表明，受试者中存在着不同程度的参与式网络传播行为：最为常见的是看到热点新闻事件和评论文章通常都会转发，但转发时是否附加评论则不一而足，只有三位同学表明通常会加上评论，更多的同学是只转不评；只有三位同学明确表示自己有发帖和发起话题讨论的行为，不论是在贴吧讨论自己的兴趣爱好（WYR），在知乎上发文讨论英语学习还受邀回答专业问题（LSJ），还是在微博上发帖投诉课外培训机构并@成都各大媒体最终成功维护自己权益（GJ），这些经历都让她们明显感受到互联网的赋权效应。

受访者中有两位同学创建/编辑过微信公众号，回族女生 WYR 大一时曾为学长的创业项目编辑带有盈利性质的微信公众号，“对自己能力方面的锻炼还是挺全面的。”彝族女生 YGF 则是从大一至大三一直主持着彝学院文学社团的微信公众号，从选题、策划、组稿、编辑到审核发布的全过程让她不仅感受到自己文学素养、文字编辑能力和社交能力的提高，更强化了对自己民族文化的认同和想要在更广的范围内传播彝族文化、表达彝族诉求的使命感。

研究发现，少数民族女大学生想要在互联网上传播民族文化的心愿非常普遍。维吾尔族女生 SNMGL 自称并不喜欢在网上发表话题或评论，但也有例外，那就是当有人问到跟民族习俗有关的问题时她会非常乐意解答，她曾经为了给网友提供更准确的关于清真食物的信息上网检索资料并热心地给予答复。藏族女生 QZ 也更愿意在社交媒体上转发分享好听的藏语歌曲，以及其他与藏族文化有关的内容，希望能够增进别人对于藏族的了解。

作为少数民族的她们也同样对网络上那些对本民族带有偏见甚至是歧视性的言论非常敏感，而且都曾遇到过有人在有意或无意地黑彝族、黑穆斯林、黑藏族。采取何种应对措施也和她们自己对互联网使用的主动性、熟练程度和效能感有关。平时不太擅长网络的通常会采取拉黑对方、屏蔽对方或者置之不理等消极应对措施；但积极的互联网使用者则会在网络上和对方辩论，试图说服对方（如彝族女生 YGF 和回族女生 GJ）；熟谙互联网生态的回族女生 WYR 则更明确：“微博、贴吧上很多这种水军，喷子，跟他们争论也没用，直接举报，违法信息。”

同样，作为少数民族女性中相对教育程度最高的人群，女大学生们对于与少数民族女性发展有关的社会议题也非常关注。如女性早婚和婚姻中的性别歧视现象，彝族女生 JLSG 还用彝文写了一篇文章来讨论并发表在自己的朋友圈里；维吾尔族女生 SNMGUL 会有意识地教母亲等女性亲属使用手机和汉语输入法，扩大与外界的联系。此外，受访者们都谈到少数民族女性可以通过微商、直播、淘宝等互联网手段进行创业的现象，认为这可以提高她们的收入和发展她们的能力。

四、结　论

正如学者所言，“赋权过程是人们被给予机会或创造掌控自身命运或做出对改变现有生活有影响的决策。努力接近和掌握更多社会资源和批判性地理解自身所处社会环境是赋权的基本内涵。”① 在信息化已成普遍事实的今天，借助互联网的传播赋权行为能够显著提高个体的自我效能感。

在本文的研究中，10 名少数民族女大学生从不同层面结合自身实际陈述了互联网使用对她们个体赋权的影响。绝大多数同学都肯定了互联网带给自己被赋予传播权力的满足感，互联网的海量信息和知识共享有助于她们自我效能感的提升；社交媒体缩小了“强关系”的沟通成本，带来了延伸和突破现有社会网络以创建更多“弱关系”的可能性；此外，利用互联网所进行的参与式传播行为有助于她们表达和维护自己的合法权益，创造相互支持的社会网络，以及强化民族认同感。

但是，互联网传播并不会一视同仁地赋权所有少数民族女大学生。虽然受教育程度相同，但基于地区经济社会发展水平、家庭收入状况和中小学教育条件的差别，形成了在使用强度、依赖度和信息处理方式都各不相同的差异化互联网使用行为，而这将直接影响到她们是否能够更加有效地运用互联网来达到传播赋权的目的。因此，我们依然无法回避当前中国社会现实情境下的社会分层与数字鸿沟等问题，依然要致力于寻找填补数字不均、维护和提升处于相对弱势的少数民族群体权益的有效方案。

参考文献

[1] Barbaba, Bryant Solomon. Black Empowerment: *Social Work in Oppressed Communities*. Columbia University Press, 1976: 9.

[2] Jay A. Conger & Rabindra N. Kanungo, The Empowerment Process: Integrating Theory and Practice, *The Academy of Management Review*, Vol. 13, No. 3 (Jul 1988), pp. 471-481.

[3] E. M. Rogers & A. Singhal, Empowerment and Communication: Lessons Learned from Organizing for Social Change, *Communication Yearbook*, 2003

---

① Douglas D. Perkins & Marc A. Zimmerman, Empowerment Theory, Research, and Application, *American Journal of Community Psychology*, Vol. 23, No. 5 (1995), pp. 569-579.

(27), pp. 67-85.

[4] BharatMehra, Cecelia Merkel & Ann Peterson Bishop, The Internet for Empowerment of Minority and Marginalized Users, *New media & Society*, Vol. 6, No. 6 (2004), pp. 781-802.

[5] Siddiquee A & Kagan C. The Internet, Empowerment, and Identity: an Exploration of Participation by Refugee Women in a Community Internet Project (CIP) in the United Kingdom. *Journal of Community Applied Social Psychology*. 2006 (16): 189-206.

[6] Farid Shirazi. Information and communication technology and women empowerment in Iran. *Telematics and Informatics*. 2012 (29): 186.

[7] Douglas D. Perkins & Marc A. Zimmerman, Empowerment Theory, Research, and Application, *American Journal of Community Psychology*, Vol. 23, No. 5 (1995), pp. 569-579.

[8] Rappaport, J. Empowerment Meets Narrative: Listening to Stories and Creating Setting, *Americans Journal of Community Psychology*, 1995, 23 (5).

[9] Mark Granovetter. The Strength of Weak Ties: A Network Theory Revisited, *Sociological Theory*, 1983 (6): 201-233.

[10] 池丽萍、辛自强:《女大学生一般自我效能感的质性研究》,载《中国青年研究》,2006 年第 4 期,第 41-44 页。

[11] 邓倩:《互联网时代传播赋权研究——基于网民个体心理与行为的实证考察》,武汉大学博士学位论文,2014 年。

[12] 谢进川:《试论传播学中的增权研究》,载《国际新闻界》,2008 年第 4 期,第 22-27 页。

[13] 刘锐:《互联网对城市"蚁族"的增权作用:以"京蚁"为例》,载《中国青年研究》,2010 年第 7 期,第 34-38 页。

[14] (英) 凯西·卡麦兹:《建构扎根理论:质性研究实践指南》,重庆:重庆大学出版社 2009 年版。

[15] 丁未:《新媒体赋权:理论建构与个案分析——以中国稀有血型群体网络自组织为例》,载《开放时代》,2011 年第 1 期,第 124-145 页。

[16] 肖荣春、白金龙:《移动的自留地:知识青年、新媒介赋权、场景生产与媒介素养——以大学生的新媒介使用实践为观察》,载《新闻与传播研究》,2012 年第 1 期,第 15-19 页。

[17] 孙琼如、侯志阳:《新媒体赋权与新生代女性农民工的职业发

展》，载《东岳论丛》，2016 年第 7 期，第 141-147 页。

[18] 孙信茹、杨星星：《媒介化社会中的少数民族村民传播实践与赋权——云南大羊普米族村的研究个案》，载《现代传播》，2012 年第 3 期，第 23-28 页。

[19] 李凤琴：《“增权理论”视阈下的少数民族妇女发展研究——以云南少数民族妇女发展为例》，载《北方民族大学学报》（哲学社会科学版），2011 年第 4 期，第 71-76 页。

[20] 高申春：《人性辉煌之路：班杜拉的社会学习理论》，武汉：湖北教育出版社 1999 年版。

艺术、文学与仪式

作为时尚设计元素的少数民族女性艺术

郝小红　白　路*

中国文化穿越千年时空，步入全球化时代，融合着中国各少数民族的优秀文化基因，呈现出万紫千红的审美风貌。中国少数民族女性艺术，千姿百态，各具风采，为当代时尚艺术设计贡献了不胜枚举的审美符号、图案图形。可以说，少数民族女性艺术是时尚设计的元素宝库。比如蜡染、扎染、服装、服饰品等等，都是当代设计中反复借鉴的艺术资源。因此，挖掘、传承、创新性地运用各民族艺术符号，博采众长，是时尚设计取之不尽的灵感源泉。

引　言

21世纪进入了审美时代，人类社会的各个方面无不与设计相关，设计让世界更宜居，设计让生活更舒适，设计让人生更美丽。时尚设计就是引领审美风尚的旗舰。芳林新叶催陈叶，流水前波让后波。新陈代谢，并不是彻底割裂了传统，而是在传统的根系上滋生的新芽，萌发的蓓蕾。时尚设计始终是在博采传统审美元素的基础上，对既有的审美符号进行抽离、变形、重组、嫁接新元素，融汇古今，推陈出新。而少数民族女性艺术，始终是中国时尚设计的符号资源库，在艺术设计的各个领域都贡献了不胜

---

* 郝小红，天津工业大学艺术与服装学院讲师，设计师；白路，天津工业大学艺术与服装学院副教授。

枚举的图形、图案、色彩及创意。以服装设计领域为例，少数民族蜡染、扎染、服装、日用品等等，都是当代设计中反复借鉴的艺术资源。

一、扎染、蜡染融入时尚设计

（一）白族、彝族扎染的设计启示

中国传统的手工染色技术流传至今并影响广泛的，扎染是其中之一项。扎染古称染缬、扎缬、夹缬和绞缬。即织物在染色时，将其分成若干小部分捆扎起来，使之着色不均，其过程依次为先扎结后染色，通过绳、线、纱等工具，对织物进行夹、缝、缀、缚、扎等多种形式组合，然后进行染色，织物充分着色后，拆除原有捆扎的线、纱、绳等。扎染的技法有百变之多，而扎染出的各种花朵图案，即使成千上万，染出后却绝不雷同，每一朵都是唯一的形态，这些个性化的审美效果，是以批量生产为目的的机械印染工艺难以达到的。

扎染技艺在中国白族、彝族等少数民族中传承至今，以其朴素自然、清雅别致的图形和色彩赢得人们的喜爱。21 世纪初，扎染技艺经国务院批准入选《第一批国家级非物质文化遗产名录》，申报地区的云南省大理市、四川省自贡市分别有扎染大师持续在创作、传播、授徒，并将其审美影响扩展至世界各地。

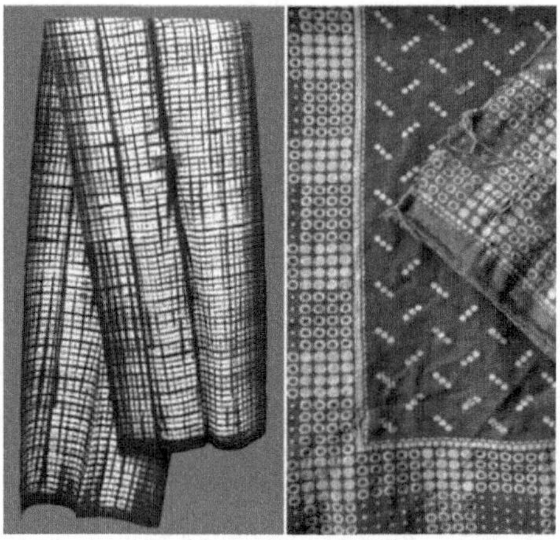

越是民族的，越是世界的；越是传统的，越是当代的，看起来自相矛盾，实则信然。扎染不仅是传统符号，也成为连接历史、人文、审美想象

的时尚符号。以下是借鉴扎染元素的各种时尚设计：

（二）苗族、布依族蜡染的推陈出新

蜡染的工具是蜡刀，用蜡刀蘸熔蜡在白布上绘画，之后以蓝靛浸染，及染去蜡，布面就呈现出蓝底白花或白底蓝花等多种图案。巧笑倩兮，美目盼兮，素以为绚兮，何谓也？子曰：绘事后素。不仅如此，在浸染中，作为防染剂的蜡自然龟裂，布面龟裂的缝隙随之呈现特殊的“冰纹”，各种出其不意的纹理使得每件作品都有惊喜。蜡染与扎染、镂空印花并称为我国古代三大印花技艺。在我国贵州、云南的苗族、布依族传承至今并发扬光大。

在苗族的习俗中，蜡染技艺是典型的女性艺术，每位母亲都有义务教会自己的女儿制作蜡染。今天，蜡染作为古老的实用技艺已经失去了历史的实用土壤，逐渐让位于当代的审美需求。在时尚设计中，蜡染作为审美符号，呈现在各类艺术品、服饰品、日用品中。

二、时尚旗袍抒写花样年华

（一）旗人之旗袍

旗袍的前世今生，有一个漫长的演变历程。最初，它是满族的日常服装，即旗人之袍，不分男女，款式粗犷简单，便于马背民族的游牧生活。入关之后，满族从逐水草而居的生活变为农耕文明的定居方式，逐渐汉化，旗袍的性别区分也日益明确。男人的服装变为长袍、马褂、长裤，女人的服装主要为直筒长袍，宽松腰身，没有曲线。发展到性别分化阶段的满族女装，才是女性旗袍真正意义上的前身。

作为身份的象征，旗人之旗袍曾经是优越的外在符号。清统治者一度刻意规训满族及蒙古族妇女保持民族服装传统，严禁仿效汉族装束。然而，旗袍的款式上下相连，衣不分裁，视觉上千篇一律，难免有枯燥之感。张爱玲抱怨道："在清朝三百年的统治下，女人竟没有什么时装可言，一代又一代的人穿着同样的衣服而不觉得厌烦。"

张爱玲的抱怨固然有其个人语境，然而，旗袍还是在逐渐演变，至少在细节的装饰上，越来越丰富、细密、多样，发展出玲珑精致的审美符号。从清代满族贵族女性的旗袍，可以略窥审美之用心。

（二）旗袍之其人

旗袍从民族身份符码转换为时尚潮流标签，在20世纪20年代已蔚然成风。中华民国政府在1929年将旗袍确定为国家礼服之一，从此，旗袍既可以登大雅之堂，又可以在日常穿着。旗袍曲线玲珑，婀娜多姿，深得女性喜爱。窈窕淑女，寤寐求之，求之不得，辗转反侧，旗袍成为女性人人必备的时尚衣装。

20世纪30、40年代，十里洋场旗袍风行，视觉媒体各领风骚。艺术界女性引领旗袍审美风尚，各种招贴、日历、广告呈现千姿百态的旗袍女郎。中国内地在经过多年的沉寂之后，随着改革开放迎来了旗袍的审美复兴。以电影《花样年华》为例，张曼玉扮演的都市白领以其美伦美奂的旗袍造型圈粉无数。作为大众文化娱乐形式的电影，无心插柳，成为中国时装设计的参考教材，这就是旗袍的魅力所在。

今日旗袍女郎，已经淡化了民族文化的历史语境。旗袍之其人，多以形式美感来彰显其时尚气息，凸显发乎情、止乎礼、温婉优雅的女性格调。

三、结　语

问渠哪得清如许，为有源头活水来，少数民族女性艺术，是当代时尚设计的源头活水，设计者从中汲取灵感，不断花样翻新，美化日常生活，愉悦人生体验。

作为时尚设计元素的少数民族女性艺术，其固有的生产方式已经作为人类文化遗产，凝固在特定的历史时空与手工程序中，剥离原有的生产过程，移植视觉审美范式，提取设计元素，是时尚设计主要的创新途径。而更深层次的思考是，如何从这些感性符号，上升为对审美生活的关怀，在少数民族女性艺术中，形式美的深层结构里，蕴含着勤劳、简朴、环保、仁爱等情感向度，这也是时尚设计要逐步体会并兼容的形而上之精神精华元素。

参考文献

[1] 华梅编著：《中国服装史》，天津人民美术出版社。

[2] 李当岐编著：《西洋服装史》，高等教育出版社。

[3] 钟茂兰、范朴编著：《中国少数民族服饰》，中国纺织出版社。

[4] 杨国才著：《少数民族妇女的知识和文化——民族民间传统手工艺及服饰》，中国社会科学出版社。

[5] 历年天津工业大学艺术学院服装设计系师生蜡染扎染创作、民间采风资料。

湖湘女性民族服饰文化研究

——以苗族、瑶族和土家族服饰为例

周利群*

源远流长的湖湘文化在远古时期就有着极高的文明，是长江文化的重要发源地和楚文化最典型的代表。湖湘是多民族地区，有汉族、苗族、瑶族、白族、回族、侗族、土家族等民族，所谓“天开人文出庶物”，一方水土养育一方人家，湖湘少数民族妇女凭借着她们的勤劳、善良、直率与爽朗，凭借着她们的坚忍顽强、朴实无华的特质，创造了名噪四方的地域性服饰文化形态，展现了湖湘女性少数民族服饰独特的地域文化风情和艺术特色。

湖湘少数民族妇女才思敏捷，心灵手巧，她们一尺一寸、一针一线，谱写出的湖湘女性民族服饰文化艺术在历经社会的变革、精神的浸染后逐渐形成相应的体系与模式，在湖湘大地这块热土上不断发展、愈加丰富、特色鲜明、影响深远。

在悠悠岁月的行进中，湖湘各民族女性依靠自己的聪明智慧与高超技艺创造并积淀了底蕴深厚的服饰文化艺术，其民族服饰一直具有风貌独特、工艺精巧、款式多样、色彩鲜明、装饰性强的特点，有不少服饰，即使惊鸿一瞥，印象却难以磨灭。湖湘女性服饰中巧夺天工的刺绣、细密精致的编织、多姿多彩的色泽、生动艳丽的图案，一针一线无不凝聚出灵巧的美，倾注出妇女们炽热的感情和丰富的想象，它从一个侧面表现出了湖湘女性服饰艺术的成熟与极致，湖湘女性民族服饰是一首清新怡人、明快欢唱的歌谣。

---

* 周利群，湖南女子学院艺术设计系副教授。

一、湖湘苗族女性服饰文化

苗族是一个历史悠久的民族，其先民们历经数千年漫长的大迁徙，形成了如今分布在黔、湘、滇、川、鄂等地与其他民族大杂处小聚居的格局。湖湘苗族先民们把历史的痕迹、民族的传统，记载在口头文学之中，描绘在女性服饰的刺绣图案里，湖湘苗族女性服饰是最能代表本民族特征的物品，在这一伸手可及的日常服饰图案记录方式里，苗族妇女发挥了极大的创造与表达作用，她们用勤劳的双手孜孜不倦地缝缀，风格迥异的各式素材、编排与针法，让湖湘苗族女性服饰呈现出旖旎的艺术美感，同时又深刻地传承着本民族的文化与渊源。

可以说，湖湘苗族女性服饰是记录苗族文化的“活化石”，日月星辰、江川河流、平原山脉、动植物图腾等在苗族人眼中都具有象征意味，苗族人信奉巫教，崇拜万物。苗族历史上的迁徙、苗族流传的神话故事和传统巫术思想都通过苗族女性的传统服饰技艺和图案淋漓尽致地表现出来，没有哪个民族像苗族一样将服饰图案作为史书，深切地表述历史。在《中国民族服饰文化图典》一书中有这样的记载：在湖湘大地上的苗族女性服饰款式丰富多彩，样式各异，风格鲜明。湖湘苗族的女性服饰昭示出位于长江之畔的苗族自身独特的文化，饱含着自信与坚强的心态，苗家妇女倾其心血去创造、去刺绣、去编织、去浸染，在慢慢的岁月积淀中打造出民族特色极强的优秀湖湘女性苗族服饰艺术。

（一）苗族服饰

承载着湖湘苗族文化精髓的苗族女性服饰款式简洁大方。在清代以前，湖湘苗族女性大多采用自织彩色斑斓布料制作服饰，布质结实粗犷。服装采取大筒短袖无领满襟花衣搭配百褶裙，头部装饰头帕，鞋子为船形，佩戴各种银饰。其中也有一些地方的苗服比较复杂，如湘西花垣县苗族妇女衣着，衣服一律为无领满襟，腰部肥大且较长，裤子与袖子均宽松而较短，腰系围裙，胸前、袖口、围裙、裤脚边都采用绲边、绣花或排纱工艺，并加栏杆于其间，五光十色，非常漂亮。头帕为折叠式，由前额向后脑延伸，下小上大，成扁圆形。

中华人民共和国成立以来，受到汉族服饰的影响，湘西苗族服饰习俗逐渐改变，除排碧、补抽、吉卫、雅西、董马库等乡镇仍然穿苗装者居多

外，其余地方的女式服装与汉族已经区别甚微，大同小异了，虽然苗族女性平时穿着简单的服装便于劳作，但在传统的民族节日里，苗族妇女一定盛装打扮，穿戴好完备的民族服饰，载歌载舞，尽情表达出欢快的本民族的特质。

（二）苗族银饰

湖湘苗族女性服饰中最具独特亮点的是打造精美、造型独特、熠熠生辉的各类银饰，银饰成为苗族女性服饰中最主要的表现元素，在中国各民族服饰中首屈一指，包括头饰、项饰、耳环、戒指等等，种类繁多、工艺绝美精湛、造型夸张生动、图案寓意深远，构成了苗族服装佩饰的一大特色。在苗人看来，银饰是财富的象征、避邪的神物，可以给人带来幸福吉祥。所以，苗家少女全身的佩饰清一色都是银饰，重的可达数公斤。节日里，苗族姑娘会穿上隆重的民族服饰，佩戴全套的银饰配件以示庆祝。在湖南湘西的凤凰县城里，苗家姑娘都准备好精美的服装银饰作为待嫁的嫁妆。

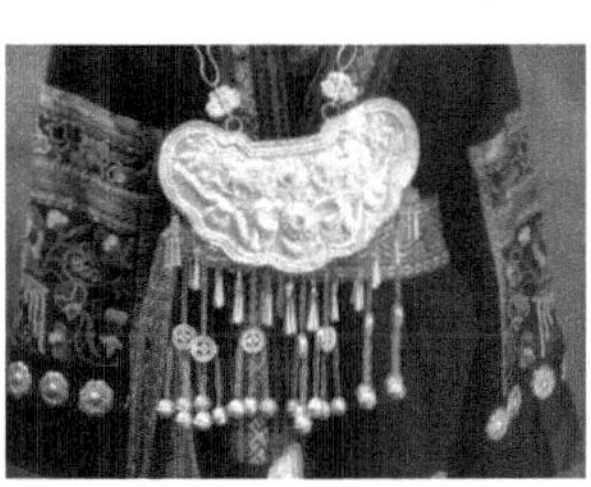

苗族服饰中把在绣衣上钉银饰，制作精美的服装称为“银衣”，银衣是湖湘苗族女性服饰中的精品。采用绉绣、散绣、堆绣三种特有的苗家绣法，绉绣针法装饰效果强，花纹呈浮雕状；散绣针法精致而漂亮；堆绣针法效果奇特由各色三角绫子堆绣而成，三种针法完美结合，用来制作盛装礼服，最后钉上漂亮的银饰，钉满银饰的苗服因此得名为“银衣”。银衣的前襟后背、衣袖下摆等明显的位置都钉缀满许许多多呈长方形、四方形、半圆形的银片和银泡、银铃等錾花银饰，这种绣饰精美的银衣成为我国少数民族女性服饰中最为精美的服饰。

湖湘苗族女性传统服饰中胸前大都佩戴着硕大的银锁，又称“长命锁”“银压领”，寓意满满，银锁也是苗族服饰中极具代表性的主要饰物，银匠在压制出的浮雕式纹样上錾出细部，打制出精致的图案，纹样大多包括龙、鱼、蝴蝶、花草、双狮、绣球等，银锁下沿垂有银链、银片、银铃，穿戴在身上走起路来发出细碎的叮咚声，悦耳好听，深受苗族人的喜爱。

（三）苗服图案

苗族女性服饰中的图案是流动的艺术，行走的文字，它把苗族先人的思想和苗族历史的印迹，把那些被遗忘的神话与巫术文化的痕迹都通过服饰图案生动传神地刺绣出来，具有“活化石”的记载意义。在苗族女性服饰中，苗人借助动植物形象来传达某些特定的含义，其中枫叶纹、蝶纹、鱼纹和龙纹最为常见。

枫叶的造型通过刺绣针法绣在服装上，有具象写实的红枫造型，有抽象写意的几何图形，有打造成枫叶形状的银饰，孩童服装上多单独使用枫叶，表达苗族子孙健康成长的寓意，成人女性服饰中则会有繁多的枫叶造型，苗族银匠在银饰中利用枫叶纹的叶尖巧妙联结其他图案，形成丰富的装饰效果，寄托着树枝漫天、百树花开的美好寓意。

在苗服中，蝴蝶的形象美丽且能作蛹产卵有吉祥的寓意，加上神话故事的渲染，使得蝴蝶的形象成为苗族服饰中非常重要的一部分。在苗族的服饰中，蝴蝶妈妈的造型多以扎染、蜡染的形式出现，有的是抽象的蝴蝶形象配以亭台楼阁出现，也有的是蝴蝶图案与孩子组合寓意“百子”含义，还有的是用各种动物拼合而成的蝴蝶图案，有苗族万物起源于蝴蝶妈妈之意。

与汉族的神话相似，苗族“鱼”指“鲤鱼”，更多的是象征着旺盛的生育能力。苗服中，鱼形的图案有很多，比如鱼弄花瓣、鱼腹有子、鱼龙吐珠、人鱼交叠等等。湘西苗族的鱼纹较为写实，常与莲花、莲子等形象联系在一起，与湖湘文化中的“莲”有相同之处，借喻“年年有余”的吉祥寓意。马王堆一号汉墓中出土的帛画，有一节是表现画中人乘鲤鱼腾空而飞的故事。由于楚汉文化的相互影响，也使得苗人对鱼、龙等形象产生了自己的解释。

湖湘苗族女性服饰中的龙纹也极为常见，在苗服中龙的形象憨态可掬，并非以威严强悍凶恶的形象出现，甚为惹人喜爱，与汉族相似的是，龙形与蛇形有极大的渊源，苗疆多虫蛇，所以苗族的龙纹不像汉族的龙纹那样固定形态，而是可以自由变化，可以与其他动物形象结合随意拼贴而成，具有原始神话的意味。

二、湖湘土家族女性服饰文化

湖湘土家族女性服饰没有像苗族服饰那样穿金戴银，绚丽多姿。土家族的女性服饰更接近生活，更具实用性。民国以来的土家族女性一年四季都戴头巾，青丝帕或印花头巾最长可达七米，丝帕薄如蝉翼，是妇女终生陪伴之物，死后必以帕缝头入葬。

土家族女性服饰大多右开襟，饰花边，挂银铜佩饰，俗称“满襟”袖大而短，有满清道风，服装的色彩以白、蓝、青、印花布为主，姑娘出嫁时穿“露水衣”，上穿鲜艳桃花绣衣，下着八幅罗裙，据沈从文先生考证，八幅罗裙是正宗土家装。过去的土家族女性不穿袜子，兴打绑腿，将裤筒裹成人字路，配布鞋或草鞋，十分精神利索，民族专家认为这是土家兵战争装束，有土司“兵农合一”传统制度的痕迹。

湖湘土家族女性服饰的表现材料多种多样，异彩纷呈，它的运用、发展和终结，与本民族服饰的民族审美意识和民族经济发展相关。从采集树叶以兽皮为衣，发展到葛麻类植物为织物，再到后来用蚕丝作织物，经历了漫长的过程。材料的更新替代，始终以审美信息传达为中心，这些艺术语言构成了湖湘土家族特定的造物文化。

（一）土家族服饰

湖湘土家族女性服饰民族特色浓郁，历经变革仍保留了本民族传统特点，是土家族人民情感的表述。湖湘土家族女性服饰其款式和色彩都渗透着土家人的情感，具有独特的文化内涵。湖湘土家族人有句俗语叫“人是树桩，全靠衣裳”，女性对穿着打扮历来十分讲究并且非常注重实用。有一种称为“背褂子”的马甲，深受土家族女性青睐，穿着它可以避免背篓磨坏衣服，春秋穿夹背褂子，冬天穿棉背褂，富裕人家则穿皮背褂，实用而方便。

湖湘土家族先民处于原始部落时代时，还不懂得纺纱织布，只能穿树叶、兽皮，在古老的歌舞《毛古斯》及《摆手舞》中，就曾出现过稻草毛人与身披土花被面的形象。五代开平年间，湖湘土家族人开始出现“女勤于织，户有机杼”的繁荣景象。宋代时湖湘土家族女性编织的织锦以及织锦工艺达到了相当高的水平，史书上称为“土锦”或“宝布”，被列为向朝廷纳贡之物。后来受汉族先进织布技术的影响，聪明的湖湘土家族女性用自织自染的土布和土锦，将短用布改为围裙，将披风改为衣裙。

在湖南的土家族中，有的土家妇女喜欢穿着“三滴水”，即里外几层衣裤，里边长，外边短，层层露边，这也许与露富心理有关，过去土家人贫穷，难得添置新衣，逢年过节或赶场走亲戚时，就穿“三滴水”展现给外人看，有的土家族姑娘，在农历七月十二女儿会这一盛大的传统节日里都穿上自己最漂亮的衣服，按衣裤的长短，从里到外，依次重叠穿着，并佩戴上最珍贵的金银首饰，打扮得格外俊俏美丽。湖湘土家族人小孩的服饰最讲究的是帽子，按年龄和时令季节确定帽型，二、八月戴紫金冠，夏季戴冬瓜帽、蛤蟆帽，冬季戴虎头帽、风帽等。这些帽子的帽面，用五色丝线绣有各种花鸟虫鱼，还钉有文八仙、武八仙、十八罗汉等装饰品，其造型稚拙可爱，具有浓郁的乡土气息和传统装饰风格，通过极度夸张的外形特征，张扬事物的真、善、美，从中可看出土家族女性精湛的刺绣水平。

（二）土家族服饰图案

图案是湖湘土家族女性服饰的重要组成部分，起着传情达意的重要作用。土家族人的传统文化心态与其他民族一样，崇尚吉祥喜庆、圆满幸福，反映在服装上，则表现为追求完整、饱满、丰厚，积极向上、生生不息的情感意愿，通过优美的图案造型，向人们展示民俗文化理念的深层内蕴和炽热情感。

湖湘土家族女性喜欢在肚兜上刺绣并蒂莲、连理枝、蝶恋花，鸳鸯戏水、凤穿牡丹、富贵白头、喜鹊登梅等民俗图案，将永结同心、白头到老、相亲相爱的纯美爱情注入形象化的服饰图案中，以直接的视觉语言表达隐喻的形式，反映土家族人纯洁朴素的民俗婚姻观。同时，土家族人对纹样造型赋予生命的律动，其中如意纹、盘长纹等造型符号和纹样，表现出了大千世界芸芸众生的勃勃生机，反映了土家族女性对幸福美好生活的执着追求和真诚期盼，表达了朴素纯真的审美情趣。

（三）土家族服饰色彩

湖湘土家族女性服饰文化最突出的特点是穿着崇尚简朴自然，喜宽松，重喜色。色彩是湖湘土家族女性服饰视觉情感传达的另一个重要元素。服饰色彩语义的传达依附于服饰而被人们认知，不同的色彩其色彩属性不同，则产生的心理反应和视觉效果也不尽相同。在湖湘土家族女性服饰色彩的形成和传达中，受独特人文意识的渗透和民族习俗的影响，女子服装色彩丰富，将布染成“鹿子闹莲”“喜鹊闹梅”“蜻蜓点水”“双凤朝阳”等喜庆的图案，在使用面积、色彩冷暖和肌理纹饰等方面，既形成强烈的艺术对比，又协调统一，体现出承载实用文化精神意义上的审美品格。湖湘土家族的新娘装更是与众不同，叫作“露水装”，包括一套露水衣、一双露水鞋、一方露水帕、一把露水伞。婚礼服色彩多运用鲜艳亮丽的高纯度色彩，其中尤以红色为甚，被视为吉祥色。

这些视觉信息传达符号对服装起着装饰美化的作用，使服装呈现千姿百态、靓丽夺目的色彩艺术效果，它以形象化的创造性语言，记录下了湖湘土家族服饰的社会意识形态和情感世界的演变，为研究土家族服饰艺术提供了极具史料价值的佐证，也反映了勤劳智慧的湖湘土家族女性超凡的艺术概括力和对服饰艺术的大胆追求。

三、湖湘瑶族女性服饰文化

湖湘瑶族女性服饰在衣襟、袖口、裤脚镶边处都绣有精美的图案花纹，妇女们善于刺绣，常将发结细辫绕于头顶，围以五色细珠，衣襟的颈部至胸前绣有花彩纹饰。

（一）多彩多姿的头饰

湖湘瑶族女性热爱生活，明媚开朗，在她们的民族服饰中搭配有许多颇具特色的头饰，这些创造性的头饰有“飞燕”形、“月牙”形、“A”字形、“龙盘”形等等，妙趣横生、多姿多彩。湖湘瑶族女子有的戴竹壳，有的竖顶板，有的戴竹箭，有的戴尖帽，还有的以蜂蜡涂发，椎髻于顶，不论严寒酷暑，均以花帕包裹呈梯形，再用蛾冠形的斗篷罩在上面，避风遮阳，清秀大方，犹如“学士帽”。瑶族女孩长到十五、六岁要换掉花帽改包头帕，标志着身体已经发育成熟了。婚后则取下蛾冠，表示已成家立业，开始新的生活。

（二）精湛的蓝靛印染

蓝靛印染花布是湖湘文化中传统的艺术精品，在湖湘大地，扎染、蜡染、蓝靛印染一直是传统相袭的精湛民间染布工艺，瑶族民风淳厚朴实，在此基础上形成的心理趋向也是以质朴素净为美，这使得蓝靛印染花布在瑶族广为流传。湖湘瑶族妇女们非常擅长蓝靛印染工艺，曾制作出闻名遐迩的“瑶斑布”，堪称一绝，她们将自己种植的蓝草经过浸泡加工后，提取蓝靛，加入白酒，经草木灰过滤、发酵呈黄色后便可染布，在染布时经过多次浸染、晾干，最后让布料呈深蓝带暗红色。为了使布料色彩深沉，坚挺耐用，瑶族女性还智慧地把已染好的布料放入炖缩的牛皮溶液或猪血溶液中进行蒸晒，这种传统工艺在勤劳聪颖的瑶族女性手中得以不断地完善和发展，用蓝靛印染布料做成的服装朴实美观，受到瑶族女性的喜爱。

湖湘瑶族女性服饰有穿大襟上衣，束腰着裤的；有穿圆领短衣，下着百褶裙的；还有穿长衫配裤子的。湖湘瑶族女性服饰美还集中性地体现在挑花的构图上，一般整幅图案均为几何形纹样，风格独特，瑶族女性服饰挑花图案以及服饰的特征在某种程度上是宗教的反映。

不同于湖湘女性传统服饰文化的研究，因为年代久远，实证欠缺，地域性的文化特征独特性与差异无法阐述得更为深入、详尽和精准，而湖湘女性民族服饰却是由产生、发展至今都一直存在的实体，因为地域的区别，各少数民族的历史渊源不同，服装均呈现不一样的款式和装饰性，从图案的造型与寓意，到色彩的搭配与安置；从饰品的种类与工艺，到面料的织造与肌理，几乎每个民族都用自己的民族智慧进行别开生面的阐述，这样的形式最利于全面系统又深刻地进行湖湘女性服饰文化的研究与探索，就瑶族而言，虽然全国各地有不少地方都有瑶族存在，但花瑶却只在湖湘地域存在，花瑶的服饰虽简洁明快，但用布条反复围着头部缠绕，直至达到庞大的体积和惊人的视觉效果，这种装扮则是独一无二的。由于现代快节奏的生活方式，由于汉化的影响和现代服装的美观、时尚、便捷的特点，现在的湖湘女性少数民族服饰正一步步趋于消沉、低落。没有学术研究传承，没有创新设计弘扬，没有合适场合穿着，那么湖湘民族服饰文化如何得以历久弥新，具有永远存在的温床呢？这也是我们进行湖湘女性系列文化研究项目的初衷，借此以警醒，让湖湘女性文化传承继往开来。笔者所在的湖南女子学院艺术设计系服装与服饰设计专业正在着手进行湖湘女性少数民族服饰数字媒体博物馆的筹建，想通过实地考察与研究最全方位地收集、整理湖湘女性少数民族服饰的全面资讯与资料，弘扬民族服饰文化，保护地域特色与地方文化。

参考文献

[1] 黄士龙：《中国服饰史略》，上海文化出版社 2007 年版。
[2] 李当岐：《服装学概论》，高等教育出版社 2001 年版。
[3] 钟茂兰：《中国少数民族服饰》，中国纺织出版社 2006 年版。
[4] 陈娟娟：《中国织绣服饰论集》，紫禁城出版社 2006 年版。

福建畲族女性首服形制与内涵考察研究*

陈　栩**

一、福建畲族女性首服造型特征及梳理过程

（一）福建畲族女性头式的造型特征

福建有16个畲族乡，分别是闽中地区如福州市连江县小沧乡、罗源县霍口乡、三明市永安市青水乡；闽西地区如龙岩市上杭县官庄乡、庐丰乡，闽南地区如漳州市漳浦县赤岭乡、湖西乡、龙海县（已改为市）隆教乡；闽东地区如福安市坂中乡、穆云乡、康厝乡、福鼎市硖门乡、宁德市金涵乡、霞浦县水门乡、盐田乡、崇儒乡等。畲族妇女非常重视头部的装饰，其服饰和首服是畲族民族特征的外显，也是区别于其他民族的显著标志。虽同为福建畲族，但不同地区的畲族各有不同特点，表现为服装形制、妇女头式、凤冠形制和服饰图案的变化和一些风俗上的不同。畲族妇女的首服包括妇女佩戴的凤冠和梳理的头式，根据学者潘宏立的观点，福建畲族的发式可以分为罗源式、福安式（包括宁德）、霞浦式、福鼎式（包括浙皖）、顺昌式、光泽式和漳平式几种①。而笔者认为，目前福建畲族妇女的头式只保留下罗源式、福安式（同宁德）、霞浦东路式、霞浦西

---

* 本文是福州市科技规划项目（项目编号：2016-G-63）、闽江学院社科项目（MYS17031）的阶段性成果。

** 陈栩，闽江学院服装艺术与工程学院副教授。

① 潘宏立：《福建畲族服饰类型初探》，载《福建文博》1987年第2期，第35页。

路式（同福鼎）四种形式，由于闽南和闽西两地畲族与当地客家和当地汉族交融，其服饰文化已经涵化，目前调研期间很难发现现存的头式形式。表 1 总结了福建畲族已婚妇女和未婚女性正、侧、背的头式造型。梳理罗源式头式的已婚妇女将头发拢于脑后卷成两股，套上竹木制成的细长发式，固定于头顶，再缠以红毛线，盘成螺髻，象征着凤头；福安式畲族女性头式和宁德接近，又称碗匡式，梳理时将头发分为前后两部分，后面头发扎成坠壶状，前面头发平盘绕于额前，再用红色毛线缠绕于额上。为了使前面发髻宽大，已婚妇人往往添加上假发，发式正面如黑色缎帽，侧面如凤身，和罗源式的头式有着明显的区别。福鼎和霞浦交界地区的畲族妇女头式为霞浦西路式，又称凤尾式，即不添假发，将头发分为前后两部分，前部分头发收拢，扎上红毛线用发夹固定，别于耳侧。后部头发梳成三束编为辫子，用红毛线扎紧，盘于头顶。霞浦和福安东部与霞浦接壤的松罗、溪尾一带发式称为“福宁头”，也叫霞浦东路式，使用假发将头发分为前后两部分，先以三股发束旋绕，盘绕红色毛线并用发夹固定盘于头顶，再将脑后的余发盘绕成髻用网兜兜住再插上银簪。

表 1　福建畲族女性头式

头式形式	正面	侧面	背面	正面	侧面	背面
婚姻状况	已婚			未婚		
罗源式						
福安式						
霞浦式（西路）						
霞浦式（东路）			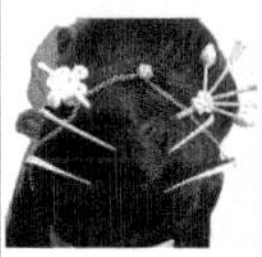			

福建畲族地区形式多样的头式造型和畲族分布的地域有关，罗源畲族俗称凤头，所以头式造型更加夸张；宁德、霞浦畲族俗称凤中，所以头饰装饰较少；而福安、福鼎畲族俗称凤尾，所以头式上的装饰又相对多起来了。而青年未婚女性的头式相对已婚女性头式而言梳理要更加简单，罗源式未婚女性头式是用红头绳缠绕头发再缠绕于头上，形成一圈发辫；宁德式未婚女性头式称作小碗匡式；霞浦西路式未婚女性头式相对复杂一些，但东路式未婚女性头式又与罗源式接近。总体而言，未婚少女头式都是以发辫加假发缠绕头顶再包围红色毛线，毛线包裹的面积比较宽大，造型上也更加精致小巧，显示出女孩子的俏皮可爱。但如今，畲族未婚女性头式已演变成一种红色头环直接戴在头上，有些已婚女性不会梳传统发式也用红色头环替代，传统发式向头饰化演变。

（二）福建畲族女性罗源式发式梳理

畲族女性罗源式头式梳理需要用到的工具包括：竹头式、红色毛线、蓝色毛线、发夹等几种材料（如图 1），有的地方会用一缕假发代替蓝色毛线。

图 1　罗源式畲族头式梳理工具

图 2　福建畲族女性罗源式凤凰髻梳理步骤之一：分发

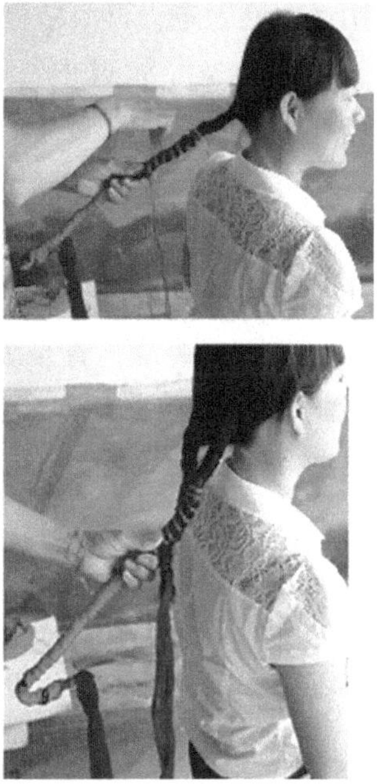

图 3　福建畲族女性罗源式头式凤凰髻梳理步骤之二：连接竹头式

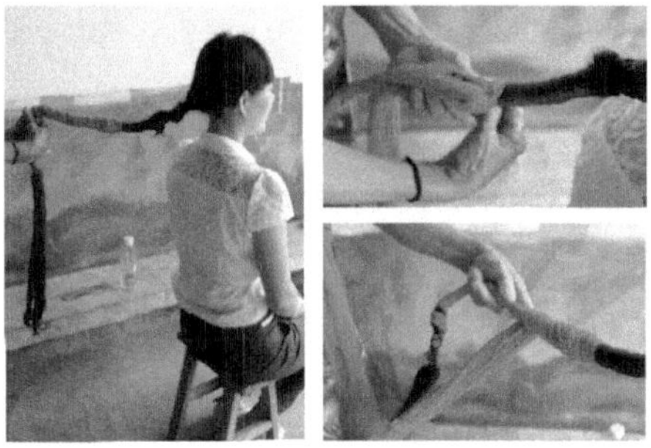

图 4　福建畲族女性罗源式头式梳理步骤之三：缠绕毛线

图 5　福建畲族女性罗源式头式梳理步骤之四：固定头式盘凤凰髻

1. 步骤一：分发。先将头发分成两股往后梳理，每股都拧成麻花（如图 2）。

2. 步骤二：接竹头式。一股头发接上蓝色毛线后用橡皮筋固定，再由被梳者握住，另一侧头发与竹头式相连（如图3）。将另一侧头发与竹头式相连，用红色绒线缠绕，将缠绕好的头发双侧发尾交编成一条麻花辫（如图3）。

3. 步骤三：缠绕毛线。再用红色绒线缠绕麻花辫与竹头式，起头时留约10cm蓝色区域不缠绕，再从后往前缠绕，直至缠绕至竹头式头，并留50厘米的余量用以盘凤凰髻（如图4）。

4. 步骤四：固定头式。将缠绕好红毛线的发辫从后往前梳，整理凤凰髻。用红色细绒线从后往前固定竹头式使之不偏移，保持正中的位置（如图5）。盘凤凰髻：用红色毛线余量像螺旋一样一圈一圈缠绕，缀于额头位置（如图5）。

图6　福建畲族女性罗源式头式梳理步骤之五：整理凤凰髻

5. 步骤五：整理凤凰髻。将多余的毛线藏到头髻里面，并用夹子固定，整理头发多余部分，畲族女性罗源式头式梳理完毕（如图6）。

畲族头饰从款式、形制到具体的饰物，从色彩到纹饰，确确实实都不同程度地反映着头饰族群的民间信仰、观念和思想意识，折射着各民族文化结构中最深层次的心理积淀，并与民俗心理、民族意识有着某种深层次的联系①。

二、福建畲族女性凤冠的构成

凤冠是畲族女性服饰中最为华贵的配饰之一，笔者认为福建各地畲族妇女佩戴的凤冠大致可以分为竹筒式（罗源式）、尖顶式（霞浦式、福安式）和平顶式（宁德式、福鼎式）等三种形式。

罗源式凤冠是用竹筒做的圆筒型的头饰，外面包裹银片，银片上嵌着各种吉祥纹样，凤冠两端用绿松石珠子相连；福安式凤冠是用竹壳做的一种平顶小帽，外面用红布包着，上面装饰着银牌、银铃、红布等，前边还有一排银质小人儿（俗称八仙），垂吊在前额遮掩面部；霞浦式凤冠是用红布包裹的尖顶小帽，帽子两边用绿松石垂两个铃铛形平面银牌，帽子正面嵌着两片与帽子同宽的银片，帽子上面嵌着3片錾莲花的金薄片；福鼎式是

① 祁春英：《中国少数民族头饰文化》，宗教文化出版社1996年版，第136页。

一种平顶的凤冠，两边各垂12条银片打造的装饰物，上嵌鱼纹、莲花纹等图案，戴起来叮当作响，甚是好看。

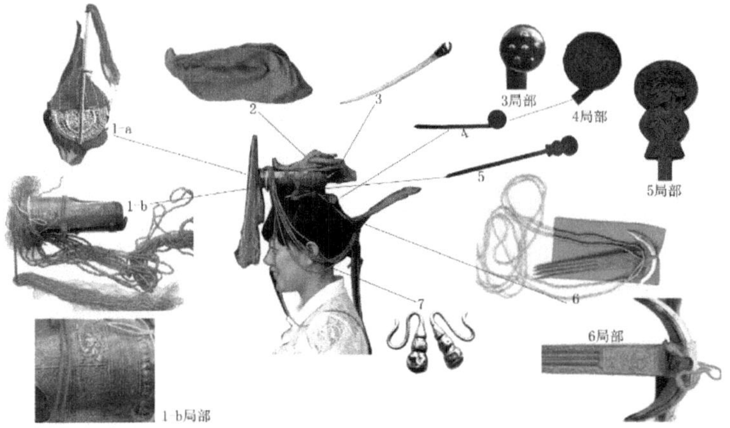

图7　福建畲族罗源式凤冠

图7中罗源式凤冠是福州晋安区日溪乡畲族女性结婚时佩戴的，打造于民国初年，其具体构成如图1，其中1-a、1-b为凤冠主体，由竹冠包裹蓝色苎麻布，外面再用银片包裹并嵌着精美的图案，凤冠正面饰有一个圆银牌，银牌上嵌着圆形的狮子纹样，与凤冠侧面的狮子图案交相呼应，并接上一根小银棍，上面缀着红色流穗，下面嵌着12条蓝色珠串，左右两边各6条（1-a）。凤冠侧面嵌着狮子、梅花单独纹样、3朵牡丹花连续纹样，凤冠下部嵌着莲花纹样、蝴蝶角隅纹样（1-b）。银牌下面也镶嵌着红色流苏，悬垂在额前，畲民称它为龙髻，代表三公主戴的凤冠。凤冠顶上用生丝布（2）包裹发髻，象征着凤凰的冠，用夹子固定。畲族罗源式凤冠佩戴的步骤是：先将头发分辫再接发，从后往前盘绕在头顶，形成一个螺髻，用簪子固定，再在螺髻上戴上竹顶冠。用毫针（3）将凤冠与发髻固定，毫针顶端包裹着银制莲蓬造型的头坠。发笄，简称为笄，后又称为簪，是最古老同时也是最常见的一种固发工具。畲族女性用发笄固定凤冠与头发，一个发笄顶端与清代的铜币焊接而成，圆形铜币上嵌着龙纹图案，环绕龙纹的上面是“FOO-KIEN PROVINCE”，代表福建省，下面是“ 1MACE AND 44 CANDAREEN”字体。由于年代久远，其中44字体比较模糊，但是可以推测这是福建造币厂于清代铸造的一块以44分为面值的铜币（4）；另一个发簪顶端造型为平面葫芦形（5），寓意多子多福，葫芦里面还嵌着莲花图案，

莲花和莲蓬都代表了对畲族女性多子多福的希望。但是为什么畲族妇女的头簪上用铜币来装饰，笔者推测可能和畲族人希望女性嫁到夫家后能够夫妻共同发家致富，所以戴铜币在头上，希望将来能招来好财运。畲族女性用月牙形多齿笄接一块方形红布固定凤冠尾部，多齿笄，拼合或切割成多齿，外形看类似于窄长形梳，多竹质，也有少量为骨质、角质及金属质地[①]。多齿笄月牙形部分为银器包裹，其他部分为木质结构，发笄分四齿，木柄部分上刻寿字纹，两边刻花卉装饰纹样，月牙形发笄的另一端用皮环与一块红色苎布缝合，同一侧连接蓝色珠串的另一端（6）。与凤冠搭配的耳坠造型为葫芦形，根据田野调查的情况福建畲族的耳饰均是这样的造型，耳钉弯曲，呈鱼钩状（7）。根据《福建罗源县八井村调查》一书中记载，在罗源畲族结婚习俗中，新娘的嫁妆中首饰为银耳环 1 付，银手镯 1 付，银戒指两只[②]。根据蒋炳钊先生的描述，"冠身戴在发髻顶部，尾饰插于发髻后柄上，琉璃珠饰分垂于两肩。前缨后尾，甚是美观。据说以前这种'凤冠'是经常佩戴，现在只许结婚时戴，过后收藏起来，待去世时再戴上随葬。"[③]

三、福建畲族女性首服的象征意义

（一）畲族凤冠是畲族图腾崇拜的社会表征

古语言"身体发肤，受之父母"。头发是父母精血的结晶，是生命的象征。对于女性而言，头发也是彰显女性魅力的重要部位。畲族女性的头式一直是畲族的显著标志之一。一是从史料记载的角度，畲族是有着深厚的盘瓠崇拜传统的民族，和畲族同源的瑶族有包头的习俗，而福鼎的碗框式头式和瑶族包头有着异曲同工的作用，只不过瑶族是用布包，而畲族女性使用假发包头。图腾崇拜是头饰发端的始因，畲族女性的头式是图腾崇拜的社会表征，形成典型的向心排异性。随着祖先崇拜等祭祀活动日渐简单以至消失，有关纪念盘瓠的女性发式也渐渐淡出民众视线。

二是从历史传说的角度，根据畲族传说，帝后娘娘给三公主一顶非常珍贵的凤冠和一件镶着宝石的凤衣，祝福女儿三公主像凤凰一样给生活带来吉

① 王方：《东周女性发型发饰初论》，载《考古与文物》2011 年第 3 期，第 49 页。
② 石奕龙、张实主编：《福建罗源县八井村调查》，云南大学出版社 2005 年版，第 122 页。
③ 蒋炳钊：《畲族史稿》，厦门大学出版社 1988 年版，第 330、339 页。

祥如意，婚后生下三男一女，三公主把女儿从小打扮成凤凰的模样。畲族妇女为了传承古老的传说，所以佩戴形似凤凰的凤冠，畲族女性特殊的家族地位对其服饰文化的传承也起着重要的作用。《后汉书·舆服志》中记载古人“见鸟兽有冠角髯胡之制，遂作冠冕缨蕤，以为首饰”。[①] 可见中国古人造冠的目的是对自然界中鸟兽的头部造型加以模仿，改制成冠戴在头上，用缨与蕤做装饰，再用笄贯插在头发上使之稳定。那么，畲族妇女头上的罗源式凤冠确实运用了仿生设计模仿凤凰的造型，头饰设计既是为了礼仪的需要，又起到了装饰的作用。而女性首服从凤冠演变成凤凰头也是有源头可溯的。对于畲族女性来说，头式和服装一样，只有完整地穿戴在一起才代表对祖先的尊重。对于畲族老人来说，凤凰头具有一定的民族识别性，也反映着畲族祖先三公主的显赫地位，所以至今福建省畲族老年妇女还保留梳凤凰头，穿凤凰装的习惯。如果没有梳洗打扮完整，她们是不愿意让外人拍照的。

（二）畲族凤冠是畲汉融合的例证

清光绪《永泰乡土志》称“今则出入相友，婚嫁相通，与汉种无分彼此焉[②]。”史志中记载从光绪年间开始，畲汉融合高度发展，汉族文化开始渗透到畲族社会生活的各个角落，从福建畲族凤冠上可以看出近代畲族凤冠的演变过程，带有明显的时代烙印。首先，畲族凤冠上的配饰增多了，出现了不同造型的头簪。头簪上嵌着清代钱币和葫芦造型，具有典型的汉族文化的审美和时代特征。其次，畲族凤冠上的装饰更加精细，图案朝复杂化、多样化、吉祥化方向发展。畲族凤冠从裹竹为冠再到竹管外包裹银片，凤冠的装饰更加精美贵重，银片上的狮子、牡丹花、莲花等纹样均是吉祥图案，与汉族服饰上常用的图案形制一致，带有强烈的生殖崇拜的意味。头簪上的莲蓬图案象征着对畲族妇女多子多福的祝福，这些是在畲族凤冠图腾崇拜的功能上赋予了畲族凤冠寓意吉祥、寄予祝福等其他的功能。

（三）畲族头式包含了畲民迁徙的记忆

福建地区畲族已婚妇女不同类型的头式显示了畲族在民族迁徙过程中，与当地民族融合形成的生活习惯与记忆。比如椎髻，椎髻是原始社会后期一种古老的发式，又名“椎结”。椎髻也不是畲族独有的发式，在其他少数

---

① 范晔撰，李贤等注：《后汉书：舆服志》，中华书局 1965 年版，第 2829 页。

② 周邌然：《永泰乡土志：第七课，土著种族》，民国油印本。

民族史料记载中也出现有椎髻的身影。椎髻原本是华夷共有的发式，后来因为华人崇尚衣冠，而边远民族不重视冠服，椎髻成了这些民族的日常着装，殆至秦汉，人们反而把椎髻视为夷狄之装①。一些古文中对畲族“椎髻跣足”的描述，让畲民普遍认为畲族的发型就是椎髻，而随着畲族的民族迁徙，椎髻的梳法在迁徙过程中逐渐失传，畲民与迁徙地的文化相结合形成不同形制的头式，比如碗匡式、凤尾髻、罗源式等等，这也是为什么福建各地畲族女性头式均存在差异的原因之一。

（四）情爱因素是畲族头式传承发展的一大因素

畲族没有自己的文字，却有自己独特的语言。每年的三月三是畲族的乌饭节，也是畲族男女对歌的日子。畲族是一个喜爱唱歌的民族，结婚、丧事、节日都通过歌唱表达自己的心声，会唱歌的男子或女子被称为有肚才，从而受到大家的尊敬。畲族未婚少女两鬓夹有两支银笄，订婚时须脱下一支，表示已许婚嫁。畲族未婚男性通过头式的造型识别已订婚或已结婚的女性，畲族未婚女性的头式也给未婚男子们发出一种求偶信号，便于他们识别且寻找能歌善唱的如意伴侣。所以畲族女性的头式带有典型的识别功能，女性通过在社交场合的展示、梳理和自己相匹配的头式获得人们的关注。

总之，畲族妇女的首服不是单纯地因为审美而产生的，而是包含着历史、图腾崇拜、民族融合、迁徙记忆、情爱因素等各方面的含义。因此，畲族女性的首服具有很高的统摄性和包容性，在一代代的繁衍生息中糅合强烈的民族精神、民族情感并逐渐传承开来。

四、结　语

畲族女性的首服表现为四种不同类型的头式和三种不同类型的凤冠，是在民族融合的基础上不断发展、演变形成的，包含着历史、图腾崇拜、民族融合、迁徙记忆、情爱因素等各方面的含义。随着时代的变迁，生活节奏的加快，畲族女性头式的梳理和凤冠的形制必然会随之发生变化，我们也不得不接受现代出现的近似帽式的畲族头式，这是服饰文化发展与环境适应的必然规律。我们能做的，是在历史的传承中保留其内在的含义，而不是照葫芦画瓢地模仿过去的造型，去探寻更能够传承畲族文化，彰显畲族文化精髓，创造出让畲族群众喜闻乐见的畲族女性首服。

---

① 叶大兵、叶丽娅：《头发与发饰式民俗——中国的发文化》，辽宁人民出版社 2000 年版。

枫香树，枫香庄生了妹榜妹留，妹榜妹留又生了十二个蛋。然后始祖姜央和龙、虎、雷公等从蛋中出生。其中一个就是苗族的祖先。苗族古歌《焚巾曲》是这样叙述的："混沌的太初，朦胧的岁月，蝶妈（蝴蝶妈妈）生老人，生远祖央公。央公生我们的妈妈，妈妈才生我们大家。"因此在苗族的女装中，蝴蝶是一个非常常见的题材，被用到衣服刺绣的纹样上或是银饰的图案上，这与传说中苗族祖先蝴蝶妈妈有着密切的关系（见图 1、2）。

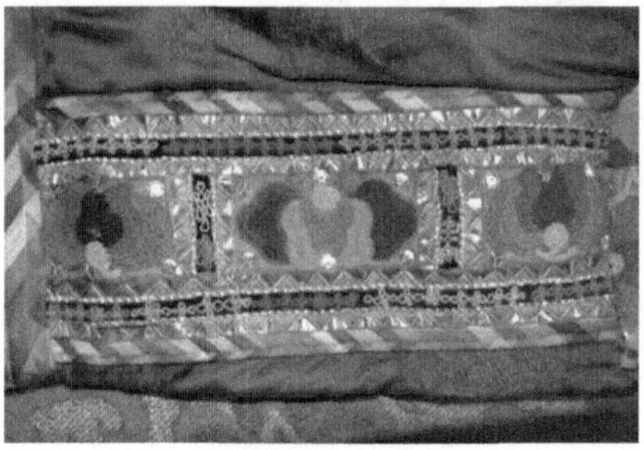

图 1　衣袖花上的蝴蝶刺绣图案

图 2　衣角上的蝴蝶纹样银片

蚩尤是我国古代的传说人物，东汉应劭云："蚩尤，古天子。"《大戴礼记·用兵篇》中载："蚩尤，庶人之贪者也。或云蚩尤，古之诸侯。"《国语·楚语》注曰："九黎，蚩尤之徒。"根据苗族史诗与歌谣，蚩尤是苗族的祖神。在传说中，蚩尤面如牛首，背生双翅，是牛图腾和鸟图腾氏族的首领。因此，一些地区的苗族女性有佩戴银角头饰的习俗。在贵州的关岭地区，流传着关于蚩尤与炎帝、黄帝征战的神话：蚩尤兵败被杀使得苗族人民从此开始了他们抛家弃园的迁徙之旅，这段传说也同样体现在了贵州苗族女性的服装上，"（滚仲女子盛装）下着蜡染百褶裙，裙上有青、红、蓝线条或图案点缀。青线条代表长江，红线条代表黄河，蓝线条代表都柳江……这三条彩线象征身居都柳江，怀念祖先和故里"[3] 151，在笔者的实地调查中，滚仲的百褶裙图案繁复，色彩丰富，具有自身的特色。

鸟崇拜与银饰造型。鸟崇拜也是苗族重要的图腾崇拜符号。在苗族的神话传说中，鹡宇鸟扮演了重要的角色。台江县方昭乡反排村的苗族女性所佩银饰为变形的鸟纹。丹寨县排调村、雷山县大塘村的姑娘们，其头上所戴的也是鸟形的银饰。还有一个非常典型的案例——黄平县苗族女性的银帽（当地人称其为银鼎），其银帽顶上最中间是一只银凤，银凤四周是四只银鸟，脑后拖下四条长长的银带象征着鸟的尾巴。

2. 服饰纹样中的苗族历史与文化

苗族没有文字，其服饰用图案纹样记载了本民族的过去，被誉为“穿在身上的历史”。田连阡陌纹、九曲江河纹、城池纹反映了历史上苗族在故地生活的经历，服饰上大量使用“天地”“平原”“长江”“黄河”“骏马飞渡”“江河波涛”等题材，如台江县革东地区的百褶裙采用的是十字挑花的方式，是自织自染的深蓝紫布上以红白两色挑绣出“人骑马”的纹样。运用刺绣、织绣、拼布、蜡染等种种工艺手段来“书写”苗族历史文化的传统服饰俯拾皆是，《苗族服饰：符号与象征》中有关于服饰中部分纹样的释义[4]207-215。现以服饰中的几何纹样为例，来探讨其中的文化表征：

表 1　关于服饰中部分几何纹样的文化表征

编号	纹样图案	纹样类别	纹样寓意	补充说明
1		天体	星辰纹	天体纹样体现了苗族“万物有灵”的图腾崇拜文化。
2		天体	星辰纹	此纹样不仅用于衣服，还用于银饰的纹样造型上。
3		天体	星辰纹	除了关于星辰的纹样外，造型简单的“日”“月”纹也很常见，体现万物有灵的崇拜。
4		山川	山川纹	可用编织、刺绣、挑花等工艺手段。
5		山川	山川纹	多用于裙子的下摆等部位。
6		河流	九区江河纹	象征苗族在迁徙过程中所渡过的河流。
7		河流	九区江河纹	同上。
8		田地	田连阡陌纹	田连阡陌纹多用于衣袖花和上衣后背以下部分，后者多重复排列，形成节奏感。
9		水	水涡纹	可用于蜡染、刺绣，贵州苗族地区称其为“窝妥”。
10		房屋	房架花纹	对传说中房屋的纪念。
11		房屋	房架花纹	对传说中房屋的纪念。

续表

编号	纹样图案	纹样类别	纹样寓意	补充说明
12		器物	火镰纹	由四个“T”字形组成的方形挑花图案，表示光明吉祥之意。
13		植物相关	蕨萁叶纹	此纹样为蕨萁的幼芽形象。
14		植物相关	荞子花纹	此纹样为荞子形象。
15		植物相关	百花纹	中间“+”字代表花蕊，四周“8”字代表百花，寓意幸福。
16		植物相关	桃花纹	寓意吉祥。

由上述关于服饰中部分几何纹样的文化表征可见，贵州苗族服饰中有许多纹样涉及天体、山川、河流、田地、房屋、动物等题材，表现出对本民族早期生活历史的纪念，以及对吉祥、富贵和生命之源等寓意的追溯。

（二）族别标志——本民族归属的认同

苗族传统服饰的款式和图案不仅仅具有装饰性，它还是识别“我族”与“他族”、“我支”与“他支”的认同符号。在族别标志这个文化层面，贵州苗族女性传统服饰具有双重的意义，可以从穿着者生前和穿着者去世之后两个不同的角度去探究。

1. 生前——判定民族与支系的标志

族别认同的第一个层次针对的是穿着者生前而言。贵州苗族女性传统服饰是其穿着者属于此民族而非彼民族、此支系而非彼支系的重要标志。例如，在苗族的传说中，百褶裙就是为了区别于其他民族的女性服饰而被创造出来的：传说古时候苗族女性穿的裙子与汉族的差不多，不易区分开来，苗族的一对母女立志要缝一种裙子，一看就知道是苗家的标志。她们受山坡上五颜六色青杠菌的启发，按着青杠菌的褶子做成了一条裙子，穿到花场上踩花，传说中寨子中的其他苗族姐妹见到这种百褶裙都觉得十分好看，于是纷纷效仿，百褶裙于是得以迅速传播开来。而此后苗族的各个支系根据所处寨子地理位置的不同逐渐穿上各种长短不一的百褶裙，与此类似的说法遍布贵州的很多地区。

2. 去世后——认祖归宗的需要

族别认同的第二个层次是穿着者故世后对认祖归宗的需求而言的。苗族有着“万物有灵”的观念，认为人的灵魂可以脱离肉体而永恒存在。因此也就有着关于祖先崇拜的种种传说。苗族“相信自己的始祖和列祖列宗的灵魂都是不灭的，他们生活在另一个世界”[5]71，如何在死去后重回祖先的怀抱？服饰在其中扮演着重要的角色。

在苗族的传统文化中，本民族的服饰（尤以盛装为甚）是认祖归宗的一个重要媒介，即只有故世后穿着本民族的服饰才能够被祖先认出是自己的子孙并将其灵魂接走。因此，装殓时穿着“老衣服”是贵州很多苗族地区的丧葬习俗，穿着的服饰一般以盛装为主，且所选盛装是穿着者所有盛装中最为精美的一套，由此可见人们对死后认祖归宗的重视。在一些地区，服饰的一贯性在去世后的穿着中得到了更完整的反映，比如丹寨的扬武地区就是这样：“过去妇女是穿裙不穿裤，所以老人逝世后，虽穿裤入殓，但通常会在旁边放一条裙子，希望死后灵魂回归故土时，可以改穿短裙，以防祖先不悦或不认识他们。”[6]343 而据研究这似乎与清代开辟苗疆时，统治者强迫其脱掉传统的裙子而改穿裤装有关。

（三）评判指标——对制作者女工的判定

在苗族的传统文化中，女孩缝制、刺绣服饰是她们必须掌握的基本技能。“（苗族）女孩在五六岁时便开始学习，十四五岁时已经熟练地掌握挑花刺绣、织花带、织锦、做衣裙、鞋帽等。”[7]18 在苗族家庭中，姑娘们在结婚时会陪嫁上出嫁前的这几年自己一针一线刺绣的花衣。

在一些节日喜庆的场合，姑娘们穿着自己所做的衣服，向众人展示自己的美丽与巧手，女红技艺好的姑娘会得到人们的称赞，是很值得自豪的事情。“在贵州西部的‘花苗’中，女孩在赶场寻觅情郎之前，最重要的是要绣许多花披肩，而花场上的异性一般都从这些披肩中来初识这个姑娘的人品和心灵。”[8]124 女红的技艺还直接与苗族女性的婚姻密切相关。在过去，女工的优劣是评判一位苗族女性是否心灵手巧、是否贤惠的一项重要指标，甚至与她们的婚姻密切相关①。20 世纪 50 年代，在贵州某些地区关于离婚的理由中排在第一位的就是女方不会缝制花衣，由此可见女红在苗族女性生活中的重要地位。[9]23 到了今天，随着生活水平、生活节奏、生活方式的改变，苗族女性尤其是年轻一代的苗族女性，对本民族的传统服饰手工艺

---

① 20 世纪 50 年代末，贵州少数民族社会历史调查组在对贵州省剑河县进行田野调查时发现“这里的姑娘很小时候就学习纺纱，十一二岁时，操作的熟练程度已像成人一样了。”

的掌握情况并不乐观，笔者在雷山县进行调查时，当地 50 岁上下的苗族女性都是从小就开始学习女红，一般 15 岁就学成了。在出嫁前掌握缝纫刺绣的技巧是那一代女性必须具备的生活技能。苗族传统服饰尤其是盛装服饰的技艺传承逐渐式微，因此对作为“评判指标”这一项的文化意义有逐渐弱化的趋势。

（四）仪式构成——作为礼仪服的存在

在重大的场合，如嫁娶、祭祀、节日等场合，苗族女性的盛装还是仪式的重要构成部分。在这些穿着场合，它是作为礼仪服而存在的。作为礼仪服的盛装主要可以分为结婚时的嫁衣以及节庆场合的礼服两个用途。

苗族女性在出嫁时没有专门的嫁衣，而盛装就成为出嫁时所穿的礼服。出嫁时所穿的盛装一定是所有盛装①中最为隆重的一套。如施洞的苗族女性盛装分为一等盛装和二等盛装。一等盛装是规格最高、最为繁复的衣服，衣服上用破线绣刺绣很多花纹，并在袖部、前衣片下摆处缀有银片；全套所配的银饰有七八十种，要在头顶正中戴大小两个银角，并在左右两边各插数支银凤雀，颈间还佩戴数个银项圈、带坠饰的银花压领等。此种盛装在制作时间上一般都超过一年，在姊妹节或出嫁时穿着。二等盛装刺绣纹样不如一等盛装复杂，衣服上花纹较少，也没有费时费工的破线绣；所配银饰数量也少很多，头上仅有一个银头帕、颈间也只有一个银项圈。一般是赶场、伴嫁时候穿着。

在节庆场合，会根据节日的隆重程度来选择所穿的盛装。除了手工缝制、刺绣盛装外，机器车缝和机器刺绣盛装的出现增加了作为礼仪服饰而存在的盛装的种类，这是因为随着民族地区商业与旅游业的发展，外地游客大量涌入，在一些相关节庆活动中，一些游客因为好奇等种种原因，时有碰触服饰的刺绣部分，甚至摘下盛装上佩戴银饰的举动，没有那么费时费工、成本也较低的机制盛装②应运而生。这种机制的盛装属于礼仪服中礼仪性最弱的类型。

---

① 在贵州一些地区，苗族女性有不止一套的盛装，有些地区的女性有三至四套，但会根据穿着场合的不同，分为一等盛装和二等盛装。

② 机制盛装成本较少，如笔者 2012 到雷山县西江田野调查时，其一套机制盛妆成本在五六百元之间，而手工盛装的成本在三千至五千元之间。

（五）身份标识——对穿着者身份的识别

传统服饰是表明穿着者身份的符号。怀海德（Alfred North Whitehead，1861—1947）在谈到符号学（Semiology）时认为人类是为了表现自己而寻找符号，事实上，表现就是符号。在用服装这种“符号”进行身份的表达时，穿着者其实是在进行身份的建构工作（identity work），是“人们为了寻求意义并且设法使当前情景令自己感到舒适而采取的行为”[10] 121-142。

在贵州很多地区，苗族女性的服饰，根据年龄和身份的不同，服装款式也不尽相同。台江地区的女孩在幼时所穿着的传统服饰与同年龄段的男童相类：上身穿土布缝制的右衽长衣，下穿开裆裤，头戴钉有银罗汉、银响铃等银饰的绣花帽，台江幼童的绣花帽造型独特，色彩艳丽，不仅钉缀银饰还以多种绣法刺绣边缘；到十六七岁时，开始留长发，穿裙子，样式与成年女性相类，只是刺绣等装饰细节略有差异。革东一带的苗族女孩幼年服饰比较简单：夏季的单衣没有什么装饰，只在两肩缝缀宽约 2 厘米的绣花绲边；冬季的夹衣是在背部缝缀一块刺绣几何图案的绣片。到了青年时期，则换上大领右衽（或左衽）的大襟衣，下着百褶裙，在裙子之外为一条围腰，长发束于头顶绾成髻插上木梳或银梳，以长方形土布包头。在节日里，青年女性则穿上盛装，全身装饰银饰。基本上，老年女性的服饰款式都比较简单，如笔者在郎德上寨所见的苗族老年女性（图 3、图 4），所着服饰有上衣、下裙和围裙，均为黑色自织土布，足着黑布鞋，头上以黑布包头。上衣为大襟左衽长袖衣，在领口装饰手织花带，在袖子的中段起至袖头部分装饰有刺绣绣片。下着筒状百褶裙，裙长至小腿肚以下。外围与百褶裙同样长度的宽腰头围裙，围裙款式简单，只在中间部位拼缝了一块长方形的市售薄绸。再如西江老年女性其服装款式与郎德上寨基本相同（图 5、图 6），只是上衣的面料采用市售的蓝缎子，围裙上中间那块市售薄绸换成了黑丝绒，并在丝绒上以平绣绣上花卉的图案。再如新桥苗寨，老年女性上衣不仅不穿花衣，其样式还非常简单，为小立领右衽窄袖上衣，其裙子样式与年轻女性相同，但用料简单、花纹更为朴素；与年轻女性露出膝盖以下皮肤不同，老年女性下穿黑色直筒长裤。

图 3　苗族老年女性服饰
（郎德上寨型）

图 4　苗族老年女性服饰
（郎德上寨型）款式图

图 5　苗族老年女性服饰
（西江型）

图 6　苗族老年女性服饰
（西江型）款式图

银饰的多少也体现在年龄上，佩戴最多银饰的是未婚的年轻姑娘，在节庆场合需要穿着一等盛装时，全身上下都装饰有银饰；结婚后的新妇银饰就少了一些；中年女性更少一些，只戴基本的款式，即便在穿着盛装时也只佩戴项圈、手镯等饰品；老年女性佩戴银饰的数量最少，一对耳环或是一个戒指，有些人甚至什么也不戴。据笔者在台江姊妹节所见，当地苗族未婚姑娘在着盛装时皆佩戴三个这样的银项圈，体积较大且遮住整个脖颈部位。有些颈部较短的姑娘，所戴的项圈甚至遮住了下巴，但风俗如此，无不遵守。三穗县苗族女性，从头饰上可以看出未婚与已婚的区别：未婚的女子用黑土布包头，盖住除脸部以外的整个头部，并在两耳上方折出两个角；已婚女子用黑色土布折成几层，在头围处围一圈，然后佩戴一圈银饰（这圈银饰不是整圈，而是从前额到两侧双耳之间的位置）。鸭塘地区苗族女孩对于银角的佩戴是以 15 岁为界限的：15 岁之前不用佩戴，而这之后穿着盛装时要戴银角。

（六）情感媒介——连接父母与女儿之间感情的纽带

贵州苗族女性服饰还是连接母女之间感情的纽带。如前所述，苗族姑娘自幼学习服装制作工艺，到十多岁时技艺就比较纯熟了，这时的她们除了做自己结婚时的盛装外，还会给未来的孩子绣花帽、绣背儿带、绣花鞋、蜡花衣。“苗族将始祖传说中的龙、蝶、枫等缘起物，象征自然力量的鸟、山野的花草以及水边的生物等等作为图案的主题。这些图案与其说是装饰还不如说是护符用的。苗族相信这些图案织成苗锦包裹孩子，可以避免人生的灾难。”[11]132 当她们的第一个孩子出生后，两家亲家一起喝满月酒时，要把姑娘婚前做的这些衣服摆出来让亲友品评：“这是社会生活习俗对女性制衣技艺的第二次重要检阅，女性也只有通过这次‘考试’，才能最后确立自己在家庭和社会中的形象和地位。”[4]115

2009 年，笔者在雷山县进行田野调查时，有两个采访案例，其一为西江苗寨的毛云芬（女，时年 58 岁，苗族），她是从外地嫁到西江来的，在出嫁时将自己的一套盛装给母亲留做了纪念，毛云芬有三个女儿，在每个女儿出嫁前，她都要为其亲手缝制一套盛装。图 7 是为幺女所做盛装的衣袖花。每件盛装仅上衣就需要缝制三至四个月的时间，由此可见母亲对女儿的心意。除了盛装以外，毛云芬还要给孙辈缝制背儿带，背儿带是女儿十五六岁时就开始做，耗时需一年才能完成。另一位西江苗族女性顾某（女，时年 37 岁，苗族）告诉笔者，她的两套盛装一套是母亲所做，一般不拿出来穿；另一套是自己做的。在笔者调查时，她正在为 14 岁的女儿做盛装，手上的一片衣袖花已经做了将近1个月了。女儿的盛装上衣需用时4至5个月，下裙也需用时4至5个月，最后完成一套需要一年的时间。毛云芬带到西江的那套盛装，其上所配的银饰是父亲亲手打制，饱含了父亲对女儿的亲情。同样，顾某母亲为其所做的那套盛装上所配银饰是其父兄亲手打制。2012年，笔者还曾于台江姊妹节期间遇到施洞苗族少女龙诗梅（女，时年17岁，苗族），她身上佩戴和装饰的银饰异常精美繁复，都是其父于数年前开始一点一点打制而成（图8）。在贵州的苗族地区，一个女孩受不受家里的宠爱，可以从父母为她准备的盛装上见其端倪——服装是否做工精美细致？所佩银饰重量如何、是否精致？这些都是考量的标准。因此，服饰在这里还承担着连接父母与女儿之间感情纽带的重要作用。

图7　毛云芬为女儿缝制的盛装局部

图8　佩戴父亲打制的银饰的龙诗梅

二、服饰文化功能与传承

如前文所述，贵州苗族女性传统服饰的文化功能具有文化表征、族别标志、评判指标、仪式构成、身份标识、情感媒介六个不同的层面。其中，文化表征和族别标志属于宏观文化范畴；评判指标、仪式构成和情感媒介是针对服饰的主体——制作者与穿着者而言（一般其制作者也是其穿着者）；身份识别方面是就服饰主体与他人之间关系而言的，以上的文化功能体现了贵州苗族女性传统服饰丰富的文化内涵，也是苗族民族文化一个不可或缺的组成部分，因此对其的传承具有重要的意义。

在对贵州苗族女性传统服饰的传承中，“物”、“技”和“人”是三个关键的要素。“物”的要素指的是对民族传统服饰实物的保护。对服饰实物的保护是贵州苗族女性传统服饰传承与研究的前提。对保护与收集服饰实物，全国的各级博物馆、科研院所与大专院校是非常重要的力量；而像县级的文化馆、农户的家庭博物馆以及一些研究民族传统服饰的个人，如专家学者等，也是必要而有益的补充；此外，如果每个镇、行政村能够收集一些本镇、本村现存最为古老、工艺最为精湛、款式最为传统的服饰，那么这个对于实物保护与收集的体系就更为全面，更能保证样本的多样性与丰富性，也就为后续的研究提供了良好的基础。

“技”的因素指的是对技艺的研究与记录，服饰技艺的保护与传承是苗族女性传统服饰能够“活”下去的关键所在。随着传统服饰渐渐淡出人们日常生活，很多服饰技艺也面临渐渐失传的境地。法国传教士萨维纳（F. M. Savina）在距今近一个世纪之前的20世纪20年代曾调查过苗族妇女的服饰技艺，并留下了相关的文字：“所有的苗族妇女都做刺绣手工……所有的妇女都懂得刺绣和纺线，缝补衣服。”[12]240-241 由此可见在那个年代，萨维纳所观察的苗族妇女在掌握服饰缝制、刺绣技艺方面具有普遍性。成文于七十余年前的《贵州苗民》一文中在讲到分布于贵州黄平、镇远、施秉等地的苗族时，也作了如下的描写：“他们衣服较短，喜蓝色。女人以长扣（clasps）束发，戴大耳环和银项圈，且用花布装饰衣边袖口……妇女多事农耕劳作，白天从事户外劳动，夜晚织成绩。”[13]360 从中可以看出在日出而作、日落而归的农耕时代，纺织等工作是那个时代苗族女性晚间的固定工作。但上文所述的这种状况在今天的贵州苗族地区发生了质的改变，妇女自织自染自制传统服饰从一种必须转变成一种非必需的存在。在今天，贵州苗族女性服饰技艺正在朝着简单化和去手工化的方向发展。首先是简单化，这可以从工艺的种类、图案的繁简程度以及色彩的选择上来体现：在很多地区，原来用数种刺绣技艺来刺绣的盛装，现在只用一两种；有些技艺因为掌握的人少，也渐渐不用了。图案比以前简单了很多，服饰色彩也有从丰富渐趋单一的倾向。如前所述，在过去，女性服饰所用的面料都是从种棉、纺纱、织布等经过一系列的步骤得到的土布，但现在这种历时一两年才能完成的、结合民族特有的上色与做亮技艺而得到的面料渐渐被市售的棉布、绸缎、丝绒等面料所取代。其次是去手工化，是以批量生产的机器化的手段来取代手工技艺，如雷山西江地区的苗族青年女性除了手工制作的盛装以外，基本都有一套全部机绣制作的盛装，以备影视剧的拍摄等活动所用。由此可见，对技艺的传承迫在眉睫。

“人”的因素指的是贵州苗族女性，她们承担着服饰的设计者、穿着者、制作者和传承者四位一体的重要角色，她们是服饰技艺的传承人，是贵州苗族女性传统服饰得以传承的决定性主体因素。特别需要指出的是，笔者在贵州田野调查中发现，除了拥有精湛技艺的传承人以外，“有影响力的”或者说“有组织力”的组织者也具有与传承者同样重要的作用①。这是因为在现今的时代背景之下，少数民族传统服饰不再局限于当地群众自身的穿着上，它还成为商品和艺术品，商业模式的介入使得有影响力的组织者占据了重要的地位。因此，技艺传承人与有影响力的组织者在今天共同构成了传承中的主体因素。贵州苗族支系众多，技艺繁杂，仅依赖现有认定的各级传承人会存在某些技艺的遗失以及传授接续中断等现实问题，因此，抢救濒危服饰技艺、确立多级传承人与手工艺人工作制、对有影响力的组织者给予支持、扩展传统技艺的受众层面——发展当地普通妇女学习技艺以及在大中小学不同阶段推广传统技艺的教学是四个可行的方向。

对贵州苗族女性传统服饰的文化功能进行研究的前提是进行深入而细致的实地田野调研，这就需要运用立足于民族学与服饰学交叉学科背景下的民族传统服饰田野调查方法。在调查中，对服饰的静态穿着文化研究与动态传承文化研究都要涉及，不可偏废：民族服饰被誉为民族文化的“活化石”。这个“活”字一方面体现了民族服饰具有穿越岁月长河依旧保有其民族文化特性的特点；另一方面，民族服饰不仅仅是服装本身，它鲜活的留存形式也是其文化的重要组成部分，其留存形式不仅包含了服饰实物本身、穿着完成后的服饰形象，还包括了它的穿着步骤和穿着习俗等要素。以往对服饰的考察一般多侧重于对服饰实物的组成部件、穿着完成效果等方面，即服饰的静态穿着文化的考察；而对服饰的穿着习俗与穿着步骤等方面，即服饰的动态穿着文化的考察较为忽视。在对服饰进行传承研究时，对其静态穿着文化的考察仅仅是研究的一个层面，而对其动态穿着文化的研究则是深入这个民族服饰文化的重要方面，也是区别此种民族服饰而非彼种民族服饰的考察指标之一。尤其是对于服装构件多、饰品繁杂、穿着步骤复杂的盛装更是如此。若干年后，如果我们虽然保留下了很多传统服饰，但因其部件的繁多及结构的复杂而不知道怎样穿着，那无疑是很遗憾的一件事。事实上，在笔者的考察过程中，确实出现过这样的问题——专

---

① 需要特别指出的是，技艺传承人与有影响力的组织者两者之间具有重合的部分：即大部分有影响力的组织者本身也是某种民族传统技艺的传承人，而技艺的传承人并不都是有影响力的传承者。

门保管收藏的工作人员也不知道所保管的不同支系的苗族盛装中几套结构复杂的衣服的穿法，这引起了笔者的思考。因此，对“动态穿着文化”的考察是不可或缺的，应该被纳入研究范围之内。

结　语

贵州苗族女性传统服饰款式多样、配饰繁多、制作精美、工艺繁复，其中蕴含了丰厚的民族服饰文化底蕴，其文化功能涵盖了文化表征、族别标志、评判指标、仪式构成、身份标识和情感媒介六个层面，是苗族民族文化中一个不可或缺的组成部分，因而对贵州苗族女性传统服饰的传承具有重要的意义。在传承中，对服饰实物的保护与收集、对服饰技艺的研究与记录以及对服饰主体——苗族女性的扶持是传承中关键的三个因素。实地的田野调查是传承中重要的前提条件，在调查中，要兼顾服饰的静态穿着文化与动态传承文化，以此为相关的服饰传承研究打下坚实的基础。

参考书目

[1] 曾祥慧：《超越传统的认知——试论黔东南苗族服饰的知识性》，载余正生：《苗族文化发展凯里共识》，中国言实出版社 2013 年版。

[2] 石德富：《“妹榜妹留”新解》，载《贵州社会科学》2008 年第 8 期。

[3] 杨宏远、姜永能：《山水相伴的家园——榕江》，贵州人民出版社，2006 年。

[4] 杨鹍国：《苗族服饰：符号与象征》，贵州人民出版社 1997 年版。

[5] 伍新福：《中国苗族通史》，贵州民族出版社 1999 年版。

[6] 江碧贞、方绍能：《苗族服饰图志——黔东南》，辅仁大学织品服装研究所，2000 年。

[7] 王慧琴：《苗族女性文化》，北京大学出版社 1995 年版。

[8] 吴秋林：《美神的眼睛——高坡苗族背牌文化诠释》，贵州人民出版社 2001 年版。

[9] 贵州科学院民族研究所贵州少数民族社会历史调查组、中国科学院贵州分院民族研究所：《贵州省赫章县海确寨苗族社会历史调查资料（内部资料）》，1964 年。

[10] McDermott, R. P., and Church, J. 1976. Making sense and feeling

good: The ethnography of communication and identity work. Communication 2.

［11］乌丸贞惠：《SPIRITUAL FABRIC—— 20 Years of Textile Research among the Miao People of Guizhou, China（织就岁月的人们—— 中国贵州苗族染织探访 20 年）》，西日本新闻社 2006 年。

［12］［法］萨维纳：《苗族史》，肖风译，贵州大学出版社 2009 年版。

［13］林耀华：《从书斋到田野》，中央民族大学出版社 2000 年版。

湖湘文化视阈中江永女书的传承与创新性研究

周红金*

基于湖湘文化视阈，将具有特定历史积淀、文化习俗、宗教信仰、利益观念的女书女性与其他女性区别研究。同时，把女性教育置于女书文本、社会变迁以及女性文化自觉这一语境中，选取江永女书为研究切入点，通过文献研究、典型个案研究与田野调查的交互运用，试图展示女书传承过程中对女书流传地江永女性教育的影响，女书文化如何被女性纳入自身的经历和记忆，并着力探讨在这一过程中女性性别文化自觉，进而探究多民族互动背景下女性的生存现状、社会地位、社会角色及其权益保护问题。通过对湖湘文化视阙中的江永女书研究，提炼湖湘女性文化精神特质，从优秀传统文化中汲取实现中国梦的精神力量，为真正做好非物质文化遗产的传承与保护，尽力探寻现实可行的措施与方法。

一个民族通常将自己的历史，将自己对于环境做出反应的种种经验即文化都凝聚积淀在自己的语言中，而这种语言的传承又会形成一整套的民俗体系。女书流传地的江永女性通过家传、拜师等教学模式，赶庙会、做歌堂等民俗活动，使女书得以在江永潇水流域传承不衰，流传至今。研读以女书为媒介传授女书文化的女书社群和以汉语传承湖湘文化的“湖湘女校”，两者貌似各异，却又实质一致，尽管它们所借用的语言媒介不同，但在湖湘女性文化精神特质上是相同的：在女性文化的传承中始终不渝地对平等、独立和自尊的吁求和践行。湖湘女校与女书社群都禀赋了敢为人先、心怀天下的湖湘女性精神和对女性主体意识的诉求，充分展现了湘女外柔

---

* 周红金，湖南女子学院女书文化研究所副所长、副教授。

内刚的坚毅性格和政治情怀。当代女书传承不仅有女性教育价值，而且还充分发挥着女性性别意识的教化功能。

一、空间重构：女书与女校的教育传承

湖湘女性文化的精髓在女书与女校的女性教育中得以传承，这种传承来源于文化的“空间重构”，而空间重构的三种基本要素：物质特征、象征意义和社会效用，这些要素使空间成为一种特殊的“物”，它既是一种可以感知的物质性存在，也是一种经过想象和阅读的精神产物。[①] 女书与女校作为不同时代的产物，都具有一定的物质特征和象征意义，在社会效用上都是女性教育传承的载体。湖湘女校重视女性创新人才培养是新世纪全面推进素质教育的重要组成部分，而通过女书传承的应用教育对女性创新性人文素养的提升极具重要意义。湖湘女校应切实加强女性创新性人文素养的培育，使其成为德才兼备全面发展的新型人才。针对女性创新性人文素养的内涵做了初步分析，然后剖析女书的当代社会功能，论证其禀赋的中华传统文化精髓对培育当代女性创新性人文素养所起到的积极有效的促进作用。

从女书文化的传承内涵拓衍到湖湘女性创新性人文素养的提升，我们不难发现两者有着惊人的相似：都有对平等、独立和自由的吁求和践行。女性教育的目标是充分发挥女性的主体意识，使女性成为优秀传统文化的继承者，当代文化的积极创造者。女书及其作品反映和继承了中国传统教育中的礼教、乐教、诗教的思想，把礼教、乐教、诗教完美统一地结合起来，集中展现了中国传统文化的精髓和主体内容，是对孔子提出的“兴于诗，立于礼，成于乐”的教育纲领和教育内容的贯彻落实。女书作为一种交流沟通的媒介，一般只在女性中传播和习得。女书成为对女性进行礼教、乐教和诗教的媒介。[②] 在这种特殊的女性教育环境下，江永县潇水流域的女性“通过女书歌堂和女红活动，享受教育的乐趣和生活的精彩，把女性的日常生活实践、社会生活经验的积累与学习女书这种女性文字有机结合，构成一个三位一体的学习方式，使女性的学习更生活化，更能满足各种女性的学习需求，在中国女性教育史上勾勒了一幅美丽的图景”。[③]

---

① 叶涯剑：《空间重构的社会学解释：黔灵山的历程与言说》，中国社会科学出版社 2013 年版，第 36 页。

② 周红金：《女性主义视角下的江永女书文化研究》，载《船山学刊》2011 年 7 月，第 55-58 页。

③ 乐伶俐：《教育学视域下的女书及其传承》，湖南大学出版社 2009 年版，第 114 页。

女性教育形式多元化的人文行为建构。女书文化传承是通过女书作品、做女红、家传、赶庙会、做歌堂和结老同习俗等多元化的载体实现的。一方面，在女书传承的过程中，以女书为媒介的女书社群的学生经过这种独特的女性教育接受社会的价值观和道德规范，从而能被社会接纳为成员，这种个体可以从中找到合适角色的过程人类学称为濡化（enculturation）。经过濡化，女书文化得以从一代人传递到下一代。另一方面，女书作品的习得增强了性别角色的濡化。在大学期间，湖湘女性不仅要涉猎艺术、文学等抽象思维的作品，更要关注政治、体育等新闻、作品的阅读，从而建立自己的知识结构。丰富多元化的大学人文行为教育，如对茶道、礼仪、儒行和古典诗词习得和传承的方式、方法创新，不仅能提升女性多方面的人文关怀，还可以培育健全人格。为了全面提升女性人文素养，促使她们在传统文化的传承中真正蕴涵“懿德睿智笃行臻美”的人文情怀，我们不妨借鉴女书文化的传承模式，即生活取向、兴趣使然和知识融汇三位一体的学习体系，把学习女书这种女性文字、社会生活经验的积累与女性的日常生活实践有机结合。

女书文化中的人文精神主体意识鲜明。女书是以男性为中心的旧制度主流文化的亚文化，其边缘性和流传范围的狭小相互制约了女书的发展，随着旧制度的终结，女书理应回归和融入主流社会，以女书传承女书文化的女书社群从边缘化走向城市化，从亚文化回归主流文化，让更多人了解女书和女书文化。中华传统文化历史悠久，凝结着丰富的文化底蕴和人文精神，这些人文素养的培育与传承是确保中华民族日渐强盛与壮大的基石。弘扬优秀的女书文化，禀赋优秀的传统文化精髓是历史赋予女性的特殊历史使命。湖湘女性在全面培育和提升创新性人文素养的过程中，不仅要对社会、人文与女性三者关系有充分理解，而且还要不断地吸收人文知识、强化人文行为和提炼人文精神，以促使女性主体人文素养的不断内化与提升。

时代快速发展，信息迅捷多元，价值体系重建，这些都或多或少影响到当代女性对中华传统文化的漠视。在某种意义上说，传统文化的缺位和人文精神的丧失滋长了“金钱至上”和“利益导向”社会病态的蔓延，社会公德意识不强，心理抗压能力差，人际关系难以处理，对女性的价值观和人生观产生了极大的负面影响。因此，充分有效地利用好江永女书文化资源，结合女性教育的特质，切实做好扎实的理论研究与多元性的实践探索，从多方面多层次地培育女性创新性人文素养，对建构积极向上的良性大学氛围和全面推进女性的发展都极具重大意义。

二、差异比较：湖湘女校与女书社群的教化

何谓传统？传者，递也；统者，续也。传统即是指历史的连续性，传统文化就是指中国历史延续中所形成的社会文化体系。[①] 湖湘女校传承女性文化的传统源远流长。自从1903年龙绂瑞等人开始创办湖南第一女学堂时起，兴女学就成为近代湖南女子教育发展的主要特征。近代湖湘女校兴起于清末，发达于民国时期，曾在全国处于领先地位，对于新式教育在湖南的传播和推广，对于三湘杰出人才的培育，对于推动湖南乃至全国的近现代文明和社会进步，产生了极大影响，涌现了腾氏女塾、周南女中、明宪女中、艺芳女中、稻田女中和福湘女中等一大批近代湖湘女子学校。湖南近代女子教育的发生与发展，是在中国面临着“数千年未有之大变局”中逐步展开的。近代以来女子教育取得重大发展，女校也经历了产生、发展、繁荣、衰落等阶段，中华人民共和国成立后由于种种原因女校的数量锐减。中华女子学院、湖南女子学院和山东女子学院三个普通高等院校则是现代女校的翘楚。

进入21世纪以来，湖湘女性文化全面蓬勃发展也面临着新的机遇与挑战。之前享誉海内外的周南女中、省立第一女子师范和艺芳女中等一大批近代湖湘女子学校，在历史发展的进程中，因诸多因素演变成周南中学、稻田中学、田家炳实验中学。这些中学自中华人民共和国成立后均已面向社会男女招生，实施男女同校教育。目前，湖南女子学院作为中华人民共和国成立后第一所公办全日制女子普通高校逐渐成为传承和弘扬女性文化的主阵地。湖南女子学院的前身是成立于1985年的湖南女子职业大学（由时任中共中央总书记的胡耀邦题写校名），2010年3月18日经教育部批准升格为全日制普通本科院校。学校是中华人民共和国成立后第一所公办全日制女子普通高校，是全国妇联与湖南省人民政府共建的一所女子学院，是世界女子教育联盟成员。学校秉承“懿德睿智、笃行臻美”的校训，致力于培养具有自尊、自信、自立、自强精神的高素质女性人才，办学特色明显。学校重视学生创新精神和实践能力的培养，重视女性气质的培育。学校怀着对女性教育的热爱和梦想，坚持自力更生、艰苦奋斗、勤俭治校的办学传统，克服了建设资金短缺、基础条件薄弱等许多困难，抓住高等

---

① 司马云杰：《文化社会学》，华夏出版社2011年版，第398页。

教育大众化、区域化、特色化发展的机遇，以质量求生存，以特色求发展。经过20多年的努力，学校是全国首批妇女/性别研究与培训基地、湖南省公民礼仪素质研究基地、湖南省湖湘女性文化研究基地、湖南省高等教育（女性教育）学科研究基地、湖南省教育科学现代家政教育研究基地，学校重视对外交流与国际合作，与美国、俄罗斯、日本、马来西亚、韩国等国的高校建立了长期的友好合作关系，成为我国女性高等教育国际交流与合作的重要平台。

社会的变迁、西方性别主义的渗透，是湖湘女校产生的天时；素质教育的实施、人性化的教学，是湖湘女校铸就的人和。在近代的湖南乃至中国，湖湘女校本着她的开放性、时代性，在传承湖湘女性文化和推动女性平等发展的今天，湖湘女校同样具有启迪性与借鉴意义。女书开创了女性自己教育自己的历史，创造了中国女性教育史上的奇迹。通过女书歌堂和女红活动，享受教育的乐趣和生活的精彩，把女性的日常生活实践、社会生活经验的积累与学习女书这种女性文字有机结合，构成一个三位一体的学习方式，使女性的学习更生活化，更能满足各种女性的学习需求，在中国女性教育史上勾勒了一幅美丽的图景。同时，从它的衰落中吸取经验，为我国今天的教育特别是女性教育提供一定的启示和借鉴作用。① 湖湘女校与女书社群的教化尽管有很多相似之处，不过也存在一些差异：

第一，旧时女书社群的教化是在女性社群、阁楼和村落里进行的，而湖湘女校则主要是在固定的教学场所进行教育和训练。这种差异主要是人的社会关系决定的。旧时女书社群里女性的社会关系主要是家庭关系、邻里关系和亲属关系，因此人的存在首先是属于家族的和村落的，然后才是属于国家和整个社会的。女书的传承不像汉字一样在私塾或官办学校学习推广，而是通过家中母女相传或民间做歌堂等方式传承，是在无组织无规律中自然成长、传承的。具体则有五种形式：其一，家传是指家庭内长辈女性教晚辈女性学习女书；其二，拜师是指花钱向水平较高的专职妇女学习女书或者通过结拜姊妹拜师学习；其三，自学则是指利用赠送得来的或买来、借来的女书回家自己学习。其四，做歌堂是女书流传地区非常盛行的婚俗，可分为愁屋、小歌堂和大歌堂，主体活动是唱嫁歌、哭嫁歌。回三朝时新娘的女性亲人和姊妹都会倾情赠送贺三朝书给新娘，也是姊妹女

---

① 乐伶俐：《女书：教育学的审视》［D］，湖南师范大学课程与教学论专业硕士论文，2006年，第1页。

伴研习女书的吉日良辰。其五，赶庙会是指每年农历五月初十，当地妇女们就手拿写有女书的巾帕纸扇在庙会上高声朗诵歌唱，交流和学习女书作品。最典型的庙会有江永华山庙会和道县龙母塘庙会。[①] 由此得出，尽管存在传承模式的差异性，但却没有变更女性教育的朴素本质：女性教育女性，艺高者为师。

第二，女书社群与湖湘女校教化的内容也不一样。女书社群的教化首先是女书文化的习得，包括女书文字和女书吟唱的学习。其次是学习纺纱、编织、扎染和剪纸以及《三朝书》等女红。此外还有一些伦理道德观念的传授。女书在传承过程中，吸纳了一些主流文化中的因素，如用女书文字记载的历史和社会变迁、哭嫁和祭祀等社会行为，同时将一些传统的汉文经典故事译成女书，如《祝英台》。这种再创作，是社会传统文化移植，但需要注意的是，更多的女书作品丢弃了传统父权制下以男性为中心的价值标准，她们性情率真，敢爱敢恨，痛斥吃人的礼教，这些批判现实的意义和境界超越了同时代士绅家庭中的女性写作，具有极强的开拓性。而现代湖湘女校的重点是从整个社会关系及其职业伦理精神进行教育的。现代湖湘女校教育是以科学理论和生产技术、知识的培养和训练，如组织观念、时间观念、艺术观念和价值观念等，都是由此产生的。

第三，旧时女书社群和现代湖湘女校教化的方法和手段也不相同。首先，旧时女书社群的教化主要是感情的，而现代湖湘女校的教化主要是理性的。其次，旧时女书社群的教化是经验的，而现代湖湘女校的教化则主要是理论的、概念的。由于教化的承担者不同，教化的内容不同，教化的方法和手段不同，女性在两种环境中接受的社会教化的程度和两种环境对人社会化强度也是不一样的。1907 年，清政府颁布《女子小学堂章程》和《女子师范学堂章程》，女子享受教育权利。江永县于 1912 年创办县立女子小学，招收女性读书，启发了女性自我意识的觉醒。但事实上只有富家女才有钱读书，没钱的农村女孩仍然无缘进学堂。因此，大部分江永潇水流域的女孩子仍然只能运用女书这一书面文字媒介传承她们对平等、独立、自尊的吁求。作为女性语言，受到长期封建制度的压迫与束缚，女书不但没有萎缩却反而根植甚广、流传甚远。因此，在独处一隅的边缘文化中构造的“女书社群”充分发挥了女书的交际凝聚功能、娱乐调适功能、习俗礼仪功能、教化传授功能和存储物化功能，这正诠释了女书无穷魅力所在。

---

① 李庆福：《永州女书》，湖北教育出版社 2010 年版，第 130 页。

以上对旧时女书社群教化与现代湖湘女校教化比较，只是就两种社会教化的一般特征而言的。尽管现代湖湘女校与旧时女书社群的教化有诸多差异，但是它们共同承担了女性人文素养的文化接力。

三、文化接力：女书与女校的人文素养

湖湘女性文化的接力依托于女书与女校的文化土壤（物质特征和象征意义），充分发挥其社会效用培育湖湘女性的创新性人文素养，在构建和谐社会、促进妇女发展和男女平等中起着不可或缺的作用。创新是一个在掌握已有的旧知识体系下产生和运用新知识的过程。要将丰富的中华传统文化知识转化为科学生产力，要提炼传统文化的精华从而提升女性人文素养，关键在于主体的创新思维。女性在创新思维方面，应培养自主学习的精神、发现问题的意识和能力、通过实践（实验）学习科技知识的能力以及对人文知识的吸纳与内化。她们通过对文史哲等中国传统人文科学知识理论的学习，启迪了思维，丰富了想象，陶冶了情操，从而有利于其创新思维的拓展和创造力的萌发。

女书是在以男性为中心的旧制度主流文化的亚文化中产生的，其传承的边缘性和局限性制约了女书文化的传播与推广。对于女书这一非物质文化遗产的抢救和保护，目前有两种通行做法：一种是“记忆”，即用现代化的科技手段，如录音、录像、摄影、摄像、文字记录等方式，把那些难以延续发展，濒危的项目保存下来，写入历史档案，融入历史教育，写入民族记忆；另一种是“延续”的方式，即创造和提供适宜的环境，让文化遗产以人为载体得以活态延续。如何培养年轻一代的接班人、实现非物质文化的可持续性传播？亲近校园成了不二选择。①

随着女书原生态的终结，女书理应回归和融入主流文化，以女书传承女书文化的“乡村女校”从边缘化走向城市化，从亚文化回归主流文化，让更多人了解女书和女书文化；而湖湘女校秉承了湖湘女性文化精髓：敢为人先、心怀天下和女性意识鲜明；这里具备培育女书和女书文化的“天然土壤”。研读以女书为媒介传授女书文化的女书社群和以汉语传承湖湘文化的“湖湘女校”，两者貌似各异，却又实质一致，尽管它们所借用的语言媒介不同，但是在湖湘女性文化精神特质上则是相同的：在女性文化的传

---

① 何湘华：《非物质文化遗产的传播研究：以女书为例》，华东师范大学博士论文，2010 年 4 月，第 20 页。

承中始终不渝地对平等、独立和自尊的吁求和践行。我们“应该站在时代的高度，大力传承女性教育优良传统，深入探讨和研究女性创新人才的培养模式和规律，加快女性高等教育的发展与湖南女子学院的建设，把培养高素质创新型女性人才作为一个重要理论与现实问题来探讨和实践，将两性和谐、‘四自’精神等先进性别文化观念，全方位地渗入到大学教育的全过程。并且，构建大学良好的学术文化，大力培养女性的批判思维与创新思维，促进高素质创新型女性人才的培养，为建设创新型湖南更好地发挥湖湘女性的智慧和力量。”①

女书作品所蕴含的人文知识丰富多彩。女书作品主要有三类：一是代表女书主体自身文化的贺三朝书与婚嫁歌、自传诉苦歌和结交老同书等；二是相对开放性，反映江永女性精神生活的纪事往来书信、叙事歌和祭祀祈神歌等；三是来自主流社会，实现了地方与国家的连接，翻译改写的传统汉文故事和民谣等。这些女书作品所承载的女书文化不仅具有地域和性别的独特性，而且还具有多民族融合的多元性。中国优秀传统文化不仅包含了博大精深的人文精神，而且还蕴涵了一个人安身立命所必备的人文知识和人文行为。对于女书这一传统文化，女性肩负着承载者和弘扬者的使命。“一个民族要立于不败之地，既要积极努力吸取外来经验，更要吸收植根于本民族土壤的本民族的文化和传统营养，并使之发扬光大，成为社会进步的内在推动力量。”② 回望过去，女性的发展道路曲折不平，女性没有话语权，不被父权制的主流文化接纳。大至国家历史，小至姓氏族谱，这些的主笔大都是男性，而女性要么缺位，要么就被妖魔化的社会常态比比皆是。较之传统主流社会的女性作品，女书作品却是以女性为主体，真实地表达女性的心声，它逾越了男权的限制栅栏，勇于开拓自身视野，深入挖掘女性经历和感受，引发女性的集体共鸣与共情，有较强的凝聚力和感染力。“事实上，我们应该看到文明并没有什么内在的和绝对的价值。如果它有价值，那就是满足了特定的需要。”③

人文精神崇尚以人为本的精神，关注人类自身的生存意义和自身价值，它是一种为人处世的基本方法。以人为本就是要求对人尊重，把人作为评

---

① 罗婷：《湖湘女性文化与创新型湖南建设》，《中国艺术报》2012 年 5 月 16 日。

② 刘兴林：《司马迁的生命意识与〈史记〉的悲剧精神》，载《武汉大学学报》1999 年 6 月，第 5 页。

③ （法）埃米尔·涂尔干，渠东译：《社会分工论》，生活·读书·新知三联书店 2000 年版，第 18 页。

价价值的尺度和标准。[①] 女书文化是禀赋了儒家文化以“仁”为核心的伦理文化，它同样关心的是现实中的人怎样通过各种修养达到“仁”的境界，成为女君子，进而实现女性社交圈的人生理想和价值。女书文化传承蕴含着深厚的人文精神，随着时代的变化而更新和阐发。作为当代女性，在了解人类人文精神共性的基础上更需要了解女性的传统文化，体认女性的人文精神。女书文化传承的多元化教育所建构的无形的心灵归属空间恰恰营造了一个自由发展的良性空间，因此，如何吸收并弘扬女性优秀的人文精神对培养女性的创新性人文素质起着至关重要的作用。人的能力发展结构不仅包含专业知识和业务素质，而且还包括认知能力、通用技能、情操、情感意志等人文素养。

2012 年 6 月，湖南女子学院成立女书文化研究所，研究所团结同道，开展学术活动，指导女大学生聚焦女书文化开展创新创业活动。2014 年 9 月，湖南女子学院开设酝酿 2 年的全校公选课《女书文化概论》，除了系统地介绍女书缘起和发展外，还特意邀请女书传人蒲丽娟、胡欣和女书宣传大使立新老师来校设坛开讲，掀起一股持续高温的“女书”学习热。2015 年 4 月 21 日，湖南女子学院学生就业创业实训基地“女书咖啡”启动试运营，成为湖南省首家聚合非物质文化遗产女书的青年众创空间，结合女校和女性教育的特质，充分有效地发挥好湖湘女性文化江永女书的当代社会价值，切实做好扎实的理论研究与多元性的实践探索，湖南女子学院尝试以青年众创空间“女书咖啡馆”为载体，构建互联网+她时代女大学生创业启蒙教育“女书咖啡”模式，从多方面多层次地培育和提升女大学生的人文素养和创新创业能力。该模式聚焦当下，展望外来，是在传承女书文化和湖湘女性精神特质的基础上，扩充大学生创业所需具备的基本素质、胜任能力与创业发展等方面的知识，激发女大学生的创业激情，培养她们的创业意识。这是对女大学生创意、创新与创业能力启蒙教育的探索。2016 年 6 月学校指导“女书坊”创业项目在长沙市德思勤城市广场开业，将传统的女书元素融入现代服饰中，打造锦绣生活。2017 年 4 月湖南女子学院与江永县政府实行校地战略合作结盟，双方将积极整合资源和力量，进一步加强在文化、教育、产业融合等方面的合作，共同推动女书的传承、保护、开发和利用。在合作框架协议签约仪式之后，湖南女子学院校长杨兰

① 谢宗全:《人文素养在科学创新中的作用》，广西师范大学硕士学位论文库，2008 年 4 月，第 28 页。

英在江永县县长唐德荣手中接过了女书坊的获奖证书——江永首届旅游商品设计大赛银奖。2017 年 10 月 28 日，女书坊旗舰店在 13 朝古都西安盛大开业，女大学生们的创业故事还在精彩持续。推进女书文化的保护与传承，这是湖湘女校践行科学研究服务社会生活的宗旨。

因此，随着“后女书时代”的开启，湖湘文化视阙中江永女书的传承与创新性研究是湖湘女校在历史发展的新时期面临的新的使命和挑战：湖湘女校传承女书文化和创新性人文素养旨在对湖湘女性文化精神的解读与弘扬。

参考文献

[1]（法）埃米尔·涂尔干，渠东译：《社会分工论》，生活·读书·新知三联书店 2000 年版。

[2] 祁庆富：《民族文化遗产》，民族出版社 2004 年版。

[3] 王庆仁：《中国少数民族妇女问题研究》，中央民族大学出版社 1996 年版。

[4] 朱汉民：《湖湘文化通史》，岳麓书社 2015 年版。

[5]《船山学刊》期刊社著：《船山学刊百年文选 湖湘文化卷》，岳麓书社 2015 年版。

[6] 郑佳明、郑焱：《湖湘文化之都》，湖南文艺出版社，1997 年版。

[7] 史金波等：《奇特的女书：全国女书学术考察研讨会论文集》，北京语言学院出版社 1995 年版。

[8] 高银仙、义年华、宫哲兵编：《女书：世界唯一的女性文字》，妇女新知基金会出版部 1991 年版。

[9] 谢志民：《江永“女书”之谜》，河南人民出版社 1991 年版。

[10] 谢明尧：《女书习俗》，湖南人民出版社 2008 年版

[11] 骆晓戈：《女书与楚地妇女》，九州出版社 2004 年版。

[12] 赵丽明：《中国女书合集》，中华书局 2005 年版。

[13] 何华湘：《地域文化传承书系 非物质文化遗产的传播研究 以女书为例》，中国书籍出版社 2015 年版。

[14] 远藤织枝、黄雪贞：《女书的历史与现状 解析女书的新视点》，中国社会科学出版社 2005 年版。

[15] 禹燕著：《女性人类学 雅典娜一号》，东方出版社 1988 年版。

“一带一路”背景下广西少数民族地区文学海外传播与交流的性别分析

区艳霞*

2013年，习近平总书记根据中国所处的国际环境，结合国家发展的需要，提出了建设“丝绸之路经济带”和建设“21世纪海上丝绸之路”的倡议（简称“一带一路”）。这是中国在新的形势下对外开放的重要举措，广西以独特的地理位置成为“一带一路”沿线上的重要枢纽，为广西经济社会的发展带来了新的发展机遇。在“一带一路”背景下，作为“软实力”的文化的交流传播，尤其是文学的交流，显得尤为重要。

文学反映了各民族人民最深层的文化心理，是促进不同国家、不同民族之间文化交流的良好媒介，在沟通民心、交流民情、塑造民魂方面有着特殊的意义。广西作为“一带一路”有机衔接重要门户的战略地位，与东盟国家陆海相邻、人缘相亲，是中国面向东盟开放合作的一个重要平台。在“一带一路”背景下，作为文化传播载体的广西少数民族地区文学可以助推“一带一路”经济带的建设，而同时广西少数民族地区文学也可以借助“一带一路”经济带“走出去”。因此，研究广西少数民族地区文学海外传播与交流的现状与特点，从性别视角来分析其传播交流过程中的影响因素，从而探讨如何更好地加强广西少数民族地区文学与东盟等“丝路”沿线国家与地区之间的文学传播与交流，对于促进双方的进一步和平发展和合作共赢有着重要的意义。

---

* 区艳霞，玉林师范学院文学与传媒学院讲师。

一、广西少数民族地区文学对外传播与交流的现状

广西地处南国边疆，是一个多民族聚居的地区。广西作家生活在八桂大地，享用着丰富多彩的民族文化素材，中华人民共和国成立六十多年来，涌现了一大批优秀作家，创作了一大批优秀文学作品，形成了广西少数民族文学创作的鲜明特色。广西少数民族地区文学在当代文坛上的影响力也逐渐提升，有些作家开始走向全国，甚至开始走出国门。

（一）广西少数民族地区作家作品的译介情况

早在20世纪50年代，就有广西作家的作品被翻译成外文。到了90年代，“文学桂军”异军突起，广西作家在国内的影响越来越大。广西作家正在逐渐走出国门，向世界展示广西少数民族地区文学独特的魅力。根据笔者所能收集到的资料，下面我们以列表的方式来对广西少数民族地区文学海外传播交流的情况进行大概的梳理。

表1

时间	作者	男/女	作　品	翻译语种
20世纪50—80年代	韦其麟	男	《玫瑰花的故事》（长诗）	英语、日语
			《百鸟衣》（长诗）	英语、俄语
	王云高	男	《彩云归》（短篇小说）	英、法、拉丁语
20世纪90年代以来	东西	男	《把嘴角挂在耳边》《没有语言的生活》《救命》《你不知道她有多美》（中短篇小说）（2007）	法语
			《没有语言的生活》（收入慢慢成长、原始坑洞、目光愈拉愈长等五篇中短篇小说）《后悔录》（长篇小说）（2009）	韩语
			《没有语言的生活》（中篇小说）（2010）	德语
			《篡改的命》（长篇小说）（2016）	越南语
	鬼子	男	《上午打瞌睡的女孩》（中篇小说）	英语
			《被雨淋湿的河》（中篇小说）（2007）	俄语
			《古弄》《遭遇深夜》（短篇小说）	日语

续表

时间	作者	男/女	作　品	翻译语种
20 世纪 90 年代以来	黄佩华	男	《生生长流》（长篇小说）（2007）	被美国国会图书馆收藏
	田耳	男	《一个人张灯结彩》（中篇小说）（2010）	德语
	凡一平	男	《上岭村的谋杀》（长篇小说）（2017）	瑞典
		男	凡一平《上岭村的谋杀》、朱山坡《懦夫传》、李约热《我是恶人》、田耳《长寿碑》、黄佩华《公务员》与越南签订翻译出版合同（长篇小说）（2016）	越南语种
			中泰当代文学作品选《同一条河流》［收入 15 位广西当代作家作品：东西、鬼子、凡一平、黄佩华、李约热等的短篇小说；杨克、盘妙彬、非亚、刘春、蒋菁蕖、许雪萍（女）、田湘、黄土路、庞华坚、陆辉艳（女）等的诗歌］（2010）	泰语
	林白	女	《一个人的战争》（长篇小说）	日语
			《回廊之椅》（长篇小说）	法语
	罗小莹	女	《生命如河流过森林》（散文集）（2006）	巴西

目前，广西作家协会现有会员 2145 人，其中：少数民族会员 860 人。男会员 1772 人，占 82.65%，女会员 373 人，占 17.4%。据不完全统计，从 2011 年以来，整个广西作家创作出版的长篇小说、中短篇小说、散文、诗歌、儿童文学、报告文学等专集选集就多达 500 多部①，广西文学呈现出一派繁荣景象。

从表 1 的统计数据来看，20 世纪 50 年代以来，广西作家作品已翻译传播出去的只占其中很小的一部分。从有作品翻译传播出去的作家来看，男作家占了绝对的优势；从翻译的版本来说，从建立中国-东盟对话关系，特别是在“一带一路”倡议提出后，广西少数民族地区文学面向东盟等“丝路”沿线国家翻译推广出去的作家作品越来越多，输出的语种达到了

① 南国春来早——广西壮族自治区作家协会五年工作综述［EB/OL］，http：//ex. cssn. cn/wx/wx_ zjft/201610/t20161024_ 3247574. shtml，2016-10-24。

10种。

在“一带一路”倡议的推动下，广西与东盟等“一带一路”沿线国家在图书出版文化交流方面，也有着令人可喜的成绩。从20世纪90年代起，广西少数民族地区文学异军突起，在中国当代文坛上的影响逐渐扩大，他们的部分作品也通过各种渠道被国外翻译出版。但都是处于自发状态，靠的是国外翻译者的主动选择。2012年“少数民族作家海外推广计划”开始启动，以每年一辑5本的规模翻译出版少数民族文学作品，同时积极推动这些作品的多语种版本走向国际图书市场。随着国家相关机构加大了中国文学作品对海外的推广力度，部分广西作家的作品也搭上了顺风车，广西作家作品渐渐地得到了作家同行们的推荐，使越来越多的作品开始走向海外。

（二）广西与东盟等“一带一路”国家的作家交流与互访情况

2009年5月，由东西、黄晓娟（女）、凡一平、范浩鸣等作家和评论家组成的广西作家代表团应邀访问泰国。访泰期间，广西作家参加了泰国的“作家节”，并在曼谷与泰国作家协会洽谈签署了泰-中（广西）文学合作项目实施方案。方案商定将在泰国和中国广西同时出版发行《中泰当代文学作品选》，双方分别挑选本国（地区）的优秀当代短篇小说5篇、诗歌10篇、小说和诗歌评论各1篇入选该书。书名《同一条河流》，寓意中泰两国文化相通，文化交流源远流长。①

2015年，应广西国际文化交流中心邀请，柬埔寨文学作家协会副主席乔哥索博士随同柬埔寨柬中亚太友好发展协会代表团一行访问广西南宁、桂林，并与广西作协主席东西举行“中柬知名作家对话‘一带一路’”座谈。②

2016年，广西作家东西、凡一平、朱山坡、李约热、田耳、黄佩华走进越南胡志明市图书街。东西的长篇小说《篡改的命》举行越文版新书签售会，其他5位中国作家进行了越文版图书版权签约仪式。③

2017年6月18日，东西作品国际研讨会在广西民族大学举行，来自美

---

① 中泰当代文学作品选《同一条河流》出版［EB/OL］，http：//culture. gxnews. com. cn/staticpages/20100928/newgx4ca152de-3293482. shtml，2010-09-28.

② 中柬两国作家达成四项共识［EB/OL］，http：//news. gxnews. com. cn/staticpages/20150930/newgx560b154b-13667511. shtml，2015-09-30。

③ 陶军、黄氏香：中国作家作品翻译出版活动在胡志明市举行［EB/OL］，http：//news. 21cn. com/hotnews/a/2016/0704/19/31240690. shtml，2016-07-04。

国、韩国、捷克及中国的20多位作家、学者与会，对东西作品进行全面解读和细致分析，这是广西近20年来首次举办广西作家作品国际学术研讨会。①

广西作协越来越加强文学作品走向东盟的推介力度，广西与东盟国家之间的文学交流合作越来越密切，这大大提升了广西本土作家在国外的知名度和影响力。但是从收集的相关资料来看，广西作家与东盟等“一带一路”沿线国家的作家作品研讨会、作家访谈等交流活动相对来说还是不多的，其中有关广西女作家的互访交流就更少了。

二、广西少数民族地区文学对外传播交流存在的问题与成因的性别分析

通过整理广西少数民族地区文学海外传播特别是对“一带一路”沿线国家传播交流的情况，可以看到广西文学的海外传播取得了一定的成绩和影响，但总的来说，广西少数民族文学对外的翻译和国际传播还是相当有限的。而文学的传播交流会受到传播地区的地理环境、经济发展水平、文化特征和社会性别因素的影响。因此，对广西少数民族地区文学海外传播与交流的存在问题以及影响因素进行性别分析，从而更好地促进相互间的文学交流是有着重要的意义的。

（一）从广西作家作品被翻译输出的情况来看，男作家与女作家的比例存在着明显的差异

在广西作家群中有一个优秀的存在，就是女作家群体。她们以女性的温婉敏感细腻抚触八桂大地的美丽与神奇，书写自我的灵魂，构建了个性独特的话语文本。从跻身当代文坛最重要的女作家之列的林白，到杨映川、蒋锦璐、王勇英、纪尘、黄咏梅、陶丽群、潘小楼、梁志玲、黄芳、许雪萍、刘永娟、向红星、潘茜……她们为自己所置身的时代发言，为女性的自我发声，其创作呈现出了绚丽多彩的文化魅力。“文学桂军”的延续与壮大，离不开广西女作家的逐渐崛起。但广西女作家的作品被翻译传播出去的并不多，能在国内产生影响并走出国门的女作家可以说少之又少。这里，我们仅以2010年出版的中泰当代文学作品选集《同一条河流》为例，列表

① 直击人心的中国叙述——记东西作品国际研讨会［EB/OL］，http：//www. gx. xinhuanet. com/wq/gxwl/2017-06/23/c_ 1121197390. htm，2017-6-23。

进行说明。

表 2

序号	作者	性别	作品	序号	姓名	性别	作品
1	东西	男	《我们的父亲》	9	刘春	男	《一个俗人的早晨》
2	鬼子	男	《卖火柴的小女孩》	10	蒋菁蕖	男	《歌逝》
3	凡一平	男	《同名俱乐部》	11	许雪萍	女	《我想听见泥土下面的声音》
4	黄佩华	男	《满脸是痘》	12	田湘	男	《高速路旁的一条老路》
5	李约热	男	《火里的影子》	13	黄土路	男	《森林幻想》
6	杨克	男	《夏时制》诗歌	14	庞华坚	男	《像木匠一样爱我》
7	盘妙彬	男	《西非来信》	15	陆辉艳	女	《青麻地》
8	非亚	男	《一件将要……发生的事情》				

从表 2 可以看到，《同一条河流》作品选集中一共挑选了 15 位广西作家的作品，其中 13 位是男作家，只有 2 名女作家，性别比例严重失衡。

（二）从传播的内容（作品）来看，男作家和女作家的作品存在着性别差异

广西少数民族文学作品的向外输出虽然也有女作家活动的身影，但女作家在数量以及影响上都远不如男作家。我们可以从以下三个方面进行考察：

1. 题材选择、主题上的差异。广西男作家在创作题材上，更倾向于反映社会现实生活，直面人生，关注人的生存困境。这样的作品更容易产生社会效应，再加上在国外的读者市场，他们更喜欢看到关于当下中国城市和年轻人生活的描写，对于中国的文学作品，他们有着一种类似于媒体的期待。因此，翻译者和相关出版社在选择要翻译的作家作品的时候，出于对市场收益的考虑，会优先选择一些描写关于国家和民族命运的重大题材的作品。

广西男性作家中，东西和鬼子是两位曾经获得鲁迅文学奖的优秀作家。东西的作品既有先锋小说强烈的叙事探索性，又深深扎根中国当下的生活，关注底层人物的命运和精神困境。他以其敏锐的观察、深刻的思考和表达的犀利直抵现实生活的深处，直击人生命运的痛点，形成了自己鲜明的风格。如他的长篇小说《篡改的命》在城乡二元冲突的大背景下，通过小人物汪长尺祖孙三代人的命运，展现人存在的荒诞，生存的困境。鬼子的创作同样关注底层社会的书写，通过对底层人物悲剧命运的书写，展现了作者对社会的忧患。中篇小说《被雨淋湿的河》以从农村进城的农民陈晓雷的形象，展现了底层民众面对困窘生活的不同反应以及命运，抗争者陈晓雷最终落了个死亡的下场，顺从者陈村也并不能善有善终。鬼子以其特有的深沉和悲悯对底层人物遭受的苦难给予了严肃的关注和温暖的慰藉。其他如黄佩华的《生生长流》也是讲述桂西北山村农氏家族的命运变迁，表达了对民族命运的深入思考。

半个世纪前的女作家同男性作家一样，大多把关注点放在社会生活上，缺少女性个体意识，而改革开放之后这种情况迅速扭转，女作家作品题材广阔，女性意识日益强烈。女性作品大多包含着细致入微的情感描述以及日常生活的细枝末节。女作家在写作的时候，更倾向于书写自己的历史和成长经历，展现女性独立的姿态。如林白的《一个人的战争》阐释了社会生活中女性所处的文化困境，以文学的方式打开女性的幽闭之门，抒写女性内心的欲望和诉求。纪尘的女性写作，有着一种内在的力量和心灵的穿透力。其获第三届广西少数民族文学创作“花山奖”的长篇小说《美丽世界的孤儿》讲述的是因为父母离异而导致的女性成长悲剧，传达了女性切肤的生命体验和痛苦。从女作家作品的题材来看，关注的社会生活范围相对来说比较窄，一般只有特定人群偏好的人才会选择阅读。因此除了特别优秀的作品，翻译者或出版社在翻译出版的时候一般不会优先选择。

2. 就作品的质量而言，广西少数民族地区男性作家的作品在艺术上整体上要高于女性作家，这也是影响翻译者和相关出版机构选择的一个重要因素。造成这一现象背后的原因也是值得我们深思的。中国封建社会长期以来是男权主导的社会，男性一直位于主流社会的中心，在接受教育、文化素质、文化的积淀方面要比女性享有更优越的条件。而女性在封建社会里长期以来一直处于权力的底层。一直到近代以来，女性才获得受教育权，主动争取到了书写的权力并获得外界的认可。但广西地处边疆，是一个多民族聚居的地方，长期以来经济发展相对滞后，女性受教育的程度普遍来

贵州苗族女性传统服饰的文化功能与服饰传承*

周　梦**

一、贵州苗族女性传统服饰的文化功能

（一）文化表征——本民族文化与历史的集中体现

贵州苗族女性的民族传统服饰是一部“无字的史书”，集中体现了苗族千百年的文化与历史。如服饰中的蝴蝶、龙、牛、天体等图案体现了祖先崇拜、图腾崇拜以及创世史诗中“枫树与蝴蝶”“姜央射日月”等传说；而花、草等植物图案，则体现了其“万物有灵”的宗教信仰；黔东南苗族女性传统服饰中的百褶裙，其上的条纹形花边象征着苗族的迁徙路线，裙角的人形纹象征着民族的团结，围裙上的三角纹象征着山峦沟壑，服饰肩背装饰的水涡纹表达了对故乡的思念[1]386，等等。

1. 祖先、图腾崇拜与服饰图案

姜央与蝴蝶妈妈是苗族神话传说中的人物。姜央（Jangx Vangb）被认为是苗族的祖先，是妹榜妹留（Mais Bangx Mais Lief，即“蝴蝶妈妈”，也有学者主张译为“花母蝶母”[2]38-42）的孩子。流传在贵州的关于苗族起源的神话传说有《开天辟地》《枫木歌》等。其中《枫木歌》中如此叙述：一个神人得到一粒种子，让神兽修狃犁地，种上种子，并把枫香树栽在池塘边。一只野鹤吃了池塘中的鱼，理老断案判定枫树为窝家。于是砍倒了

---

* 本文为2015年国家社科基金后期资助项目立项项目《贵州苗族侗族女性传统服饰传承研究》（项目号15FMZ001）的阶段性研究成果。

** 周梦，中央民族大学教授、硕士研究生导师、博士。

说要比男性低。这就造成了女性在文化积淀、创作范式的借鉴上的不足，从而也导致了她们在创作质量整体上的不尽如人意。

3. 男女作家在创作风格方面存在差异。文学作品的风格往往与作者本人的出身、个人经历等密切相关，作者的性别也是影响其作品风格的重要因素。由于男女两性在个体上存在着许多差异，男性自强自信、独立主动、豁达果断；女性温柔贤惠、情感细腻、柔弱文静。因此，表现在文学创作上男女作家也表现出不同的审美观念、创作风格。男性更为理性，女性更倾向于情感。比如东西作品的机智深刻，鬼子作品叙述的冷峻奇诡；黄佩华作品的冷峻与神秘；而女作家们的作品，像林白作品文字感性华丽，映川的叙述阔丽沉静、尖锐温暖，纪尘的笔下巫气十足，灵气逼人。作品所呈现出的创作风格，同样也是影响翻译者和出版社在挑选翻译作品时要考虑的一个重要因素。

三、加快广西少数民族地区文学对外传播与交流的思路与对策

“一带一路”倡议下，如何改变广西少数民族地区文学对外传播与交流存在的性别不均衡的情况？广西与“一带一路”沿线国家的作家怎样才能更好地进行交流、碰撞思想？我认为可以从以下两个方面进行努力。

（一）广西少数民族地区女作家要不断超越自我，努力提升自己的作品质量。广西女作家扎根自己的精神原乡，形成了自己独特的艺术风格。但风格的确定，反映了创作个性的形象，但同时也会在某种程度上束缚作家的创作，会让作家不断重复自己，停止不前。而作品的质量是影响广西女作家走出广西，走出国门的主要“瓶颈”问题。因此，女作家要不断努力学习，不断挑战自我，提高作品的文化价值、精神价值和思想价值，让文学传达的声音更为独特与丰富，为促进广西建设“民族文化强区”添砖加瓦。

（二）广西区政府文化部门、出版机构要重视女作家的培养及其作品的对外传播与交流。在促进与“一带一路”沿线国家的交流合作中，女性以自身的软实力，做出了重要的贡献。而女性作家的集体发展，提高整体创作水准，提高作品的知名度和影响力，也离不开政府相关部门的大力扶持和积极推广宣传。世界日新月异，面对这个众声喧哗、熙熙攘攘的时代，女性作家所要面临的问题可能更加烦杂，从某种程度上来说，她们所面临的传统和现实的压力，要比男性作家多得多。如何在写作中克服这些压力，

并且在作品中呈现出变化的复杂性，对于女性作家来说是困难的，但又是必须面对和要解决的。而地处老少边区的广西壮族自治区少数民族女性作家，在这方面的情况可能会更加复杂。因此，广西政府相关部门在政策扶持、项目合作、作家培训交流、作品推介等方面，应给予一定政策上的倾斜，加强对女作家的培养并促进其作品的对外传播与交流。

四、结　语

在建设“一带一路”进程中，广西应该加快民族文化强区的建设。因此，研究广西少数民族地区文学传播与交流的途径，加快广西少数民族文学优秀作品“走出去”的步伐，在“一带一路”交往中呈现广西地域文学的独特魅力，对于民族文学走向世界，促进“一带一路”沿线国家的文化交流有着重要的价值和意义。

参考文献

［1］《“中国图书对外推广计划”综述》，载《出版广角》，2009-10-01。

［2］魏清光、曾路：《当代少数民族文学对外译介：成效与不足》，载《西南民族大学学报》，2017 年第 3 期。

［3］李朝全：《中国当代文学对外译介成就概述》，载《文艺报》2007-11-06。

［4］李朝全：《中国当代文学外译作品图书目录》，http：//www. chinawriter. com. cn/fyzz/table/index. html。

［5］张燕玲：《以精神穿越写作——关于广西的青年作家》，载《南方文坛》，2007 年第 4 期。

［6］黄晓娟、晁正蓉：《中国当代少数民族女性文学研究》，上海文艺出版社 2014 年版。

清江流域土家族“打喜”仪式研究

——基于女性叙事的视角

王　丹*

新生命降临，是人生的开始，也是家庭的大事。在清江流域土家族地区，孩子一出生，父亲便要给孩子嘎嘎（外婆）① 家报喜，接嘎嘎“洗三”，并商定“打喜”的具体时间。“打喜”即是清江流域土家族一个家庭在添丁进口后，为庆生祈福而举办的隆重的庆祝仪式。“打喜”时，孩子母亲娘家及族人相邀一道前来祝贺。在这个场合，孩子的嘎嘎是活动的主角，因此嘎嘎一方称“打喜”为“做嘎嘎”。孩子父亲家的亲友邻里届时也带着礼物赶来道喜和帮忙，因为嘎嘎是最尊贵的客人，所以孩子父亲这边来的所有客人某种程度上都是来款待和陪伴嘎嘎的，所以他们习惯上称“打喜”为“陪嘎嘎”。“打喜”之日，主人家设宴答谢亲友，也被叫作“整（办）嘎嘎酒”。宴毕，祭祖、敬神、消夜，人们起兴唱歌跳舞，打起花鼓子，插科打诨，热闹一宿。

到了满月，孩子“出窝窝”，由父母带着他到嘎嘎家，也有去其他亲戚家的。“打喜到周岁没得什么活动。”② 周岁抓周，接嘎嘎，宴亲友。孩子在成长过程中可能出现一些病痛，遇到一些困难，清江土家人称之为“关煞”，如“百日关”。有谚语云：“男怕将军剑，女怕阎王关”，这是依生辰

---

* 王丹，中央民族大学中国少数民族研究中心副教授，主要研究方向为非物质文化遗产、文化人类学与民俗学。

① 嘎嘎（音 gaga）：即外婆，是清江土家人对外祖母的称呼，有时也写成“家家”。外祖父称为嘎公，也有的地方把外祖母叫做女嘎嘎，外祖父叫做男嘎嘎。

② 访谈对象：覃好宽，访谈时间：2011 年 2 月 23 日上午，访谈地点：湖北省长阳县渔峡口镇双龙村覃好宽家。

八字算出来的。男儿若带“将军剑”，女儿若带“阎王关”，满12岁时请道士做法事解，以后就能健康平安。12岁是清江流域土家族人人生的童限，但没有特别的礼仪突出和强化这一界限。“解关煞这些事现在基本都消失了，没得了。”“成年没得什么界限，原来男的十二三岁就结婚，到十六岁结婚就算年纪很大了，一般女的比男的大几岁，结了婚就算成年了。”① 如今，18岁成年的观念已逐渐被清江土家人所接受。但是，“只要他结婚了，他就成年了；如果他还没结婚，那就还是爹妈的娃儿”的思想依然主导着清江土家人对于成年的认定和判断。因而，整体上看，清江流域土家族的诞生礼是以“打喜”为核心的围绕新生命孕育、护养而展开的仪式活动，且只有“打喜”保存得最完整，并盛行至今。

一

“打喜”最主体的内容是嘎嘎到女儿婆家为外孙祝贺。女儿生养了，得知做了嘎嘎，孩子的嘎嘎便在自家亲戚和村寨里走动、宣扬，大张旗鼓地家家去，户户到，串联舅母、姨娘、婶娘、媳妇一群女眷前往外孙的奶奶家“做嘎嘎”。这个时候，对于孩子奶奶家来说，嘎嘎是尊贵的客人；对于一同前去的人而言，嘎嘎又是主人。所有在场的人一方面从各自的角色出发敬重嘎嘎，另一方面也都在关注嘎嘎的表现。

“打喜”打的就是嘎嘎的人情。打喜那一天热不热闹，人情重不重，全在于嘎嘎的人缘和嘎嘎的魅力。

> 我们这个地方的风俗，打喜就是打嘎嘎。也就是看嘎嘎的人情，礼送得重不重，再就是她带来的人的多少，热不热闹。②

可见，“打喜”体现的是嘎嘎的经济实力和组织能力，一定意义上，是对嘎嘎的一种考验。“打喜打嘎嘎”就是嘎嘎要为已为人母的女儿准备吃的东西，为外孙准备穿的衣物和所有的用品，这便是打嘎嘎最直白的意思了。

> 我们这边一句话就是“打喜打嘎嘎”，全靠嘎嘎搞的。往常的抬盒一盒一盒的，再么子都有（所需物品都备全）。请大车小车，送一截

---

① 访谈对象：萧国松，访谈时间：2011年2月23日上午，访谈地点：湖北省长阳县渔峡口镇双龙村覃好宽家。

② 访谈对象：崔显桃，访谈时间：2010年1月21日下午，访谈地点：湖北省建始县三里乡老村村崔显桃家。

哒，快到的时候，姑娘屋里就接一截吵。那搞得蛮好的呢，一般都是上百人啊，四五十人，是嘎嘎屋里岔（邀请）的人过去的。①

“打喜打嘎嘎”不只是嘎嘎一个人，而是包括嘎嘎这边来的一行人。无论是亲戚，还是朋友，都要送礼上情，这也是嘎嘎的脸面、嘎嘎的形象、嘎嘎的荣耀。来的人越多越好，送的礼越重越好，这样嘎嘎才更有底气，更有荣光，说明她能处事，会做人。这样，一个小家的事情便联系起了多个家族，也增强了她们所在村落内部的团结互助以及村落之间的友好往来。

我们这儿就说的“打喜打嘎嘎”。嘎嘎要送很多东西去嘛。我们这儿的姑娘就喊的“赔钱货”吵。嘎嘎比较富的还可以，那要是嘎嘎家里稍微不是很好的，那也还是要准备。但规定的东西必须送到位，只是分量少一些。②

嘎嘎难当，无论是富嘎嘎，还是穷嘎嘎，“打喜”都要送上“规定的东西”，即月母子（产妇）和婴儿吃穿用的必需品。“打喜打嘎嘎”某种程度上就是“打”嘎嘎家的礼物。女儿一怀孕，嘎嘎就开始着手为做嘎嘎做准备，备办外孙出生后的大量用品，这不仅仅是为满足女儿坐月子的需要，也是为女儿在婆家争得面子和地位。

我头一回做嘎嘎，十几根挑子（担子），还岔十一桌人，这就挑的挑子，一个挑挑子的找的是一个女娃儿，扁担上就放个手帕。就是家庭条件好啊，姑娘把人家里去了，在别个屋里去了，给她争光嘛，其实就是争地位，娘家富有，她姑娘在别个屋里就有地位。今天那个嘎嘎就说她送了两个匾，她就家里情况也不是很好，但就说是为了自己的面子，你送得多，婆家可能就看得重，可能就对女儿好一些。③

为了女儿，为了外孙，也为了自己，嘎嘎竭其所能，她更为女儿能为婆家生儿育女而自豪，孩子奶奶家没有理由不以盛大的场面招待嘎嘎和嘎嘎一行来的客人。尽管“打喜”这个关系到香火延续、人丁兴旺的仪式在

① 访谈对象：田海峰，访谈时间：2010年7月20日晚上，访谈地点：湖北省长阳县渔峡口镇双龙村覃亮家。

② 访谈对象：张申秀，访谈时间：2010年1月19日晚上，访谈地点：湖北省建始县三里乡孙家坝村张申秀家。

③ 访谈对象：龙有菊，访谈时间：2010年1月19日上午，访谈地点：湖北省建始县三里乡孙家坝村龙有菊家。

家庭、家族和社会中都占据相当重要的位置，但不可否认，女性是活动的主角，她们在这时、在这里享有最高的地位、最好的礼遇，可以最大限度地张扬个性，宣泄情感。

清江流域土家族历来视家庭中女性的娘家亲戚为“上大人”，称为“上亲客”或“高亲客”。无论婚丧嫁娶，都以女性娘家人为尊，俗称“红事的姑舅娘，白事的母后亲”。这里称女性娘家为后家，母后亲指母亲娘家的亲人。即红事时男女双方的姑舅姨都被视作上宾，其中姑妈、舅母、姨娘都是女性，舅舅虽为男性，却也是母系家族的亲戚。白事更不用说，女性后家为大，无论亡故的是男主人还是女主人，都以女主人后家来“看信”的亲戚为尊。重视女性，保护女性，这是清江土家人的生命传统之一。在他们的观念中，有了女人就可以生养，否则家族、民族就要断后绝种。女人生孩子，是对家族和民族的最大贡献。所以，“打喜”也就成了清江土家族女性的“狂欢节”。然而，在这个过程中，彰显的个性与情感绝非仅仅属于个人，而是属于有着共同生活的女性群体，它代表了村落传统中女性的共同情感。

二

“打喜打嘎嘎”不是作弄嘎嘎，而是把嘎嘎当作最重要的客人，由女儿婆家村落的人共同接待她。

> 早前哪家得了孙娃儿哒都兴搞啊，都兴打花鼓子。晚上啊，就喊，把嘎嘎拉出来啊。嘎嘎来，奶奶也来，主要是拉嘎嘎来打。嘎嘎一拉的来啊，那奶奶也就来哒，随便找这么两个陪唱的，就这么四个人就打起来哒。
>
> 打喜打嘎嘎是一个好玩的意思，取笑啊。就是说往常没得现在这个条件好，房屋又窄，人口又多，他一家人有几个儿子，反正也起不起个屋，就是那一个屋，但是若到这么打花鼓子呢，就都来看花鼓子来哒，就混夜，就是打伴儿一样的，帮到熬下夜。①

当然，作为嘎嘎这边客人的“头领”，嘎嘎有时需要以主人的姿态出现，这才能把喜事办好，把大家照顾好。

---

① 访谈对象：崔显桃，访谈时间：2010年1月21日下午，访谈地点：湖北省建始县三里乡老村村崔显桃家。

嘎嘎本身就带的客，她就是个主人，有用的嘎嘎去哒，跟到我去的这些客，就安排坐席，那些子先坐。没得用的嘎嘎她就是淡扯扯，她去哒，老板怎么安排，她怎么搞。①

嘎嘎是女人，嘎嘎一行来的客人以女性居多，女儿婆家请来的陪客自然也是女人，所以，“打喜”是以女性为主体的活动。即便现在，只有嘎公来的情况少之又少，除非没有嘎嘎。

打花鼓子这个活动本来就是新生婴儿的奶奶和外婆，奶奶的妯娌以及和外婆同辈的老婆婆一起跳啊玩。②

因此，“打喜”也是对嘎嘎文艺才华的检阅和考验。打花鼓子通常首先要嘎嘎和奶奶配对唱一曲，跳一曲，其他人才会跟上，才会有兴致陪着唱起来，跳起来，全场活跃起来。从这种秩序上讲，嘎嘎就是“打喜”活动主要的组织者和领导者，嘎嘎能力的大小直接关乎仪式的规模和影响。

打喜那一天，嘎嘎最重要，最先跳的是嘎嘎和奶奶，她俩个是主，一个嘎嘎、一个奶奶，她俩不打，别个不得来打。非要嘎嘎跟奶奶打哒，才有别的人站起来陪你打。你打吃亏（累了）哒，你可以请，你来帮我搞下。③

如果嘎嘎实在不会打花鼓子，她也不能缺席，该她出场的时候，该她显身手的时候，她就必须出现。她可以请人一起去帮忙打。帮忙打花鼓子的人也都是女性。

我不会打花鼓子，去的有福妹，有丙娃儿，她们会打。你大爹生个儿子蛮高兴，他就在街上请的黄么子（人名），她会打花鼓子，她俩那晚上唱一整夜。拿个芭扇啊，戴个烂草帽，脸上画得花里胡哨地打。福妹那晚上唱一整夜。她为什么会搞呢，她的爸爸会唱这些，她的妈也会搞这些，所以她就学得多。那晚上没得地方睡，就在文化站那个

① 访谈对象：叶定六，访谈时间：2010年1月19日下午，访谈地点：湖北省建始县三里乡河水坪村叶定六家。

② 访谈对象：吕守波，访谈时间：2010年1月21日上午，访谈地点：湖北省建始县三里乡小屯村吕守波家。

③ 访谈对象：崔显桃，访谈时间：2010年1月21日下午，访谈地点：湖北省建始县三里乡老村村崔显桃家。

屋里坐席，她两个屋里就打花鼓子，就在你大爹住的屋里，堂屋里。他的奶奶也打不来，他们说奶奶要对嘎嘎吵，我说我也免哒，我也不会搞，我说我这带的有人打。他们就请那个黄师傅，那你嘎嘎今天，你打不来的话，把你姑子找起来，我们打。我说福妹你去打，她才上场，她跟那个黄师傅打得好也唱得好，都不睡瞌睡，哈（都）在那看一整夜。①

做嘎嘎的不会打花鼓子，做奶奶的不会打花鼓子，都可以请人“帮忙打”。“帮忙打”意味着打花鼓子原本就是打嘎嘎的，奶奶陪着打。一般嘎嘎请的“帮忙打的”均是自己熟悉的一个村里或周边村中关系较好的妇女，奶奶也是一样。那么，从这个意义上讲，打花鼓子就是两个家族、两个村落的事情，并且由成年已婚女性担当，她们是村落传统的热爱者和延传者。

再说，“打喜打嘎嘎”的嘎嘎不仅指新生儿的亲嘎嘎，凡是嘎嘎家的，跟嘎嘎一辈的女性都叫嘎嘎，因此，嘎嘎是泛指与嘎嘎同辈，从嘎嘎这边来的女性客人，也包括由嘎嘎“岔来”的同村妇女。

只要是娘家来的，跟她母亲一辈，都叫嘎嘎。娘家这边和她婆婆这一辈的人都称亲家。有时候族大啊，就是十几个嘎嘎，有时甚至一二十个啊。这一帮的来了，那一帮又来。看他那一姓的人好多，他就去的人多。②

这就更加表明“打喜打嘎嘎”突出的是女性的身份和角色，以及因此而形成的以亲属和村落为活动圈的一种女性生活事件。

“打喜”是为了新生儿，为了月母子，那么，这个领域自然是已婚妇女的知识空间和专属场域，所以女性是这个场合、这个活动的主角。打花鼓子唱跳的多数是情歌，歌唱爱情，赞美生命，感谢母恩，这些都直接且含蓄地道出了生命的根本，也使得打花鼓子基本限制在已婚妇女的范围，未婚姑娘不能参与，只能在旁边观看、感受、体验，并默默学习。

在这种场合，所有都放开了，没结婚的姑娘不跳。没有结婚的姑

---

① 访谈对象：解书春，访谈时间：2010年2月20日上午，访谈地点：湖北省建始县原农委宿舍张家书家。

② 访谈对象：吕守波，访谈时间：2010年1月21日上午，访谈地点：湖北省建始县三里乡小屯村吕守波家。

娘在旁边看，看哒笑。①

除了未婚女性不准参加以外，配对的辈分上也不能弄错了。

我年轻的时候给人家上头、送亲、招呼客都搞过的啊。这下硬是路都走不稳哒，人老不得，还有些好歌我记不到哒。这就是搞哒笑吵，这头的奶奶对嘎嘎，舅母就对婶婶，就拉到打吵，横直四个就打，就是搞得丑。②

这其中就隐含了清江土家人朴素而本真的生命观念。打花鼓子的时候，越闹越好，越放肆越好，把嘎嘎整得越狠越好，嘎嘎不会生气，只有高兴的份儿。嘎公、舅舅等男性的不参与为女性关于爱、关于性的表达和展示提供了条件，“丑”也就不丑了。

把嘎嘎家整得越热闹越好，做嘎嘎一般都是女的去，挑挑子就是男的，嘎爷和舅舅都不去。③

打花鼓子在另一个层面上也是嘎嘎一方和奶奶一方女性智慧和计谋的对决，是嘎嘎和奶奶在人际交往上的对比，是两大女性阵营之间的较量。

打花鼓子的道具没得固定的东西，这个奶奶啊想到好玩啊，就找个扇子啊，找个草帽啊，就往嘎嘎脑壳一戴啊，她就拿把扇子啊，你扒过去啊，她一扒地过来。舅母只能和嫂嫂，那边的嘎嘎和奶奶。舅母就和那边的姨娘啊，这么些子，她又是一辈。④

嘎嘎和奶奶两方情歌唱得更欢畅、更直白了，肢体动作也随之放开来，特别是深夜，彼此之间的戏谑与挑衅就更明显、更直接了。她们互相搞笑、嬉戏、逗趣，乱抹胡摸，沸腾时一片混乱，不过一辈对一辈没有乱。女人们通过既无序又有序的方式隐晦地表现性爱与生育，这是她们日常难以表

① 访谈对象：覃发池，访谈时间：2009 年 12 月 6 日晚上，访谈地点：湖北省长阳土家族自治县民族文化村。

② 访谈对象：叶定六，访谈时间：2010 年 1 月 19 日下午，访谈地点：湖北省建始县三里乡河水坪村叶定六家。

③ 访谈对象：叶定六，访谈时间：2010 年 1 月 19 日下午，访谈地点：湖北省建始县三里乡河水坪村叶定六家。

④ 访谈对象：龙有菊，访谈时间：2010 年 1 月 19 日下午，访谈地点：湖北省建始县三里乡河水坪村叶定六家。

露的，但这个场合是她们的领地，她们的能力、她们的成就、她们的荣耀展示的舞台。

三

以女性为主的诞生祝祷仪式从家庭扩大到村民共同参与的活动，从嘎嘎这边来讲，她需要亲戚和朋友的支援和捧场；从奶奶家来说，“打喜”必须得到全村人的鼎力相助，小到迎客接物，大到主事操办，所有事务、所有工作、所有服务都离不了人手，这时村中的人都来，特别是男性承担起了重任，发挥出他们的优势，他们也很乐意为这个“打嘎嘎”的活动献计献策、出人出力。

> 现在打喜还是兴过夜，在晚上就跳一夜的花鼓子，不晓得好热闹，我们长阳搞得蛮好。嘎嘎去送礼，打喜那天，嘎嘎是主要的客，还请的专门人陪的，那不得了，好热闹。①

清江土家人针对新生儿个体举行的“打喜”仪式不仅属于新生的婴儿和他所在的家庭，而成为整个村落共同体的事情。在“打喜”仪式上，共同体力量的释放是彰显村落凝聚力的目的之一，这个目的的达成有赖于村落的成年女性。也即是说，“打喜”是围绕新生儿展开的以嘎嘎为中心的成年女性的庆贺仪式和村落的生活习俗。因此，“打喜”是嘎嘎邀请亲属和乡邻共同参与的事情，陪嘎嘎也不只是奶奶个人的事，而是她那方亲戚和村民的共同任务。

> 陪嘎嘎是第二天早上，比方今天嘎嘎客拢哒（来了），第二天吃饭的时候还专门找几个陪嘎嘎的，就是坐席的时候嘛。②
>
> 孩子奶奶家请的支客师（事务总管）、陪客的和帮忙的都以陪好嘎嘎和嘎嘎一边来的客人为中心任务，接待、坐席、吃酒、消夜、打花鼓子均以她们为主。

① 访谈对象：田海峰，访谈时间：2010 年 7 月 20 日晚上，访谈地点：湖北省长阳县渔峡口镇双龙村覃亮家。

② 访谈对象：龙有菊，访谈时间：2010 年 1 月 19 日下午，访谈地点：湖北省建始县三里乡河水坪村叶定六家。

> 跳花鼓子的时候一般都是女的，没得男的。①

打花鼓子轻柔的艺术风格与女性的生理特点和性格特征紧密关联。女性的身体决定了舞蹈的动作与情韵，尤其是以前土家族妇女以小脚为美，使得她们不可能有大幅度的动作，也不可能有快速的挪移穿梭，只能轻缓柔曼。

我们打交道的是各种身体技术。身体是人首要的与最自然的工具。或者，更准确地说，不用说工具，人首要的与最自然的技术对象与技术手段就是他的身体。[2]

打花鼓子的身体艺术从妇女自身的生物性行为开始，到逐渐成为这种身体性的艺术，再到模仿身体的生物性行为，这种身体艺术就进入传统的技术行为了，尔后和传统的仪式行为相结合，成为生活的传统、生活的艺术。

> 我们这里跳花鼓子一般是一男一女，四个人就是两个女的、两个男的，八个也是一样，很少有单独的女的在跳。我们这儿一般是唱情歌，只有男的和女的才能表达得出来。②

笔者以为，现在长阳土家族成年男性逐渐成为打花鼓子的生力军，是时代发展和生活变迁的一种结果，也是人们对打花鼓子一种新的认识和理解，同时也是“打喜”仪式公共性和娱乐性日益增强的一种表现和趋势。因为唱的都是情歌，所以在现代人看来，只有男女对唱对跳才能激发情绪，才有故事发生，才会吸引观众。但是，长阳土家人打花鼓子，歌依然很舒缓，舞依然很轻柔，男男女女手拿一条花手巾，似乎昭示着花鼓子女性化的特征，即便男性上场，也要遵从和服务于这一风格。

既然“打喜”是全村人的事情，全村人的“节日”，那么，一个村里只要有人家“打喜”，村民们都会去上情，都会去帮忙，都会听从主人家的安排，服从支客师的分配，并参加整个庆祝活动。人们认为，一家添丁就是全村添丁，添人进口的喜悦与庆贺不仅是家庭的事情，更是全体村民的事情。村里人分嘎嘎村的和奶奶村的，嘎嘎村的陪嘎嘎前来做嘎嘎，奶奶村

---

① 访谈对象：崔显桃，访谈时间：2010年1月21日下午，访谈地点：湖北省建始县三里乡老村村崔显桃家。

② 访谈对象：田绍林，访谈时间：2010年7月18日上午，访谈地点：湖北省长阳县渔峡口镇双龙村田绍林家。

的过来陪嘎嘎，她们都同嘎嘎一起分享喜悦和幸福。

> 比如说今天做嘎嘎来哒，兴打花鼓子的时候呢，她也有准备，找几个稍微会说点的啊，岔起去给我做个嘎嘎，去帮我，给我打个伴儿，做嘎嘎去。万一打起花鼓子哒啊，她把她拉起来，也有答复的，嘎嘎还不是怕答不上来。①

嘎嘎“岔”一些能说会道、能唱能跳的亲戚或村里人给自已“打个伴儿”，以应对做嘎嘎时来自奶奶一方的各种“挑战”，包括打花鼓子。这种应对就使得“打喜”成为两个村落之间的关系事件了，成为张扬村落文化个性的有效事件了。

结　语

作为人生的开端仪式，“打喜打嘎嘎”看起来只是关乎个别家庭的事情，但由于嘎嘎“岔”了一些人来做嘎嘎，奶奶家也“岔”亲戚友邻来帮忙陪嘎嘎，因而“打喜”已经不是属于嘎嘎个人的事件，而是以嘎嘎为中心建构的村落事件和以嘎嘎为纽带搭建的关系平台。

在清江流域，土家族“打喜”是人们最习得、最需要、最真实的生活内容，而且展演成一种宏大的仪式，在仪式的演绎过程中，女性之间的所有叙事行为“产生了社会联结，无论真情还是假意，它都把人们联结在一起，并使相互共处的生活有了可能。这些观点不仅代表不同的传播观，而且与特定历史阶段、技术及社会秩序模式密切相关”[3]。

参考文献

[1] 白晓萍著．撒叶儿嗬——清江土家跳丧［M］．武汉：湖北美术出版社，2006：286.

[2]【法】马塞尔·毛斯著．社会学与人类学［M］．佘碧平译．上海：上海译文出版社，2003：306.

[3]【美】詹姆斯·W. 凯瑞著．作为文化的传播——“媒介与社会”论文集［C］．丁未译．北京：华夏出版社，2005：11.

① 访谈对象：崔显桃，访谈时间：2010年1月21日下午，访谈地点：湖北省建始县三里乡老村村崔显桃家。

婚姻、家庭与生育

蒙古族婚姻家庭、教育、宗教观念之百年变迁

——以满琳女士口述史料为中心的考察

宝贵敏*

引　言

2011年出版《额吉河——17位蒙古族妇女的口述历史》之后，笔者的口述历史研究计划分两个方向展开：一方面，继续回访曾经的诸位访谈者，延续并深入了解其生命故事，追随其生活变迁轨迹，发现并补充相关信息；另一方面，寻找新的口述对象进行采访，推进口述史料的丰富与伸延。

“对于蒙古族妇女生存状态及个人经历变迁的研究，可以从性别角度发现一些容易被研究者忽略的现象，目前看来，相关的实证资料非常有限，特别是对20世纪以来蒙古族妇女生活缺乏翔实的记录和讨论，在此背景下，将口述史方法导入蒙古族妇女研究领域①，适时而必要，口述者的讲述让普通蒙古族妇女发出自己的声音，同时，积累的口述史料还可弥补该领域研

---

* 宝贵敏，民族出版社副编审，口述历史学者。著有《额吉河——17位蒙古妇女的口述历史》，《蓝色额吉河——北京蒙古人口述历史》等。

① 小长谷有纪、萨仁格日乐、儿玉香菜子主编：《额济纳母亲们的口述史》，载《绿洲地域研究会报》增刊，日本综合地球环境学研究所，2008。

究资料相对较少的缺陷。”① 这样的分析，如今看来仍然是恰当的。与中国台湾口述史家游鉴明先生的观点不谋而合：“从女性史这个角度来看，面对女性史料的不足，口述历史的价值不容小觑，因为女性受访人的口述史料，能让她们为失声的女性找回历史，不再受男性操纵或代言。再以性别史的立场来看，口述史料不仅仅在弥补女性历史，也对男性历史提供新的观察。”②

满琳女士作为土尔扈特部最后一位公主，有其独特的人生经历。土尔扈特部属于四卫拉特③之一，在明清之际，四卫拉特被称为漠西蒙古。笔者曾先后三次与满琳女士访谈，录音十余小时，记录整理口述文本近十万字。其口述中涉及爷爷布彦蒙库④，叔爷爷多布敦策楞车敏活佛⑤，姥爷贡桑诺尔布⑥，父亲满楚克扎布⑦和母亲乌静彬⑧等重要历史人物，故，本文选择满琳女士作为个案，基于其丰厚的第一手口述史料，探讨三方面内容：一、婚姻家庭观念之变迁；二、教育观念之变迁；三、宗教观念之变迁。每一个议题，又分别从祖辈、父母辈和口述人三个代际层面展开，考察其家族与社会百年之变迁，探讨蒙古族妇女口述史料对于研究蒙古社会变迁的意义。

一、婚姻家庭观念之变迁

婚姻家庭观念是研究一个家族的重要维度。其婚姻模式和家庭结构在不同的社会以不同的形式呈现，代际间的差异折射出社会变迁的轨迹。

---

① 宝贵敏：《从口述史料看近百年蒙古族妇女生存状态变迁》，载杨祥银主编：《口述史研究（第一辑）》，北京：社会科学文献出版社 2014 年版，第 143 页。

② 游鉴明：《你中有我、我中有你？口述史料中的性别形象》，载定宜庄、汪润主编：《口述史读本》，北京：北京大学出版社 2011 年版，第 308 页。

③ 四卫拉特，即“杜尔本·卫拉特”，分别为：准噶尔、杜尔伯特、和硕特、土尔扈特部落。此四个部落既各自独立，又有着紧密的联系，曾结为部落联盟，共同颁布过《卫拉特法典》。

④ 口述人的爷爷布彦蒙库是渥巴锡汗第十一代汗王，土尔扈特部落第二十五代汗王，1907 年 12 月，按清朝“年班”制的规定来北京领取三眼花翎，次年为乾清门御前行走。

⑤ 口述人的叔爷爷多布敦策楞车敏活佛，即生钦活佛，布彦蒙库的弟弟，摄政王。

⑥ 口述人的姥爷贡桑诺尔布（1871—1930），清代内蒙古卓索图盟喀喇沁右旗札萨克亲王，人称贡王。他重视教育，兴办学堂。创办蒙古族教育史上第一所正规女子学堂。

⑦ 口述人的父亲满楚克扎布，是渥巴锡汗第十二代汗王，土尔扈特部落第二十六代汗王，只有 1 岁多时承袭汗位，17 岁时任蒙古骑兵师师长，22 岁入狱，7 年后出狱，终身残疾。

⑧ 口述人的母亲乌静彬，系清代内蒙古卓索图盟喀喇沁右旗札萨克亲王贡桑诺尔布之女。1930 年远嫁新疆土尔扈特部，成为满汗王满楚克扎布的福晋，协助满汗王处理南路旧土尔扈特蒙部事务，创办学校，以国民政府国大代表的身份活跃在政治舞台上，育有一儿一女。

1. 祖辈的婚姻家庭

满琳女士的姥爷贡桑诺尔布的婚姻，在其口述中，有着清晰的线索。1871年出生的贡王，其婚姻状况呈现出一夫多妻的模式。贡王先后有四位夫人，大夫人是满族，清朝的公主善坤；二夫人是蒙古族，归姑娘；三夫人是白女士，蒙古族，也就是满琳女士的姥姥，乌静彬之母；四夫人是苗姑娘，汉族。

> "（贡王的夫人有）四个。贡王的第一个夫人是个满族，清皇室肃亲王善耆的妹妹善坤。他的二夫人是蒙古人，我姥姥就是他的三夫人，也是蒙古人。他的四夫人，是一个汉族人，我在台湾的舅舅是这个夫人生的。"①

贡王15岁时，娶了第九代和硕肃亲王隆勤的女儿善坤为福晋。满蒙通婚是有清一代的国策，从清初一直到清末，都在沿袭这个婚姻传统。贡王的这桩婚姻即属于此模式，是满蒙政治联姻的体现。

> "贡王从小，父亲就把他带到北京。清朝公主选对象时，把各旗蒙古王爷的孩子叫来看，贡王也是被挑选上的驸马，说他那么机灵，聪明，但贡王对这次的婚姻很不满意，他很不喜欢这个善坤，但是没有办法，他被选中了有什么办法呢？"②

作为蒙古王公，一夫多妻是那个社会与时代的普遍现象。

> "后来，又娶了第二个，生了我那个二姨。我姥姥是第一个老婆善坤的使唤丫头，长得特漂亮，贡王府的四大美女之一，我那个姥姥是最美的，后来，贡王就喜欢她，和她有了孩子。"③

贡王与大福晋没有子嗣。与二夫人有一女，口述中说“北京有个二姨”，所言是也。与三夫人，即满琳女士的姥姥，生下女儿乌静彬。此事引来大福晋之不悦，这位16岁女子年少无奈，“结果，三天后我姥姥就疯了。疯了以后，就把她搁在后院，关在一个屋子里头。17天，姥姥就去世了。”④对于这位姥姥，满琳女士说到她的美，她的不幸遭遇，充满感情。可以看

---

① 节选自满琳女士的第二次口述文本。
② 节选自满琳女士的第二次口述文本。
③ 节选自满琳女士的第二次口述文本。
④ 节选自满琳女士的第二次口述文本。

出，这位三夫人是贡王自己选中之女子，却又以其早逝为结局。而续娶四夫人，是以没有男性后代为理由而被选择和记录的。

“我姥姥去世后，贡王得有儿子啊，后来，善坤的哥哥不是肃亲王吗，就跟她说，贡王得有后代啊，你得给他娶一个……续了以后，生了我的这两个舅舅。”①

清末民初，时局动荡，各种社会矛盾错综复杂，贡王的婚姻家庭观念中，仍然是传统的包办模式，有满蒙结合的政治联姻，也有族内通婚和异族联姻的婚姻形式，其中闪动着些许自由选择的火花，却终因抵不过传统势力而中途夭折。

2. 父母辈的婚姻家庭

第一次访谈中，满琳女士口述父母的婚姻时说，“他们也属于政治联姻。我母亲是贡王的女儿，在东部蒙古地区，我父亲是土尔扈特部，在西部。”②

宝：您父母是怎么订的亲？

满：那时候呢，我妈妈17岁，我爸爸16岁，我姑姑西力克来北京提亲。听说，他们带了8000银圆的彩礼来到贡王府。我姥爷也给我妈妈准备了特别隆重的嫁妆，装满了42只骆驼。那是1930年，她走的时候，坐火车绕道从西伯利亚到伊犁，走了三个月，最后，从迪化又转到和靖。贡王派了管家和丫鬟陪着我妈妈。③

口述人的奶奶定居北京时，住在贡王的管家处，两家祖辈是朋友。缘于此背景，其婚姻家庭模式中，体现的是长辈意志，亦寄托着祖辈们对部落联姻的期待，希望依靠婚姻为纽带，把两个相距遥远的蒙古部落联系起来。“我爸和我妈结婚时，我爸不会说汉语，我妈不会说蒙古语。因为我妈妈在喀喇沁那边，后来到北京，都不太说蒙古语，她是嫁给我爸后，学说蒙古语的。”④ 这就是当时的择偶方式之一，两个部落的长者提亲，促成婚

---

① 节选自满琳女士的第二次口述文本。

② 《不喜欢别人叫我公主——满琳女士口述》，转引自宝贵敏：《额吉河——17位蒙古族妇女的口述历史》，北京：民族出版社2011年版，第173页。

③ 《不喜欢别人叫我公主——满琳女士口述》，转引自宝贵敏：《额吉河——17位蒙古族妇女的口述历史》，北京：民族出版社2011年版，第174页。

④ 《不喜欢别人叫我公主——满琳女士口述》，转引自宝贵敏：《额吉河——17位蒙古族妇女的口述历史》，北京：民族出版社2011年版，第175页。

姻，而女方长途跋涉到达男方部落之前，双方未曾谋面。

20世纪40年代，蒙古社会处于剧烈的转型时期，新旧习俗交替，满琳女士的父亲延续旧俗，又娶二夫人，1949年后，与其解除婚约。

3. 口述人的婚姻家庭

口述人满琳女士的婚姻家庭，与祖辈和父母辈不同，先生阿木是其大学同学，两人自由恋爱，结婚生子。

> 宝：那你们俩又是怎么谈起来的？
>
> 满：那时候，我不是有病么，他经常给我写信。最后，我到新疆了，他也老来信，就这样，我们俩好了。①

大学毕业之后，满琳女士回到乌鲁木齐，其先生毕业后也积极要求去新疆工作，于是两人开始谈婚论嫁。"后来，1963年，我说我要结婚了，我母亲特别高兴。她在政协摆了几桌喜宴，说是要庆贺一下。"②婚后，育有三女。

综上可见，祖辈和父母辈的婚姻家庭都属于传统模式，带着强烈的政治联姻色彩，而口述人的婚姻，则属于自由选择的婚姻模式。从择偶方式来分析，清末的时候，还在维系满蒙联姻的国策，而民国时期，则以包办婚姻的形式呈现，至口述人婚嫁的20世纪60年代初，则表现为自主婚姻。不难发现，其家族的婚姻家庭观念百年间的变迁轨迹。

二、教育观念之变迁

教育观念影响着一个社会的文明进程，重视教育，发展教育是社会发展的希望，一个家族的教育观念直接影响其精神面貌。

1. 祖辈的教育观念

口述人满琳女士在第一次访谈中，就特别提到其姥爷贡桑诺尔布重视教育的理念。

---

① 《不喜欢别人叫我公主——满琳女士口述》，转引自宝贵敏：《额吉河——17位蒙古族妇女的口述历史》，185页，北京：民族出版社2011年版，第185页。

② 《不喜欢别人叫我公主——满琳女士口述》，转引自宝贵敏：《额吉河——17位蒙古族妇女的口述历史》，185页，北京：民族出版社2011年版，第185页。

“他提倡办学，还办了一个女子学堂①。他不是办女子学校么……人家都不敢来，办学特别艰难，学生来源很成问题。然后，贡王就把王府他的妹妹呵、老婆呵、丫鬟呵，都弄到学校去上学。慢慢地学生才多了，这个女子学校出来的学生，有的还派去日本留学。所以，蒙古人第一个女子学校是他那办的，第一个蒙古女子留学生是从他的女子学校出去的。”②

值得一提的是，贡王重视女子教育，并为此发表过经典论述：

“……窃查为人子女必依其为母者之抚养教育而成人。子女最易模仿其母亲之性格言行，母亲如能受到教育，对其子女可进入学前的教育如识字教育、讲求卫生，并可培养其忠诚朴实、尊敬长者之优良品德。入学之后即可对国家培育成品学兼优之优秀人才。由此观之，民族之振兴，有赖于民众之文化提高，而民众文化之提高，则有赖于母教之水平。本王兴办女子学堂之本意，厚望即在于此。仰全旗民众，善体此意，务将学令幼女以及同等文化水平之青年，限期送至本札萨克衙门，以便分别送入女子及军事学堂学习为要。”③

20世纪初的蒙古社会，贡王作为一代封建王公，其思想无疑非常前卫。他把女性教育放在一个重要位置上来看待，强调母亲受教育的特殊意义。同时，“在老家，他还创办了两个学堂，一个是武学堂，另一个是普通的学堂。”④。任蒙藏院总裁期间，还创办了蒙藏学校。

“贡王担任蒙藏院总裁后，第一件事就是向当权者提议成立蒙藏学堂，他讲‘如不及时兴办民族教育，启迪民智，则蒙古民族将不能存在。’在他的努力下很艰难地成立了蒙藏学堂，也就是后来的蒙藏学校前身，现在的中央民族大学附属中学。”⑤

第二次回访时，满琳女士对姥爷贡王的口述内容更加丰富，其教育思

---

① 毓正女学堂：清光绪二十九年（1903）内蒙古卓索图盟喀喇沁右旗札萨克亲王贡桑诺尔布在其王府燕贻堂创办的女学堂。

② 《不喜欢别人叫我公主——满琳女士口述》，转引自宝贵敏：《额吉河——17位蒙古族妇女的口述历史》，北京：民族出版社2011年版，第170—171页。

③ 满琳著：《土尔扈特女儿》，北京：农村读物出版社2004年版，第161—162页。

④ 守正武备学堂和崇正学堂。

⑤ 节选自满琳女士的第二次口述文本。

想仍然是口述重点。贡王不但创办学校，发展民族教育，还创办报纸、图书馆、电报等，以启迪民智。他认为：“现今世界，是以知识能力为贵，而不以门阀出身为贵。”所以，蒙古族著名学者札奇斯钦如是评价：

> “贡王的三学堂及识字运动等多项措施推动了蒙汉文化的交流，形成了近代文化的高峰，使喀喇沁部成为近代文人集聚、英雄辈出、人杰地灵的蒙古部，开创了一代新风，促进近代文明的形成，推动蒙汉文化的发展。可谓‘与世界文化并垂于久远’”①。

2. 父母辈的教育观念

口述人满琳女士认为，母亲乌静彬重视教育，是受其姥爷贡桑诺尔布的教育理念之影响。“我母亲就说教育重要，这和环境熏陶有关，和我姥爷的精神影响也有关系”。②

而其父满楚克扎布接受得更多的是苏联方面的教育，“我们家，包括我父亲在内，接受的是欧洲文化……我父亲呵，不太会说汉话，是苏联教官教他军事知识什么的，他会俄文，那时候，跟苏联方面接触得特别多。”③

其母乌静彬嫁到土尔扈特部后，开始学说蒙古语，并与父亲一起创办蒙古学校。

> “1935年，我母亲上了迪化女子中学。之前，1934年，她还和我父亲一起，在和靖成立了满王府蒙古小学。后来，我母亲还用自己的钱在迪化，就是乌鲁木齐么，办了蒙古学校。在和靖牧区招来二百多个牧民子弟，让他们上学。”④

其母一方面到迪化女子中学⑤学习，另一方面考虑部落孩子们的教育问题，创办学校。其母曾与省教育局职员说：“我们游牧地区文化低，连书本都没有……所以要从头办教育，办学校，召来100个学生，可他们水土不

---

① 节选自满琳女士的第二次口述文本。

② 《不喜欢别人叫我公主——满琳女士口述》，转引自宝贵敏：《额吉河——17位蒙古族妇女的口述历史》，北京：民族出版社2011年版，第175页。

③ 《不喜欢别人叫我公主——满琳女士口述》，转引自宝贵敏：《额吉河——17位蒙古族妇女的口述历史》，北京：民族出版社2011年版，第172—173页。

④ 《不喜欢别人叫我公主——满琳女士口述》，转引自宝贵敏：《额吉河——17位蒙古族妇女的口述历史》，北京：民族出版社2011年版，第175页。

⑤ 迪化女子学校是新疆第一所女子学校，是一所曾附设蒙古、哈萨克女生班和维吾尔女生班的民族女子学校，是一所完全学校。

服，经费也有困难，把焉耆的农田租出去，租金供学生，我没问老百姓要钱。”①

可见，口述人的父母创办学校，提高部落民众的文化水平，既受其祖辈教育观念的影响，又有着自己作为部落执政者的担当精神。

3. 口述人的教育观念

满琳女士从小上私塾，她最初的识字教育是从家庭开始的。

> “那时候，一个叫恰德尔的姑夫就在家里教蒙文。每天给我教点字母呵，教点文字呵，因为蒙话我都会吗。”②

1953年来到北京，直到1961年毕业，满琳女士接受了系统的高中和大学教育。在新疆工学院当老师，在北京空军指挥学院做教官，她一直投身教育事业。其所学专业为地球物理，又自学军事管理课程、经济管理研究班课程、人工智能课、模糊数学及灰色系统理论等。退休后，钻研历史，著书立说。

如今，满琳女士在培养外孙女传承祖先文化。第三次访谈时她说：“现在，我想让她（外孙女）传承。不要忘了这个文化传承，我给她教蒙古语，经常带她到蒙古的地方。一到燃灯节，我在那边（墨尔本）也点上灯，我就视频，让她用蒙古语和大家讲话，传到微信上。这个传承很重要。”她写《土尔扈特女儿》，写贡桑诺尔布传记，写母亲乌静彬传记，都是在传承文化，传承是其重要的教育理念。

从口述史料中可以看出整个家族的三代人，都重视教育，但在不同的历史阶段，呈现出不同的模式。教育模式虽然发生着变化，但重视教育的观念，却在变迁中传承。

三、宗教观念之变迁

宗教观念是一个社会重要的价值观念，影响着整个社会的精神命脉。佛教在满琳女士家族的精神生活中占有重要地位。

1. 祖辈的宗教观念

口述人满琳女士的叔爷爷是一位活佛，即多布敦策楞车敏活佛，也称

---

① 节选自满琳女士的第二次口述文本。

② 《不喜欢别人叫我公主——满琳女士口述》，转引自宝贵敏：《额吉河——17位蒙古族妇女的口述历史》，北京：民族出版社2011年版，第183页。

多活佛。其爷爷去世后，这位叔爷爷任摄政王。

“他能带兵打仗，也能念佛，今天穿着将军服，挎着手枪；明天穿着喇嘛服，手持念珠，当时的影响很大。”①

关于这位摄政王多活佛，从一名出家喇嘛到一位摄政王的身份转变，丹麦探险家亨宁·哈士纶在《蒙古的人和神》中这样写道：“托音喇嘛（多活佛）把青春年华花在神学的研究上，成年时期则到佛教圣地作长期旅行，但在其兄死后，兄弟的儿子还只是个婴儿，最主要的是土尔扈特头人因此派遣使者，走遍了半个亚洲去请托音喇嘛当人民的领导者，直到小可汗长大成人。托音喇嘛接受了人民的愿望，而且从他担任最高权力之日起，发生了许多使土尔扈特部族走向自由幸福的有利变化。”② 口述人的家族与佛教有着深厚的联系，这位叔爷爷的身份表明土尔扈特部落实行的是政教合一的统治。

关于其爷爷与佛教之关系，要说到西安的广仁寺。

> “广仁寺的纪念碑上有我爷爷的名字，我到西安看了。清朝时，那个广仁寺就要撤销了，结果呢，我爷爷正好路过，要去北京。知道了这个事情后，就跟北京的清朝政府联系，就把这个广仁寺给留下来了。”③

广仁寺是陕西省境内唯一的藏传佛教寺院，1703 年康熙皇帝谕旨敕建，1705 年建成。广仁寺在清朝末年至民国初屡遭破坏，通过新疆旧土尔扈特蒙古汗王布彦蒙库等蒙藏上层人士的不懈努力，挽救了该寺庙。该事件原始记载见于《复兴广仁寺纪念碑》。口述人所言正是此事。由此可见，其爷爷的宗教观念浓厚，极为重视佛教。

而口述人的姥爷贡王对佛教则持批判态度。

> “然后，就是对藏传佛教。清朝的时候，整个东部蒙古族地区的藏传佛教寺庙都几千座了，整个赤峰都一千多座寺庙，贡王就说，为什么，清朝对藏传佛教这么重视呢，最后他就发现，内蒙古地区为什么

---

① 《不喜欢别人叫我公主——满琳女士口述》，转引自宝贵敏：《额吉河——17 位蒙古族妇女的口述历史》，168 页，北京：民族出版社 2011 年版，第 168 页。

② 本段中提到的“其兄”即口述人的爷爷布彦蒙库，“兄弟的儿子”即口述人的父亲温楚克扎布（[丹麦] 亨宁·哈士纶著，徐孝祥译：《蒙古的人和神》，第 215 页，乌鲁木齐：新疆人民出版社 1999 年版，第 215 页）。

③ 节选自第三次访谈时的口述文本。

人口减少，都是因为藏传佛教……贡王就训令了，不许这样了，你们以后要是谁去当喇嘛，我就处罚你们，所以，就制止住了。”①

综上，口述人的祖辈对于佛教，形成两种截然相反的态度。土尔扈特部对于佛教采取支持的态度，而东部的喀喇沁王则在反思佛教给蒙古民族带来的负面影响，所以，当时蒙古社会信仰观念之复杂性由此可见一斑。

2. 父母辈的宗教观念

口述人说，其母乌静彬信仰佛教。土尔扈特部有着浓厚的佛教信仰传统，其母嫁到新疆后，信仰佛教成为其精神生活的一部分。

“我哥哥和我差7岁，有了我哥哥以后，我妈妈就特想再有个女儿。所以，她在巴仑台的时候，每天就绕着巴仑台黄庙转，趴在地上磕头。另外，她还绣了一个观音菩萨的像给黄庙，有两米多长，是她自己亲手绣的，绣了好像一年多吧，就是请求观音菩萨赐给她一个女儿。后来，好像还真的显灵了，就有了我。我妈特别高兴，她那时特别信佛。”②

她把佛教融入生活中，拜佛、求佛、敬佛、礼佛，甚至将自己的生育问题和佛教联系起来。所以，口述人说：“我妈是很信的。虽然，她后来上学什么的，可还是很信。”她信仰佛教既是受环境熏陶的结果，也是其艰难岁月里的精神慰藉。

3. 口述人的宗教观念

口述人满琳女士对佛教有着特殊的感情。

“给我印象最深的是，小时候在巴仑台，巴仑台黄庙里，最大的是‘麦德尔’佛，从这个大佛开始，两边都是小佛，排着，从大到小，最小的那个就大拇指那么一点。我们就去磕头么，每次都带我去磕头。”

“还有一个事情。我们奎克衙门的顶层供着祖宗和佛，从小时候开始，我们家在年三十晚上有个规矩，每个人都拿着‘卓拉’，沿着木梯子上去，那火苗晃晃悠悠地，风一吹就要灭的那种。上面有从渥巴锡汗开始的画像，都是祖宗的像，一直到了布彦蒙库我爷爷的时候才有

① 节选自第二次访谈时的口述文本。

② 《不喜欢别人叫我公主——满琳女士口述》，转引自宝贵敏：《额吉河——17位蒙古族妇女的口述历史》，北京：民族出版社2011年版，第195页。

了照片，之前的那些全都是画像。上边还供着佛像。三十这天，我们上去，点灯，磕头，献哈达，做这些事。记得在巴仑台的时候，每天早晨起来，第一件事就是到黄庙去，站在佛那磕头，转那个转经筒，然后回家。”

这些童年的记忆，让她对佛教充满了敬畏与虔诚。多年以后，在国外考察各种宗教，反思宗教的意义时她说：“为什么人们信仰宗教呵，因为宗教教人向善，同时呢，宗教又给人安慰，让人有一种归属感。”她深信自己“心里有佛”。

从口述史料中可以看出，满琳女士的家族与佛教有着千丝万缕的联系，代与代之间既有继承，也有扬弃。信仰与反思中，宗教观念得到延续并发生变迁。

结　语

选取一个典型人物的口述史料为个案，分析讨论其家族及社会变迁，是一个可行且有价值的研究视角。笔者从婚姻家庭观念、教育观念和宗教观念三个方面进行梳理，以口述史料为基础展开叙述，呈现出一个蒙古家族百年之变迁轨迹，进而探讨蒙古族妇女口述史料对于研究蒙古社会变迁的意义。“口述历史是一种史料，也是研究当代历史的一种方法”。学界要重视其在女性史及家族史等领域研究中具有的特殊意义。

西北回族妇女生育文化变迁

——以宁夏为例*

罗彦莲　马　燕**

目前我国人口文化学界对“生育文化”的内涵有广义和狭义两种界定。前者认为生育文化“是指人们在生育及相关活动中形成的意识形态和相应的规范制度，即人们在婚姻、家庭、生育、节育活动中形成的价值观念、知识能力、风俗习惯、伦理道德、行为规范等”；后者认为生育文化可以被定义为“人类在生育问题上的一整套观念、信仰、风俗、习惯及行为方式”。[①]国家计划生育政策的实施，对回族的生育观念、生育方式、人口数量等生育文化事项都产生了深远的影响。伴随着教育、养老模式等社会机制的改变，回族的传统生育观念也发生了很大的变化。作为生育文化的承载者，回族妇女的生育观念的变化是非常值得关注的。从某种程度上讲，回族妇女对生育文化的认知影响着整个回族群体的发展走向。为了考察西北回族妇女生育文化近年来发生的深刻变化，2009 年年初至 2013 年年底，课题组先后以吴忠市利通区、郭家桥乡郭家桥村、吴忠市红寺堡开发区团结村、固原市原州区开城镇郭庙村、固原市西吉县兴隆镇单家集村、固原市泾源县黄花乡下胭村、吴忠市海原县郑旗乡吴湾村、石嘴山市平罗县灵沙乡何家村和银川市灵武市为调研点，主要以回族妇女为调查对象，共发放问卷 1000 份，收回有效问卷 938 份，有效率为 93.8%。

---

* 基金项目：国家社科基金西部项目（XZJ007）。

** 罗彦莲，宁夏大学回族研究院副研究员，主要研究方向为回族妇女与回族教育；马燕，宁夏社会科学院回族伊斯兰教研究所副研究员，陕西师范大学中国西部边疆研究院在读博士，主要研究方向为回族妇女与回族文化。

① 穆光宗：《生育文化的现代化和生育控制机制的转变》，载《中国人口科学》2003 年第 3 期。

生育观念是生育文化在人类精神或意识层面的反映，是生育文化的核心，它决定着其他有关生育文化事项的传承与变迁的速度和程度。其大致可以归纳为4个方面：（1）对生育目的和意义的认识，即生育态度或动机；（2）对生育子女性别的价值取向，即性别偏好；（3）对生育子女数的期望，即数量预期；（4）对生育子女的质量期望，即质量预期。为了便于考察和解读其变迁的轨迹，笔者拟将性别偏好和理想的生育子女数①合并为一节进行分析。

一、生育动机的变化

西北回族妇女生育动机的变迁大致如下："养儿防老"的生育目的依然明确，"传宗接代"的生育动机总体弱化，"多子多福""人多势众"的生育观念基本转变。

1. "养儿防老"依然是西北回族妇女的第一生育动机。如表1所示：西北回族妇女"少生的顾虑"中，"自己老了孤单""自己老了生活无人照顾""自己老了无经济来源"3项的比重之和为43.33%，大比分高出其他顾虑。持这种生育动机的当地回族妇女普遍认为"没儿子没后靠"，与此目的紧密联系的传统观念是"在儿子跟前有势""娶儿媳妇时精神"。受上述观念影响，当地回族群众心灵深处只将娶儿媳妇视为喜事，认为这是"（家里）又进人又进钱"的大喜事。"进人"指儿媳妇进家门，"进钱"指亲朋好友相对可观的贺礼和儿媳妇的陪嫁；自然当地回族群众将嫁女儿看作"（家里）又折人又折钱"的事情。与此观念相对应而形成的随礼制度更加直白地宣扬着当地重男轻女的价值观。通常娶儿媳妇，亲朋好友中的男性、长辈尽量出席参加，贺礼一般是嫁女儿的2倍，甚至更多；出嫁女儿一般都是女人、娃娃去随礼，礼钱也少。吴忠市（利通区）有2000多回族家庭生了女儿后就不想再要孩子了，但也不愿做绝育手术，除了"不想挨一刀"，主要还是担心养老的问题，大家都在观望、等待，期盼有彻底解除其后顾之忧的政策出台。

① 穆光宗：《生育文化的现代化和生育控制机制的转变》，载《中国人口科学》2003年第3期。

表 1 实行少生育政策后您对未来有什么顾虑

顾虑	孩子难教育	孩子孤单	自己老了孤单	自己老了生活无人照顾	自己老了无经济来源	其他	总计
人数	99	120	44	113	43	42	461
百分比	21.47%	26.03%	9.5%	24.51%	9.32%	9.1%	

西北回族社区约定俗成的养老惯制——儿子是父母经济上的后靠，女儿是父母精神上的慰藉。养老送终主要是儿子的责任，父母生病住院以及无常抬埋的费用基本要儿子承担，女儿只是尽孝心伺候父母。儿子女儿各司其职，儿子也没觉得吃亏，女儿也没觉得对不住父母。从整个社区的养老运作体系和视角来看，这种分工是公平、合理的，只是不利于性别平等文化的培育。因而农村养老体制的建立与完善是“养儿防老”生育动机慢慢弱化的得力举措。

2. “传宗接代”是西北回族妇女排位第二的生育动机。宁夏部分回族社区，“不孝有三，无后为大”的思想意识依然主宰着人们的生育动机。不过，“传宗接代”的生育动机与当地经济发展水平呈负相关。吴忠市红寺堡开发区，这种观点在 30 及 30 岁以上年龄的回族群众中很有市场。而吴忠市利通区持这种生育态度的人很少，仅有 16%的访谈对象认为“没生儿子觉得脸上没光彩”，并且是 50 及 50 岁以上被访者的观点。

需要说明的一点是，红寺堡开发区虽隶属吴忠市，执行川区回族计划生育政策。但其生育观念的变迁进程不仅缓慢于吴忠市其他县（区），同时也落后于宁夏山区回族聚居区的整体步伐。因为该区从 20 世纪 90 年代开始搬迁移民，其中回族群众都是从宁南山区最偏远最贫困的山村整村搬迁而来的。该社区回族群众生存的地理环境变了，但其生存的人文环境并没有改变。法国社会学家布迪厄的“场域理论”和“惯习理论”① 告诉我们：处于不同场域的人们在实践中将遵循各自不同的观念和习惯（传统）。当人们在具体的实践过程中不断遇到许多预先想不到的新情况和新问题时，实践的主体将会不断地创造和吸收一些在过去的场域中不曾出现过的“惯习”。由于吴忠市红寺堡开发区的回族群众生活的“场域”并没有得到完全意义上的改变，因此主导其生活的观念、认识和行为准则依然是老家的

① 李全生：《布迪厄场域理论简析》，载《烟台大学学报》（哲学社会科学版）2002 年第 2 期。

“惯习”。

访谈时红寺堡开发区的计生干部说：“动员或强行要求当地纯女户结扎会引起社会问题。”因为若没有儿子，丈夫要求妻子3个5个的生，直到生了儿子为止。妻子若提出做绝育手术，丈夫便威胁要离婚。离婚后男人可以再娶继续他的儿子梦，而做了绝育手术的女人一般很难再嫁。也正因为红寺堡开发区回族群众生活“场域”的原生态性，其新“惯习”的形成将会经历相当漫长的心理旅程。因此建议宁夏回族自治区计生部门对吴忠市红寺堡开发区的特殊性给予高度重视。一方面，加强该区农村回族社区优质服务工作，尤其是宣传工作的力度和广度；另一方面考虑适当放宽该区相关计生指标的考核。

3. “多子多福”的思想观念在西北回族妇女的意识形态里所占份额逐步缩小。伴随社会经济的发展，当地回族妇女的生育观念也在进一步改善。越来越高的生育成本使大家深切体会到“娃娃多，大人受累不说，娃娃也吃不好穿不好，更接受不到好的教育”。

二、生育过程中的性别偏好及理想子女数的变化

表2反映的信息，令人信心倍增，回族妇女对男孩的偏爱度已大大降低，持“生男孩好”者仅占被调查对象的21.89%，近75%的当地回族妇女已拥有性别平等意识。并且据访谈资料反映的情况，20—30岁年龄段，30—40岁年龄段的被访对象普遍强调要有儿子。上了年纪的人反而性别平等意识浓厚，40岁以上的被访回族妇女普遍的观点是“生男生女都一样”。

表2　您同意下面哪种说法

态度	生男孩好	生女孩更好	生男生女都一样	说不清楚	总计
人数	199	20	678	12	909
百分比	21.89%	2.2%	74.58%	1.32%	

事实上，这种性别平等意识是有条件的，是建立在生育多个孩子基础之上的观念。生育常规，男孩的数量与生育孩子的总数量呈正相关。40岁以上的西北回族妇女理想子女数为3—8个，且与年龄呈正相关。从持“生女孩更好”观点者所占比例（2.2%）也可以看出西北回族妇女生育偏好的总体情况，访谈资料也证实这一点。近百位访谈对象中，仅有1位40—49岁年龄段的被访妇女为了要1个女儿，生了4个儿子。她认为从伺候父母的

角度看，女儿更好，并且女儿读书成功以后比儿子更孝顺。因此宁夏农村回族群众对男孩的偏爱程度基本与年龄呈正相关。

表3表4显示：有1、2个男孩的家庭所占比例（52.87%、25.37%）分别高出1、2个女孩家庭的百分比（49.68%、19.61%）；拥有3—4个女孩的家庭所占比例（5.22%）又高出有3—4个男孩的家庭的百分比（4.25%）；没有女孩的家庭高出没有男孩家庭7.71个百分点。调查对象中没有遇到5个男孩的母亲，5个女孩的母亲却有3位。访谈材料告诉我们，拥有3个及3个以上女孩的家庭都是为了生男孩。固原市原州区和泾源县30—39岁年龄段的访谈对象一般生3胎，而其中各有1位被访妇女生了4胎，3个女儿1个儿子。吴忠市红寺堡开发区30—49岁年龄段的回族妇女基本生4胎，其中有2位被访妇女生了4胎，3个女儿1个儿子，有1位生了5胎，4个女儿1个儿子。需要指出的是，50—60岁年龄段及60岁以上的被访对象，即使有8个以上的孩子，只要没有男孩，在她们的生育阶段，都会一直生下去，直至有了男孩或不能生育为止。西北回族妇女多胎生育，尤其生育女孩的目的就是为了要个儿子或更多的儿子，当地回族群众的性别偏好由此可见一斑。

表3　您家有几个男孩

男孩数	0	1	2	3	4	总计
人数	164	496	238	34	6	938
百分比	17.48%	52.87%	25.37%	3.62%	0.63%	

表4　您家有几个女孩

女孩数	0	1	2	3	4	5	总计
人数	236	466	184	38	11	3	938
百分比	25.19%	49.68%	19.61%	4.05%	1.17%	0.31%	

西北回族妇女，20—39岁年龄段人群对男孩的强烈偏爱，除上述“养儿防老”和“传宗接代”的生育目的外，受计划生育政策的影响也很大。1990年，宁夏回族自治区生育胎次的限定（山区回族可以生3胎、川区回族可以生2胎）意味着拥有儿子，或拥有更多儿子的概率相对减少，当地回族妇女生育过程中的性别偏好变得越来越明显。2000年，当“少生快富”等奖励性计划生育政策出台后，随着奖励力度的逐步加大，当地回族群众

要儿子的愿望变得空前迫切。因为山区回族生2胎（1儿1女、2个儿子、2个女儿）或3个女儿，川区回族生1胎（1个儿子、1个女儿）或2个女儿做绝育手术后，就可以享受一次性3000元的奖励资金，并且还可以继续享受“一本通”所承诺的一系列优惠待遇。

“养儿防老”和“传宗接代”的生育动机，注定了西北回族妇女对男孩偏爱的持久性。不过她们对生育子女的数量预期大幅度降低，并且对男孩的喜爱程度及理想子女数的多少，与当地的经济发展呈负相关，基本上与年龄呈正相关。

吴忠市利通区、银川市灵武市、石嘴山市平罗县回族群众的生育偏好虽然也是儿子，但强烈程度远远低于宁夏回族自治区的其他市县（区）的回族。上述市县（区）生育子女的理想数目也大幅度低于其他市县（区）。20—39岁年龄段的被访妇女期望生育子女数一般是2个，也有相当数量此年龄段的当地妇女生第一胎后，就主动采取措施（结扎除外）暂时不再要孩子了。其他市县（区）20—39岁年龄段的妇女一般都希望要2—3个孩子，而吴忠市红寺堡开发区此年龄段妇女理想的孩子数都在4个以上，并且有一位妇女想要7—8个孩子；上述市县（区）40—50岁年龄段妇女的理想子女数为3个，2男1女最好。其他县（区）此年龄段理想的孩子数目都是3—4个左右，2男2女最理想；以上3个市县（区），50—60岁年龄段及60岁以上被访人群都希望有5个左右的孩子，3男2女最理想。其他县（区）此年龄段理想的孩子数目都在8个左右。

因此，随着宁夏回族自治区社会经济的进一步发展，农村养老体制的逐步建立与完善，以及回族妇女受教育水平的提高，“养儿防老”和“传宗接代”生育动机将逐渐弱化，当地回族妇女生育观念中的男孩偏好必定会慢慢减弱。

三、对生育子女的质量期望，即质量预期的变化

“质量预期”一般指生育决策者潜意识或有意识期待着的优生优育。生育决策者对优生优育的期望往往外化为对生殖健康、孕期保健、分娩方式等相关生育文化事项的重视和对孩子教育的关注。本文仅考察西北回族妇女对子女受教育程度期望的变化。

表5显示，“孩子可以受到更好的教育”，这一观点的持有者占被调查回族妇女的比重最高（43.79%）。由此看来，西北回族妇女少生孩子的主

要目的之一，就是为了提高孩子的文化素质。西北回族妇女对子女受教育程度的关注凸现在两方面：一是对孩子早期智力开发、幼儿教育和学前教育越来越重视；二是对子女接受教育，尤其接受高等教育的期望值越来越高。

表 5　在您看来少生孩子的最大好处

最大的好处	母亲可以腾出更多的时间从事经营	孩子可以受到更好的教育	家庭致富快	说不清楚	总计
人数	121	261	191	23	596
百分比	20.3%	43.79%	32.04%	3.85%	

1. 对孩子早期智力开发、幼儿教育和学前教育的逐步重视。西北回族妇女对孩子早期教育的关注，反映其养育模式变迁的一个侧面：西北回族社区传统的养育模式属“粗放型”，只图数量不图质量。尤其忽视孩子的早期教育和培养，养育的重心或唯一任务仅仅是养大孩子、让其健康就行。因此“多子多福”及“一个孩子也是养，一群孩子也是养”等观念颇为流行，认为多一个孩子就是添双筷子添个碗的问题。而现在当地回族群众非常重视对孩子早期智力的开发，川区回族社区普遍重视孩子的幼儿园教育，吴忠市利通区郭家桥乡郭家桥村幼儿园在园幼儿450—500人，规模仅次于吴忠市幼儿园；山区回族社区也开始重视孩子的学前班教育，经济发展较快的一些山区已经开始注重幼儿教育。如固原市西吉县兴隆镇的单家集村4—5岁的孩子开始上幼儿园。还有一些当地农村回族群众为使孩子享受更好的教育资源，想方设法把娃娃送到城里去上学，经济条件好的人家索性搬到城里去住。

微观经济学的“成本效用理论”对人类生育行为进行了更为精细的分析，即“孩子净成本效用分析”有助于揭示西北回族妇女理想子女数与年龄呈正相关、与当地经济发展水平呈负相关的成因：生育孩子的成本包括直接成本（父母为孩子提供的衣食住行费用、受教育费用、参与和享受文化娱乐活动的费用，以及父母正式支付或补贴给子女的结婚费用）和间接成本（父母为生养孩子所损失的受教育和获得收入的机会）。孩子的净成本＝（直接成本+间接成本）−孩子为家庭提供的货币收入和服务的现价。那么，如果生育孩子的净成本是正值，则对孩子的需求就会降低；反之，如果生育孩子的净成本是负值，则对孩子的需求就会升高。[①] 吴忠市利通区、银川市灵武市、石嘴山市平罗县的农村回族社区，生育孩子的直接成本和间接成本都很高，直接成本不只体现在孩子的教育支出上，父母还得支付孩子高昂的结婚费用。上述回族社区青年男女结婚，和城市的区别只是不买房子而已；间接成本主要是父母为生育孩子损失获得收入的机会，以上市县（区）经济发育较成熟，群众就业机会多。年轻人忙于发展生产，顾不上生养孩子。

这是银川市灵武市、石嘴山市平罗县回族青年暂时只要 1 个孩子的主要原因；相反，宁南山区回族社区，生育孩子的直接成本和间接成本都很低，传统落后的生产力方式，对劳动力的文化素质和技能要求非常低，劳动力的多寡强弱在很大程度上决定着致富门路的宽窄和收入水平的高低，生育孩子的净成本在很多地区依然是负值。

2. 西北回族妇女对子女接受教育，尤其是接受高等教育的期望值越来越高。表 6 表 7 充分展示了西北回族妇女对子女接受高等教育的高期望值，突出表现在对女孩受教育态度的改变和接受高等教育的支持上。首先，希望子女接受大学以上教育的回族妇女平均所占比例高达 87%以上，希望儿子、女儿接受大学以上学校教育的回族妇女分别占被调查对象的 90.26%、84.18%，希望儿子、女儿拥有研究生学历的民众分别占被调查对象的 25.67%、23.09%。看来目前制约当地回族青年追求高学历的主要因素，就是家庭的经济承受能力和他们的天赋及其努力程度了。其次，上述表格也蕴涵着这样的信息，当地回族妇女对女儿接受高等教育的期望值略低于男孩，而对女儿接受高中及高中以下教育的期望值又高于男孩。然而纵向比较研究将十分清晰地呈现，当地回族妇女对女孩接受教育态度的逐渐改变和对女儿接受高等教育的殷切期望。

表 6　您觉得自己的女儿上学上到什么程度更好

文化程度	小学	初中	高中（中专）	大学	研究生	说不清	总计
人数	21	37	69	545	206	14	892
百分比	2.35%	4.14%	7.73%	61.09%	23.09%	1.56%	

① 杜福：《农村孩子成本-效用的比较分析》，载《东岳论丛》1990 年第 6 期。

表 7 您觉得自己的儿子上学上到什么程度更好

文化程度	小学	初中	高中（中专）	大学	研究生	说不清	总计
人数	5	25	42	571	227	14	884
百分比	0.56%	2.82%	4.75%	64.59%	25.67%	1.58%	

如表 8 所示：具有大专及大专以上学历、高中（中专）的调查对象占所有被调查人员的 2.77%、7.14%，而没上过学和上过小学的调查对象所占比重过半（57.03%）。访谈与问卷资料综合显示：西北回族妇女的文化素质普遍低于男性，且妇女的受教育水平与年龄呈负相关，与当地的经济发展状况呈正相关；西北回族社区文化程度的性别差异与年龄呈正相关，与当地经济水平呈负相关。

表 8 调查对象的文化程度

文化程度	未上过学	小学（扫盲班）	初中	高中	大专及以上	总计
人数	238	297	306	67	26	938
百分比	25.37%	31.66%	32.62%	7.14%	2.77%	

西北回族妇女受教育水平与年龄呈负相关：50 及 50 岁以上年龄段的宁夏回族妇女几乎都不识字。40—49 岁年龄段的绝大多数当地妇女也不识字；而 40 岁以下的宁夏回族妇女，其文化程度普遍得以提升，川区回族社区，妇女获得的学历有小学、初中、高中。山区回族社区，妇女受教育程度基本是小学，极少数妇女接受了初中教育，当然文盲也存在，但已不是普遍现象，宁夏农村回族妇女受教育水平总体低于当地男性，且与当地的经济发展状况呈正相关：40—49 岁年龄段，吴忠市红寺堡开发区，中卫市海原县，固原市西吉县、泾源县、原州区的被访回族妇女均为文盲。而此年龄段吴忠市利通区的 6 位被访的回族妇女，4 位接受了初中教育，1 位小学毕业，仅有 1 位不识字。

西北地区回族群众文化的性别差异与当地的经济发展水平呈负相关：2008 年人均年收入 4700 元的宁夏吴忠市利通区郭家桥村郭家桥乡，男女文化素质差异并不明显。40—49 岁年龄段的 6 个被访对象，其中文盲 1 人、小学文化程度 1 人、初中文化程度 4 人，她们的丈夫文化程度分别为文盲、小学、初中（3人）、高中；30—39岁年龄段，妻子小学文化程度2人，初中、高中文化程度各1人。丈夫小学文化程度2人、初中、高中文化程度各1人。与此相反的是2008年人均收入2500元的宁夏吴忠市红寺堡开发区团结村，此地的文化性别差异相当悬殊。40—49岁年龄段的3个被访对象都是文盲，而她们的丈夫文化程度分别是文盲、初中、初中；30—39年龄段的5个被访对象都不识字，她们丈夫的文化程度分别是文盲、小学、小学、初中、初中，其中1位被访妇女，她没上过学，而她的5个哥哥都念到初中；20—29年龄段，妻子都是小学或初中文化程度，丈夫都拥有初中以上学历。

西北回族群众文化程度的性别差异与年龄呈正相关。40—49年龄段的当地回族群众文化程度的性别差异最明显，而年龄小于40岁文化程度的性别差异不明显，甚至有些妇女的文化程度超过男性。如40—49岁年龄段，宁夏回族自治区固原市西吉兴隆镇单家集村的被访对象妻子都不识字，而她们丈夫的文化程度是小学和初中。该自治区固原市泾源黄花乡下胭村40—49岁的2个被访对象都不识字，而她们的丈夫文化程度分别是文盲、高中；同属固原市的西吉县兴隆镇单家集村30—39岁年龄段，妻子的文化程度小学、初中、中专各1人，丈夫的学历是小学、初中、中专各1人，20—29年龄段的几位，妻子1个不识字、3个初中，丈夫的文化程度分别是小学3人高中1人。又如海原郑旗乡吴湾村30—39岁年龄段的被调查对象，妻子不识字、初中文化程度各1人，丈夫小学、初中文化程度各1人，20—29岁年龄段，妻子丈夫都是初中毕业。

正如当地回族群众反映的，制约其子女追求高学历的主要制约因素之一是家庭的经济条件。以前孩子多，当地民众的经济承受能力又十分有限，家庭仅有的教育资源只得向男孩倾斜，因为男孩是老年阶段的经济后盾，女儿只是心灵的慰藉。这是当地妇女文化程度普遍低于男性的主要原因之一。随着宁夏回族自治区计划生育政策对生育胎次的进一步限定，回族家庭的孩子数量渐渐降低，当地群众的生活条件也日渐好转，男娃女娃一视同仁，都早早送学校了，这也是40岁以下宁夏农村回族妇女文化程度普遍得以提升，川区回族社区和部分经济发展较快的山区回族聚居区，20—29年龄段男女文化程度差异小，有些家庭妻子和丈夫文化水平相当，甚至妻子学历高于丈夫的原因之一。由此可以得出这样的结论：（1）计划生育政策的实施有利于西北回族妇女文化素质和社会地位的整体稳步提高；（2）少生优育是控制国民数量、提高国民质量的有效途径。

结　语

西北回族妇女“养儿防老”的生育目的依然明显，“传宗接代”的生育动机总体弱化，“多子多福”“人多势众”的生育观念基本转变；“养儿防老”和“传宗接代”的生育动机，注定了回族妇女对男孩偏爱的持久性。不过她们对生育子女的数量预期大幅度降低，并且对男孩的喜爱程度及理想子女数的多少，与当地的经济发展呈负相关，基本上与年龄呈正相关。同时，西北回族妇女对孩子的早期智力开发、幼儿教育和学前教育越来越重视，对子女接受教育，尤其是接受高等教育的期望值越来越高。

参考文献

[1] 李银河：《生育与村落文化》，中国社会科学出版社，1994。

[2] 朱国宏：《生育文化与人口控制》，载彭希哲、戴星翼主编：《中国农村社区生育文化》，上海：华东师范大学出版社，1996。

[3] 张纯元、陈胜利：《生育文化学》，中国人口出版社，2004。

[4] 费孝通：《乡土中国　生育制度》，北京大学出版社，1998。

三江源生态移民生育意愿研究

韩小雁*

生育意愿是人们生育观念的直接体现和集中代表。它影响着一个社会中人口的出生率以及人口变化趋势，一直受到人口学、社会学学者的普遍重视。在当今急速发展的社会现实的推动下，回顾和分析近几十年来国内外学者在这一领域内的研究状况，探讨不同人口群体生育意愿的差异和变迁，对于研究我国人口在未来的发展态势，并随时对人口政策进行相应的调整，无疑有着十分重要的作用。生育作为一种社会文化行为，与婚姻家庭制度、政治制度以及道德法律制度、民族制度形成交互作用，这样生育就不仅仅是生育主体——育龄妇女本身的事情了。调查显示，现在的三江源地区社会生育决策权更多地掌握在男性的手中，妇女在生育问题上由于生理和社会文化等方面的原因总是处于被动地位。此次调查的目的是通过深入研究青海省三江源生态移民生育意愿的总体状况及存在的问题，探讨生育观念对人口素质的影响，发现提升三江源地区人口素质的新建议。

三江源生态移民是为了恢复当地的生态环境，根据《青海三江源自然保护区生态保护和建设总体规划》和"三江源保护一期工程"安排，实施黄河、长江和澜沧江源头地区的生态移民工程，生态移民规模为10140户，55774人，涉及玉树、果洛、黄南、海南等4个藏族自治州的16个县。相对于其他地区实施过的移民工程，由于规模大、涉及人数多、地域广大，三江源生态移民的生产生活方式转变程度是很大的，文化习惯和文化价值取向的变化更为显著，体现在生育意愿上就表现为生育观念和生育选择的变化。根据2010年第六次人口普查数据显示，三江源地区常住人口125.85

* 韩小雁，青海大学马克思主义学院副教授。

万人，其中男性人口64.63万人，占51.35%，女性人口为61.22万人，占48.65%。总人口性别比由2000年第五次人口普查的103.13上升为105.57，比同期全省水平（107.40）低1.83。[①]

一、概念解析与文献综述

（一）概念解析

1. 生育意愿

在国内外的生育意愿调查实践和研究中，涉及生育意愿定量研究的文献众多，但所使用的概念和指标缺乏统一性和系统性。在与生育意愿相关的调查实践和相关文献中，意愿生育子女数量被称为“理想孩子数”“对生育孩数的期望”“理想子女数”。联合国国际人口学会编写的《多种文字人口学词典》中，将其称为生育意愿数、想要的孩子数或对于意愿生育性别比，有“对子女性别期望”“理想子女性别构成”；如果考虑到任何一次生育行为都包括数量、时间和性别三个方面，则生育意愿就成为一个可以计算的统计指标。目前国内对生育意愿度量指标体系的设计主要包括意愿生育子女数量、意愿生育时间和意愿生育性别比、意愿生育目的等。宏观上，生育意愿反映了社会的生育文化；微观上，生育意愿体现着个体行动者的理性选择。生育意愿直接支配人们的生育行为。

2. 生育政策

青海省的计划生育条例实施过程中对少数民族的生育规定是较宽的，一、二、三的计划生育政策（即国家干部、城镇居民和汉族一对夫妇只生育一胎；少数民族一对夫妇可生育二胎；牧区的少数民族牧民一对夫妇可生育三胎）已被全省广大群众所接受。长期以来，青海省居住在城市、农村的少数民族育龄妇女大都生育了二胎，牧业区的少数民族育龄妇女普遍生育了三胎，这些都是青海省的计划生育条例所允许的。

2016年11月30日，由中国社科院人口所主编、社会科学文献出版社出版的《人口与劳动绿皮书：中国人口与劳动问题报告No.17》在北京发布。报告指出“全面二孩”不是生育政策调整终点，为应对不同时期的人口问题，中国计划生育政策经历了不断的调整和完善，同时也积累了解决人口问题的经验和教训。长期的实践证明，人口发展变化有自身的规律，

---

① 青海省统计局：《人口普查资料分析（第15期）》，2012。

不能完全由政策控制，生育政策固然能够为促进人口长期均衡发展创造更为有利的条件，但也带来了一定的副作用。《报告》中根据调查统计显示，中国即将面临的劳动力资源萎缩和人口老龄化问题不可避免，必须从社会经济体制的整体出发，及早做出适应人口发展变动趋势的战略部署。所以“全面二孩”并不是生育政策调整的终点，应该根据实际的生育指标发展变动趋势，及时做出调整或保持生育政策的决策，以调节人们的生育行为适应社会、经济、环境、资源可持续发展的需要。从目前生育政策调整趋势来看，为避免落入“低生育率陷阱”，中国未来可能需要进一步放宽生育限制，甚至取消生育限制。① 青海省生育政策根据中央精神进行了相应调整。

（二）文献综述

国外在生育意愿研究中涉及生育最佳年龄段、生育目的、生育意愿影响因素分析等方面。

法国遗传学家的研究结果表明，女性在23—30岁之间是生育的最佳年龄段，而男性年龄在30—35岁所生育的后代最优秀。遗传学家根据研究表明，男性精子素质在30岁时达到高峰，然后能持续5年的高质量。在国内有关优生优育条件的考虑中，一般认为，女性的生育年龄在25—30岁之间为最佳时期，女性最好不超过30岁。

以莱宾斯坦为代表的新家庭经济理论认为父母需要孩子的原因是，孩子是父母快乐的源泉，孩子能够给父母以幸福、温暖、友谊、娱乐等精神上的收获。在1957年出版的《经济落后与经济增长》一书中强调，家庭规模取决于夫妇的生育抉择，而人们所选择的生育子女数量则取决于一个新生孩子所提供的满足和效用，同为抚养一个新生孩子所需要负担的成本的对比关系，如果所获得的效用大于所负担的成本，人们便倾向于多生育，反之则倾向于少生育。

国内的相关研究首先侧重于生育意愿综合指标体系的设计和基本概念的澄清和梳理。首先，在讨论生育意愿影响因素时将经济因素置于社会因素当中，并兼顾家庭因素和个人因素，将现阶段国家人口政策、就业政策和就业水平、独生子女、外出打工等改革开放后出现的新的社会因素均置

---

① 中国社科院人口所：《人口与劳动绿皮书：中国人口与劳动问题报告 No. 17》，社会科学文献出版社 2010 年版。

于生育意愿的影响因素指标体系设计的范围内。[①] 以家庭为单位综合描述我国当前居民的主要生育意愿特点主要表现为传统的养老送终、儿女双全的思想仍旧根深蒂固，性别偏好现象依然严重，教育程度提高、收入水平上升、经济进步等因素都有希望从根本上解决我国人口的结构性问题。[②] 其次，通过理想子女数的变迁、性别偏好的变迁两个角度对比了中部、西部、东北农村及部分城市在20年来生育意愿的变迁特征，发现20年来城乡居民生育意愿变迁存在着滞后性、内部失调性和诱导性等特征，认为生育态度的转变要经历服从、同化、内化三个阶段，这是一个复杂的过程，并不是所有的人都完成了这一转变。在不同的地区、不同的人群中，人们生育态度的转变程度、所处的阶段可能是不一样的。[③] 最后，在性别偏好的研究中发现，与数量偏好的变化相比，性别变化的偏好显得较为缓慢和滞后。在这个领域里，中国学者将研究重点放在农村居民的性别偏好研究上，认为性别偏好仍旧是影响生育目的的主要原因。有学者把中国农民的生育需求归纳为6个层次结构的需求，包括“终极价值的需求”“继嗣需求”“情感需求”“续梦需求”“社会需求”和“经济需求”[④]；以西藏为例，对少数民族地区的研究发现与妇女地位对生育意愿有很大影响形成鲜明对比的是，藏汉两族对生育意愿已经没有显著区别，也就是两个民族的生育文化并没有对生育意愿产生显著影响。近些年，在拉萨市的汉族与藏族交流逐步增加，生育意愿互相影响，已基本消除多子多福和男孩偏好的观念，两个民族之间的生育文化差距缩小。[⑤]

二、资料与方法

本研究采用理论研究与实证研究相结合的方法。首先，运用归纳法对国内外生育意愿相关研究成果进行了综述；其次，通过对三江源生态移民的问卷调查，采用交叉列表分析法，对这些地区群众生育意愿现状及其影

---

① 龚德华、甘霖等：《生育意愿影响因素分析》，载《湖南医科大学学报》（社会科学版）2009年第10期。

② 王玮、李林：《对我国当前家庭生育意愿的调查研究》，载《长江大学学报》（社会科学版）2009年第4期。

③ 风笑天、张青松：《二十年城乡居民生育意愿变迁研究》，载《市场与人口分析》2002年第5期。

④ 穆光宗、陈俊杰：《中国农民需求的层次结构》，载《人口研究》1996年第5期。

⑤ 周俊山、尹琴、潘琴：《妇女地位、生育文化和生育意愿——以拉萨市为例》，载《人口与经济》2009年第3期。

响因素进行了研究。本研究的调查指标设计包括三个部分：第一，基本情况，包括性别、年龄、受教育程度、婚姻状况等；第二，生育意愿，包括生育数量、生育性别、生育时间、生育目的；第三，政策认知与接受程度，包括养老保障、生育政策、生育观念等。

本研究属于国家社科基金项目《对三江源生态移民价值取向的调查研究》的阶段性成果之一，课题组在2015—2017年间分赴海南州果洛新村、铁盖村、黄南州切藏麻村、玉树州阿朵村和曲麻莱县驻格尔木社区调查，在当地村干部和村民的帮助下，采用随机抽样方法寻找被调查对象，最后有效统计对象累计265份。由于受访群众主要是藏族，语言沟通有一定难度，我们委派了数名藏族大学生组成五个小组，作为访问员，用藏语与受访群众交流，以面访问卷的方式由调查员询问并填写，部分受访群众初中以上文化水平者也可以选择自己填写问卷。

三、调查结果与分析

（一）样本基本情况

1. 性别与年龄

我们在各调查点所有的被调查对象中，基于分析的要求，我们在选择调查对象的时候在男性和女性之间尽量进行了相对均等的配比，最后统计结果中，男性124人，女性141人，基本持平。

法国遗传学家的研究结果表明，女性在23—30岁之间是生育的最佳年龄段，而男性年龄在30—35岁所生育的后代最优秀。在我们的调查中21—30岁之间年龄段的调查对象占58.4%，具有一定的代表性。

2. 受教育程度

在被调查对象中，小学及小学以下文化程度的占总数的72.3%，初中以上文化程度的占13.3%，高中及大专以上文化程度的被调查者比例非常低，说明三江源地区女性整体受教育程度还是很低的。

3. 婚姻状况与生育期望

所有被调查者中，52%的人已婚（包括离异），44.2%的人未婚，比例接近，对婚前期望值和婚后预期值均有所反应。

在所有已婚（包括离异）调查对象中，我们考察了他们现有的孩子数量和第一个孩子的出生时间，现有1个孩子的家庭占31.3%，拥有两个孩子的家庭占58%，只有8.7%的受访对象有3个孩子，3个以上孩子的家庭仅占2%。

表1　已婚调查对象生育状况（基数138）

生育孩子数	频次	比例（%）
1个	43	31.3
2个	80	58
3个	12	8.7
>3个	3	2
总和	138	100

我们在未婚人群中考察了对结婚时间和婚后生育时间的期望，虽然国家婚姻法有明确规定，但42%的调查对象选择在法定婚龄以前结婚，并期望在婚后尽早生育。其中未婚女性对生育时间和结婚时间的期望均早于未婚男性。

（二）调查结果分析

1. 生育数量

在我们的调查中，关于生育意愿的具体分类首先涉及生育数量，其中希望生育两个子女的愿望所占的比例最大，有57.5%，希望生育1个子女和生育3个子女的比例分别为22.6%和13.4%，由于养育成本的上升，使得部分移民家庭只生育两个孩子，独生子的家庭现在三江源地区也有一定的数量，移民后交往范围扩大，就业领域拓宽，使得生态移民中的女性不希望被束缚在家庭中，而情愿外出打工，这些原因使得移民具有转变生育观念的可能。但是选择不要孩子的比例非常之低，仅占7%，几乎可以忽略不计。

2. 性别偏好

生育性别偏好是指人们期望生男孩还是生女孩，是对生育胎儿性别的一种愿望和需求，在实际生活中大概包括以下四类：男孩偏好、女孩偏好、儿女双全和无性别偏好。目前性别比偏高已经成为中国最严重的社会问题之一，全国只有蒙、黑、黔、藏、宁、青、疆等7省区出生婴儿性别比在110以下，而这些省区的人口却只占全国总人口的10%。占全国人口90%的其他24个省、区、市，出生婴儿的性别比都已经高居110以上。青海省总人口中，男性人口数占总人口的比重保持在51.8%左右，女性人口比重保持在48.2%左右，人口性别比保持在105以上。“第六次人口普查”资料显示，2010年青海省汉族人口性别比高于全省平均水平，并且较2000年“五普”时上升1.89，而人口规模占全省总人口47.0%的少数民族人口性别比仅为102.75，较同期汉族人口性别比低8.96。

在青海省少数民族人口中，人口规模占前5位的是藏族、回族、土族、撒拉族和蒙古族，2010年这5个民族人口数262.07万人，占全省少数民族人口的99.1%。2010年，这5个少数民族人口性别比均低于全省平均水平，均低于105，其中藏族和撒拉族人口性别比低于102，与2000年相比，性别比上升的民族是藏族、蒙古族，性别比下降的民族是回族、撒拉族、土族。①

以一生只能生一个子女为前提假设，对生态移民的性别意愿进行了调查。男孩偏好并没有像预想中呈严重的一边倒状态，只占到47.5%，女孩偏好的比例和两者均可的比例分别为31.8%和20.7%，说明在三江源移民社区，男孩偏好的现象并不像汉文化区那么明显，生态移民均为信奉藏传佛教的藏族群众，由于藏传佛教提倡出家为僧等原因，势必造就了妇女在家庭生活中独当一面的本领，妇女在家庭生活中有特殊地位，到现代社会仍然会延续这一传统，这也是在我们的调查中男孩偏好不明显的主要原因之一。②

表2　生态移民生育性别偏好

性别偏好	频次	比例（%）
男	126	47.5
女	84	31.8
均可	55	20.7
总和	265	100

3. 生育目的

对于生男生女的考虑属于生育目的的分析范畴，取决于被调查者对男性和女性在家庭中的作用和影响的看法的认识。对于男孩的考虑因素分别

① 青海省统计局：《青海省人口性别结构分析》，青海省人民政府门户网，2012.7.27。

② 韩小雁：《农牧区少数民族生育意愿研究——以青海省果洛藏族自治州为例》，载《攀登》2013年第6期。

是：养儿防老、传宗接代、增加劳力、获得社会与家庭地位，调查结果与我们的经验相符，选择养儿防老和传宗接代的比例分别为37%和31%，和在汉族地区的观念非常接近，我们假设以三江源地区的劳动较为繁重，更适合男性从事为前提，生态移民的生育选择会以这个为基础，但是选择“增加劳力”和“获得社会与家庭地位”的比例各占12.0%和16.0%，与前两者不可比。可见，居家养老在牧区也是一个现实需求。

表3　生态移民生育目的：男性在家庭中的作用

生男孩的目的	频次	比例（%）
养儿防老	98	37
传宗接代	82	31
增加劳力	32	12
获得社会与家庭地位	42	16
其他	11	4
总和	265	100

女孩偏好的设计指标为细心体贴、比儿子孝顺、操持家务等，调查结果是比例分别为41.5%、40.0%、16.9%，虽然是在少数民族地区做调查，但结果与在汉文化区差异并不大。在过去的调研中发现，三江源地区的藏族妇女从很小就开始承担非常繁重的家务及生产劳动，所以这个调查结果与我们的预期也有差距。

表4　生育目的：女性在家庭中的作用

生女孩的目的	频次	比例
细心体贴	107	40.5
比儿子孝顺	109	41.0
操持家务	44	16.5
其他	5	2
总和	265	100

4. *教育偏差*

对孩子教育的重视程度，是反映人们生育意愿的重要变量，教育资源分配中的性别歧视现象严重影响到义务教育的普及和女性整体素质的提高。

三江源地区生态移民在移民前大部分的失学女孩不仅在经济上、家务上过早地对家庭承担责任，同时还承担着与其年龄不符的精神压力，接受高等教育或得到更好的发展机会对她们来说是遥不可及的事。在这种文化环境下，藏族女性的综合素质和发展潜能都会相对低下，应有的发展权利也受到很大限制。作为未来的母亲，其综合素质的高低不仅会影响到她们未来的发展，还会对下一代的发展产生一定的不利影响。[①] 三江源地区因此形成了一种恶性循环现象："女童教育被忽视——生育观念落后——高生育率——生活贫困——女童失学率高——女性科技文化素质低。"[②]可持续发展的教育应当是两性教育机会均等和两性教育协调与共同发展的教育。

移民前，藏族的教育水平相比较内地有很大的差距，既受制于环境和硬件，也被教育观念的落后所掣肘，调查结果显示，高达 94.7%的人希望男孩能接受大专以上的高等教育，说明生态移民对男孩的教育期望值是非常高的；有 82.9%的人希望女孩也能够接受大专以上的高等教育，虽然低于男孩的教育期望，但移民后女孩的受教育权利还是很大程度上得到了保障。

四、生育意愿影响因素分析

（一）社会保障水平的影响

目前中国的养老问题是社会保障中最薄弱，也是亟待解决的一个环节，调查显示 44.7%的人同意养儿防老的说法，61.9%的人认为养老主要靠子女，36.5%的人认为养老应由子女和老人自己共同负担，但同意由社会机构来养老的比例极低，仅占 1.5%，可以忽略不计。在我们涉及的调查点中几乎都没有设立专门的养老机构，一方面说明移民社区群众对社会养老的认同度非常低；另一方面也说明移民社区的社会养老保障水平很低，致使群众根本就不了解，所以只能把养老完全寄托在孩子身上。传统的家庭养老方式、受经济条件的限制、不相信养老保险等因素仍然是影响养老保险在少数民族地区开展的主要障碍，并成为影响生育意愿降低的关键因素之一。

尽管我国现阶段的社会生产力水平有了很大提高，但由于广大西北农牧区以家庭为生产和消费单位的情况广泛存在，农业和牧业生产中仍有许

---

①② 韩小雁：《农牧区少数民族生育意愿研究——以青海省果洛藏族自治州为例》，载《攀登》2013 年第 6 期。

多繁重的体力劳动离不开男性，缺少男劳动力的农户或牧民最可能成为贫困户。生态移民家庭中外出打工的成员也以男性居多，因此移民必然把生育子女与养老联系起来，靠子女解决自己的养老问题，“养儿防老”也就成为生育的一个重要目的。①

（二）婚姻观念的影响

生态移民中婚姻观念整体偏传统保守，民族情感影响婚姻观念，婚姻观念也影响着生育选择。移民造成文化观念的冲击是无法避免的，关系到移民的生活风俗，婚姻观念最能说明问题，虽然一部分移民认为这些年婚姻观念发生了一些变化，但是认同藏族传统婚姻观念的想法仍占了很大比例（29%的被调查者认为婚姻观念有所变化，71%的被调查者认为婚姻观念没有变化）。

表 5　生态移民婚姻观念调查（以所有受访户为计算基础）

项目	非常不同意	不同意	无所谓	同意	非常同意
年轻人应该晚婚晚育，以事业为重	19%	52%	2%	23%	1%
不同民族的年轻人可以自由通婚	28%	68%	2%	2%	0
婚姻不是人生的唯一选择，独身也是一种选择	47%	30%	7%	10%	0
夫妻没有感情就可以离婚	10%	44%	6%	37%	2%
父母不应该干预年轻人的婚姻选择	13%	57%	6%	22%	0
移民后年轻人的婚姻对象选择范围扩大了	4%	14%	4%	50%	18%

这个调查的所有表述都倾向于较为现代的婚姻观念，从调查结果来看，虽然移民都承认移民后由于交往半径的扩大，年轻人的婚姻选择确实扩大了，但一接触到具体的婚姻实践又不约而同地转向传统的习惯和礼法，尤

① 韩小雁：《农牧区少数民族生育意愿研究——以青海省果洛藏族自治州为例》，载《攀登》2013 年第 6 期。

其是“不同民族的年轻人是否可以自由通婚”这一点，呈现了一边倒的局面，非常不同意和不同意累加比例高达96%，可见，民族情感以及与之相关的宗教信仰和生活习俗是一个很难跨越的鸿沟。事实上，藏族平均婚龄都要早于其他人群，之前的调查也反映了这一点，婚龄早，生育行为相应提前；90%的受访者不同意“不同民族的年轻人可以自由通婚”，移民前后，移民与其他民族交往的机会并没有明显增加，通婚机会当然就更少了，除非走出村庄，去城市谋生或定居，否则婚姻的选择半径仍旧很窄；67%的受访者不同意“婚姻不是人生的唯一选择，独身也是一种选择”，独身、丁克这种在当代城市生活非常多见的现象，在藏区的认同者并不多，相比城市生活成本、婚姻成本、教育成本不断上升影响了人们选择婚姻生活或者迟迟无法结婚的原因，在藏区也一样存在，年轻人结婚对于身后的两家人来讲也是巨额支出，但是，大多数人也很难接受独身这种过于特立独行的生活方式。由此可见，成家立业对于藏族年轻人来讲是非常基本的生活目标，同无法接受独身一样，藏族年轻人也很难接受没有孩子的婚姻生活，所以我们调查中显示没有孩子的家庭和不想要孩子的受访者所占比例极低。从对婚姻的态度也可以看出，生态移民虽然面临着适应新的生产生活方式的挑战，但是家庭或者社区文化的整体环境所呈现出来的文化观念是相对保守和传统的，家族亲缘关系的意愿会对新一代移民的行为选择产生必然的影响，生育选择同样会成为构建婚姻和处理家庭关系的重要砝码。

五、结论与思考

（一）调查结论

本研究通过调查发现生态移民的生育意愿普遍存在以下几个方面的特征：

第一，三江源地区生态移民普遍婚育年龄偏早，部分被调查对象的结婚年龄早于法定婚龄，而生育孩子的年龄也多在婚后前三年。这种情况在移民后由于政府主导的后续产业发展给年轻人提供了更多发展机会而有所改变。尤其是妇女受控于婚姻选择和生育行为的程度较为严重。从调查来看，三江源地区女性的生活状况相对比较封闭，繁重的体力劳动和生育活动给当地女性的个人发展造成了严重的束缚。

第二，由于养老保障的社会化水平太低，生态移民将未来的养老保障的主要寄托还是放在儿女身上，“养儿防老”的观念在这里也一样普遍。同时希望最好能生育两个或两个以上的孩子，来满足养老的需要。

第三，婚姻观念的改变影响生育意愿的改变，生育观念从数量要求转向对孩子的素质培养，人们也不再以孩子作为家庭的主要劳动力和经济保障，而是重点考虑孩子综合素质的培养。在对子女的教育期望上，男孩虽然高于女孩，但希望女孩子也能接受高等教育的比例也很高，这说明三江源生态移民女性对子女的态度趋向于“男女平等”，这是社会进步的表现。

（二）对策建议

中国生育意愿的变化，除了与国家政策干预相关之外，还有其他更为复杂多样的影响因素在起作用。研究证明，生育意愿的形成与文化和社会环境、社会保障、经济发展等各种因素的共同进步都有关联，尤其是在妇女地位改善、移民后就业机会增加、能够独立决策的情况下，整体的生育意愿会保持在比较低的水平。提升三江源地区的人口素质，要结合当地的实际情况进行有针对性的政策调整。

第一，大力发展移民后续产业，提高三江源生态移民的就业能力。

要持续加大对发展后续产业的引导，提供信息服务和相应的资金补助，帮助移民选择项目，明确产业发展的要求，并持续开展相关技能培训工作。特别是要发现当地具有创业精神的带头人，从信息获取、经营管理、市场扩展、风险防范等方面，加大生态移民创业的支持和培养力度，从资金、项目、市场等方面鼓励当地群众有组织地发展后续产业，为生态移民创造更多的就业机会。

第二，提高三江源生态移民女性的社会地位，提倡晚婚晚育。

生育是人类和社会经济活动得以延续的前提条件，因此，生育不仅仅是个人和家庭的私事，[①] 社会应当从政府层面保障生态移民中女性的受教育权利和接受职业培训的机会，对妇女的生育行为给予必要的经济补偿。通过改变落后的婚姻观念及习俗使女性摆脱束缚，获得更广泛的发展空间。

第三，建立农牧区的社会养老保障体制，改变传统的养老观念和方式。

中国广大农牧区的养老保险还存在很多问题。青海三江源地区的养老保障更是处于非常低的水平。经济状况在很大程度上制约了政策主体的行

---

① 韩小雁：《农牧区少数民族生育意愿研究——以青海省果洛藏族自治州为例》，载《攀登》2013 年第 6 期。

为选择，而根据国内学者所做的调查表明，不同经济发展水平地区的农民对社会保障的需求存在着差异①。要想从根本上转变人们的生育观念和行为，使之现代化，必须有现代的老年社会保障制度。所以，除继续强化家庭养老和自我保障外，最根本的是要建立以社会养老保障为主体的社会保障制度。

参考文献

[1] 青海省统计局:《人口普查资料分析（第15期）》，2012。

[2] 龚德华、甘霖等:《生育意愿影响因素分析》[J]，载《湖南医科大学学报（社会科学版）》2009年第10期。

[3] 王玮、李林:《对我国当前家庭生育意愿的调查研究》[J]，载《长江大学学报（社会科学版）》2009年第4期。

[4] 风笑天、张青松:《二十年城乡居民生育意愿变迁研究》[J]，载《市场与人口分析》2002年第5期 。

[5] 穆光宗、陈俊杰:《中国农民需求的层次结构》[J]，载《人口研究》1996年第5期。

[6] 周俊山、尹琴、潘琴:《妇女地位、生育文化和生育意愿——以拉萨市为例》[J]，载《人口与经济》2009年第3期。

[7] 青海省统计局:《青海省人口性别结构分析》，青海省人民政府门户网，2012.7.27。

[8] 韩小雁:《农牧区少数民族生育意愿研究——以青海省果洛藏族自治州为例》[J]，载《攀登》2013年第6期。

[9] 朱冬:《八大河布依族妇女生育现状调查分析》[J]，载《思想战线》1999年第2期。

[10] 中国社科院人口所:《人口与劳动绿皮书：中国人口与劳动问题报告No.17》，社会科学文献出版社2010年版。

① 朱冬:《八大河布依族妇女生育现状调查分析》，载《思想战线》1999年第2期。

西藏中部农业地区藏族家庭结构调查

——以山南拉加里为例*

白赛藏草**

家庭是社会中最小的单位，也是最基本的构成组织。但在藏族社会里，家庭往往与其婚姻、居处形态等联系在一起，共同构成了藏族社会中最稳固和核心的一部分，一直成为藏人家庭维系的纽带和民族认同的核心基础。藏族的家庭结构由此进入了学者们的研究视野。

艾娃·达杰在她调查的三个村子中发现“这里并存着两种不同的家庭结构和核心家庭”，并认为前者在藏语中称之为“大家庭”（Mi-tshang-che-ba），而后者被称为“小家庭”（Mi-tshang-chung-ngu）”①。格勒在“西藏百户家庭调查”中将藏族的家庭结构分为七大类，即单身家庭、单亲家庭、夫妻家庭、核心家庭、主干家庭、联合家庭和其他家庭类型，并从调查结果中发现拉萨市的大家庭②四十多年以来越来越少，小家庭③越来越多，而农村牧区的趋势是大家庭逐年增加，小家庭呈现减少趋势，其中牧区民主改革后的小家庭有增亦有减④。张建世将珠多村的家庭结构归纳为三大类，即核心家庭、主干家庭和其他家庭，而在前两者中又各分为三小类，典型核心家庭、核心附兄弟姐妹、核心卫星家庭和典型主干家庭、主干附

* 本文系国家社科基金项目《西藏中部农区安居工程与藏族家庭变迁研究》（项目编号：2016CMZ012）阶段性成果。

** 白赛藏草，民族学博士，西南民族大学藏学学院讲师，研究方向：藏族社会历史、亲属制度。

① Eva K. Dargyay. Tibetan Village Communities——Structure and Change, Warminster, England: Aris Phillips LTD, 1982。

② 按照格勒的研究，这里的大家庭包括主干家庭和联合家庭。

③ 按照格勒的研究，这里的小家庭是由单身家庭、单亲家庭和夫妻核心家庭等构成的。

④ 格勒：《变化中的西藏家庭结构》，载《西藏民俗》1996年第3期，第4-14页。

兄弟姐妹、主干卫星家庭①。他在军拥村的调查中将其家庭结构分为夫妻家庭、典型核心家庭、核心家庭加兄弟姐妹构成的家庭、核心卫星家庭和典型主干家庭、主干卫星家庭和主干附兄弟姐妹的家庭②，因而再次证实了梅文戈尔斯坦提出的单一婚姻原则。刘志扬在其拉萨郊区的田野点娘热乡关注到，娘热谷地的藏族农村社区的家庭除了人类学家奥戈兰提出的核心家庭、扩大家庭和主干家庭以外，还存在着一种单身家庭③。根据他的田野调查得知，当地的核心家庭是最多的，是家庭构成的主要形态；主干家庭次之；扩大家庭较少；单身家庭仅限于五保户和部分残疾人。由于对家庭结构的定义不一或采纳的理论范式的不同，在关于藏族的家庭结构分类归纳上出现了上述格勒的七类、张建世的三大类和七小类以及刘志扬的四类结构。因而在具体运用田野资料的时候各种家庭结构和模式的边界不是很明晰，每个学者都用不同的田野材料支撑着自己的分类法。

拉加里④位于西藏山南曲松县，是一个典型的西藏中部农业地区的村落，在历史上还形成了一个小王系。直到民主改革前夕，这个王系一直盘踞今曲松县一带，其政治辐射到了山南地区的加查县、桑日县、隆子县以及乃东县的部分区域。那么，这个典型的农业社区其家庭结构又呈现什么样的类型特点，与学者视野中的其他区域有何区别？影响家庭结构的因素又有哪些？家庭内部的关系是如何构建和维系的？本文通过田野调查资料，将从以下几个方面展开讨论。

一、拉加里家户的总体情况

关于拉加里以及山南的家庭结构和人数，在 20 世纪五六十年代调查整理的《藏族社会历史调查》中也有记载。报告中称“平均家庭人口在四至五人之间，其中差巴家庭一般人口较多，堆穷和其他户的人口较少。从阶级来看，经济在中等以上的农奴家庭，平均每家在六人以上；贫苦农奴家庭，平均每家四人左右；奴隶家庭，一般一户只有一至二人；其他像牧民、

① 张建世：《珠多村藏族农民家庭调查》，载《西藏大学学报》2006 年第 2 期，第 4-15 页。

② 张建世、土呷：《军拥村藏族农民家庭调查》，载《中国藏学》2005 第 3 期，第 120-128 页。

③ 刘志扬：《藏族农村家庭的现状与演变——西藏拉萨郊区农村个案研究》，载《思想战线》2006 年第 2 期，第 97-104 页。

④ 关于田野点拉加里的详细信息，本人已有专文描述，请参看《拉加里的过去和现在》（白赛藏草．拉加里的过去和现在 [J]．质性社会学研究，2014 年）和《苯加与米仓》（白赛藏草．苯加与米仓——西藏拉加里的亲属制度研究 [J]．中央民族大学，2013 年）。

手工业者、小商人的家庭，平均每家在四五人”，并认为当地人比较赞赏这种“几世同堂、双老健在的家庭”①。

笔者的田野点拉加里是一个自然村，根据派出所户籍科的数据记载，该村落的户数和人口数目分别是96和346，其中女性有144人，男性有182人。本人在田野调查期间发现，其中有19户人家虽在户籍上已另立门户，但还与原生家庭居住在一起，因而按照当地的家庭观念全村的户数应是77户，而非官方的96户。经过了半个多世纪以后，拉加里社会的家庭结构发生了巨大的变化，如今拉加里社会的家庭结构以核心家庭为主，还有直系家庭和个别的复合家庭。因为拉加里人对于家庭的认识，婚姻形态和居处形态的特殊性，以及居处形态在家庭观念中的核心地位，故而根据年轻夫妻是否处于分开居住而又有了各种过渡形式。各种类型的家庭结构在拉加里的具体表现和比重，可以参考表1。下文将以家庭结构的类型分述拉加里每一类家庭结构的特点。

表1　拉加里村家庭结构类型表

一级类型	二级类型	三级类型	户数	比例（%）
核心家庭	一般核心家庭	无	32	62.82
	缺损核心家庭	缺损核心家庭	8	
		过渡缺损核心家庭	4	
	扩大核心家庭	过渡扩大核心家庭	1	
		缺损扩大核心家庭	2	
	过渡核心家庭	无	2	
直系家庭	三代直系家庭	一般三代直系家庭	4	30.77
		过渡三代直系家庭	7	
		残损三代直系家庭	9	
		过渡残损三代直系家庭	3	
	四代直系家庭	过渡残损四代直系家庭	1	
复合家庭	二代复合家庭	一般二代复合家庭	1	6.41
		过渡二代复合家庭	2	
	三代复合家庭	无	2	

① 编写组：《藏族社会历史调查》（二），北京：民族出版社2009年版，第98页。

二、核心家庭

核心家庭是指一对夫妇以及未婚子女构成的家庭。拉加里的核心家庭是家庭结构类型的主体，占总户数的62.82%。其中又可以分为一般核心家庭、缺损核心家庭和扩大核心家庭。

一般核心家庭，又称标准核心家庭，是指“一对夫妇与其未婚子女组成的家庭，或称户主与配偶及其未婚子女组成的家庭”①。一般核心家庭在拉加里村有32户，是当地最普遍的家庭结构类型。

在这些核心家庭中，父母中的一方是家长，一切事务孩子们都会听从家长的安排。另一方面，家长在决定家庭事务时又必须和配偶及孩子们商量，并不会独断专行。成年的子女每每挣到钱都会交到家长手里，家长做统筹计划。在个别的家庭中父母也会让在外打工的子女保管自己的工资，就像ZG夫妇对他们的儿子。对于他们家的与众不同，她也曾提到不让儿子上交收入是想让他有点自己的积蓄，以后有了阿姐②就可以用来支付盖房子的费用。ZG后来还补充了一句，“他存着和我们存着是一样的”。

缺损核心家庭，或称单亲核心家庭、单亲家庭，是指“夫妇一方和子女组成的家庭”③。拉加里村属于这一类型的家庭有12户，其中有4户人家中子女与配偶分开居住，还处于过渡状态。这12户人家都是由单亲母亲和他们的子女组成的，有的家庭中孩子已经成年，能够帮助母亲分担家里的责任；有的家庭孩子还小，或者正在上学，这样糊口的担子就全都集中在了单亲母亲的身上。这些家庭的经济条件普遍都会差一点。图1中的YZ与其两个未婚的儿子相依为命，其中小儿子即将大学毕业，家里的收入主要依靠大儿子外出务工。此外，两个女儿已经搬出去单过，孩子都寄养在YZ处。

---

① 王跃生：《中国当代家庭结构变动分析——立足于社会变革时代的农村》，北京：中国社会科学出版社2009年版，第2页。

② 阿姐，是藏语A-ce之音译，在拉加里方言里阿姐是指女性配偶即妻子。

③ 王跃生：《中国当代家庭结构变动分析——立足于社会变革时代的农村》，北京：中国社会科学出版社2009年版，第3页。

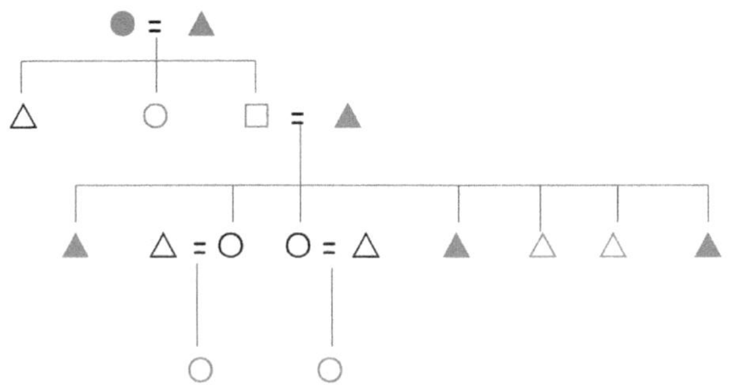

图 1　YZ 家的结构示意图

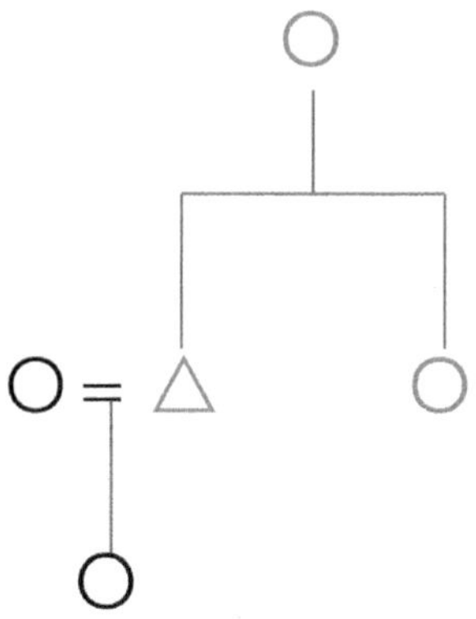

图 2　CRBM 家的结构示意图

图 2 中的 CRBM 一家属于过渡的残损核心家庭，另一户则是 QMCC 一家。CRBM 和 QMCC 老人都已丧偶，两家的儿子还和自己的阿姐分开居住，儿子的小孩和其母亲一起住在母家。因此在问及家里的人口时，他们会说现在一起居住的人数，末了还会补充说儿子的孩子还没有住到家里来。尽管他们俩都是家长，但家里的生计主要得益于儿子。

扩大核心家庭，是指“夫妇及其子女之外加上未婚兄弟姐妹组成的家庭”①。拉加里村属于这一类型的家庭只有 3 户，其中 1 户是处于过渡时期的扩大核心家庭，另外 2 户则是残损的扩大核心家庭。处于过渡时期的正是

① 王跃生：《中国当代家庭结构变动分析——立足于社会变革时代的农村》，北京：中国社会科学出版社 2009 年版，第 3 页。

DB 一家。DB 和他的妹妹都有卡布德①，但他们都属于分开居住。现在住在一起的，还有妹妹 3 岁的女儿，结构示意图见图 3。图 4 中的 CRPC 家是一户残损的扩大核心家庭。47 岁的 CRPC 早年丧偶，与其阿姐的弟弟，也即孩子们的香郭②以及三个孩子生活在一起。他的女儿正在上学，两个儿子流浪在外。这位香郭饲养着家里仅有的几只牛羊，同时家里的事务，无论大小，都由“孩子们的香郭操管”。

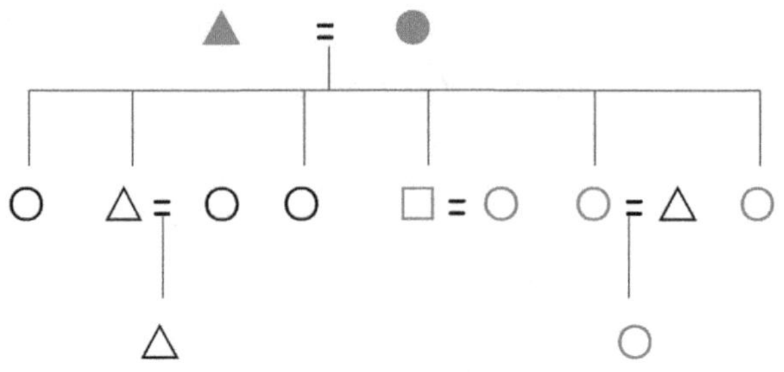

图 3　DB 家的结构示意图

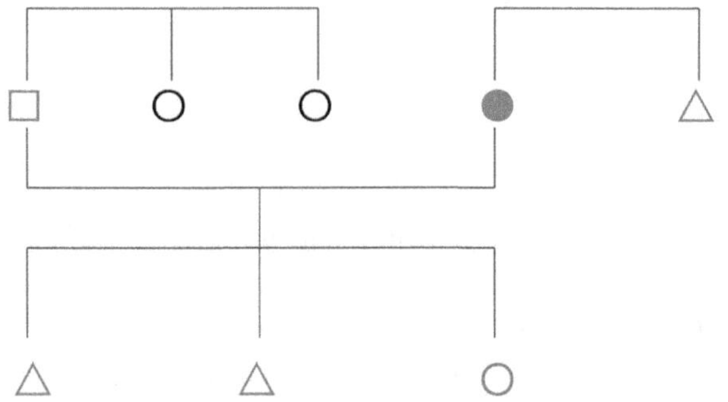

图 4　CRPC 家的结构示意图

拉加里的扩大核心家庭有一个共同的特点，就是这个“未婚的兄弟姐妹”通常都是男性，而且一直都保持单身。他的处于婚姻关系的姐妹过世以后，姐妹的孩子都是由他来抚养成人的。图 4 中的 CRPC 和另外一户人家中，都是香郭主持家庭事务。相比之下，这个香郭也是比较能干的人，当

① 卡布德，是藏语 Kha-gtad 之音译，在拉加里方言里卡布德是表示配偶的术语之一，没有男女性别之分。

② 香郭，是拉加里方言 Zhang-go 之音译，也是拉加里的亲属称谓之一，是对己身母亲的兄弟的称谓。

然 CRPC 的遭遇也没有普遍性，孩子们的不争气或许也是他不能操持家务的原因之一。

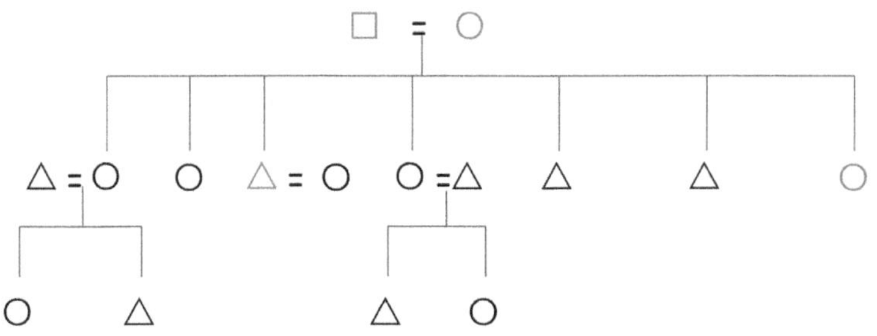

图 5　GSLB 家的结构示意图

过渡核心家庭，是指“父母与结婚不久的儿子（儿媳没有在户内）或女儿（女婿没有在户内）组成的家庭”①。拉加里村属于这一类型的家庭有 2 户，一户是图 5 中的 GSLB 家，另外一户则是图 6 中的 BM 老人家。在这两个家庭中，家庭成员由父母及其子女构成。不同于一般核心家庭的是，子女中有的已经有了卡布德，但是还没有和他或她正式居住在一起，暂时还处于分开居住的过渡时期。BM 的儿子和 GSLB 的小儿子正是这种情况。

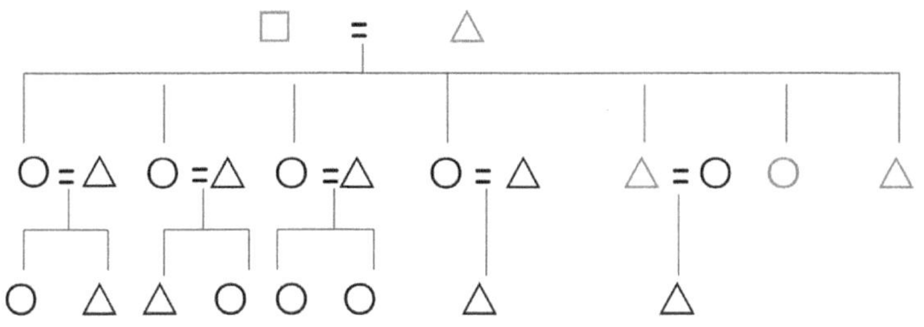

图 6　BM 家的结构示意图

总的来看，在核心家庭中——包括过渡的、残损的以及扩大的形式——父母中的一方是家里的主事者，家庭事务会与其他成员协商共同决定。这种家庭中的劳动分工比较清晰，通常父母在家务农，成年的孩子则会常年在外打工，有的家庭中子女则是在农闲时节出门打工。其中残损的和扩大的核心家庭，经济条件并不如意，日子过得比较艰辛。

① 王跃生：《中国当代家庭结构变动分析——立足于社会变革时代的农村》，北京：中国社会科学出版社 2009 年版，第 3 页。

三、直系家庭

直系家庭是指“父母同一个已婚的儿子即儿媳、孙子女组成的家庭”①，拉加里的直系家庭具体又可分为三代直系家庭和四代直系家庭。拉加里村这一类型的家庭有 24 户，占总家庭数目的 30.77%。

三代直系家庭是指“父母与一个已婚子女及孙子女组成的家庭”②，拉加里属于这一家庭类型的有 23 户人家。其中又有一般三代直系家庭、过渡三代直系家庭、缺损三代直系家庭和过渡缺损三代直系家庭的分别。

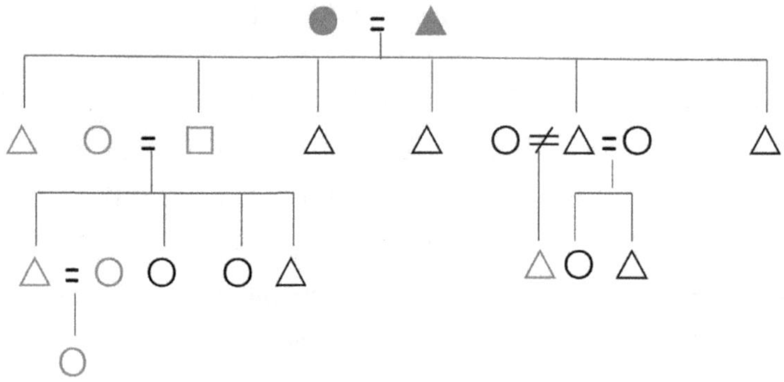

图 7　QP 家的结构示意图

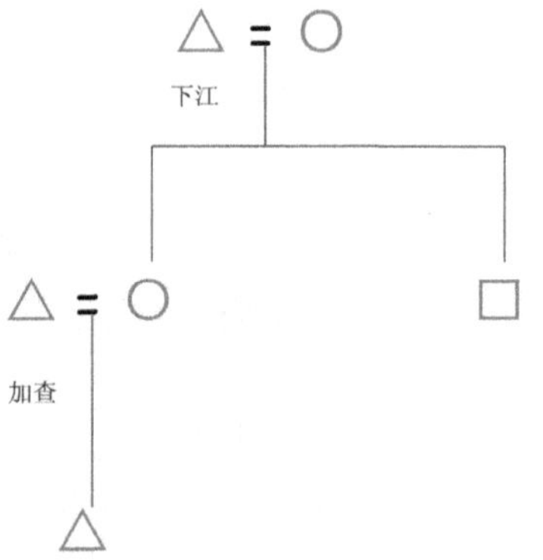

图 8　LB 家的结构示意图

①② 王跃生：《中国当代家庭结构变动分析——立足于社会变革时代的农村》，北京：中国社会科学出版社 2009 年版，第 4 页。

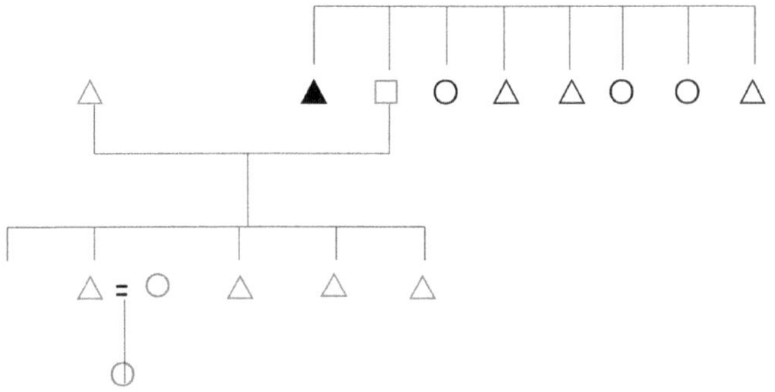

图 9 BMQZ 家的结构示意图

一般三代直系家庭有 4 户，除了图 7 中的 QP 家，还有 LB 家和 BMQZ 家都属于这一类型。这些家庭由父母和已婚的子女以及他们的孩子组成，在后两个家庭中，同时包含着已婚和未婚的子女，但是每一个代际中只有一对夫妻。在这些家庭中，父母依然是家长，凡事都会和大家商量，每个家庭成员都会配合和支持家长的安排。

过渡的三代直系家庭在拉加里村有 7 户，PB 家和 QBCL 家都属于这一类型。PB 在家里是顶梁柱，他在自家门口开了一个小卖铺，经营的百货不多，但生意还算可以。大儿子在外打工，三个女儿中有两个在上大学。二女儿和她的阿酷①处于分开居住的状态，他们的儿子也随母亲住在 PB 家。QBCL 是退休工人，四个孩子中的三女儿带孩子跟他们住在一起，她和阿酷也处于分开居住的过渡时期。

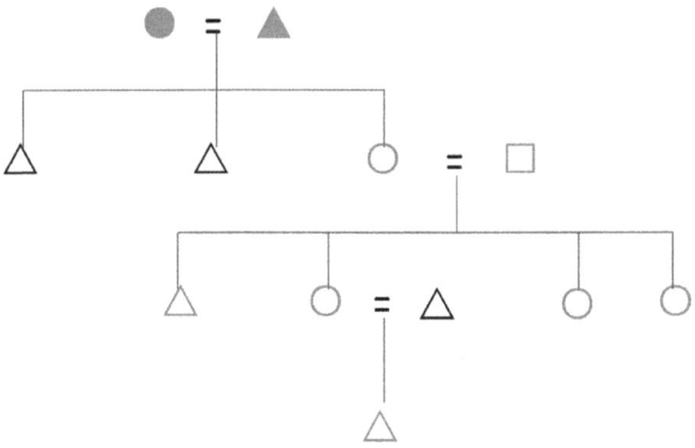

图 10 PB 家的结构示意图

① 阿酷，是藏语 A-khu 之音译，在拉加里方言里，阿酷是对男性配偶即丈夫的称呼。

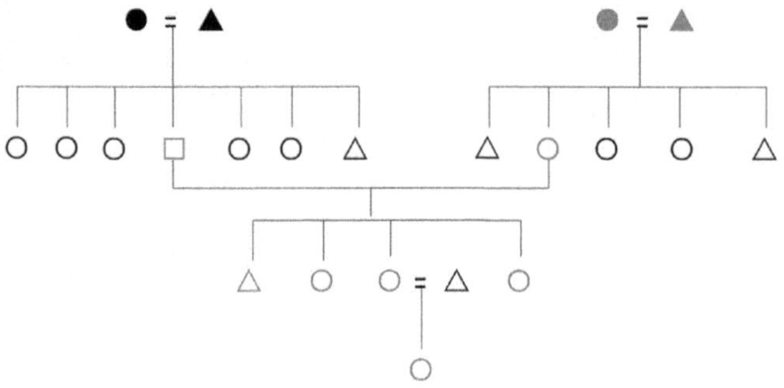

图 11　QBCL 家的结构示意图

缺损三代直系家庭有 9 户，除了图 12 中的 SNZG 家有一位卡翟巴[①]的女儿以外，其他几户人家中都是父亲或母亲已去世，4 户人家中健在的是老母亲，另外 4 户人家中健在的是孩子们的父亲。在这些家庭中，除了几位年事已高的老人，多数人家的家长还是由父母中健在的一方担任，孩子们都会如实将打工挣来的钱或者其他收入交与家长统一支配。图 13 代表的家庭中，健在的是孩子们的母亲 CRDJ 老人，而在图 14 代表的家庭中健在的是孩子们的父亲 DZLS 老人，他是拉加里村健在的老人中唯一一个同时有过两个阿姐的男性。

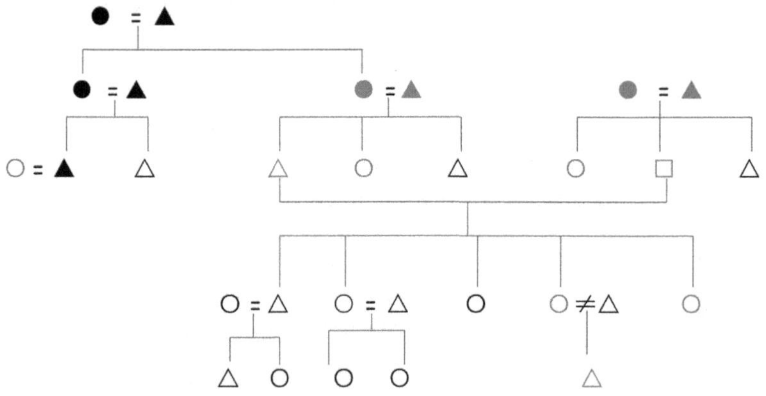

图 12　SNZG 家的结构示意图

① 卡翟巴，是藏语 Kha-bral-pa 之音译，有分手、分开之意，在拉加里方言里用来表述男女婚姻关系的结束。因其结束的意义和方式与汉语语境中的“离婚”之词有差别，故而本文中保留了当地方言。

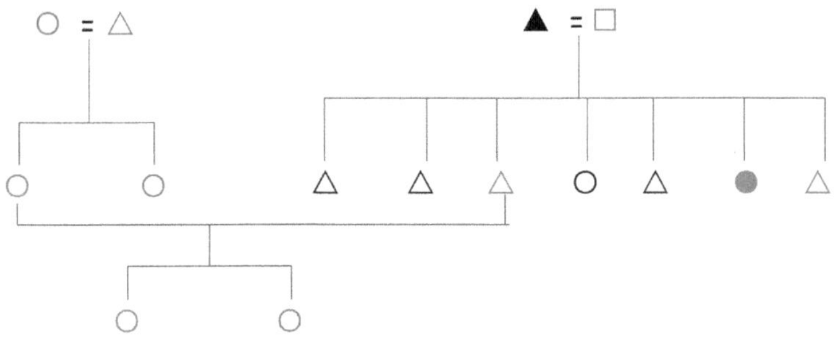

图 13　CRDJ 家的结构示意图

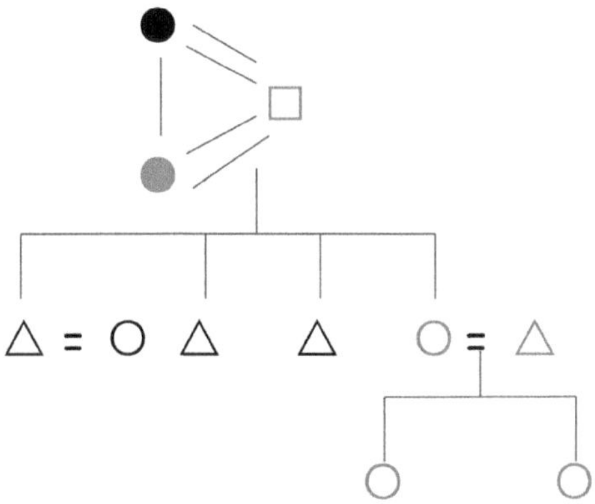

图 14　DZLS 家的结构示意图

过渡缺损三代直系家庭在拉加里村只有 3 户，这是因为在这个缺损三代直系家庭中有子女处于和卡布德分开居住的过渡时期。图 15 中的 LM 老人不用操劳家庭事务，女儿是家里的主心骨，用她的话说，“趁着身子骨硬朗，先帮家里放几年巴炯①”。

四代直系家庭“可有多种”②，在拉加里村属于这一家庭结构类型的只有 1 户人家。这是拉加里村唯一一户四世同堂的人家，老人的老伴已去世，家里的事情都已交由女儿和她的阿酷打理。因为生病老人得经常去医院，行动不是很方便。

① 巴炯，是藏语音译，在拉加里方言中是指黄母牛。

② 王跃生：《中国当代家庭结构变动分析——立足于社会变革时代的农村》，北京：中国社会科学出版社 2009 年版，第 4 页。

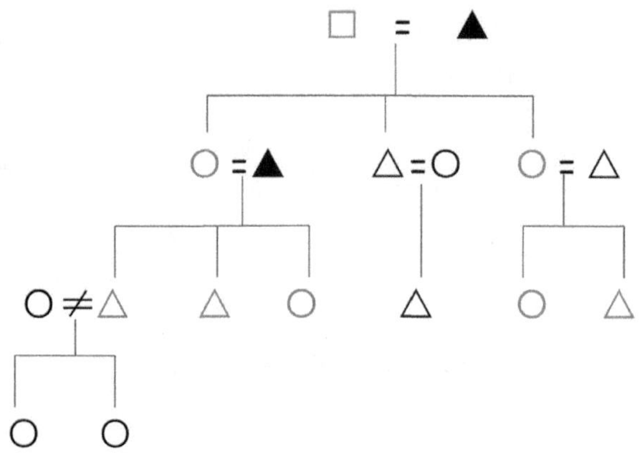

图 15　LM 家的结构示意图

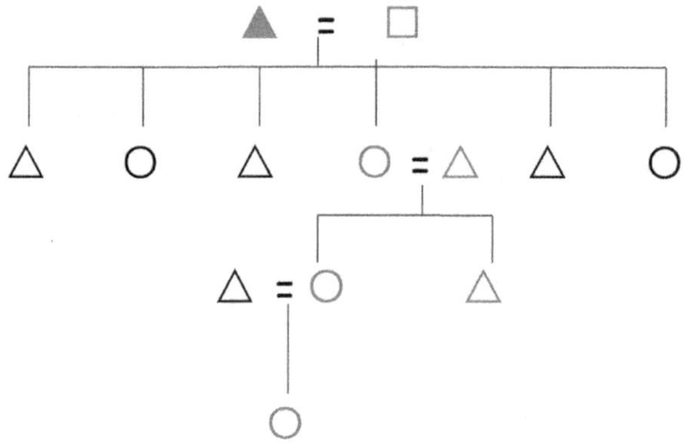

图 16　QZH 家的结构示意图

在上述直系家庭中，父母年纪不太大的家庭中，父母中的一方或者健在的担任家长，具体安排家里的一切事务。同核心家庭中一样，这个家长并没有独断专行的权力，他在处理重大事情时实际上需要综合各家庭成员的意见，然后选择最为可行的方法。在代际中处于最底层的小孩和最顶层的老人在这些家庭中有着比较高的地位，每一位家庭成员都会尊老爱幼，特别是出生不久的婴儿，在家庭中备受宠爱和疼惜。

四、复合家庭

复合家庭，又被称为“父母和两个及以上已婚儿子、儿媳即孙子女组成的家庭”①，拉加里村属于这一家庭类型的有5户人家，占总家庭数目的6.41%。其中二代复合家庭有3户，三代复合家庭有2户。

二代复合家庭中有2户还处于过渡形式，另外一户就是村里比较特殊的一个大家庭。前者是由两姊妹及他们的孩子组成的家庭，在这两户人家中，除了QC以外，其他三位女性的阿酷和他们都还处于分开居住的状态，因此在家庭结构的类型上也属于过渡的复合家庭。

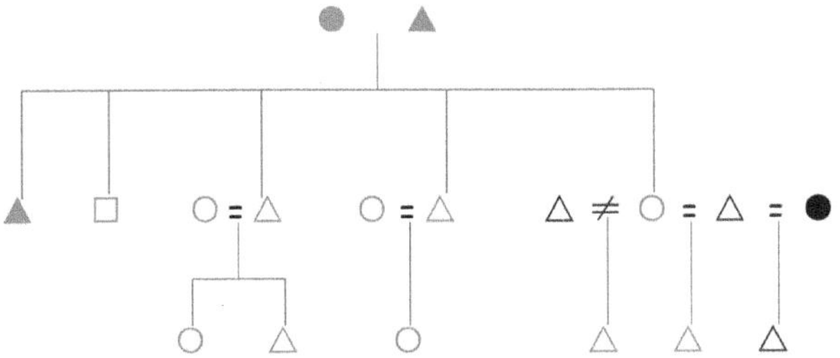

图17 CR家的结构示意图

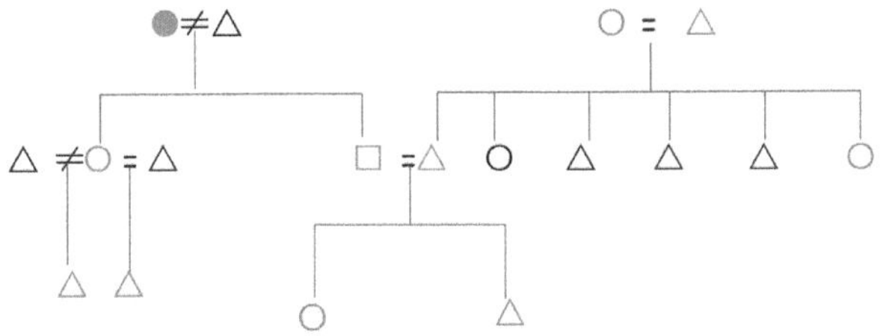

图18 QC家的结构示意图

以上三个家庭中，家长并非都是年长者，而是由兄弟姐妹中比较能干和干练的一位担任。诚如图17中未婚的CR，他是一位心灵手巧的能人，无论是口才还是劳动技能在村里都有很好的口碑。与他一起生活的兄弟姐妹有着明确的劳动分工，他和唯一的妹妹在家一边从事农业劳动、为一家人提供口粮，一边照顾家里的孩子，而两个弟弟及他们的阿姐则在外面开车挣钱，一家人的生活其乐融融。图18中的QC同样具有很强的能力，她曾是拉加里藏戏团的成员，能说会道，干活也很麻利。

2户三代复合家庭分别是YZH（见图19）和YZ家（见图20），这两个

① 王跃生：《中国当代家庭结构变动分析——立足于社会变革时代的农村》，北京：中国社会科学出版社2009年版，第6页。

家庭都是父母与两个正处于婚姻关系中的子女及其孩子们组成的家庭。这两户人家有一个共同的特点，就是父母中的一人是家里的主事者，家里一切劳作和事务，都听从他的统一安排。不同点在于前者家中是由 YZH 的阿酷主事，而在后一个家庭里则是由女主人 YZ 当家。在上述两个家庭中父母并不是这两个家庭经济生活的支柱，孩子们打工所得的收入才是主要的经济来源。因而，在拉加里家庭内部的权力分配并不因为劳动能力和经济收入的变化而变化。这一特点不仅是拉加里村复合家庭的特点，也是核心家庭和直系家庭共有的特征

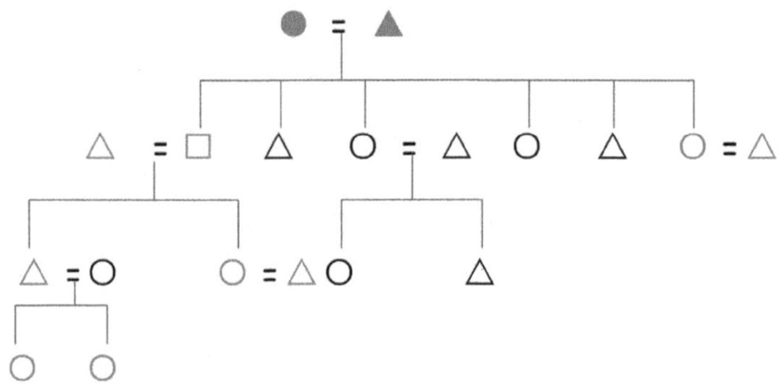

图 19　YZH 家的结构示意图

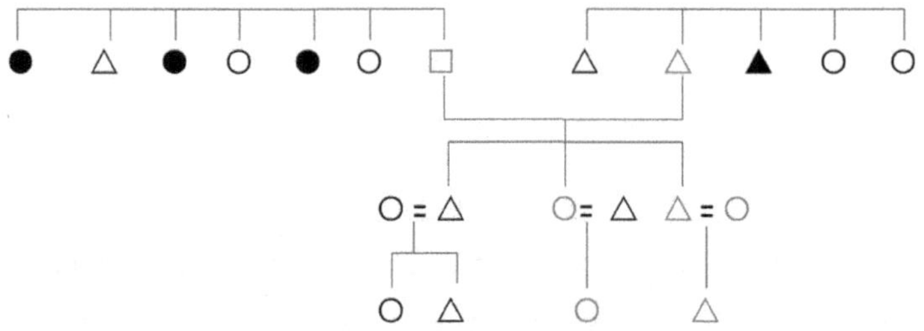

图 20　YZ 家的结构示意图

五、结 语

纵观拉加里社会的家庭结构类型，具有以下几个特征：

首先，核心家庭占绝对的主体地位，直系家庭次之，复合家庭的数量是最少的。也就是说在西藏中部的农业地区，传统中的“大家庭”并不是人们

最钟情的，相反是小家户，这与学界的研究结果有差异①。核心家庭中有父系的，也有母系的，这一点在当地的亲属称谓中也得到了印证。拉加里人的亲属称谓表上核心家庭中各个成员的称谓是最细致的，例如父亲以及父亲的兄和弟、姐妹都有单独的称谓，母亲及其兄弟和姐妹亦有不同的称谓，已身的兄和弟、姐和妹也都有各自的直称和引称②。然而，对于已身父亲的父母和母亲的父母在称谓上是一致的，只有性别的区分，而无“父亲的父亲”、“母亲的父亲”之别。当地人对于核心家庭之外亲属的称谓都是模糊或者笼统的。此外，在拉加里从夫居和从妻居的家庭中每一个代际中只有一对夫妻关系，从而避免或减少了汉人社区中妯娌不和、婆媳矛盾的概率。

其次，缺损家庭的比例较高。缺损家庭——包括缺损核心家庭、过渡缺损核心家庭、缺损扩大核心家庭、缺损三代直系家庭、过渡缺损三代直系家庭和过渡缺损四代直系家庭—共有 27 户，占据了总家户数的 35%。究其原因有两个：其一，拉加里社会中丧偶家庭比较多，特别是在中老年女性人群中频率较高。其二，是由离婚导致的。村里离异家庭有 8 户，其中有 2 例是因为婚外情而导致婚姻关系破裂的，另外还有 2 例是因为夫妻一方遭受了车祸等重大变故而引起离婚的。但相比之下，丧偶家庭的数目要比离异家庭多，特别是 50 岁及以上的女性丧偶占了很大比例，这也是今后社会学需要关注的一大问题。

第三，在拉加里的家户中过渡家庭的数量也是比较多的。拉加里当地的居住形态是多种并存的，有从妻居、从夫居、单独居住，还有分开居住。按照拉加里人的习俗，每一对青年结为夫妇以后都要先经历分开居住的过渡状态，而后根据家庭的具体情况来选择单独居住还是其他居住形态。因此，在家庭结构类型中也出现了数目比较多的过渡式。此外，居住形态在藏族人家庭观念中占据的重要地位也是影响家庭结构类型的因素之一，这一点在阿齐兹③和笔者④的研究中都提到过。

诚如以上这些案例和结构图例反映的，拉加里家庭结构的类型取决于

---

① 格勒等人的研究表明，在农村和牧区大家庭成为一种趋势，详见《变化中的西藏家庭结构》（格勒．变化中的西藏家庭结构．西藏民俗，1996 年第 3 期。）

② 具体称谓，可参见笔者《西藏中部农业地区亲属称谓调查与研究》（白赛藏草：《西藏中部农业地区亲属称谓调查与研究》，载《安多研究》，2017 年，第十四辑。）

③ Barbara Nimri Aziz：*Tibetan Frontier Families*. New Delhi：Vikas Publishing House PVT LTD，1978。

④ 详见白赛藏草：《苯加与米仓——西藏山南拉加里亲属制度研究》［D］．中央民族大学，2013 年。

三个因素。第一，婚姻关系的发生和变更。婚姻是判断家庭结构的基本因素，这一点在前面的案例中已经得到了印证。对于一般的核心家庭而言，子女中有几个人处于婚姻关系中，是决定这个核心家庭变化走向的重要原因。如果只有一个，那么这个核心家庭就会变为直系家庭，如果有两个孩子有配偶，并住在原生家庭，那么这个核心家庭就会改变为复合家庭。至于它会成为什么类型的直系家庭和复合家庭，还要依赖于后面两个因素。第二，居住形态。这一点对于正处于过渡时期的各种家庭类型而言，影响是很显著的。处于分开居住的年轻夫妇，只要他们改变现有的居住形态，就会随之改变这个家庭的结构类型。譬如，图 2 中的 CRBM 家，她的儿子如果要搬出去和阿姐、孩子单独居住，那么这个家庭就会裂变成两个核心家庭，只不过一个是残缺核心家庭，而儿子的家则会是一个标准的或者一般的核心家庭；如果儿子将阿姐和孩子接到家里，与 CRBM 一起生活，那么这个家庭就会从过渡的残缺核心家庭变成一个残缺三代直系家庭。然而，在拉加里每一对夫妻都有一段或长或短的分开居住的经历，这也正是拉加里社会出现那么多过渡式家庭结构的原因所在。第三，人口的出生和死亡。婴儿的出生能将简单的家庭结构变为较为复杂的结构类型，最为明显的就是代际的增多。例如图 20 中的 YZ 一家在儿子和女儿的孩子没有出生以前，这个家庭是一个过渡的二代复合家庭，当然也可以理解为过渡的二代直系家庭，因为女儿和她的阿酷还处于分开居住的阶段。在这两个孩子出生并跟他们居住在一起以后，他们的家庭就变成过渡的三代复合家庭了。家庭成员的死亡，特别是正处于婚姻关系中的人，往往会导致这个家庭变成残缺的家庭，有可能会是一般的单亲家庭，有可能会是残缺三代直系家庭、残缺四代直系家庭，甚至其他。

参考文献

[1] BarbaraNimri Aziz：*Tibetan Frontier Families*，Vikas Publishing House PVT LTD，1978。

[2] Eva K. Dargyay：*Tibetan Village Communities—Structure and Change*，Aris Phillips LTD，1982。

[3] 编写组：《藏族社会历史调查》（二），北京：民族出版社，2009 年 6 月第 1 版。

[4] 格勒：《变化中的西藏家庭结构》，载《西藏民俗》1996 年第 3 期。

[5] 刘志扬:《藏族农村家庭的现状与演变——西藏拉萨郊区农村个案研究》,载《思想战线》2006 年第 2 期。

[6] 王跃生:《中国当代家庭结构变动分析——立足于社会变革时代的农村》,中国社会科学出版社 2009 年 10 月第 1 版。

[7] 张建世、土呷:《军拥村藏族农民家庭调查》,载《中国藏学》2005 年第 3 期。

[8] 张建世:《珠多村藏族农民家庭调查》,载《西藏大学学报》2006 年第 2 期。

社会工作与女性发展

融合与拓展：中国妇女与婚姻家庭社会工作研究*

卫小将**

改革开放30多年，工业化、城市化、市场化和全球化交织而成的现代化推动着中国社会发生了全面而又深刻的变革。这些变革同时也催生了一系列的社会问题，作为社会子系统的家庭也面临着诸多的问题与挑战，如家庭结构畸形、家庭功能弱化、家风门风丧失、家庭中极端个人主义泛滥、财产关系消解亲亲关系、经济利益挤压伦理道德等。作为家庭子系统的女性，以婚姻为主轴也直接或间接地萌生了一些新的问题，如留守妇女问题、失足妇女问题、买卖婚姻问题、婚内暴力问题、大龄“剩女”问题、未婚妈妈问题、婆媳矛盾和冲突问题、丧偶女性问题、打工妹婚恋问题、未婚同居问题、第三者插足问题等。面对这样一系列复杂多样的问题，传统的应对主体、指导理论和技术路径均面临着前所未有的挑战。其一，单位（村集体）是应对女性与婚姻家庭问题的重要主体之一，然而，社会转型导致单位的社会服务功能逐步式微，并逐步向社区过渡，而社区尚处于发育未成熟阶段，面对这些新的问题还难以有效地承接与应对；其二，妇联组织也是应对女性和婚姻家庭问题的重要主体之一，传统妇联工作凭借行政

---

* 本文发表于《国家行政学院学报》2017年第2期，先后被《新华文摘》观点摘编，人大复印资料全文转载。

** 卫小将，中央民族大学民族学与社会学学院副教授，社会学博士，硕士生导师，主要研究方向为女性社会工作、农村社会工作。

动员力在维护女性权益和缓解家庭问题方面发挥了积极的作用。然而，新的女性与家庭问题日趋错综复杂，对妇联工作本身的科学性、专业性和艺术性提出了更高的诉求；其三，家庭与邻里是应对女性与婚姻家庭问题的社会支持网络，但这些网络功能因遭遇现代性诱发的信任危机而趋于弱化。总体而言，无论是制度性的社区和妇联工作，抑或是非制度性的家庭和邻里帮扶工作，都因其专业性和技术性不足而难以有效应对转型中的女性和婚姻家庭问题。有鉴于此，立足本土实际，以当前国家大力培育和发展社会工作为契机，积极引进和借鉴欧美专业女性与家庭社会工作，总结和提炼中国传统妇女工作的相关经验，实现二者的优劣互补，努力推动和构建女性与婚姻家庭社会工作架构，对于加强和创先社会治理，提升广大女性福祉都有积极意义。

一、女性与婚姻家庭社会工作的内涵与拓展

专业社会工作是西方国家应对工业化和城市化的产物，最初源于济贫扶弱工作，而后经历了从零散到系统，由边缘向中心的演变。这种专业衍生的边缘性和脆弱性决定了其与女性群体的契合性，如早期的女性主义者曾提出过社会工作的性别化本质，因为社会工作大多是由女性工作者与女性服务对象一同工作。[①] 女性与儿童服务也成为社会工作最为传统的领域之一，由此，欧美的妇女与婚姻家庭社会工作发展已经有很好的专业积淀与基础。然而，在中国内地这还是一个新事物，无论是学界还是实务领域对其内涵的理解和阐释都存在较大差异，概括而言，这些差异主要集中于两方面，一是介入焦点的问题，即女性与家庭哪个是介入的中心；二是受众范畴问题，即受众是普通女性还是“特殊境遇”中的女性。从焦点问题层面看，主流观点认为，女性与婚姻家庭社会工作的焦点应该是家庭系统，[②] 通过纠正病态家庭结构，厘清家庭子系统之间的边界，并引导其充分沟通和互动，从而健全和重塑家庭系统功能，进而解决妇女的问题，家庭结构治疗和联合家庭治疗即是此方面的典型理论。与此相反，也有人认为，妇女与婚姻家庭社会工作的介入重点是女性，因为传统家庭趋于流变，其庇护功能式微，个体需求也呈现出独特性和多元化特点，以家庭系统为中心的介入模式很容易掩盖或忽略个体的真实需求，女性主义社会工作在此方

---

① Wilson. E, Women and the Welfare State, London Tavistock, 1977.

② 谢秀芬等：《家庭社会工作》，台北：空中大学出版中心，2012 年。

面有较多的论述。事实上，从后现代女性主义的视角来看，这两种看似具有张力的观点本质上是可以相容的，且各自都有缺憾，因为家庭可以是推进个体健康发展的正向力量，但也可能成为压迫和宰制个体的桎梏。家庭中的父权主义可能四处弥漫而令人浑然不觉，如传统社会政策制定者和社会工作实施者有意无意地在追随贝弗里奇，假设成年男性必须充分就业，女性更多的则是家务劳动者和照顾着，这样婚姻才稳定。① 而现实境遇中，这种考量不仅压制了妇女的动力，而且萌生了新的问题。由此，准确地说，妇女的问题有其自身的因素，也有家庭系统运行失调的因素，更有其制度政策中的“性别失盲”的助推作用。从社会工作的本质——人类行为与社会环境的视角来看，我们介入的焦点应是家庭和社会生态系统中的女性，既要赋权女性、激发其主体性、推动其行动，又要矫正病态家庭结构，更要开展宏观社会工作，营造一个具有“性别保护”意识的社区和社会生态环境。从受众范畴层面看，主要有广义和狭义两种取向的角力，前者偏重于关注“一般女性普遍需求”的服务，即走普惠型的路径，致力于物质帮扶、家庭援助、志愿服务、社区参与和政策倡导等。而后者则侧重于“特殊女性多元化需求”的服务，即走专精化道路，诉诸心理干预、行为矫正、精神康复、构建网络、行动倡导、社会融入等。从本质上讲，这两种主张并没有优劣与对错之分，只有主导理念和假设的区分，即不同意识形态下社会工作的不同立场和面孔的呈现。如果不考虑这些因素，我们可以将狭义和广义的妇女与婚姻家庭社会工作理解为是其发展过程中的两个不同阶段，第一阶段可以理解为是一种“问题解决”导向的社会工作，注重于弱势群体问题的解决；第二阶段是一种“社会权力”导向的社会工作，致力于全体女性的福祉提升。

基于介入焦点和受众范畴各自对立关系的阐释与消弭可知，妇女与婚姻家庭社会工作不只是社会工作知识与妇女与婚姻家庭领域的简单叠加，而是一种家庭社会工作和女性社会工作的有机融合，还需要深层次地融入一种性别意识和赋权理念的关怀与指向，即在家庭内外围领域的实务工作中女性主义理论的贯穿始终。当然，女性主义理论复杂多样，流派繁多，尽管各个派系的关注点与主张各有不同，但基于女性立场及其权益维护的宗旨是不变的，且它们的观点都可以为社会工作所甄别运用。如图 1 所示，妇女与婚姻家庭社

① Pete Alcock, Angus Erskine and Margaret May:《解读社会政策》，李易骏等译，台北：群学出版有限公司，2006 年，第 107 页。

会工作由里到外可以拓展为四重工作领域，第一重领域是女性个人系统，在这个微观系统层面，社会工作者可重点借鉴自由主义女性主义的理论，重点协助女性培育“性别意识”、“性别自觉”和“性别平等”的理念，强调与男性的平权和平等，反对将妇女们禁锢在家庭当中，争取工作的权力和性的自由。第二重领域是家庭系统，在家庭系统中社会工作者可以吸取马克思主义女性主义的观点，检讨家庭结构与男女权力的关系，警醒父权制的无形压制，不断提升女性的经济权力和经济地位，改变女性屈尊和照顾者的角色，强化女性在家庭中争取自己的合法权益。第三重系统是社会系统，在此系统中可从社会主义女性主义和有色人种女性主义中寻找灵感，一方面致力于改变不平等的性别结构，警惕资本与父权联手制造不利女性的处境。另一方面，不能将女性与家庭视为铁板一块，要重点关注那些底层、贫困和边缘的家庭和女性，塑造一种有益于她们持续发展和能力建设的社会环境。第四重是生态系统，这个系统可以吸取生态女性主义的观点，强调女性在环境保护方面的敏感性和责任感，充分动员和吸纳女性群体参与到环境保护的行动中，既有利于改善环境，也有益于提升她们的社会参与能力。当然，需要强调的是，这四重系统是相互套嵌，而非各自孤立的，且紧紧围绕女性和婚姻家庭的主轴展开行动，在这里我们只是一种理想类型的设计架构，这样一个架构对于女性赋权具有较强的理论意义。

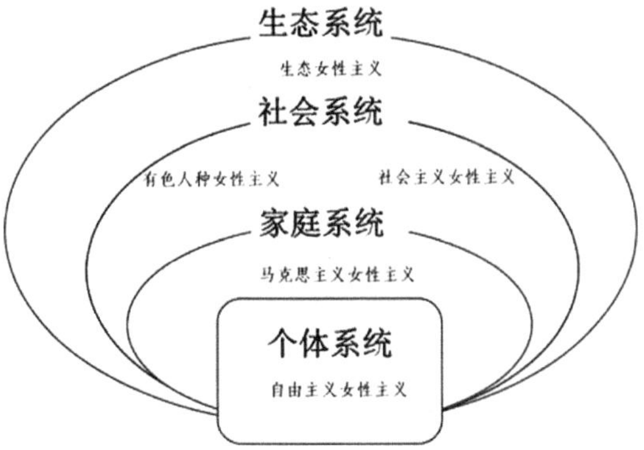

图 1　女性主义理论与妇女婚姻家庭社会工作生态系统

妇女与婚姻家庭社会工作通过警醒和反思社会工作实务中的“性别缺席”和“父权主义”的倾向，对于推动广大妇女身心等全人式发展具有积极意义。长期以来，社会工作在家庭与婚姻领域有意无意地强调女性作为“照顾者”和“母职”的功能，强调如何提升案主作为母亲的技能，以及如何教导这些同时是劳动者的母亲去承担母职角色。[①] 这种介入策略无形之中迎合了资本与父权的需求，使女性逐步淹没在“和谐家庭”中，甚至形成一种“缄默文化”，而试图去改变这种情形都会被标榜为异类或被认为是女性的“不安分”。而事实上，妇女与婚姻家庭社会工作的介入可以改变或松动妇女作为“附属”和“客体”的情形，进而塑造一种作为生命体的主体性与能动性。与此同时，我们之所以强调一种社会工作的“性别”立场，是因为大部分妇女的生活方式以婚姻和丈夫的职业生涯为基础，这些是妇女不确定生活的特点。不仅如此，她们的生活是用一系列按时间顺序排列明确不可逆转的状态勾勒的。[②] 从出生、恋爱、教育、婚姻、就业、孩子出生，到照顾老人及其丧偶等各个阶段均充满了性别弱势的风险，生命历程中的重大历史和社会事件总会在她们身上烙下更深的印记。因此，社会工作者是贯穿其生命历程各个阶段的同行者，妇女与婚姻家庭社会工作将协助女性预防、应对和缓解其生命历程中各种因性别处遇而导致的困境和问题，推动自我和社会的双向充权与提升。

二、妇女与婚姻家庭社会工作的美国经验与透视

社会工作源起于英国而兴盛于美国，第二次世界大战后，美国社会工作开始成为一种“模板”被发展中国家纷纷援引和借鉴，妇女与婚姻家庭社会工作作为重要领域之一也具有了光环效应。由此，阐释和借鉴美国妇女与婚姻家庭社会工作具有典范意义。美国的妇女与婚姻家庭社会工作发展并非一蹴而就，而是经历了一个渐进性和艰难的专业化历程。[③] 众所周知，三次女权主义运动的浪潮均在美国表现出强烈态势，每次女权运动都会加速推进社会工作介入性别问题，促进了激进主义与社会工作的融合。[④] 与此同时，诸多新生的妇女与婚姻家庭问题也不断呼唤和寻求社会工作的干预与介入。此外，社会工作者对于工作中“父权主义”特质的反思性行动也在催生一个新的专业领域。这三种力量的交织作用共同促成了美国妇女与婚

① Lena Dominelli：《女性主义社会工作——理论与实务》，台北：五南图书出版公司，2004年，第13页。

② G. H. 埃尔德：《大萧条的孩子们》，田禾、马春华译，南京：译林出版社，2002年，第286-297页。

③ Reba M. Bucklew and Vernon J. Parenton, Occupational Aspects of Social Work, Social Forces, Vol. 41 (1), 1962, P39-43.

④ Michael Reisch, Janice Andrews, The Road Not Taken: A History of Radical Social Work in the United States, Philadelphia, PA: Brunner-Routledge, 2001, P276.

姻家庭社会工作的生成。当然，由于“女性的也是政治的”，某种程度上妇女与婚姻家庭社会工作也夹杂着政治色彩，它并非一个既定的版本，也会在各种政党派别和意识形态的影响下忽进忽退，摇摆不定，宏观微观，各有侧重。但无论如何，都不影响其成为一种成熟专业的大趋势。为了能够精准地勾勒美国妇女与家庭社会工作的轮廓，以下我们将重点梳理美国社会工作相关的立法程序、相关机构、岗位配置和服务领域等，并对其进行分析与透视。

在立法方面，20 世纪 30 年代，美国经济大萧条引发了社会的大动荡和大恐慌，这种灾难性的后果在改变人们的价值观的同时也粉碎着社会底层的希望，作为底层中底层的女性无疑会有更深的体验。在这样一个背景之下，美国 1935 年出台的《社会安全法》，对贫困家庭提供经济补助的同时提供社会服务。其后推出的未成年子女家庭援助计划（AFDC），对于扶助单亲贫困母亲具有积极作用。到 1941 年，通过《兰汉姆法案》，在全国范围内出资建立日托所，减轻妇女照顾儿童的负担。1945 年，加利福尼亚州颁布《社会工作注册法》，明确提出社会工作在保护妇女和儿童权益方面的功能与作用。20 世纪 60 年代，第二次女权运动兴起，这场规模和力度空前的运动对于提升女性在家庭、就业和社会参与方面的福利起到了积极作用，催生了一系列保护女性权益的社会政策。1963 年，肯尼迪签署行政命令成立妇女地位总统委员会，要求为妇女提供更好的教育机会，这些措施促成了 1964 年民权法案的生成。1965 年，在民权法案的基础上通过了公平就业机会法案，在就业问题上禁止性别歧视，规定男女同工同酬。1967 年，约翰逊签署了行政令，禁止在与联邦政府有关的就业范围内的性别歧视。1973 年，美国最高法院判决妇女拥有堕胎权。1978 年，国会通过《怀孕歧视法》，保护怀孕期妇女的合法权益。1980 年，政府颁布了家庭支持法，为未成年母亲提供援助。1994 年，《针对妇女暴力法》出台，随后《家庭暴力预防与服务法案》推出。1996 年，最高法院就工作场所的性骚扰问题设立了新的标准。以此为进路，美国的妇女与婚姻家庭方面的制度和政策逐步走向精细化和具体化。不仅如此，这样一些法律、政令和政策为妇女与家庭社会工作的发展提供了良好的制度环境，也为其介入和实践提供了良性的运行轨道，由此，美国妇女与家庭社会工作也开启了专业化的发展路径。

在社会组织方面，妇女与婚姻家庭社会工作组织有着悠久的历史渊源。1877 年，美国效仿英国成立慈善组织会社，该组织虽然不是专门的妇女与家庭服务组织，但它设立了“友善访问员”，定期进行贫困家庭探访并开展家庭服务。20 世纪 20 年代，各类私人社会服务机构相继成立，对于维护妇女权益起到了积极的作用。20世纪80年代，美国妇女与婚姻家庭社会工作进入加速发展时期。1985年，美国成立家庭服务协会，提供家庭及其成员有关生理、心理及其社会的各项服务。① 与此同时，美国政府加大力度支持设立针对受害女性的咨询热线、庇护中心和援助项目，如针对遭受暴力女性的食物供给、临时住宿、法律援助、医疗服务、心理治疗、安全住房措施和经济方面的援助等。1988年，美国创立女性主义社会工作委员会。1995年，美国社会工作协会的“女性议题委员会”组成特别小组，目标是改善对女性的服务，增进关于女性议题的社区教育，发展和倡导创新方案以满足女性多元化需求，探讨女性实务新模式。此外，还有众多的妇女社会组织直接或间接开展妇女与婚姻家庭方面的服务，并形成一种网格化的格局，如美国全国妇女组织拥有550个分会，50万会员，致力于保护女性权益，在全国各地设立了“家庭暴力防护中心”和“性侵害危机中心”等，除此之外，还有美国女童子军、美国大学女性协会、美国女士关怀协会，等等②。这些女性社会组织在女性赋权、政策倡导、经济补偿和法律援助等方面发挥了显著的功能，对于推动妇女与婚姻家庭社会工作发展壮大起到了积极作用。

在人员配置和服务领域方面，一方面，美国拥有一支规模宏大的社会工作人才队伍，根据2014年的美国人口统计数据计算，美国拥有64.2万名在职社工，约占全国总人口的千分之二，平均每500人配置一名社工，其中家庭、妇女和儿童成为美国社会工作四大领域之一（其余领域分别为医疗和公共卫生社会工作，精神健康和药物滥用社会工作，项目规划和政策发展社会工作）。③ 该领域的社会工作者约有29.26万人，大都受雇于私人机构，也有部分受雇于政府机构。不仅如此，与其他专业相比，美国社会工作从业者的主流是女性，尤其是年轻女性，这一点也使得社会工作具有了较强的女性主义特质，在一项随机抽样132名社会工作者中，男性仅有30名（占23%），女性102名（占77%）。④ 此外，美国的妇女与婚姻家庭社会工作事实上更多地被包含于一种广义家庭社会工作领域，根据《美国家庭服务协会》资料分类（如表1. 家庭问题类型），目前，美国家庭大致存在12种类型的问题，这些问题多数是女性直接遭遇的，也有一些是家庭其

① 周月清：《家庭社会工作——理论与方法》，台北：五南图书出版公司2001年版，第45页。

② 马宏：《美国妇女发展及家庭政策的启示》，载《特区实践与理论》2014年第6期。

③ 童小军：《美国社会工作者的主要从业领域》，载《中国社会报》，2007年4月2日。

④ Reba M. Bucklew and Vernon J. Parenton，Occupational Aspects of Social Work，Social Forces Vol41（1），1962，P39-43.

他成员的问题。但不论是直接的或间接的问题，由于女性“家庭照顾者”角色的定势存在，致使她们在身心层面都要面临比男性更多的风险（详见表1. 女性面临的问题），由此，美国的妇女与婚姻家庭社会工作领域主要集中于“家庭”和“婚姻”两大问题衍生的女性风险，致力于各种经济援助、个案辅导、心理干预、家庭服务、机构庇护、小组互助、社区照顾、社区运动、社会支持、政策关照等层面的介入。由此形成了一个从微观到宏观，从心理到社会，从个体赋权、小组支持到社会政策覆盖的严密服务网络，使广大妇女处于一种“全人式”庇护和关照的社会环境中。

表1　妇女与婚姻家庭社会工作领域

序号	家庭问题类型①	女性面临的问题（照顾者）	介入策略
1	夫妇不合、离婚、分居、外遇	遭遇暴力、生活困境、心理危机	家庭辅导、心理干预
2	亲子关系的障碍	心理危机	家庭辅导
3	单亲家庭	生活压力、亲子沟通、社会排斥	互助小组、社会支持、社区照顾
4	青少年问题、逃学、逃家	心理危机	家庭辅导、心理干预
5	未婚妈妈或未婚怀孕	生活压力、身心伤害、社会歧视、社会排斥	庇护服务、互助小组社会支持
6	身体障碍者、身心障碍者、慢性疾病者、艾滋病患者	生活压力、身心压力、心理危机	个案和家庭辅导、社区照顾、社会支持
7	儿童虐待、儿童疏忽	心理危机、污名、社会排斥	个案辅导、社区照顾
8	性虐待	身心伤害、心理危机	家庭辅导、庇护服务
9	婚姻暴力	身心伤害、心理危机	家庭辅导、庇护服务
10	老人虐待、老人安养照护	身心压力、心理危机	个案辅导、社区照顾
11	家庭中的成员问题：酒瘾、药物滥用、情绪问题、死亡、服刑等	家庭暴力、生活困境、心理危机、身心疲惫和创伤	家庭辅导、哀伤辅导社会支持
12	经济、住宅、失业、退休等问题	生活压力、心理危机	经济援助、心理辅导社会支持

① 周月清：《家庭社会工作——理论与方法》，台北：五南图书出版公司2001年版，第45页。

当然，美国妇女与婚姻家庭社会工作在促进社会正向发展、提升女性福利功能的同时也受到各方面的质疑与挑战。如，新右派把单亲母亲、贫困家庭等问题的持续增多视为是社会工作介入的后果，因为社会工作的过多介入不仅给国家财政造成沉重负担，还会弱化传统男性的家庭责任，转而变相地去依赖和压榨“福利妈妈”，而且将当事人界定为“贫困者”、“脆弱者”和“不幸者”并实施各种介入策略，很容易弱化她们的自立精神和进取心。[①] 当然，社会工作也有其自身的负向功能，新右派的观点在某些境遇中也有一定的“证据感”和“合理性”，但切不可以此否定社会工作在提升女性权益和福利中的巨大功能与作用。

三、妇女与婚姻家庭社会工作的本土探索与构建

毋庸讳言，助人制度和实践总是嵌入在一定的政治、社会和文化环境中运行，环境不同，助人制度或实践的模式和形态亦不相同。从西方语境来看，中国传统上并没有专业性的妇女与婚姻家庭社会工作，但从实践形态上看，我们并不缺乏制度性的妇女工作和志愿性的邻里帮扶工作。从服务的功能来看，我们或可以将其称之为是一种本土性社会工作，[②] 再加上近年来专业社会工作的不断孕育与发展，初步形成了中国妇女与婚姻家庭社会工作的新格局。新格局涵盖两大组织体系，一是各级妇女联合会（简称妇联）系统和邻里帮扶性质的民间群众组织；二是近些年来发展的包括吸纳国外专业理念的专业妇女社会工作组织。

首先来看妇联组织开展的妇女与婚姻家庭社会工作，我国的妇联组织是一种群众性自治组织，同时也是一种“准政府”组织，主要由全国妇联，各省、市、自治区妇联，各市、区、县妇联，街道、乡妇联和居委会、村委会妇代会构成。这种自上而下的行政网络结合了中国社会的现实特点，在妇女与婚姻家庭方面的工作方法大致可归结为四大类，一是推动相关立法和普法宣传，切实保护妇女权益，如推动《中华人民共和国妇女权益保护法》《中华人民共和国反家庭暴力法》等法律法规的建立，通过普法宣传让广大妇女学会运用法律武器来保护自身权益；二是积极开展思想政治教育工作，使广大妇女不断获得“男女平等”的意识，如家庭矛盾和纠纷的

① 黄瑞祺：《当代欧洲社会理论》，杭州：浙江大学出版社 2008 年版，第 87 页。
② 王思斌：《中国本土社会工作实践片论》，载《江苏社会科学》2011 年第 1 期。

调解工作，家庭暴力的预防和教育策略，定期上门“谈心”和了解思想动态，动员女性争取在家庭中的地位并协助其积极参与公共事务；三是通过典型示范活动，塑造女性精英，提升女性的社会地位，如“巾帼创建”“三八红旗手评比”、寻找“最美家庭”、“双学双比”（学文化、学技术，比成绩、比贡献）活动等；四是通过系列性的项目化运作，提升女性身心健康和社会参与度，如“两癌免费检查”、“小额贷款项目”、“母亲水窖”、“母亲健康快车”、“下岗女工创业”和“留守妇女扶助”等项目。基于这四方面的工作手法可以知道妇联组织工作的优点主要有以下三个方面：（1）妇联工作有法可依、有章可循、有制可行，这样可以从法律和制度层面保障开展妇女保护工作的正当性；（2）妇联组织形成一种自上而下的庞大且能通达底层的网络系统，这种强大的行政力量可以确保妇女工作的资源、动力与有效性，同时也可以使广大妇女时时感受到“国家在场”；（3）思想政治教育+项目制的运作方式不仅可以改善妇女的生活状况，动员其参与社会发展，还可以改善其微观的心理和精神层面的问题。总体而言，妇联组织对于保护妇女身心健康、保障妇女权益、发展妇女能力、提升妇女社会地位都起到了积极的作用。但与欧美妇女与婚姻家庭社会工作相比，还明显存在着一些不足和问题，如工作的行政化、活动的表面性、技术的粗放性、服务的零散性、教育的意识形态化、手法的非专业化和服务对象的非个体化等。

其次来看邻里帮扶性质的妇女与婚姻家庭社会工作，中国社会向来推崇“血浓于水、守望相助”的生活逻辑，邻里帮扶成为人们日常生活中不可或缺的非制度性支持网络。邻里帮扶对于已婚妇女尤其具有重要的功能和意义，因为女性一般是从夫居，身体的迁移和情感的脱域常常使女性处于一种孤立无援的境地，尤其是在家庭矛盾和冲突等特殊的情境中，因此，邻里帮扶一定程度上充当了女性“做主者”和“庇护人”的角色。一般而言，邻里帮扶主要集中在几方面，其一是对于弱势女性的物质帮扶和生活照顾，如对孤寡老人、精神智障和残疾人、单亲母亲及其孤儿等日常生活方面的照料；其二是对于家庭和邻里矛盾的干预和调节，如家庭暴力中女性的保护、婆媳矛盾和邻里纠纷的化解等；其三是提供各种生活经验和情感支持。在女性的生命周期中会面临诸多的角色转换，这些角色转换过程中的阻滞和转换后的不适都会诱发各种心理问题和情感危机，如“少女-妻子-母亲-婆婆等一系列”的角色流变，亦如离婚和丧偶后的不适等。对此，邻里之间的“串门”与“闲聊”，彼此的交流，过往经验的分享，都可以使她们习得各种生活智慧和应对技巧。其四是推动女性社会支持网络的构建，已婚女性作为一个“他者”或“异乡人”，她们既缺乏社会资本，又缺少社会参与，而邻里之间的日常交往可以形成一种“弱—弱”联合的网络链，进而有效地提升她们的社会资本。由此可见，在制度性支持不足或缺位的情形之下，邻里帮扶在服务妇女婚姻家庭领域发挥了积极的作用。与此同时，我们也可以看到，随着社会转型和人口流动的加剧，个体化社会日趋明显，人与人之间的信任机制逐步被打破，这些都消解着邻里帮扶的功能，且邻里帮扶本身是一种生活经验，缺乏专业知识的支撑，难以应对新的问题。因此，探寻专业性的社会服务也成为一种现实需求。

最后来看专业妇女与婚姻家庭社会工作领域。众所周知，社会工作在中国内地正处于“后发快生”阶段，第三方社会服务机构不断涌现，各种社会服务领域初步形成，如老年人社会工作、青少年社会工作、儿童社会工作、农村社会工作、民族社会工作等。而妇女与婚姻家庭社会工作更多是被包含于其他社会工作领域，或者是作为全人服务系统中的一个环节。尽管如此，尝试使用社会工作的专业知识与技巧介入女性与婚姻家庭问题也已初见端倪，目前主要集中在几个层面，一是微观个案和家庭社会工作手法尝试干预夫妻矛盾、婆媳矛盾、亲子冲突、家暴女性及其因婚恋、生育、失独、离婚、丧偶等产生的各种情境性焦虑；二是中观小组工作方法在未婚妈妈、单亲母亲、丧偶女性、大龄未婚女性、乳腺癌和艾滋病友、下岗女工、家政女工、同性恋、失独家庭、留守妇女、失足妇女等群体中的应用，主要致力于她们经验的分享学习和社会支持网络的构建；三是宏观社区工作动员女性参与社区发展、保护生态环境、建立服务组织、开展各类健身和娱乐活动、组织各种技能培训，等等。此外，社会工作也尝试整合和链接各种资源帮扶那些在生活困难、身体残障、心理困惑、社会资本缺少的女性。由此可见，社会工作有很强的专业性和系统性，且从微观到宏观，由生理、心理到社会，逐步形成一种“全人”式的介入和庇护模式。当然，由于社会工作在中国社会正处于起步阶段，尤其是在妇女与婚姻家庭领域尚处于探索阶段，因此还存在诸多的问题，如专业性与本土性的张力，职业化与行政化的融合，系统性与零散性的整合，科学性与志愿性的协作，公共性与私密性的对立，国家倡导与民众忍受的差异，专业知识与现实问题的脱节等，这些问题都需要在发展过程中不断加以解决。

四、结论与讨论

社会工作是因应社会问题的产物，妇女与婚姻家庭社会工作亦不例外。在全球化和现代性日益迫近的今天，各类妇女和婚姻家庭领域衍生的社会问题愈发丛生，这些都推动着家庭和性别的议题迈向公共性和全球性。借此，融会家庭与女性服务领域，并以婚姻为主轴的妇女与婚姻家庭社会工作发挥了独特的功能与作用，它诉诸家庭结构视角和女性主义理论，分别从妇女个体系统、家庭系统、社区和社会系统、生态系统等多个层面介入，凭借个体心理咨询与辅导、家庭服务与沟通、小组互助网络与支持、社区倡导与行动、社会保护与充权等手法，对于推动女性福祉和权益具有积极的意义。由此不难理解，作为社会工作衍生地的欧美国家，妇女与婚姻家庭社会工作已经历了一个非专业化、半专业化、专业化和高度专业化的发展历程，无论从立法、社会组织、队伍建设、服务领域，还是在理论、知识和技巧方面均取得了长足发展。与此相异的是，中国是一个社会工作后发展中国家，社会工作正处于探索时期，妇女与婚姻家庭社会工作更处于“盲人摸象”时期。而中国的妇女与婚姻家庭问题又异常复杂，除了有全球性共性的问题（家庭暴力、单亲母亲、婚外性行为问题等），更有本土独特的问题（留守妇女、失独家庭、下岗女工、买卖婚姻等），对此，中国社会主要有三条回应路径，其一是传统妇联的妇女与婚姻家庭工作，其凭借强大的政治动员力和行政网络，主要开展立法和普法、思想政治教育、典型示范和精英塑造、项目运作帮扶等方面的服务。这些服务对于改进妇女与家庭问题具有积极的作用，但也存在着服务的零散化、意识形态化、仪式性、非专业性和行动性不足等问题；其二是邻里帮扶性质的婚姻与家庭工作，这种非制度性的社会服务比较契合中国人情社会的特质，主要表现在对弱势女性的照顾和护理、家庭冲突的调节与舒缓、生活经验的提供和情感支持、社会支持网络的构建等。上述这些虽有积极的意义，但一方面随着社会转型趋于瓦解或“名存实亡”，另一方面缺乏科学理论的指导；其三是援引于欧美的专业社会工作，凭借其完备的理论知识和实务技巧体系，从微观、中观到宏观三个层面的介入，致力于政策制度和个体心理的双向改变来提升女性福祉，从而弥补了妇联工作和邻里帮扶的不足。然而，社会工作在中国正处于初步发展阶段，尤其是妇女与婚姻家庭社会工作，其专业性和本土性的融合不足，还需要不断的探索和推进。总体而言，我国当前的妇女与婚姻家庭工作存在的主要问题是，妇联工作专业性不够、民间邻里互助服务动力不足、专业性社会工作本土契合性有待开发，然而，这三方面的优势又非常明显，分别是行政性资源充足；情感性、志愿性和本土适切性；系统性、科学性和专业性。同时，从某种程度上说这三方面也分别代表了“国家-民众-社会”的在场。由此，我们要倡导一种行政性、志愿性和专业性妇女与婚姻家庭社会工作相互交融发展的路径，形成一种国家、社会和民众共同参与的多元服务新格局，进而构建一种新型的三重保障网络，即生活琐事邻里志愿帮扶、普遍性的社会保护和社会参与妇联介入、全人式的专业服务社工。

宗教伦理与女性公益

陈　焱*

在马克斯·韦伯的《新教伦理与资本主义精神》这本书中论述了宗教观念（新教伦理）与隐藏在资本主义发展背后的某种心理驱力（资本主义精神）之间的因果关系。韦伯力图使用分析统计数字确立一个事实，即资本主义兴业兴趣和成功率与基督教新教背景存在着某种相互关系。对此，韦伯通过实证研究发现："在以苦修来世、禁欲主义、宗教虔诚为一方，以身体力行资本主义的获取为另一方的所谓冲突中，最终将表明，双方实际上具有极其密切的关系。"

韦伯引证了美国独立战争时期的政治家、科学家、作家本杰明·富兰克林的话，来分析资本主义精神。韦伯认为虽然很难说资本主义精神已全部包含在他所引证的本杰明·富兰克林的话里，但这些话确实以近乎典型的纯粹性保存着我们正在寻找的资本主义精神。这就是"认为个人有增加自己的资本的责任，而增加资本本身就是目的。违犯其规范被认为是忘记责任"这样一种观念、一种奇特的伦理、一种精神气质。就是说韦伯所谓的资本主义精神，是指个人把努力增加自己的资本并以此为目的的活动视为一种尽责尽职的行动，把赚钱本身当作一种目的，当作一种职业责任，被看作一种美德和能力的表现。韦伯说："一个人对天职负有责任乃是资产阶级文化的社会伦理中最具代表性的东西，而且在某种意义上说，它是资产阶级文化的根本基础。"韦伯所定义的理想资本主义是有严格限制的，不是通过抢劫、掠夺等暴力手段获得原始积累，而是以合理地计算收支，有条理地安排生产经营活动为特征的，这种现代理性资本主义的经济行为，

* 陈焱，四川农业大学副教授。

与新教徒那种井井有条、系统安排的入世禁欲主义生活方式是完全相一致的。新教入世禁欲主义伦理为资本主义企业家提供了一种心理驱动力和道德能量，从而成为现代理性资本主义兴起的精神动力，也是现代资本主义得以产生的重要条件之一。

很显然，韦伯命题中的资本主义得益于宗教伦理这种精神资本，即新教伦理。如此推来，充满慈善观念的伊斯兰教会不会在这种逻辑下，同样地促进回族女性的公益精神？或者说，L村这些虔诚敬主的回族女性，能否吸取宗教的慈善爱人的伦理，实践于社会生活中？如果能够实践，意味着本研究会给韦伯命题给以正面的回应，同时也能够推演出有了富含慈善理念和教义的宗教就有彻底究竟的公益实践。

一、相关概念界定：宗教女性伦理概念界定

宗教伦理：女性伦理与伊斯兰教伦理的关系：是总体与部分、包含与被包含的关系。对于回族女性而言，女性必须遵守的伦理就是宗教伦理的要求，直接或者间接地反映着和体现着宗教伦理的要求和旨趣。因此，本文探讨宗教中针对女性的伦理，通过女性伦理为切入点来说明宗教伦理的价值理性。

公益：公益是公共利益事业的简称。这是为人民服务的一种通俗讲法。指有关社会公众的福祉和利益。“公益”一词至迟在1887年已经在中国出现并被使用，且被写入清光绪三十四年（1908年）12月27日颁布的《城镇乡地方自治章程》中。

慈善：慈善一词翻译成英文为“PHILANTHROPY”，源于古希腊语，本意为“人的爱”，大约从公元18世纪开始使用。还有一词“CHARITY”也是慈善的意思，该词出现的历史较为久远，可以追溯到公元前，其本意为“爱”的意思。“慈善”是指用爱和善对需要帮助的个人或者群体提供帮助和服务。

女性公益：指从事公益的发起者和参与者是女性或女性群体。

二、L村的个案介绍

L村位于祖国最南端的凤凰镇，是海南省回族集聚地。L村共有8000余户，村里的男性和女性分别占一半，性别比例均衡。村里的人口绝大部分是回族，也有附近的汉族和贫困地区的黎族等民族，但村民以信仰伊斯

兰教为主，因此地方上汉族社区的人都称之为回族村。现在村里有四座清真大寺，即清真古寺、清真北大寺、清真东寺、清真西寺。L 村人擅长经商，大多有自己的商业途径，因此收入水平高于三亚市其他地区。近年来由于女性的异军突起，使得 L 村更加富有朝气。

L 村回族的来源和演变一直是学界争议和探讨的问题。国内学者对三亚回族的来源大致有三种说法：

第一，认为三亚回族是在宋元年间，越南占城躲避战事和灾祸的人驾驶船只经过海上逃到海南，后来逐渐内迁至三亚。持有这种观点的研究是基于以下几个方面：

（1）史料考察。日本学者小叶田淳对史料的考察研究认为：海南岛的回族先民，除唐代来自波斯和阿拉伯的穆斯林蕃客外，大部分是宋元两代从占城入居的穆斯林。宋太宗端拱元年（988）有占城人忽宣与一族 301 人一起向北宋归顺的事例。中国的史籍和地方志，对此有较详尽的记载：《宋史》："［雍熙］三年（986 年），其王刘继宗迅使李朝仙来贡。儋州上言：占城人蒲罗遏为交州所逼，率其旗百口来附。"《古今图书集成》载："崖州——番俗本占城人。宋元间因乱挈家驾舟而来，泊海岸，谓之番村、番浦，今编户入所三亚里，皆其种类也。《崖州志》亦载："番民，本占城回教人。元间因乱挈家泛舟而来，散居大蛋港、酸梅铺海岸，后聚居所三亚里番村。初本姓蒲，今多改易。不食豕肉，不供祖先，不祀诸神，惟建清真寺。"[1]

（2）田野口述史。根据马建钊 1983 年的调研：现居住在回辉村和回新村的回族，绝大多数人的祖先，原是居住在占城的穆斯林，以渔业生产为生。宋元之间，有的因逃避战乱，有的因出海打鱼遇到台风，分别从海路来到海南岛。[2] 另外，根据笔者 2015 年在三亚回新村的调研发现，当地人认为他们的族源来自三部分不同的地区，一部分是从马来西亚来的马来人后裔，一部分是从越南占城来的越南穆斯林后裔，一部分是从阿拉伯来的波斯人。MH 的丈夫说："距离现在上下有 1000 年左右时间了。1993 年我们去沙特时，（遇到朝觐的穆斯林）就有人讲原始的话，沟通一个小时后，就能听懂，原始的名称我们能听懂，这些越南后裔移民美国，去沙特朝觐，他们讲的'枕头、井水、冷水、土'等词都一样。他们男、女讲的都是原始话，说明我们是从越南来的。"

（3）体质人类学的观点。1931 年，德国学者史图博到所三亚里做人类学调查，认为当地回族人种属于两个不同的类型，其中之一为"阿拉伯白种人的混血”。在笔者的田野调查中也发现当地人对长相和阿拉伯人相似的人有类似的描述。

第二，认为三亚回族是早在唐代沿着丝绸之路的贸易路线来到三亚的波斯人和阿拉伯人（俗称“蕃人”“番人”）。这种观点的来源主要是建立在以下依据上：

（1）考古学的发现。说明藤桥古墓是阿拉伯人在唐代从广东过来的。从上述海南岛的地理位置、史书记载的资料以及三亚市和陵水县发现的穆斯林古墓群等可以断定，来自波斯和阿拉伯的穆斯林，自唐代起，已经在海南岛这块土地上生息繁衍。

（2）从宗族族姓和家谱学的角度认定。是阿拉伯人阿布（Abu）的后裔。宋太宗雍熙三年（986），一位名叫蒲罗遏的占城人，受交趾的压迫，率一族百余人，来到海南岛北部的儋州内附。因为蒲罗遏的“蒲”是阿拉伯人常用名，一般用 Abu 来表音，所以可以认为他们是已经成为回族的占城人。在回辉村，蒲、哈、李、江等不一定是同族，只是很多人同姓，而且很多人是曾经姓蒲，后改为他姓。

马洪伟在其研究中指出：“大陆回族成为三亚回族的来源，要从著名的穆斯林家族——宋元时期的蒲寿庚家族开始谈起。”作者显然极力想论证的观点是三亚回族是“大陆”回族（“大陆”，是三亚人对相对于海南以外的中国内地的统称）的后裔，但估计不太明白三亚话语中的“大陆”之意，仅理解为狭义上的内地。其实在这里作者引用文中的“大陆”是指“陆地”，尤其是途径西域的陆地，显然是陆路丝绸之路的穆斯林进入路线，强调的重点显然是指从陆路丝绸之路而来的穆斯林。其家谱自称来自西域，《蒲姓源流考》记述，“考我初太祖，宋时人，幕孔道自西域入中国……旧谱俱载西域回纥人。”

（3）从体质人类学的角度认定。“……而有些人的胡须却是向上卷曲，长钩鼻的类型，很像阿拉伯人种的类型。”“就算当时在海南岛的南海岸没有良好的避难港，也没有作为中继地可供停泊的良港，但至少可能是因为船只遇难而漂流到海南岛来的，因为海南岛伊斯兰教徒的相貌，多数都会使人联想到恐怕是阿拉伯白种人混血儿的后代（哈达拉毛阿拉伯人）”

由此可见，史图博在当年做田野考察时，将当地回族中的白肤色、高鼻梁、卷曲胡须的人在共同宗教信仰的条件下很自然地归结为阿拉伯人种。

第三，则认为三亚也可能是内地回族在社会和历史变迁中南下居住生活的后裔。持这种观点的研究者一般认为三亚的先民是从中国内地迁移来的。马洪伟在其博士论文“三亚回族社区的伊斯兰文化与社会生活研究”中得到较为全面的印证。“三亚回族的另一个大陆回族来源是海氏家族，其中与海南大儒、有史上第一清官之称的海瑞有关。”作者通过黎国器《关于海瑞族谱的一些情况》一文中指出，当时的一个重大历史资料的发现，即在海口和琼山分别发现了保存有数百年的族谱，这些族谱是海口海氏家族的分支族谱，其中对海瑞的生平及家族渊源进行了较为详细的记述，说明海瑞是回族，其海姓子孙后代后来散居全国各地，包括海南三亚。

综上所述，在这三种回族来源中，有比较清晰的族源认同印象层次性，即，绝大多数人认为三亚回族是越南占城的穆斯林后裔，也有一部分根据三亚回族的古墓群和人种分析，认为三亚的回族应该是阿拉伯人的后裔，只有为数极少的人认为他们可能是从内地迁徙过来的内地回族后裔。其中，持三亚回族为越南占城穆斯林后裔的呼声最高。

MH 告诉笔者：“总体来讲，现在这个村庄基本是这几种人的后代。有人说越南因战乱、渔业、农业等原因漂到海南来；后来，马来人做生意，在我们这里落户；再后来，波斯人从丝绸之路过来，总起来是三种人。头发又硬又黑的是马来人；皮肤古铜色的是越南人；样子很不错的，皮肤白，个子高，帅一点的是波斯人。”

但笔者认为，三亚回族不能单单说是越南人或波斯人，也不能说是马来人或内地回族，应该说 L 村回族是以上这几种人混合而成的后代却是符合客观事实的。

三、宗教女性伦理

首先，宗教女性伦理是全局性的，女性伦理是部分的。伊斯兰教的宗教伦理既包括女性伦理又包括男性伦理，既包括远古部落时期的宗教伦理，也含有现代社会的伦理，既有阿拉伯地区的宗教伦理和女性伦理，还有世界各地的非阿拉伯地区的宗教伦理和女性伦理。宗教伦理无所不包，体现着对信徒们的所有道德教法和伦理原则。宗教伦理通过《古兰经》和《哈迪斯圣训录》得以全方位的展现，是所有伦理的权威参照和合法依据。女性伦理只不过是隶属于宗教伦理的子系统，女性伦理体现着宗教伦理，宗教伦理同样地涵盖着女性伦理等各个方面的规范和原则。为了说明大的系统和小的系统，必须要说明的是女性伦理如何来体现《古兰经》的宗教精神。为此，就需要解析回族女性与伊斯兰文化的亲和性。而要解决好这一对关系，就必须理清民族的宗教性和宗教的民族性这一对关系。

伊斯兰教女性伦理是指依据一神信仰和伊斯兰教法，信仰伊斯兰教的女性之间、女性与男性之间、女性与家庭、女性与社会之间伦理关系的应当形式及诸种要求的总称。伊斯兰教女性伦理既是伊斯兰教对女性提出的道德要求，也是信仰伊斯兰教的女性因女性角色而对生活中面临的各种道德矛盾做出选择应持有的价值准则，它是特定时代伊斯兰教信仰体系对女性人生、职业、社会、家庭中的地位、作用诸方面的认识和看法。《古兰经》涉及女性伦理问题的篇章不仅有《仪姆兰的家属》《麦尔彦》《光明》《受考验的妇人》及《离婚》等的全面论述，还有含176节《妇女》章的重点论述，更有散见于其他各章的概括论述，内容涉及妇女信仰的权利、社会地位、人身权利与义务、家庭伦理、职业伦理等多方面，体现出伊斯兰教自成体系的女性伦理观。

伊斯兰教中关于女性伦理的表述还有很多，这里仅仅列举与笔者田野有关的女性伦理，大致有以下一些方面："顺从真主，认主独一"的宗教信仰观；爱子侍夫孝敬公婆的妻子观；视苦难为恩典的苦难观；学习不分年龄的教育观；视善行为虔敬的公益观；信仰与生活紧密相连的信仰生活观；诚实守信与尊重商道的商业伦理观；爱护家人、利益社区和社会的服务观，等等。这些女性伦理皆出自宗教伦理，是符合宗教精神和宗教教义的女性伦理。每一项女性伦理，每一女性行动中皆可反射出宗教审美和价值要求的特征。

四、伊斯兰的宗教伦理与回族女性

海南岛的回族从定居三亚后直至20世纪70年代，回族社区的经济、文化等方面并没有发生大的变化。回辉、回新两村地处海滨，当地回族祖祖辈辈都以捕鱼作为谋生的主要手段。以捕鱼为主，种菜及小商贩为辅的经济生产活动，是中华人民共和国成立以前当地回族赖以谋生的传统产业。[3]

1949年中华人民共和国成立以后，两村回民的经济生活状况虽然逐步得到改善，但由于受传统的经济生产方式的束缚．生活来源仍然依赖捕鱼和种菜，产业结构并没有发生根本性的变化。根据1950年的统计，从事小商贩的有34家，其中有的是在淡季时转行的。直到1999年，仍有10%的人家住在茅草屋。人均年收入仅为200元，是羊栏镇经济收入最低的两个村。[4]

1. 改革开放和头巾商道

三亚回族社区的经济起步，是从1988年开始的。1987年9月，国务院批准三亚市由原来的县级市升格为地级市。1988年4月19日，海南省正式建立后，制订了“把三亚建设成为一个现代化国际性的滨海旅游城市”的总体目标，并制订了《三亚市城市建设总体规划》。随着这一规划的实施，从1988年开始，三亚市掀起房地产开发热潮，国内外的客商纷纷到此投资，带动了旅游业的兴旺。擅长经商的回族正好可以利用这些政策机遇和地理条件，走向了以运输业、旅游商贸服务业、果菜批发零售业为龙头，多种经营并举的崭新的经济发展模式。[5]

头巾商道主要说明妇女的宗教伦理对商业发展的作用，三亚回族女性在近代以来大致经历了三个不同的时代：

2. 男主外、女主内（传统时代）

“每个社会都有自己的一套规定男人或女人行为举止的性别角色”。[6]中国回族社会对男女性别角色的规定比其他民族更加严格和清晰。中华人民共和国成立前，三亚回族妇女在家庭中的地位属于配角和从属地位，基于“男主外、女主内”的原则进行家庭角色定位。在社会上，性别交际活动受到严格限制。三亚回族传统中，性别与角色扮演、角色规范基本上按照伊斯兰的传统，男性在外养家，女性基本在家。“1978年改革开放前，没有女性外出从事贸易的”。

中华人民共和国成立后，妇女在法律层面拥有了平等的权利和义务，政府承认和鼓励“妇女半边天”的作用，并专门规定妇女节日，规定男女同工同酬。政策和社会经济结构的改变，促使“男主外，女主内”的观念发生转变，回族传统性别角色和男女分工结构被打破，妇女角色开始发生转变。[7]“20世纪80年代后的主要劳动力和收入，主要靠妻子和丈夫两个人共同来承担。”

3. 女性作用的充分发挥

实行改革开放政策后，尤其是20世纪90年代明确确立社会主义市场经济体制以来，三亚回族妇女在社会分工和角色转变方面发生了巨大的变化，此时的妇女作用远远大于“半边天”。

由以上三个女性发展阶段可以看出，三亚回族女性在中国发展进程中，女性角色发生了很大的转变，能力得到了极大的提升，自身素质和自身建设也得到了发展。在女性角色和身份转变过程中，伊斯兰教的宗教伦理对女性的制约和促进起到了一定的作用，主要体现在以下几个方面：在家庭性别关系平衡方面，在家庭关系的构建方面，在社区建设方面，在自身素质方面，在公共资源方面（如公益方面），在商道的推行方面等。

首先，在家庭性别关系方面。在地方传统和主流文化的作用下，三亚回族女性虽然面临着“男人缺位”的艰难时期，但三亚回族女性却因恪守伊斯兰教的宗教伦理，并没有迎合主流女性主义语境中的“权利平等”，而是以“女权主义缺位”抗拒了“男权压抑下”的男女平权要求，主动迎合了宗教伦理中有利于男性和男权的伦理要求。回族女性的行动来自伊斯兰教的文化资源和宗教动力，在日常生活中，回族女性的行动指南是《古兰经》。在经文中就有：“如果她们服从你们，那么，你们不要再想法欺负她们。”（4：34）“保护丈夫的财产、看守丈夫的名誉、不通过丈夫同意不走出家门”都是属于顺从丈夫之列。

鉴于此，女性对丈夫角色扮演的失效，不反抗和对抗，而是选择顺从。真主说：“贤淑的女子是服从的，是借真主的保佑而保守隐微的。”（4：34）三亚回族妇女反对女性主义，提倡在男性面前做女人的本分，而不是与男人分庭抗礼。

“女性对男人要尊重，说话声音不能高，说话速度不能快，要尊重男性，要温柔，做到很女人，那么男人会喜欢的。”

这种现象有专门的调查显示：三亚回族家庭，做饭、煮饭、做工的是女人。意思是说，男人的责任和义务是趋零的，而女性的角色和义务则是双重的，即女性在自身角色扮演的基础上，又替代了男性的义务和角色。

女人除了赚钱就是生孩子，女人全部去挣钱，参与社交，能顶得上全部的天，而不仅仅是半边天。女人生了孩子后由女人自己带孩子同时还要做生意，她们在喂奶、哺乳期，就出去做生意了。生意只有女人在做，女人把生意越做越大，例如珍珠、饮食行业等。现在，谈生意都是女人和女人谈，有些老公打下手，或在家里搞家务。

女性在不对称的性别角色扮演中，培养了隐忍和坚韧的品德，从而间接性地提高了女性的能力。

其次，在家庭关系的构建方面。三亚回族社区性别权利失衡，但是女性与女性主义毫无搭界，而是基于伊斯兰教义，服从秩序。

女性在浓厚的伊斯兰文化氛围中形成了较为刚性的家庭观。L村的女性对家庭，完全是以伊斯兰伦理来对待丈夫、公婆和其他成员，在婚姻生活中采取忍让、妥协，以求男人回家，家庭圆满。

“在家，对小姑子尊重，对公婆孝顺，对老公好。不仅仅是对他们好，他们心里是有数的。”“老婆虔诚则家里幸福，夫妻关系和谐。一个男人有一个贤惠妻子是最大的福分，如母亲不说脏话，是非观等也会影响孩子。”谈到委屈，不公平的感觉肯定是有的。但组成一个家庭不容易。为了真主的喜爱，为了孩子，没办法，只能这样。

“你的主曾下令说：你们应当只崇拜他，应当孝敬父母。”（《古兰经》17：23）要求晚辈对父母不得说不尊重的话，甚至不能用怨恨或者轻蔑的眼神看父母。

在自身素质方面。L村的女性非常注重自身素质的提高和建设，学习宗教知识是女性信仰生活的组成部分。“真主将你们中的信道者升级，并将你们中有学问的人们提升若干级。”（58：11）“真主的仆人中，只有学者敬畏他。”（35：28）穆圣说：“求学是每个男女穆斯林的天命。”“穆斯林应拥有的四件宝物：1、知识；2、信仰；3、理智；4、善功。”

在商道的实践方面。推崇和鼓励信徒经商是伊斯兰教的特点之一，但经商的前提条件是要信守伊斯兰文化中的商业伦理，即，诚实，公平交易，禁止欺诈行为，讲信用重合同等。具体讲：

1. 诚实

伊斯兰教鼓励经商讲诚实。穆圣说：“诚实的商人，忠诚的穆斯林，复生日与烈士们在一起。”（《两大圣训实录补遗》）说明伊斯兰教把诚实看作商业道德的最重要的条件，从而号召人们在买卖中防止虚假信息、虚假产品、虚假服务等，使商业贸易健康良性运行。

2. 鼓励公平

“公平”在贸易和交易行为中对买卖双方来讲，是最为核心的利益诉求，如果离开公平，那么交易会陷入恶性和盘剥，所以，《古兰经》上说：“你们应当以公平的秤称货物，你们不要克扣他人所应得的财物。你们不要在地方上为非作歹，摆弄是非。”（26：182—183）。

3. 禁止欺诈

伊斯兰教提倡交易的公平和合理，反对由欺骗行为和诈骗等不良手段导致的不公平、不合理行为。《古兰经》教导穆斯林在经商中千万不要有欺诈行为，也不要有隐匿物品的行为：“你们不要借诈术而侵蚀别人的财产。”（2：188）。

4. 禁止毁约

回族的宗教精神指导下的商业伦理，追求信守双方达成的契约，以此来维护信誉和商业道德，并把忠诚于契约看作是信仰好的表现。艾乃斯转述：穆圣在对我们演讲时说："不忠于所托的人，没有信德；不实践约言的人，没有教门。"

以上简单列举的宗教戒律正是有些市场不规范情况下促进商业贸易良性运行的有利因素，尤其是在工具理性和货币哲学当道的语境下，伊斯兰教的宗教伦理恰好是推进商业贸易健康发展的理性要素。正因为L村女性对宗教的虔诚信仰和对宗教要求的严格执行，才使得宗教要求中的商业伦理和经济发展进入良性循环。

现在，三亚市各大市场经营蔬菜、水果批发、零售和在各旅游点经营珠宝、工艺品的人员中，回族占了很大一部分。在这一走进商业并成为商业能手的过程中，伊斯兰宗教伦理对其影响至关重要。

商业发展与繁荣，在今天功利主义泛滥，理性较为混乱的中国语境下，"诚信"成为稀有的商业资源。在L村女性如今占有很大市场份额的成功运行中，伊斯兰商业伦理成了村里姐妹们经商的文化动力，她们严格尊奉《古兰经》，把宗教伦理当成生命原则。

"1978年后，妇女慢慢参与了经济。因为女性戴头巾，代表诚信，做旅游产品，游客都相信戴头巾的女性。后来她们的信誉高，收入好。"

富有伊斯兰特色的贸易伦理既是宗教伦理又是商业道德，对商业道德起着直接和间接的作用。

诚信、不欺诈也是对穆斯林的要求。"海南的女性都辛苦，与汉族相比，穿戴不同，处事不同，信仰不同，做事态度不同，在村里卖东西，价格可能高点，但东西绝对是真的。九两就是九两，半斤就是半斤，不会像外面的有缺斤少两，这是穆斯林的要求。""这里大多数孩子受父母影响很大，在市场上买东西，如多找五元，下次一定要还回去，即使别人不知道，真主知道。"

女性回族合法又规范的商业操作，恰好是换取客户信任和市场需要的可贵资源，利用这种稀缺资源，对客户信任和信誉进行复制和再生产，有了稀缺资源的良性循环式再生产做保证，那么社会资本和经济资本的形成和升值是必然的事情。在这种有利的经济伦理原则下，经过20年的积累，妇女在L村一个个变成了老板，企业家。

五、回族女性的公益精神

慈善在伊斯兰教中属于信仰的一部分，集中出现在《古兰经》和《圣训》中。伊斯兰慈善事业“瓦卡夫”伴随着伊斯兰教在地球上的出现就诞生了，历史悠久，逐步发展成熟，成为穆斯林社会的一个共同特色。[8]

在伊斯兰教中探讨慈善和公益，总会提到“天课”，因为“天课”最能表现公益和慈善精神。“天课”（zakat）是真主对人类善行的要求，是发动有钱人必须按照一定的比例拿出部分财富救济弱势群体。《古兰经》对这些群体有明确的规定：“赈款只归于贫穷者、赤贫者、管理赈灾事务者、心被困结者、无力赎身者、不能还债者、为主道工作者、途中穷困者；这是真主的定制。[9]“他们为喜爱主而赈济贫民、孤儿、俘虏。”（76：8），“你们应当行善，主的确喜爱行善的人。”（2：195）

伊斯兰教的公益虽然基于慈善理念之上，但是其公益精神超越于世俗，是彻底而又隐形的公益，因为宗教提倡左手做的好事不能让右手知道。《古兰经》说：“我们只为爱戴安拉而赈济你们，我们不望你们的报酬和感谢。”“为主道而施舍财产的人，譬如一个农夫，播下一粒谷种，发出七穗，每穗结一百颗谷粒。真主加倍地报酬他所意欲的人”（2：261）。“行一件善事的人，将得十倍的报酬。”（6：160）“敬畏的人，在康乐时施舍，在艰难时也施舍……真主是喜爱行善者的”。（3：134）。

当时，L村存在很多社会问题和社会积习，严重地影响着社会风气和青少年的成长。青少年吸毒且网瘾成性，很多地方显现弊端，为此，开展了包括宗教知识学习在内的女性信仰教育。由于女性信仰教育具有精神扶贫的作用，所以，很多女性逐渐加入宗教知识学习和关爱弱势群体的队伍中来，这样一来，很多女性变得快乐、充实而又富有爱心，并把信仰带来的善爱精神传递到需要帮助的群体和对社区公共事务的关注上，带动和影响了不同的群体、组织和机构，得到了各方面的认可和肯定。清真寺的阿訇号召男性向这些爱心姐妹学习，市政府和公安机关认为她们是替政府做好事，家里男人也支持和配合她们，青年知识分子也向她们学习，外地的学者和社会人士也纷纷前来学习。“爱心社”实践着公益“益公”的核心价值观念，并将公益的精神生产成一种精神产品，在社会上传播。

“爱心社”是2002年由刘发起创立。当她了解到外来妹精神生活与物质生活很贫乏时，就一个个组织起来，带她们学习《古兰经》，通过宗教生活来提升幸福感，后来就被称为“爱心姐妹”。

这个组织中的姐妹通过不断学习宗教知识来提高自身修养，尤其注重妇女品德的培养。“我们讲妇女的品德，首先是用阿语读经。”AMN说：“爱心社”的人有信仰，坚强，彼此帮助，不自私，过得幸福。爱心社姐妹包容，会原谅别人，细声说话，没有大声大气。在公婆、妯娌之间互相尊重。

“爱心社”成立后，对社会有很大的带动和影响作用。主要工作是帮助贫困、孤儿、残疾人等。“爱心社”队伍不断壮大，一年比一年办得好。赢得了人们的尊重、信赖、认可。有本地的也有外地的人都想加入这个联盟，很有吸引力。每年来自全国各地的许多人来到这里，也跟着姐妹们去看望穷人、病人和孤儿。

“爱心社”成立十多年以来，得到了广泛的认可和赞扬。在救助青少年方面，主要是用信仰防止和控制青少年吸毒、防止和禁止青少年的网瘾等。在社区免费向大家提供学习宗教知识的机会，定期举办学习班，对社区内的女性进行宗教思想的宣传和讲解，从思想和精神层面注入了积极向上、向善的能量，然后再通过爱心公益实践，带领社区内女性走上自助-助人的道路。

“2003 年有个姐妹发现外省一个地方很穷，于是大家开始捐款帮助。现在已经加入了许多姐妹，有活动大家都去帮忙。”

“爱心社”得到阿訇和伊玛目的高度认可和表扬，包括伊斯兰协会的肯定：“她们是女人，她们为国家社会做了那么多，我们应该向她们学习。”

男人们开始觉悟，也向“爱心姐妹”学习。“我们对他们很有影响力，女人都懂得干这么多。还有 20 多岁的男人要做好事，来找我们，我们配合他们干。如果他们遇到男人们解决不了的事情，就找我们。”

结　论

宗教伦理与公益精神之间有很明显的因果关系，在宗教伦理的驱动下催生了多元富含正能量精神的思考。每项事业需要精神动力和精神文化资源，在当下“精准扶贫”的新时期，对“扶贫”的概念、扶贫的心理程序，还有扶贫的核心等要素我们是不是需要做一些重新的思考呢？

参考文献

[1]（清光绪）崖州志［z］。

[2] 马建钊：《海南回族的历史来源与社会变迁》，载《回族研究》，2001年第4期。

[3] 陈延超：《市场经济与少数民族女性角色转变》，载《广西民族大学学报》，1999年第3期。

[4] 羊栏镇人民政府：《海南省少数民族基表情况调查表》，1988。

[5] P. K. 博克著，余兴安、彭振云、童奇志译：《多元文化与社会进步》（PHILIP K. BOCK "MODERN CULTURAL ANTHROPOLOGY: AN INTRODUCTION"），沈阳：辽宁人民出版社，1988年。

[6] 刘松峰：《伊斯兰慈善伦理初探》，博士论文P23。

[7] 马坚译：《古兰经》，北京：中国社会科学出版社，1996。

边疆民族地区困境女童关爱体系构建研究

朴美兰*

困境女童关爱体系构建始终是党和政府极为关注的重要问题。边疆地区由于“边、远、杂、贫”以及境外宗教势力不断渗透的现实，使得困境女童问题面临着更加复杂的挑战。随着大规模的持续人口流动，延边地区出现了规模不小的困境女童。其中，处于困境中的女性未成年人，由于重男轻女的传统思想、缺少同辈群体和亲情关爱等因素，在经济生活、日常生活照料、学习习惯、性安全教育等方面面临着极大困扰。需要社会、政府、学校等多元主体协同合作，为困境女童构筑可操作的关爱体系。

一、数据来源

本论文主要基于笔者于 2017 年 4、5 月，针对延边朝鲜族自治州内 HL 市的困境留守女童进行的全覆盖式的摸底排查资料。本次调研从地域上看，主要包括 HL 市 65 个农村村落、乡镇 11 个社区以及市内的 5 个大社区；从机构上看，笔者调研了 HL 市内各类官办、民办、私营的困境留守儿童机构，包括 HL 市孤儿院、慈爱院等；此外还调研、考察了 2 个幼儿园和 17 个城乡学校，另外还有对延边州内 128 位困境女童的个案访谈资料。

调查发现，随着城市化和人口流动引发的朝鲜族人口低生育率以及持续的人口流动，延边州困境女童面临着各种生活、发展困境，急需社会各种力量的关爱。

---

* 朴美兰，延边大学人文社会科学学院社会学系副教授，民族学博士，硕士研究生导师，主要从事民族社会工作、民族地区人口与社会保障问题研究。

本论文可能的贡献在于：首先，通过近几年深入各村落、各社区、各种特殊家庭以及机构、学校的彻底排查，较全面地掌握了延边城乡各地困境留守儿童的规模、分布状况、原生家庭状况、以及目前获得的各种社会救助、社会关爱等情况，基于这些实证材料的分析，提出构建困境女童关爱体系的建议，将有助于政府机构进一步强化多元主体的社会支持和多层次的关爱体系，使每一位困境女童获得真正的幸福生活。

二、边疆民族地区困境女童困境现状描述

（一）困境儿童概念及分类

2015 年 3 月，救助困境儿童被写入政府工作报告，在“持续推进民生改善和社会建设”模块中，将“困境儿童”列于特困群体之首，提出对特困群体健全福利保障制度和服务体系，把民生底线兜住兜牢。2016 年 2 月，国务院出台《关于加强农村留守儿童关爱保护工作的意见》，提出坚持家庭尽责、政府主导、全民关爱和标本兼治的基本原则。2016 年 6 月 17 日，国务院印发《关于加强困境儿童保障工作的意见》（以下简称《意见》），针对困境儿童生存发展面临的突出困难和问题，从保障基本生活、保障基本医疗、强化教育保障、落实监护责任、加强残疾儿童福利服务等五方面提出具体措施。

关于“困境儿童”概念，《意见》指出困境儿童包括因家庭贫困导致生活、就医、就学等困难的儿童，因自身残疾导致康复、照料、护理和社会融入等困难的儿童，以及因家庭监护缺失或监护不当遭受虐待、遗弃、意外伤害、不法侵害等导致人身安全受到威胁或侵害的儿童。这个定义的核心涉及两个要素：一个要素是造成困境的原因，包括家庭经济困难、自身残疾、监护缺失或不当等原因；一个要素是面临的困境，包括生存、发展和安全困境[①]。

杨智平、郑坚铭[②]将困境儿童定义为：“有父母一方或者双方存在，但是由于儿童自身或家庭的原因导致父母不能监护、不宜监护、无力监护、

① 傅昌波、黄颖：《完善困境儿童国家保障制度的思考》，载《理论探索》2017 年第 1 期，第 64 页。

② 杨智平、郑坚铭：《试论“困境儿童”概念的内涵》，载《海南热带海洋学院学报》2017 年第 6 期，第 71 页。

无心监护的情形，并严重影响儿童的生存权和发展权，或出现家庭暴力等严重侵害儿童身心健康的行为，又由于各种原因，导致外界难以干预、监护难以转移，长期处在困境中的儿童”。

延边州是我国唯一的朝鲜族自治州和最大的朝鲜族聚居区。截至 2016 年年末，全州户籍人口共计 2135757 人，其中农村户籍 635283 人。近年来，伴随朝鲜族人口长期持续大规模跨国流动，导致延边州内出现了规模较大的留守、困境儿童群体，其中既包括一些中国朝鲜族大龄农村男性与跨境外籍女性结婚后抛弃的“事实孤儿”，也包括为数不少的因父母长期滞留国外形成的“事实弃儿”；此外还有部分因父母吸毒、服刑产生的留守困境儿童、双父母残疾困境儿童、底层贫困困境儿童、自闭症困境儿童等各类不同困境儿童。而隔代看养，监护人身体条件差，监护人员重大疾病、监护人员自身精神残疾、身体残疾等一系列状况更是导致困境儿童生活雪上加霜，一些困境儿童面临着严峻的经济困难、医疗资源匮乏、性格冷僻等问题，甚至还有少部分因各种原因导致辍学、失学，这些困难严重影响着困境儿童群体的健康人格形成和身心健康发展，也给未来社会和谐稳定带来一定隐患，如何通过适宜的可操作的关爱体系促进跨境民族地区困境儿童健康成长直接关系到边疆地区的长治久安，意义重大。

未成年人社会保护工作一直是世界性的难题。其中，关于困境女童关爱体系构建更是整个保护工作的难点问题之一。中国政府长期以来高度重视困境女童社会关爱工作，相继出台了一系列法律法规和政策措施，困境女童社会关爱工作取得了积极成效，形成了全社会关爱困境女童的良好氛围。但受经济贫困、监护缺失、教育失当等影响，一些困境女童遇到了生存困难、监护困境和成长障碍，迫切需要建立新型关爱体系。

（二）边境民族地区困境女童面临的主要困境

1. 经济生活困境

困境女童家庭贫困现象严重，经济贫困是困境女童生存所面临的第一问题，出于家庭劳动力的缺失、自身及家庭内成员医疗费用高昂等问题造成大量的困境女童基本生存状况出现危机，生活水平直触底线，完全解决不了基本温饱问题。

就困境女童的经济生活状况来看，随着国家保基本的普惠式社会保障政策的全覆盖，多数困境女童家庭都得到了国家的最低生活保障金以及其他的现金补贴（如残疾人两项补贴）。但是由于困境女童家庭成员基本上都是残疾或身患重病的家人，失去了基本劳动力，这种保基本的社会保障制度难以维持随着物价上涨而日趋增高的生活支出。因此，多数困境女童家庭经济收入偏低，难以维持家庭基本生活几乎是所有困境女童面临的实际问题。就入户访谈的127名困境女童来看，汉族困境女童43名，占总体被调查对象的33.86%，朝鲜族困境女童83名，占总体被调查对象的65.35%，还有1名满族困境女童；就学业级别来看，学龄儿童占92.91%，非学龄儿童占7.09%；从困境女童城乡分布来看，23名为城镇户口占18.11%，104名为农村户口，占总体的81.89%；从困境女童的民族分布来看，朝鲜族困境女童居多；就城乡分布来看，农村困境女童居多。

在总体调查对象中，就经济收入状况来看，35位困境女童家庭月收入为1000元以下，占总体的27.56%，48位困境女童家庭月经济收入为1000元以上2000元以下，占37.80%，44位困境女童家庭收入在2000元以上，约占总体的34.64%。2016年延边州城镇常住居民人均可支配收入为23276元；农村常住居民人均可支配收入为9675元①。调查结果显示，65.36%的困境女童每个月家庭经济收入在2000元以下；就经济来源来看，由于127位困境女童中，有57位女童是和年迈、有病的隔代爷爷奶奶或者姥姥姥爷等亲属共同生活，基本没有稳定的经济收入，11位困境女童在民间各种儿童收养机构生活，有4位困境女童每个月可以得到爱心组织经济上的帮助，其余的55个困境女童家庭都依靠政府的低保和残疾人两项补贴的现金收入维持生活，这种收入状况使得困境女童面临着经济生活的严重困难。

女童不同于男童，不仅有自己特殊的对食物、服装等生活物品的追求和向往，对于进入青春发育期的女孩子，每个月生理期间的费用支出也是必需的花费。但是，调查发现，这些困境女孩子难以享受到正常的物质生活，即便是生理期间，也要考虑尽量节省自己的花费。

如被调查对象PML，家住延边偏远农村，母亲在她1岁时失踪，父亲5年前去韩国打工，由于家和学校距离较近，每天都是走路上学，三顿饭都是在家里吃，每个月的零花钱是爱心组织提供的200元，除此之外，没有其他的现金花费。

笔者还调查了一个有5个孩子的家庭，这个家庭是后来组成的家庭，原来婚姻只有一个男孩子，结果夫妻再婚结合后妻子连续生育两次，每次都是双胞胎，一次是男孩子双胞胎，一次是女孩子双胞胎，现在孩子们都是

① 2016年延边州社会发展与国民经济统计公报。

学龄期，这个家庭的2个进入青春期的女童，身上穿的都是别人给的衣服，由于孩子多，家里只有父亲一个人做农活，母亲只能料理家务，照顾孩子们的日常生活，尽管社区、爱心组织等经常给予各种帮助，但是还是难以彻底解决这个家庭的经济困难。

经济生活条件是人类维持自身发展的首要前提之一。困境女童由于处于身心成长和接受教育的发展阶段，自身无法从事有酬劳动，需要家庭的供养。一旦失去家庭的经济供养，这些孩子会不可避免地处于经济困境之中。

2. 日常生活照料困境

《中华人民共和国未成年人保护法》第十条规定：父母或者其他监护人应当创造良好、和睦的家庭环境，依法履行对未成年人的监护职责和抚养义务。父母或者其他监护人应当关注未成年人的生理、心理状况和行为习惯，以健康的思想、良好的品行和适当的方法教育和影响未成年人，引导未成年人进行有益身心健康的活动。家庭是保护困境女童健康生活的第一个也是最重要的场所。但是多数困境女童家庭结构不健全，或者即使父母都在身边，由于父母患有精神疾病，或其他的身体疾患，难以提供正常的生活照料。甚至有些困境女童的父母或者失踪、或者死亡，家庭中父母的缺位，使得成长中的困境女童陷入日常生活照料的困境。如127位困境女童中有15位父母死亡，占10.24%；38位父母离异，占29.92%；23位父母失踪，占18.11%。此外，调查中还发现，有些困境女童被家里人送到民间收养机构后，由于机构缺少工作人员，也难以对困境女童给予生活照料，出现了不能及时洗澡或者洗头发，身上有异味；或者不能及时更换衣服、被褥等现象。女孩子特殊的身体结构和生理现象，需要青春期女性的身体始终保持在干净的状态。但是困境女童所处的特殊的家庭结构不完整或者家庭成员残疾等特殊现状，使得她们难以得到正常的日常生活照料。

不仅如此，有些朝鲜族困境女童由于和家里众多病患老人住在一起，还要承担照顾家里老人、做饭、洗衣服等日常照料义务。如FYQ，女，朝鲜族，2005年生，父母去韩国，和母亲的哥哥、妈妈的姐姐（精神病）、80岁的老年痴呆的姥姥一起生活，早饭有时是舅舅做，有时是孩子自己做饭给大家吃，她告诉笔者只能做简单的炒鸡蛋，她未来理想是当美术老师。

家庭是儿童社会化的最初场所，家庭照顾不但成本低，而且对于儿童的社会化进程有着积极的影响。但在困境女童照顾中，由于家庭遇到了一系列困难而难以为继，需要为其提供外来的支持，降低由于疾病、先天性缺陷而产生的经济压力、日常照顾的压力以及专业知识技能不足所产生的物质和精神方面的压力。政府的保障政策虽然在一定程度上可以弥补留守儿童家庭关爱的缺失，但是并不能取代父母在儿童成长过程中的重要角色。[①]

3. 学习习惯养成困境

学习习惯是学生个体在学习活动过程中表现出来的稳定的思维方式与行为方式。学习习惯对于个体的成长和发展具有非常重要的意义。家庭对孩子学习习惯具有重要影响。家庭通过潜移默化的方式对学生学习习惯发生引导作用，对学生的学习习惯养成起到了不可替代的作用。家庭的物质环境、精神氛围、教育方式都对孩子良好学习习惯的养成具有重要影响。

良好的学习习惯不仅有助于困境女童更好地适应学校的生活，而且通过良好学习习惯的养成促进学习成绩的提高，增加生活的自信心，进而摆脱贫困境遇，开始新的美好生活。然而，调查发现，由于家庭结构不完整，家庭功能不能完整发挥，导致困境女童难以养成良好的学习习惯。多数困境女童都是和年迈的爷爷、奶奶一起生活，这些老人年迈，有些农村老人还要做一些农活，等晚上孩子们放学回家老人们由于身体疲累，根本无法照顾到孩子们的学习，加上文化水平和认知水平有限，多数老人觉得孩子只要上学了，在学校好好学习就可以了。尤其是朝鲜族家庭，更加重视培养女孩子从小做家务的习惯，学习习惯反而成为不是很重要的了。

4. 健康性别意识和性安全威胁

钟昭会认为，由于女性特殊的身体和心理原因，农村留守女童除了面临着广大农村留守儿童普遍存在的溺水、触电、烧伤、交通意外等安全隐患和被威胁、抢劫、殴打、拐卖等不法侵害以外，还面临着严峻的性安全威胁。最近十余年来，各类媒体就先后披露了数百上千件有关农村留守女童遭受性侵害的恶性事件。这些事件的频频发生，不但使留守女童本人的身心健康受到了极大的伤害，而且给留守女童的整个家庭造成了深深的灾难，还严重地影响了农村的和谐与稳定，已然成为一个十分严峻的社会问题[②]。

根据《中华人民共和国未成年人保护法》规定，被申请人有下列情形

① 傅昌波、黄颖：《完善困境儿童国家保障制度的思考》，载《理论探索》2017 年第 1 期，第 70 页。

② 钟昭会：《农村留守女童性安全保护研究》，载《贵州大学学报》2016 年第 11 期，第 119 页。

之一的，人民法院可以判决撤销其监护人资格：性侵害、出卖、遗弃、虐待、暴力伤害未成年人，严重损害未成年人身心健康的。

但调查发现，有些家庭既没有对留守女童进行正确的性安全教育，也没有构建健康的性别意识，导致困境女孩频频遭受性侵害。

如，PWM，18岁，残疾2级，父母离异后母亲去韩国再嫁再育，父亲在外打工，一直与爷爷奶奶一起生活，前年，爷爷奶奶相继去世后，由于没人照顾，又被接到了另一处姥爷家里。但这时，姥爷和姥姥离婚后，姥姥去韩国打工，姥爷再婚，这个后来的“姥姥”始终用眼睛瞪着孩子，孩子觉得无法在姥爷家里生活下去，自己偷偷从姥爷家里跑出来到延吉市四处流浪，在流浪过程中结识了不同的男性，连连怀孕流产，身体遭到严重伤害。

社会性别理论认为，作为主体的女性，不是男性或国家或者任何社会机构的工具和附属品。作为一个性别群体，她们的利益与需求应当得到承认和满足，而不是被无视。女性这一性别群体的主体意识和价值必须得到正视和彰显。

家庭是青少年社会化的第一个也是最重要的场所，因此家庭也不可避免地成了影响青少年性别意识形成的主要因素。本次调查中发现，由于家庭没有及时提供正确的性安全教育，近一半的困境女童缺失关于性别的正确认知，同时也不知道如何维护自己身体安全。

三、困境女童关爱体系构建中存在的问题

开展困境女童关爱体系构建是一项全新的工作，同时鉴于快速发展的全球化和各种市场力量、现代媒体的不断渗透，延边困境儿童关爱体系构建也面临着巨大的挑战。笔者调查发现，目前延边州内针对困境女童实施的各种关爱体系面临着一些问题，主要表现为：

1. 关爱活动中重物质轻文化问题

目前，针对困境女童的关爱工作主要是由政府部门和社区、社会组织共同承担，其中资金部分主要由国家财政和地方财政承担，但是由于困境女童的原生家庭的贫困性和贫困的难以逆转性，导致这些困境女童的经济来源主要是政府的经济资助，这样就导致针对困境女童的社会关爱活动偏重于物质生活的提升而忽视了对困境儿童的持续性的精神关怀。由于困境女童处于就学和发展阶段，不能直接参与经济活动，目前的最低生活保障

金只是解决了基本的吃、穿问题，至于其他方面的发展问题很难得到资金支持，制约了困境女童的健康成长。

2. 关爱活动区域分布不平衡

延边州山区众多，有的山区交通偏远，这样就导致针对困境女童的关爱活动工作呈现出城乡发展不平衡的态势，如延吉市是延边州的首府城市，经济较为发达，交通便利，市内各社区工作人员素质高，各社区基本上都完成了困境儿童分类摸底排查工作，有几个社区成立了困境留守儿童关爱、救助机构——蒲公英之家，形成了完整的困境留守儿童的关爱救助管理模式。大部分社区也完成了针对困境儿童的低保补助、廉租房等形式的关爱救助工作。然而一些居住在偏远山区的农村困境女童却因各种原因难以获得教育、医疗等全面性的发展需要。

3. 专业人力资源问题

针对困境女童的关爱工作不同于其他成年人，既需要相关工作人员的专业性，同时需要工作人员具备一定的耐心和爱心，在对一些少数民族女童开展服务时，需要具备“文化敏感性”。但目前存在的问题是，少数民族专业人员所占比例较小。在笔者调查的某社区工作人员队伍中，朝鲜族社会工作者比例仅为 16.7%，因为一些农村朝鲜族困境女童及其监护人中，汉语普及率很低，因此在开展活动及社会关爱服务时面临交流难题。

综上，就困境女童实施的社会关爱实践来说，各类政府、学校、社会救助机构社区、社会组织不断地进行着积极探索，力图寻求更好的方式解决困境女童的基本生存和未来发展问题。

四、困境女童关爱体系构建

在民政部分别于 2013 年 5 月、2014 年 7 月印发关于开展未成年人社会保护试点工作和第二批试点工作的通知下发后，延边州内延吉市被国家民政部确定为第二批国家级试点单位。延吉市已从 2014 年 8 月开始开展了试点工作。把过去的流浪未成年人救助保护中心更名为未成年人社会保护中心。这是继 2003 年“孙志刚事件”之后，进行了一次大的变革后又一次大的变革。试点地区通过争取当地党政领导重视、整合政策制度资源、明确部门职责分工、合理界定工作对象、引导社会力量参与等方式，初步构建了“政府主导、民政牵头、部门配合、社会参与”的组织领导机制，建立了集监测预防、发现报告、评估转介、帮扶干预为一体的未成年人社会保护工作机制，使困境未成年人及时得到政府和社会的帮助。但目前，延边州困境女童关爱体系建设还有待加强。

1. 全面健全困境女童保护站

以街道、社区、乡镇为单位建立困境女童保护站，其主要作用为增强社区间、社区与救助机构间的联动能力，发挥社区和机构的自主行动能力，加强社区与各类关爱机构间的联系，让更多的困境女童充分享受到党和国家的温暖。应强调全心全意为人民服务的精神，尊重人权至上的儿童主体地位，强化女童保护专业服务体系的专业支撑，扩展女童保护的社会空间和活动内容，实现传统福利机构的工作模式与专业化服务模式的有效结合，不断提升跨部门协作能力，促进边疆民族地区困境女童关爱体系建设工作发展。

2. 动态化信息资料管理

强化基层组织的信息化管理及困境女童的档案资料管理工作，避免因困境女童信息资料的不全影响困境女童的社会关爱体系建设工作，避免发生重大灾害事故，确保高效、便捷地掌握各困境留守女童的详细资料，打破社区间的隔阂，真正实现信息共享，资源整合。

3. 优化社会救助的专业力量

针对现有州内困境女童生活、发展现状，动员专业社会工作人员介入关爱活动，不仅促使社会工作回归其专业本意，彰显其专业价值，而且推动困境留守女童关爱体系建设从物质救助迈向社会服务，促进关爱体系建设的专业性、服务层次、救助功能上的全面提高。

总之，困境女童关爱体系建设工作纷繁复杂，需要各级部门协同努力，不断提升各类社会力量、各种机构的关爱能力，真正实现针对全社会困境女童的全覆盖，通过开展个案、小组工作、社区工作，提供专业化、个性化、多元化的社会救助服务，帮助困境女童获得基本生存和发展环境。

参考文献

[1] 钟昭会：《农村留守女童性安全保护研究》，载《贵州大学学报》2016 年第 11 期，第 119 页。

[2] 杨智平、郑坚铭：《试论“困境儿童”概念的内涵》，载《海南热带海洋学院学报》2017 年第 6 期，第 71 页。

[3] 傅昌波、黄 颖：《完善困境儿童国家保障制度的思考》，载《理论探索》2017 年第 1 期，第 70 页。

滋根参与贫困农村女童教育三十年

杨贵平*

一、从保钓到滋根：为中国做小事、做实事

20世纪70年代在美国开始的保钓运动，主要参与者是中国台湾和香港的留美学生。我们从关心钓鱼岛的主权发展到关心中国台湾劳苦大众，关心中国大陆，关心中国前途。中国五千年的历史，黄河、长江，唐诗、宋词，都深深留藏在我们心中，我们对祖国充满了好奇，也充满了向往。

20世纪70年代初，经过中国的乒乓外交和尼克松访华，美国逐渐开放对中国的报道，我们才了解到1949年后，中国在西方全面封锁下，独立自主，自力更生，有尊严地站了起来，这是多么激动人心的变化！参加保钓运动的学生们在学校组织国是研究会，自发地认识和介绍社会主义新中国。当时在美国，要求种族平等的民权运动、反对越南战争运动和全球风起云涌的要求社会变革的各种抗争蓬勃开展。在校园、在街头，游行、示威、辩论触动着许多人的灵魂，也打破了我们多年封闭的生活。社会主义新中国所提出的理想，要创造一个比较平等的社会，如工农兵当家做主，文化上提倡反映和歌颂劳动人民而不是帝王将相，这些都使我们对长期接受的自我为主、要做"人上人"的精英思想进行反思，寻求新的人生道路，也使得长期埋藏在心中，想为隔离多年的祖国做一些事情的种子生根发芽。

1986年，保钓运动的积极分子董叙霖在联合国工作，他参加了联合国员工自愿组成的百分之一基金会，会员将1%的工资拿出来，出钱出力，支

---

* 杨贵平，中国滋根乡村教育与发展促进会副秘书长。

持发展中国家的小型项目。我们参照联合国百分之一基金会的经验和理念，邀请了十多个参加过保钓及在联合国工作的朋友，在美国成立了非营利性组织——滋根基金会，滋根的宗旨是响应联合国倡导的支持“以人为中心、可持续的发展”。支持的对象是“中国处境贫困的人民”，支持的内容是“人的基本需要”，包括基本教育、基本医疗卫生、环境、乡土文化及小型的经济项目。聚少成多，做小事、做实事，支持中国的发展。

当时滋根基金会的成员多半从没有来过中国大陆，对贫困、对农村一无所知，但我们都有一颗炙热的心，希望能为一个平等、公正、以人为中心可持续发展的社会努力，想为中国做一些实实在在的小事。1988 年，滋根来到了贵州省黔东南苗族侗族自治州的雷山县。我们一路颠簸、跋山涉水，在层叠的深山中，见到一个个没有电要点着煤油灯的中国最贫困地区的苗族村寨，这是滋根在中国参与教育扶贫的开始。

二、关注乡村基础教育：从支持女童上学开始

曾任联合国儿童基金会执行主任的卡罗尔·贝拉米女士指出，高质量的基础教育，特别是针对女童的教育，是一切全球反贫困战略的不可或缺的先决条件。女童教育是整个人口的健康和营养的关键，是全面提高生活水平的关键，是改善农业和环境的关键，是提高国民总收入的关键，是在社会各个层面上让更多人参与决策、并让男女更平等参与决策的关键。滋根参与中国基础教育工作就是从支持贵州的女童上学开始的。

在滋根进入贵州前的 1986 年，中国政府颁布了《中华人民共和国义务教育法》，用立法的形式确定了国家实施九年义务教育，确定了“地方负责，分级管理”的体制，并将就近入学作为实施义务教育的基本原则。但当时的义务教育，并不是免费教育，很多孩子因为交不起学杂费而远离了

校门，适龄儿童失学辍学现象较为普遍，在偏远的少数民族山区更是如此。根据1990年中国的统计数据，适龄儿童的入学率在90%以上，雷山县的适龄儿童入学率在85%，但全县的综合性统计数据不区分男女，掩盖了偏远地区女孩很少上学的事实，从而也导致了人们长期忽略促进争取女童上学的权利。

1990年，滋根联合贵州当地的三位教育研究者在雷山县方祥乡做了一项摸底调查，访问了学生、家长、老师和村民，发现当地适龄男童的入学率为77%，女童入学率却只有25%。

（一）影响女童入学率的因素

全世界有6300万女孩不在小学和初中，从来没上过小学的女孩人数是男孩的两倍。全世界7.8亿文盲，三分之二都是妇女。女童入学率比男童低是发展中国家共同的现象。影响女童入学率的原因是复杂和多方面的，包括社会和文化因素，如父母重男轻女的传统思想，女孩早婚早恋；经济因素，如上学费用高，女孩要做家务劳动；宗教因素以及教育内部的一些因素，如学校距离太远、缺乏女性老师、课程内容与女孩生活脱节、不能使用当地语言教学等等。这些因素同时影响男童和女童的入学，但对于女童的影响更大。

1989年，滋根在贵州雷山县12个偏远贫困乡村，对影响女童入学因素做了深入的调研，发现影响当地女童就学的原因同样是复杂多样的。

（1）上学费用太高。当时中国还没有免费义务教育，一个小学生一年的学校费用是40元，但是当地农民一个人一年的现金收入不到200元，需要用这些钱买种子、化肥、灯油等，拿不出多余的钱送孩子上学；

（2）学校离家太远，不能就近上学。许多村小只开设一、二年级课程，到了高年级，就要走2—3小时的路到中心校，中心校住宿条件极差，孩子要自带柴米，女童住校不安全，父母不放心；

（3）课程内容和当地生活脱节。学校的课程内容过于艰深，而且全是汉文。学生的母语是苗语，没有学习汉语的环境，老师也没有经过双语教学的训练，学生念书困难。而且苗族文化非常重视女孩的绣花、苗歌、苗舞、劳动等技能，但学校课程完全没有和她们生活相关的内容，使得家长们觉得念书无用；

（4）学校缺乏女教师。在调查的12所村小学中，没有一位女老师。学校有女老师的话，可以作为女童学习的榜样，也是激励家长送女童入学的重要因素。尤其女童进入青春期以后，生理和心理上的巨大变化，需要有女老师的关心和指导。没有女老师，也使得女童对上学却步；

（5）学校教学环境不完善。校舍简陋，通风漏雨，冬天非常寒冷，课桌椅不够，厕所距离教室很远而且蹲位不够，学校没有图书，没有文体用品，这些因素也影响到女童入学；

（6）受到母亲教育水平的影响。许多妇女（母亲）都是文盲，她们的受教育水平直接影响到对女童教育的重视与否，滋根在调查中发现，12 个村的妇女文盲率达到 80%—90%，文盲母亲对女童教育非常不重视。

（二）滋根支持女童入学的行动

从 1990 年开始，滋根与雷山县教育局、学校老师和乡村领导、家长等共同讨论后，提出了支持女童入学的试点方案。滋根和雷山县教育局合作，在雷山县的 12 个最贫困乡村为 6 岁及以上适龄女童设立女童助学金，帮助她们完成六年小学教育。从 2001 年开始，此项目逐渐推广到贵州的雷山、台江、榕江以及云南、河北等近 100 个偏远贫困乡村小学，支持的力度从小学到九年义务教育，支持对象也扩展到了孤儿和贫困男孩。

提供必要的女童助学金，包括书费、杂费等。女童助学金的额度从当时学校规定的一年 40 元，以后每年根据教育局收费标准进行调整。有了经费的保证，教育局大力支持学校老师做家访，宣传女童不用交费就可入学，使得女孩子入学率急剧增加，而且长期维持在 85%—95%。比如，当时的雷山县方祥乡毛坪村，有 200 余户，900 余人，1 所完小，开设 1 至 6 年级，每个年级一个班，共 100 余名学生，只有 3 名女生。接受滋根女童助学金的 1990 年，毛坪小学一年级就招了两个班，每班近 30 人，每个班的女生比男生还多 7—8 个，而且十二三岁的女童也都来报名上一年级。

在学校，一方面通过灵活变通招生策略，支持女孩就近上学。滋根与县教育局合作，把只有小学低年级的教学点采用隔年交替招生的方法，一年招一、三、五年级，另一年招二、四、六年级，逐渐增加到六年级，大大减轻了教师的负担，也延续了乡村教学点的存续。另一方面，帮助学校开设乡土文化课程，请当地艺人教学生苗歌、苗舞、芦笙、刺绣、蜡染、木工；设立女生辅导员。滋根支持教育局聘请了两位初中毕业的妇女做女生辅导员，采取循环教学的方式，在 12 所学校做女童生理心理的辅导工作；改善教学环境。滋根帮着维修校舍，保证有比较安全干净的饮水，设立图书室，帮着修建操场、球场，增加厕所蹲位。

在村庄，支持乡村妇女扫盲及妇女生殖健康、农业种植、养殖、环境卫生等短期培训，并注重在培训中加强宣传女童受教育的重要性。

此外，滋根还积极开展政策倡导。滋根与当地政府一起大力宣传支持女童入学的重要性。在这个过程中，当地政府也非常重视女童入学并将之作为普及九年义务教育、提高入学率的重要措施。教育局工作人员和当地的老师挨家挨户地到女孩家里走访、发动女孩子去上学。

（三）女童接受基础教育：改善了自己、家庭以及乡村

世界银行报告指出，在发展领域，女童教育是首要的，妇女受到比较好的教育会更健康，收入比较高，比较晚婚，生孩子少，孩子的教育比较好，所有这些因素加起来就可以使一个家庭脱离贫困。

联合国教科文组织也认为，女孩通过教育培养生活技能，更能参与生产，更能保护自己不受伤害和性侵犯，更会照顾自己和她们的孩子。妇女受到教育对其个人和孩子减少贫困起到重要作用。在初中阶段，女童多受一年教育，年收入增加 15%—25%。女童教育和一个国家的国民生产总值有直接的关系。除了个人更有能力，同时还是对国家发展最有利的投资。滋根在贵州的雷山、台江、榕江、黄平等县的贫困乡村，20 多年不间断地支持女孩上学，效果是非常明显的。

女童接受教育，转变了当地重男轻女的传统思想，促进了男女平等。在当地历史上第一次有这么多女孩免费接受基本的学校教育，这在社会发展进程中具有时代意义。毕业于交腊小学、现为雷山小学老师的杨艳英就说：“最难忘的是让所有的女童入学，所有老人都知道知识是不可缺少的，让他们消除了‘重男轻女‘的想法”。

女孩受教育以后，增强了自信心，女性在家庭里的地位得到了提高，增强了参与乡村公共事务的能力，成为建设家乡的主力。滋根支持的一些女童，初中毕业后有的留村务农，能用科学方式种田，增加生产，成为乡村发展的主力。有的成为家乡的女老师、女卫生员、茶园的管理人员。如毛坪村的妇女成立了绣花小组，用苗族传统刺绣做成衣物，在市场上销售，既保存了传统的民族技艺，又增加了收入。独南村成立了妇女生产小组，在村里种植经济收入高的农作物，如生姜、辣椒。有的女孩继续升学到高中和大学，毕业后进入县城，成为公务员、职员、从事各种服务行业或是个体经营。

女童享受义务教育，是性别平等的一部分，也是教育公平的应有之义。

女童还是未来的妇女和母亲，她们直接承担着社会生产、生活的重任，也是人类自身再生产行为的主要承担者。妇女对控制人口数量、提高人口质量及子女教育起着不可替代的作用。支持女孩上学是最有效的社会投资，不仅能提高妇女参与生产的能力，也会帮助她们进行家庭教育。最重要的是，支持女童上学是促进男女平等的必要条件。滋根支持女童上学的实践顺应了这一趋势。作为外来草根组织，滋根的努力也弥补了当时社会条件的不足。近 30 年来，滋根的女童助学金从未间断，只是随着农村教育的整体提升尤其是免费义务教育的实现，有所降低和减轻。

作为一个民间组织，长期扎根贫困偏远农村，通过深入的调研了解贫困偏远乡村女童入学率低的现象及因素，引起当地政府的重视，和当地的政府、学校、乡村合作，设立试点方案，给予必要的支持，并将试点的经验推广，这是滋根作为民间组织最有成效的经验。

三、落地生根接地气：国际视野与中国经验

创立之初，滋根精神和理念来自联合国，很多项目背后的原则也来自一些国际共识，滋根最初的发起人和设计者也都是生活在海外的华侨，但滋根从来都是一个与中国大陆紧紧联系在一起的、从内而外生长的民间组织，滋根的很多价值标准都是深深扎根于中华文化和中国经验的，滋根的工作理念和工作方法是国际视野与中国经验的融合与推进，滋根的 30 年是落地生根的 30 年。

1995 年，中国大陆一批认同滋根理念的人，成立了中国滋根乡村教育

与发展促进会，简称中国滋根。中国滋根是在民政部正式登记的全国性教育类社团，教育主管部门是教育部。当时支持并帮助滋根在大陆安家落户的一群人，后来都是滋根坚定的支持者和实践者。中国滋根成立以后，项目工作人员长期住在农村，经常上山下乡、走村串寨，和村里面各种人接触，了解他们的需要，与他们建立长期的关系。在支持项目的过程中，滋根的项目人员和当地学校的老师、学生、家长，村里的村民、积极分子，以及和项目有关的政府部门，如教育局、卫生局、农业局、妇联等都有广泛的接触。中国滋根的工作人员是多重角色，是支持者、引导者，也是调查员、联络员；是老师，也是学生。

近30年来，滋根在中国大陆扎根、展叶、开花、结果，已经在11个省的200多个学校及乡村开展工作，支持基础教育、卫生、文化及环境的改善。滋根的工作一直依托并服务于中国的基础教育发展，从前免费义务教育阶段的支持女童上学、支持学生奖助学金、支持学校基础设施，再到“撤点并校”阶段的调研、倡导，到义务教育免费后开展教师培训项目、绿色学校建设等，滋根所有的努力都是为了弥补并补充乡村教育发展的基本需要，提升乡村教育的质量和内涵。

走上回家的路

——云南连心培养和支持少数民族女性社会工作者的行动研究

陈韦帆*

社会工作作为一门舶来的学科和专业，改革开放之后在中国逐渐发展起来。近年来，随着民政事业的发展，社会工作及其机构也逐渐被各地政府纳入工作力量，成为扶贫、社区发展、困难群体救助、留守儿童老人服务等领域工作的重要参与方。随着越来越多地参与到社区服务和发展工作中，社会工作的本土化也渐成学术和实务界讨论热点，同时也成为实际工作中的迫切问题。

具体到云南，作为一个多元文化多元民族的边疆省份，云南社会工作的发展中，民族社会工作是一个地区发展绕不过的议题，同时也是云南社会工作和社会服务事业中的独特竞争力。在云南的社区服务和发展工作中，民族社会工作和社会工作本土化的议题，已经不可避免地结合在一起，成为无论是社会工作者、研究者都需要认真考虑的工作处境。而作为一门“以生命影响生命”的以人为媒介的实践型学科，社会工作在面对本土化和民族地区服务时，势必需要从“工作者的培养”上着手。

一、问题的提出：为什么要培养少数民族自己的社会工作者

从个人经验到社会工作的“优势视角”，培养本民族本社区的工作者是挖掘社区资源的最重要一环。笔者作为一个从小生活在多民族地区的云南

* 陈韦帆，云南大学民族学与社会学学院社会工作研究所、云南连心社区照顾服务中心。

人，童年的经验里就充满了对于自己生活处境中文化差异的“体验”，并且也因为“民族身份”与认同的问题而经历过各种纠结。而这些当初模糊的体验在民族大学八年的教育经历中，被民族学人类学的理论所催化，建立了笔者多元文化视野的学术立场。感谢导师的带领和指导，笔者本科期间就有机会走到各个民族地区进行调研，各地田野调查中所见所思的民族社区境遇，让笔者对少数民族及其社区在发展中遭遇的“现代化”怀有诸多质疑和反思。之后在 NGO 工作的十年社会工作经历，更开启了笔者从社会性别角度和阶级分析角度去看待社区服务和发展的眼界。这十多年走来，笔者自问从一个站在“干爽高地”满怀悲情又深感无力的“旁观者”和“资助方”，逐渐一脚深一脚浅地走入了真实日常的社会工作实务“泥泞低地”,[①] 不断在尝试将自身与同事们的经验提炼又反哺于社区改变的推动中。这个过程，笔者不断体验到真实的希望存在于社区日常生活的“土地”里，而非外来的援助或扶贫项目中，少数民族社区亦同。类似的社会工作秉持的“优势视角”，也是我们所相信的“社区工作者”特别是“女性社区工作者”能够成为本民族社区服务和发展中重要力量的初心、信念与理论。

对既往的“云南经验”的反思也指向培养本土本社区本民族的社区工作者，可能才是一个社区发展的可持续之道。云南在 20 世纪 80 年代末就有了国际发展机构的进驻，很多国际扶贫项目都深入边境少数民族乡村中开展，也为发展工作贡献了举凡“参与式社区设计”“参与式社区发展”“妇女社区组织”等强调当地人主体性的工作理念和工作方法。当时的云南社会工作领域还比较薄弱，很多在发展领域工作的人都是民族学人类学社会学生态学等领域的专家。

但 2008 年国际机构纷纷离开之后，云南社区尤其是乡村社区发展一时间落入了“无人可用”的困境。先不说昔日 NGO 工作人员流失，社区本身的人才也并没有显现出来。如果是以社会工作助人自助的工作理念，社区社会工作的最后一步几乎都需要走向社区自我管理的可持续路径。换言之，如果不是在社区的民众中挖掘培养出人才和社区组织，那这条发展之路可能最终还是依靠外界力量的“死胡同”。

另一个现实，也是社会工作机构在过程中不断发现，外来的社工力量往往难以持久陪伴一个社区或社群成长起来，项目周期和人员流动是社区

---

① （美）唐纳德 · A 舍恩著：《反映的实践者——专业社会工作者如何在行动中思考》，夏林清译，教育科学出版社 2007 年版。

工作中断的重要影响因素。而经验中，往往是社区内部的人包括妇女、青少年和老人等，才是坚持下来持续行动的力量。正是基于这个认知，云南连心社区照顾服务中心自2005年创立并走过了将近十年的社区服务之路后，逐渐明确了自身的使命不仅是提高少数民族社区居民的公共服务水平，更重要的是培育社区中的社区工作者，让他们组织起来，成为社区自我服务的基础力量。

（一）民族社会工作及工作者的现状

学界目前对于民族社会工作的定义还存在争议，基本的共识是“民族社会工作是以一定区域中少数民族（族群）为对象开展的专业服务。在我国的社会学、民族学、政治学文献中，民族地区、民族工作所说的‘民族’指的是对应于汉族的少数民族，民族工作指的是针对这些少数民族（族群）的工作。民族既是一个种族概念，也是社会概念，在一定语境下还具有政治的含义”①。民族社会工作要区别开“民族地区工作”，民族社会工作是一门专业的社会工作领域，具有社会工作的共性理念，同时又具有自己的方法。有学者认为该领域基本的专业原则包括：文化视角和发展视角。②所谓的“文化视角”，笔者理解至少包括两个层面，一是工作者要具有文化敏感性，能够体察到“人在情境中”的文化层面意涵，从而能够更加系统地理解服务对象的处境和选择。二是台湾等地学者提出的“多元文化能力”，即是指工作者能够从民族文化出发，以民族文化中的元素作为工作手法，从而能够更融入社区，挖掘社区资源和动力。③ 进而，也有学者指出，民族社会工作并不仅仅是“在民族地区的社会工作”，或者“以少数民族群体为服务对象的社会工作”，而应该是具有独特本土化要素的，建立在少数民族文化土壤上的一套社会工作理念和方法。④

但在目前，尚未有成文的实践或理论，真正能够以某个民族文化为基础，构建出一套社会工作的理论和方法。学者们对于民族社会工作的研究讨论，还需要从实践中汲取更多灵感。

而少数民族社会工作者的培养就更加落后于需求。中国目前持证社会

---

①② 王思斌：《民族社会工作：发展与文化的视角》，载《民族研究》2012年第4期，转载于中国哲学社会科学学术期刊数据库。

③ Stark，2006，转引自叶志诚著：《族群社会工作》，独立出版－秀威出版，2014年，第7页。

④ 古学斌：《西方种族/族群社会工作多元论述与实践》，载《民族社会工作研究文集》（第一辑），北京：知识产权出版社2016年版，第118－145页。

工作者共计28.8万人，其中社会工作师6.9万人，助理工作师21.9万人。[①] 若按照2017年颁布的《社会工作专业人才队伍建设中长期规划（2011—2020年）》，要逐步实现全中国每个农村社区都有一名社工，则至少每个少数民族乡村社区都需要有社会工作者。目前看来，据笔者了解，整个云南仅有不到100个社区有专业社工参与服务，而其中还有部分仅是持证社工而非真正经过专业训练的社工，其中涉及少数民族社区的更少。

由于工作的领域本身还在模糊状态，目前整个少数民族社会工作者的培养体系也尚未成系统。除了民族类高校有特别结合民族学等相关学科进行社会工作专业的培养外，目前主流的社会工作专业学校教育都几乎很少涉及民族社会工作。同时，由于社会工作是一门非常强调实践的学科，因此结合“服务-学习”的社会工作者继续教育体系也需要在少数民族社会工作者的培养过程中贯彻。[②]

云南连心社区照顾服务中心在既往的工作中，一开始并未清楚地提出“少数民族社会工作”的概念，而是在十年与城市流动少数民族和乡村少数民族的共同工作中，逐渐发现了一些规律可循。从最开始的“难以相处”到之后的“专惠服务”再到“着力培养”，每个阶段都是由于社会工作者秉持的“用生命影响生命”、“人在情境中”和“助人自助”等信念而坚持深入。连心也从最开始专注于儿童服务的机构，逐渐因应社区不断与少数民族相遇的缘分，而找到了机构最具特色的服务点，逐渐明确了少数民族社会工作的使命感。目前，云南连心共计在云南昆明、沧源、鲁甸、丘北、西双版纳等地的6个社区建立了为少数民族社群和社区服务的社工站，共计有20多名一线社工，其中有14名为少数民族女性。

（二）培养少数民族女性社会工作者的必要

少数民族女性社会工作者的培养，也是云南连心一直在探索的重要行动经验。在云南，少数民族女性的地位因应每个民族的不同而各有不同，但总体而言，女性都承担了繁重的生产生活劳动责任，并且在村庄公共事务的参与方面缺乏平等的机会。在这样的背景下，培养本民族的女性社会工作者非常重要的原因，其一是少数民族乡村也逐渐呈现出中原村庄的情

① 民政部：《2016年社会服务发展统计公报》，http：//www.gov.cn/xinwen/2017-08/03/content_5215805.htm。

② 向荣：《创新、共融、整合：突破当下社会工作教育困境的路径探索》，载《中国农业大学学报》（社会科学版）2017年6月第3期，第79-89页。

况，即男性大量出外打工，妇女在家留守，留守妇女成为村寨发展的重要力量。其二是少数民族文化中对于男女接触有不同界限，女性社工更方便和妇女儿童一起开展工作。其三是连心秉持社会性别敏感度，希望能够为更多少数民族乡村女性提供不同于主流的成长和就业机会，女性社工一方面能够作为女性成长的陪伴，另一方面也可以成为村寨女性的榜样。连心也会为村寨的女性提供成为工作伙伴的机会，可以为有动力投入村寨发展的女性提供多种支持。

落回实践层面，连心也发现，少数民族女性社工在个人和职业发展上也存在一些特殊的问题，这些问题有的是传统社会性别结构造成，也有的是基于族群偏见①。还有比较凸显的问题，就是现有的社会工作专业证照制度对于少数民族社工的限制比较大，很多女性由于主流教育机会偏少而难以通过这套使用汉语和理论术语较多的考试。因此，在连心培养少数民族社工的过程中，需要将女性社工的境遇进行更加细致的辨识，方能够提供更加切实和系统的陪伴和培养。

二、少数民族女性社会工作者培养的原则和方案

（一）云南连心对少数民族社工的培养体系

在目前能够找到的国内民族社会工作的教程和相关文章中，对于民族社会工作者的素质要求通常都被分为“社会工作者普遍素质+民族工作者素质”这两个部分。② 古学斌也提出，一个好的民族社会工作者首先需要对“自我解殖”的部分开始有所察觉和尝试。③ 除了这些部分外，笔者认为，还需要特别强调指出社会性别视角在少数民族社会工作者培养中的重要意义。

基于以上的一些基础，笔者认为，云南连心在培养少数民族社工工作者的过程中，尝试构建一个少数民族社会工作者的培养体系，主要在以下

① 这些问题例如：大多数文化中，男女分工造成的女性被排除在公共事务之外，女性社工难以很快获得社区权威的认可，导致工作开展会有限制。而一些民族的宗教祭祀或文化学习的过程中，传统上也会排除女性的参与，这也限制了女性社工对社区文化的了解。也有因为少数民族语言和汉语的不同，让少数民族女性在成长和对外交流中会被取笑“普通话不好”“不会说话”等，这也会限制她们的发展。

② 常宝等主编：《民族社会工作》，华东理工大学出版社 2013 年版，第 579-580 页。

③ 古学斌著：《西方种族/族群社会工作多元论述与实践》，载《民族社会工作研究文集》（第一辑），北京：知识产权出版社 2016 年版，第 118-145 页。

部分有所探索。

具体每个部分的指标和培养方法见下表：

少数民族社会工作者的能力体系	具体指标	培养方法
自我认识和发展的能力	1. 回到社区的能力：对自己所在民族和社区文化的认识能力； 2. 自我觉察和反躬自省的能力，尤其对于自身价值观的觉察和反思； 3. 能够认识到自己的长短板，并能够发展出自己擅长的工作领域和手法。	行动学习与行动研究：对自己所在社区文化的学习；多元文化视角敏感性提升；自我觉察与行动研究能力等。 督导：以同行者的身份共同提高。
多元文化能力	1. 对不同族群文化的开放、基本尊重和珍视态度； 2. 能发现和妥善应用各种文化资源； 3. 能够根据民族文化来进行有效的个案小组社区工作； 4. 能够以文化为基础，进行系统性的工作设计和规划。	行动学习与行动研究：多种相关文化的基本了解；对社区的充分调查和问题分析；对社区动态的整体认识…… 督导：同行者的共同实践和讨论；其他地区的经验介绍和学习等。
跨文化及团队合作能力	1. 对其他文化背景同事的接纳、理解与协作意识和能力； 2. 运用多元文化视角，面对和解决冲突的意识和能力； 3. 寻找和培养团队与合作伙伴的能力。	行动研究：团队共同进行行动研究，互相参看和反思。 督导：以定期督导进行团队合作能力和动力的提升。
民族工作者基本素质	1. 具备民族工作价值观：如多元文化视角、整体观、全局观、文化相对主义等； 2. 掌握民族工作基本方法：如田野调查、“同吃同住同劳动”等。	培训：民族学基本常识；经典民族志导读；行动研究。 督导。
社会工作者基本素质	1. 具备和实践社工价值观：助人自助、优势视角、人在情境中、社会性别意识等； 2. 掌握社会工作基本方法：通用过程模式、个案小组社区等。	培训：不定期接受社会工作专业化知识培训； 督导：保证定期的社会工作专业督导； 行动研究。

需要说明的是，以上部分进行的粗浅分类，最终是为了让社会工作者成为融会贯通的少数民族社会工作者。而在实践行动中，从自我到团体的行动学习和研究，不仅是融会贯通的最佳方法，同时也是不断提升这些能力的重要途径。

而无论是研究者还是笔者作为行动者的体验，反躬自省都是民族社工需要具备的核心能力与方法。反躬自省不仅是对自己所处的文化、权力位置和价值观等逐渐清晰的察觉与反思，也是对于每个人在行动中所采取的选择进行剖析。反躬自省的能力之所以对于少数民族社工尤为重要，一方面如上文所言，即使是本民族的社工，也需要察觉到自身所受主流教育（尤其是“社会进化论”等观点）和各种文化偏见的潜意识影响，方能够真正去理解民族境遇及其个体选择。另一方面，也需要不断在行动中认识到，少数民族在历史上所受到的“创伤”已经沉淀在其文化和群体记忆中，社工需要更加历史性地去理解这些脉络，才能在与服务群体的互动中寻找到坚持的力量和策略。

（二）聚焦：少数民族女性社工培养中的若干关键点

除了以上普遍的培养体系，若聚焦到少数民族女性社工的培养上，笔者作为少数民族社工督导和研究者的体验，则特别需要强调以下关键点：

第一，要协助少数民族女性社工，以社会性别意识来看待和开展社区工作。笔者在协助和督导少数民族女性社工的经验中，发现并不是女性就必然有社会性别敏感度，即使是社工专业的学生也经常难以深入理解社会性别平等议题。但是，如果社工不能够从社会性别视角去看待和分析村寨的性别结构，则难以真正地认识和理解服务对象的处境，尤其是少数民族妇女的处境。例如，笔者曾经督导过的几位少数民族女社工，她们会抱怨社区中的妇女太多计较，见到蝇头小利就不顾一切甚至互相中伤。然而，从社会性别视角去分析，这正是村寨妇女从小就缺乏资源去发展，当她们希望去获得资源时，就非常迫切地“争取”。如果能够从这个角度去分析，社工就可以“引导”而非“评判”的态度去行动，而不会将问题归咎于妇女个体，从而看到社工能够协力的空间。

第二，要支持女性社工，策略性地获得自身在公共事务中的话语权。前文有提及，一些少数民族文化基于性别分工，并不鼓励女性在公共事务中的出场权和话语权。但是，如果女性社工想要介入村寨的生计扶贫、文化传承和社区治理等事务，必然就要面对文化中对女性的限制。在若干少数民族女社工的经验中，村寨男性老人、村委会男性权威等掌握公共话语权的群体，会是她们最大的挑战。但是，亦有女性社工提出，“大学生”身份、致富带头人的实力或外来“领导”的支持，可以有效地增强女性公共话语权。例如，连心的理事长向荣（云南大学副教授）等具有“专家”身份的人会不定期入村，在乡镇领导的陪同下，当众肯定驻村社工的工作。类似的尝试能够很快地协助女性社工在社区中增强公共话语权。

另外，连心的督导也会有意识地协助少数民族女性社工去了解和分析村寨内部的权力关系和资源分布。利用利益相关方分析等方法，社工能够比较清晰地看到自己要“攻克”的挑战和要联合的群体。同时，多数女性社工都具备非常坚韧的执行力，有的人也善用女性更能“示弱”的便利，在男性老人权威的挑战下采取坚持但迂回的战略。通常，一段时间后，女性社工都能够靠认真踏实无私的工作态度最终获得社区的认可，被村寨权威所接纳。

第三，要培养女性社工，如何争取和培养社区中的支持力量。前文提及，目前能够服务到社区的少数民族社工数量非常有限，因此连心也刻意培养和推动驻村社工去挖掘和培养社区骨干以共同工作，以及其他社区中的支持力量。对于少数民族女性社工来说，如何寻找、培养、协力社区妇女、老人和儿童的骨干和支持力量，不仅能分担自身工作压力，更是参与式社区发展中的关键的赋权过程，也是社区工作在地化的重要基础。连心对少数民族女性社工的培养过程中，一方面以项目指标、培训主题和经验分享等切入点去着重提高社工对于人才培养和妇女组织推动的意识和能力，另一方面也对吸收村寨骨干成为乡村工作者（“乡工”）和全职社工，保持开放态度。在连心目前的项目点中，约有不少于 10 位社区妇女骨干或返乡青年以兼职或全职的形式进入社工团队。这些社区本身的女性在社区工作中发挥了重要作用。

因此，对少数民族女性社工来说，学习如何挖掘和培养社区中的妇女和返乡青年成为专业的社会工作者，就变得非常重要。连心督导在这个过程中，也要不断地通过行动研究去协助社工从自身成长的体验回看关键动力和促发点，去挖掘和培育社区骨干。

第四，要鼓励女性社工，勇于成为团队的领导者。我们的主流社会和教育对女性在领导力方面的意识和能力均有所贬抑，导致大多数女性社工即使能力完全胜任，也不愿意承担团队负责人的角色。甚至哪怕实际上已经负责了整个团队的运营，她们却不愿意被人称为负责人。这非常限制她们的发展。因此连心在培养少数民族女性社工的过程中，不断有意识地创造一些类似团队领导者的角色，推她们上位，同时督导协助她们承担责任，提升领导力。虽然这个过程富有挑战性，但是笔者也看到绝大多数的女性社工都顺利度过，并在个人视野和能力上有了质的突破。

第五，要支持女性社工，减少社区和家庭对其结婚生子等人生规划的负面影响力。在少数民族村寨中，这是一个无比现实的问题。连心目前培养和支持的大多数少数民族女性社工都是本地甚至本村的返乡青年，决定了她们势必会受到自己家庭和社区对其婚姻家庭情况的关注。不少单身的女性在此压力下产生焦虑情绪，甚至希望逃离该社区。也有一些女性社工为了满足父母“女孩子还是找个稳定工作好”的期待，不得不报考公务员甚至辞职。类似的“现实压力”从社会性别视角看并不是个人问题，但又切实地落在了女性社工个体经验中，督导只能以情绪支持、协助分析和协助向家人说明等方法加以缓解。同时，连心整体团队也刻意营造着开放、多元和相互支持的氛围，希望能够减少女性在世俗环境中的婚姻生育压力，能够让女性社工有更多空间去选择，从而能够更加自信地在家乡从事社区社会工作。

综上所述，云南连心在少数民族女性社工的培养中，不仅注重普遍性的少数民族社会工作者若干素质的培养，更切合到女性在少数民族社区的特殊问题，进行更具针对性的培育和支持工作。经过若干年的探索，目前笔者对于少数民族女性社工的培养总结出了一些共性关键点，可以形成一套相对成体系的人才培养方案，在下一部分进行简述。

三、少数民族女性社工的培养方案

云南连心在服务伊始，就开始有意识地吸收少数民族女性社工进入团队，但真正有意识地开始以民族社会工作者为方向，去培养当地本民族的女性社工，则可以说也是近四年内才开始。笔者作为这个过程的见证者，基于自己陪伴和培养若干位少数民族女性社工的经历，大概将其成长历程总结为如下图所示：

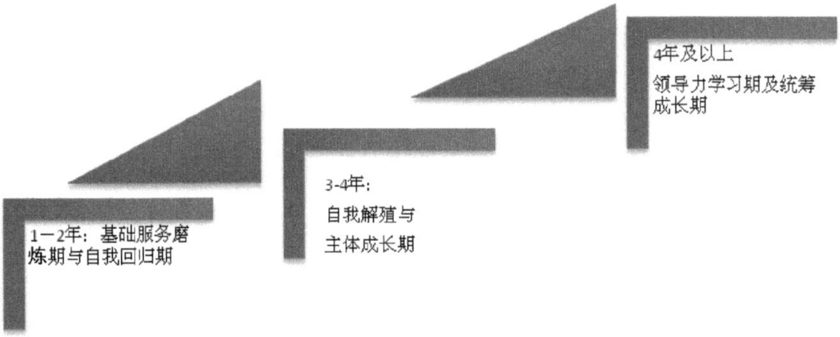

上图简单地标示出了一些关键的阶段：

1—3 年：基础服务磨炼期与自我回归期。本阶段同时也是个人回归到本民族和社区，重新以一个工作者的身份去认识社区和民族文化的阶段。在这个阶段中，就需要类似中国台湾少数民族社工培养中的学做当地少数民族，重新觉察和主动学习民族文化，有的社工甚至需要重新学习当地少数民族语言。同时，这一过程是将自我与社区真正“联结”起来的过程，也是学习如何独立思考，批判地再认识我们所经受的主流教育中对其民族文化的影响。

这个阶段里，督导能够给到的支持主要是在共同工作中去体察社工的困境，需要很多的情绪支持和协助思考。督导也需要对所在的社区民族文化有不断深入的认识和理解，才能真正地提出有价值的问题和建议。督导也可以不定期地介绍外出交流和培训的机会，让女性社工能够通过自我成长和阅历增长，获得更多的自信与话语权。

3—4 年：自我解殖与主体成长期。第三年，对于很多女性社工来说都是个非常重要的“坎”。一方面工作初期的激情逐渐沉淀为日常社区服务的琐碎事务，曾经有挑战性的工作也掌握了“套路”失去了挑战；工作中的价值感和成就感却非常隐约难以实证；女性随着年纪增长而受到的压力也增大；等等。这个时候，是女性主体成长最迷茫的时期，却又恰恰是女性社会性别意识觉醒的最佳时期。连心的经验证明，如果能够协助女性社工走过这个阶段，个人的成长也会产生一个飞跃。

因此这个时期，督导需要协助女性社工从基础服务中获得力量来重新建立对自己民族文化和社区的认识和归属感，学习从琐碎日常生活和宏大叙事中找到个人的“价值感”和工作成就感。同时，督导也需要持续抓住时机，与被督导社工讨论“社会性别议题”，让她们能够看到自身所处的境遇不是个体问题，同时也可以有松动空间。例如，对于“注重关系”的大多数女性来说，家里人的支持是她们非常需要的力量，督导可以协助她们分析，一些家人也是可以争取的力量。

4 年及以上：领导力学习期及统筹成长期。这个时期，基本上是一个女性社工逐渐成长为独立工作者乃至团队领导人的关键时期。需要培养女性社工敢于做团队带领者的勇气和自信，督导可以支持她多些发挥的平台和空间，学习如何为自己找到合适的人形成团队，学习如何在社区乃至区域内建立支持圈。督导也须协助她进行人生和职业规划，让她能够在分析自身长短板的前提下，进行未来发展的战略规划。到了这个时期，督导的介入和陪伴可以逐渐减少，更多以对方的主体需求为主，给予对方更多的自主空间。

以上部分按照时间轴和关键阶段来简化归纳出了连心对于少数民族女性社会工作者的培养方案。需要指出，这些时间是以笔者所经历的若干同事的生命经历简化而出的，是基于行动经验的质性研究。由于是女性，其中还需要减掉生育和养育孩子的时间，但是阶段性的特点基本上变化不大，可以对其他机构和地区的少数民族社工培养提供参考。

四、少数民族女性社工人才培养的挑战和建议

上述连心培养少数民族女性社工的经验总结，其实也受到外部环境非常强的挑战和影响，连心在培养少数民族女性社工的过程中也通过云南大学民族学与社会学学院社会工作研究所、当地政府和民主党派等渠道去提出很多政策建议，其中与少数民族女性社工发展相关的有以下几点：

（一）社会工作专业化走向证照制度，对少数民族社会工作者的挑战。目前社会工作专业体系发展过程中，基于树立专业性的迫切需求，参照了中国香港、中国台湾等地的社工证照制度，仍然以考试和学历为主要参考标准。这个制度对少数民族社工尤其是教育资源不足的女性来说挑战十分巨大。目前可以看到，考上证照的少数民族社工非常少，但其实很多人在实践层面和专业培训方面已经超出了考试要求。连心也正在努力，希望通过强调实践经验和所服务社区评价等方式，补充社工证照制度的不足。

（二）少数民族地区社会工作发展较慢，社会声望及劳动待遇难以改善。

（三）少数民族社会工作尚未被引入各地政府民族工作事务中。目前，民族宗教系统对于少数民族地区的少数民族社会工作还较少关注，在资源投放上，也以党委、民政系统和扶贫系统投入较多。无论是透过民族文化传承还是民族社区建设，连心都希望未来能够和民族宗教系统加强联系与合作，从文化的角度切入，加强少数民族地区自力更生的发展能力。

五、结语：走在回家的路上

笔者在刚刚进入云南连心开始督导和研究工作的时候，经常要面对很多少数民族女性同事的纠结，尤其女性面对返乡所要面临的议题，因为乡村社会性别结构而显得更为复杂纠缠。返乡服务对于女性来说，似乎变成了难以承受又不可逃避的“责任”。然而，大家又几乎都毫不迟疑地承认：无论身在哪里，乡愁总是如影随形。如何让少数民族女性社会工作者能够实现身体或心灵的“返乡”？经过几年的实践，连心的支持逐渐从“推动返乡”转为“支持乡村守望者”，即以人作为主体的培养成为我们的目标。连心认为，无论我们的少数民族女性同事们在城乡之间如何选择或何时选择，最重要的仍然是她们主体意识的觉醒，以及作为少数民族的自信的建立，不再需要否弃自己对于生养自己文化的热爱和归属感。我们相信，只要她们在心灵上找到了归属，无论身在何方，无论是否回到家乡，就已经走在了回家的路上。

参考文献

［1］王思斌：《民族社会工作：发展与文化的视角》，载《民族研究》，2012 年第 4 期。

［2］向荣：《创新、共融、整合：突破当下社会工作教育困境的路径探索》，载《中国农业大学学报（社会科学版）》，2017 年 6 月，第 3 期。

［3］常宝等主编：《民族社会工作》，华东理工大学出版社，2013 年。

［4］古学斌著：《西方种族/族群社会工作多元论述与实践》，载《民族社会工作研究文集》（第一辑），北京：知识产权出版社，2016 年。

［5］叶志诚著：《族群社会工作》，独立出版–秀威出版，2014 年。

［6］（美）唐纳德·A. 舍恩著：《反映的实践者——专业社会工作者如何在行动中思考》，夏林清译，教育科学出版社，2007 年。

少数民族性别文化与妇女发展项目的相互构建

——基于 AEA 中国项目办妇女扫盲项目的实践

李明丽*

据 2000 年第五次全国人口普查数据显示，15 岁以上文盲多达 8699 万，其中女性占比达到了 72.6%。[①] 大部分文盲女性都集中在农村，少数民族地区尤为突出。由于自身民族语言和文化的限制，少数民族地区的女性平均受教育的程度远低于男性。以宁夏回族自治区为例，“未上过学”的女性总人数是男性的 2.15 倍。[②]不识字、上学年限少成为制约少数民族地区妇女发展的重要因素。

为了回应此问题，Aide et Action 中国项目办公室（以下简称 AEA）于 2005 年至 2011 年间，与北京农家女文化发展中心（以下简称“农家女”）合作开展了“农村妇女文化扫盲项目”（以下简称“妇女扫盲项目”），旨在通过社区教育的形式，帮助农村妇女脱盲，促进其发展，推动社会性别平等。

但在项目实施的过程中，通过妇女赋权促进性别平等的扫盲项目与传统的男尊女卑的性别文化形成了较为强烈的冲突；此外由于民族不同，其性别文化也有所差异，同样的项目模式在实施过程中也遇到了挑战。为了保障项目预期目标的实现，项目模式根据不同民族的性别文化进行了相应

---

* 李明丽，成都爱达迅社会工作服务中心/Aide et Action 中国项目办总干事。

①② 数据来源于国家统计局 2000 年第五次人口普查，http：//www. stats. gov. cn/tjsj/ndsj/renkoupucha/2000pucha/html/t0108. htm。

的调整，原有项目模式呈现出更多元的状态。同时，项目地原有的性别文化也随着项目的推进发生改变。

本文尝试通过探索在非政府组织的妇女赋权项目中，少数民族性别文化和项目自身如何相互影响、相互构建的过程，发现其中的关键因素，为其他非政府组织在少数民族地区开展妇女发展工作提供借鉴。

一、不同民族的性别文化

性别文化是“文化”范畴的一个重要组成部分，是基于男女两性社会特征、社会行为和社会关系而形成的价值观念、伦理道德、知识经验、风俗习惯、制度规范等意识形态及其表现。① 性别文化的形成受到诸多因素的影响，除了社会制度之外，民族也是一个重要变量。

AEA 的妇女扫盲项目先后在宁夏、甘肃和贵州开展，在三个项目省区，宁夏回族和贵州苗族的民族特征尤为明显。两个民族在变迁和发展中，分别创造了属于自己民族特有的文化，其中也包括属于本民族的性别文化。而作为性别文化中最重要的妇女价值观，对赋予、限制或剥夺女性包括教育在内的各种权利和机会起到了关键作用。

（一）宁夏项目点回族性别文化中的妇女观

作为伊斯兰教的经典，《古兰经》主张在真主面前男女平等，承认妇女有婚姻自主权，同时也主张妇女享有财产的分配权和继承权。单从这些规定来看，伊斯兰教义赋予妇女的部分权利非常符合当代所倡导的性别文化。但作为中国的一个重要的民族，回族文化的发展不可避免地会受到中国传统文化的影响，原有的性别文化也随着民族的融合和发展受到汉族儒家文化的深刻影响，形成回族文化特有的妇女观：妇女既受封建文化的约束，又享有古兰经所赋予的一些权利。②

妇女扫盲项目宁夏点设在同心县韦州镇，该镇是一个传统的回族地区，当地绝大部分妇女都是回族，且为严格的伊斯兰教信奉者。随着中国社会的发展，妇女地位在逐步提高，韦州本地也因女校的建立、女童受教育少

---

① 谭林：《论先进性别文化的构建》，载《南开学报》（哲学社会科学版）2007 年第 2 期，第 25-48 页。

② 杨华：《论回族社会性别的形成和回族妇女的作用》，载《宁夏社会科学》2014 年 3 月 第 2 期，第 84-87 页。

的情况有所缓解，但民族文化和宗教依然制约着成年女性的发展，例如当地大部分家庭依然遵循着妇女不能单独外出而必须由男性陪同、在公共场合男女要空间隔离的性别文化；此外已婚妇女除了学习《古兰经》之外，其余的知识在大多数男人看来并没有太多用处，这也造成了当地妇女在结婚后较少有机会学习新的知识。

（二）贵州项目点苗族性别文化中的妇女观

与回族相比，苗族的社会性别文化发展则是另外一种路径，苗族特有的文化对其性别文化的发展同样也起到了重要作用。苗族社会经历了从母系社会到父系社会再到如今向男女平等的社会迈进的演变道路，而其社会性别文化也随之经历了女性高高在上到地位低下再到趋于平等的发展。虽然在苗族的社会性别文化中，男尊女卑的思想长期占据主流，但少部分的传统风俗习惯、观念对维护妇女权利具有一定的作用。

妇女扫盲项目贵州点设在黔东南苗族侗族自治州，其中丹寨和麻江的项目点基本都以苗族妇女为主。大部分的苗族村落都分布在大山中，地域隔绝造成了当地较为封闭的苗族文化。虽然由于经济原因大部分男人长年外出务工，偶尔会给当地妇女带来外界的新事物，但由于较为封闭的苗族语言系统和缺乏与外界联结的机会，当地的苗族妇女发展非常受限。虽然经过现代社会的发展，男女平等的理念开始逐步地被苗族文化所接受，随着“西部大开发”的推进，部分苗族妇女也开始走出大山外出务工，但文化程度较低、现代生活技能缺乏，仍然限制了苗族妇女的发展。

二、少数民族性别文化对妇女扫盲项目的建构

为了帮助农村地区妇女脱盲，AEA 和农家女在妇女扫盲项目中设计了开发扫盲教材、开设村级扫盲班和培训在地扫盲教师等项目活动。在原有的设计中，项目组的假设是通过在当地与学校、妇联等开展合作，培育教师特别是小学教师成为扫盲老师，可持续地开展扫盲工作。但在项目实施的过程中，不同民族的性别文化在项目实施的不同阶段都产生了影响，使得最初设计的项目形态为了适应当地的性别文化而发生了改变。

（一）动员阶段：选择合作伙伴

由于 AEA 和农家女均为外来的民间组织，要在少数民族地区开展公益

项目，需要通过与在地有影响力的伙伴合作才能进入。

在贵州项目点，妇联是妇女发展工作强有力的推动者。虽然妇联是群团组织，但在居住在山区的苗族人的认知里，妇联等同于政府部门；可能妇联的部分工作与苗族传统的性别文化有些差异，但作为“政府部门”的工作，大多数苗族人还是会选择配合和支持。在这样的背景下，项目基本按照原有设计落地并予以启动。

而在宁夏项目点，当项目组找到妇联时，妇联则向项目组推荐了韦州镇回民女子学校的校长马新兰老师。马老师是一名下乡知青，通过自己的努力当上了教师，还创办了韦州镇第一所回民女子学校，是推动女性受教育的先锋人物，在当地具有较高的威望，在地的政府部门和居民（包括男性）都较为信任她。在韦州这类较为传统的穆斯林地区，马老师作为当地女性的典范，其影响力可以为妇女扫盲项目在地的推进提供强有力的保障。基于这样的判断，项目组一致同意在宁夏项目点调整策略，选择马老师和她的女子学校作为合作伙伴。实践证明，这样的调适为后续项目的顺利开展奠定了良好的基础。

（二）实施阶段

开设村级扫盲班是整个妇女扫盲项目中最为核心的活动，扫盲班开设的效果与妇女是否能够脱盲密切相关。除了课程内容设置之外，扫盲班开设的地点、时间，扫盲教师的选择也是影响扫盲班成败的关键因素。在项目具体的实施过程中，贵州和宁夏因民族的性别文化不同，扫盲班在这三方面的呈现也不尽相同。

1. 扫盲班开课地点和时间的选择

贵州项目点的苗族妇女大多住在山区，外加她们承担了大部分的家务劳动和农活，所以在选择扫盲班的地点和确定上课时间时，物理距离和农作时节成为重点考量的因素。经过和妇联以及苗族妇女的沟通，苗族的扫盲班都开在了村里的村委或废旧的村小，上课的时间则定为每年的 9 月到次年的 2 月，较为农闲的时间，每周末上课。

在宁夏韦州项目点，依然遵循着传统的“大门不出二门不迈才是好女人”的信条，女性特别是已婚的女性，如非必要，出门的机会几乎微乎其微；如要出门，也必须由其丈夫或者家里的其他男性陪同。在这样的文化背景下，除了物理距离和农作时节的考量外，如何降低“家庭允许妇女外出学习的难度”也成为扫盲班地点和时间设置的重要影响因素。回族妇女每天早晨有去清真寺诵经的习惯，所以在地合作伙伴马老师建议把扫盲班开设在清真寺里，将诵经的时间延长一部分用作扫盲教学，丈夫和家人就不会因妇女去往他们不信任的场所或耽误做家务的时间而阻止妇女外出学习。项目组采纳了马老师的建议，将扫盲班设在了韦州镇的几个清真寺，每天早上妇女诵经完毕后开始教学。这样的实践不但行之有效，并且还造就了宁夏项目点的高出勤率。

2. 扫盲教师的选择

如前文所述，贵州苗族的扫盲班都以山区村落为单位开展，为了保障扫盲教师的可持续性，村里原来的代课老师或是村上受过一定文化教育的干部成为扫盲教师的首选。由于苗族的文化中对男女存在于同一物理空间之内没有特别严格的规定，所以苗族扫盲班的老师在性别选择上并没有太多顾忌。

相反，由于回族性别文化中有“在公共场合男女要实现物理隔离”的限制（例如在清真寺里，女性只能在单独的偏殿里诵经），所以扫盲教师只能选择女性。因此项目组聘请了寺内的女阿訇作为扫盲志愿者教师为妇女提供教学服务，既回应了回族文化中的性别规定，又减少了因外来教师进入清真寺上课带来的沟通成本。

从以上项目执行过程的回溯中不难发现，同样的项目内容，因在宁夏韦州遇到了更为传统且带有民族特色的性别文化的挑战，为了让妇女学习知识、发展自我，项目组不得不顺应这种文化，在不改变项目主体活动的情况下，将项目呈现的形式进行了调整，使得项目“看起来”符合当地居民的传统性别认知。在宁夏韦州的经验也更新了项目组对于妇女发展教育的认知，即在保障主要目标和实现的前提下，项目的形式和其他次重要的因素可以根据当地的实际情况进行变通。宁夏韦州清真寺的扫盲班在项目后期，反而变成了一张项目宣传的名片，让原有的妇女扫盲项目更有民族和地域特色。

三、妇女扫盲项目对少数民族性别文化的建构

虽然在前期项目的实施过程中，项目形式上的调整在某种程度上可能有“顺应”或“强化”当地原有的性别文化，但扫盲班开设的效果和妇女的变化事实上对传统的性别文化已经产生了影响，新的性别文化正在被逐步建构。

（一）妇女扫盲班的开设对当地居民生活的影响

在妇女扫盲班开设以前，贵州和宁夏两个项目地针对女性，特别是成年已婚女性专设的继续教育活动几乎没有，“女子无才便是德”“女子学再

多也终归是人家家里的媳妇”这种思想根深蒂固。妇女扫盲班的进入在当地，特别是在较为封闭的苗族村落和韦州镇，都引起了当地居民的热议。

> “小诊所本身就是信息很灵的地方人来人往，近几天无论是男的还是女的谈话内容离不开扫盲，一个个说得眉飞色舞，从他们的表情可以看出无论是否扫盲学员，都特别高兴。”①
>
> ——宁夏韦州，马新兰老师

当地居民，尤其是男性对妇女扫盲项目的认知在经历了从好奇、怀疑，甚至抗拒到逐步地接纳和认同的过程。在这个过程中，当地传统文化中“已婚妇女学不了新知识”的观念也随着妇女扫盲项目的进行而改变，扫盲班给妇女带来的新面貌也逐渐地被家人和当地的其他居民认同，到项目后期，丈夫送妻子到扫盲班来学习的情景随时可见。此外，扫盲班的影响不仅局限于当地，在前期项目结束后周边乡镇的妇女找到项目组，希望项目组能把妇女扫盲班开设到她们的村里。“妇女在婚后可以继续学习，而且能学好”的认知在项目当地及周边的文化中逐渐形成。

（二）妇女家庭地位的提升

因为不识字，使得妇女无论是在经济生产还是在家庭生活中都处于弱势的地位：在经济生产方面，妇女无法正确、有效地识别和使用农药，造成农作物产量和质量都比较差；在生活中，很多文盲妇女的生活半径都仅限于自己居住的乡镇，即便少数有外出务工的经历，但也很少到陌生的地方。由于这种局限，导致了文盲妇女在家庭里的地位都普遍偏低，妇女缺乏自信，在家里也缺乏话语权。

通过妇女扫盲项目，大部分妇女学员都能基本掌握584个生活常用汉字和基础的四则运算，而所学的知识让她们的生活发生了翻天覆地的改变。

> “现在识了字，能看懂报纸，了解国家大事。还知道了自己的权利，妇女是可以顶半边天的。”
>
> ——宁夏韦州北寺学员孙友霞②

---

① 马新兰：《我的扫盲故事》，载《农家女扫盲故事集》，北京农家女文化发展中心、国际助学行动（AEA）联合编著，2009年，第95-95页。

② 妇女扫盲项目组：《韦州扫盲学员小故事（2006））》，载《农家女扫盲故事集》，北京农家女文化发展中心、国际助学行动（AEA）联合编著，2009年，第118页。

“苗族妇女阿闹 1996 年由于不会写自己的名字而被工厂辞返回家。通过 180 个课时的学习，拿到了扫盲班的结业证书，她自信地外出打工了……阿闹打工每年纯赚 6000 多元寄回家，她的家境和生活有了很大的变化。”

——贵州丹寨桂时霞老师①

识字使得苗族和回族妇女的经济生产力有了明显的提高，经济收入逐渐增加，其丈夫和家人对妇女的认可也随之提高。妇女经济地位的提升，促使其在家庭拥有了更多的话语权，包括在子女教育，尤其是女儿接受教育的议题上更具有发言权。项目地原有文化中“妇女不议事”的习俗，也随着妇女家庭地位的提升而逐步瓦解，新的性别文化因妇女扫盲项目在逐步构建中。

四、少数民族性别文化与妇女扫盲项目相互构建的思考

在整个妇女扫盲项目的 6 年时间里，苗族和回族当地的性别文化扮演了非常重要的角色，两者相互影响、相互博弈、相互构建。在这个过程中，项目组也以这个项目为案例，做了如下的思考。

（一）策略性地回应冲突是项目实施的必要条件

妇女扫盲项目背后的理念是通过文化赋权，帮助文盲妇女脱盲、提升其家庭和社会地位，从而推动男女平等的发展。但这样的理念与当地传统的文化形成一定的冲突。特别是在宁夏回族较为封闭的韦州镇，如果按照原有项目设计通过当地妇联在村里或学校里开设扫盲班，可能连其可行性都较低，更不用说产生良好的效果影响当地原有的性别文化。

在面临冲突时，项目组没有站在所谓的“伦理道德制高点”强行推进项目，也没有选择回避或者是忽视这样的冲突，而是采用了尊重当地已有的性别文化，尽管这样的文化是与项目要倡导的理念相悖的。在尊重的基础上，项目组与当地人马老师建立了合作关系，并遵循她的建议在保障项目目标能够实现的前提下，调整了项目的实施策略。实践证明，在项目的初始阶段，策略性地回应“可进入性”类别的冲突，是项目顺利实施的必

① 时桂霞：《贵州丹寨扫盲班的故事》，载《农家女扫盲故事集》，北京农家女文化发展中心、国际助学行动（AEA）联合编著，2009 年，第 90-92 页。

要条件。

（二）妇女项目中男性的参与尤为重要

虽然妇女扫盲项目的直接受益人是女性，但男性特别是丈夫对项目的认知和态度也是实施过程中需要考量的重要因素。因为推动性别平等不只是女性自身的发展，男性观念的转变也尤为重要。

在项目的动员阶段，项目组在宁夏和贵州都遇到过丈夫开始反对妻子到扫盲班学习的情况，他们认为“凭妻子现在的水平是不可能学好的”，或者有“妻子有文化之后会不会出走”的担心。为了鼓励更多的男性支持女性到扫盲班学习，项目组和在地合作伙伴一同入户，反复上门去讲解项目的情况，让男性对项目有充分的知晓。在项目的实施阶段，扫盲教师也鼓励妇女学员带自己的丈夫一同来学习，或者将每次课程所学的内容与丈夫进行沟通，让男性看到女性因参加扫盲学习而发生的正向改变。而项目的结束阶段，项目组会设计一个隆重的结业典礼，请当地的妇女穿上自己的民族服装，并邀请自己的丈夫、家人一同参与，让男性在仪式感十足的场景里看到妇女在扫盲班学习所取得的成绩。

在每个阶段特定活动的设置，男性作为重要的利益相关方也能参与其中，在此过程中实现了男性传统社会性别观念逐步的改进。

（三）先进民族性别文化的构建需要一个过程

任何观念或文化的形成都不是一朝一夕的，而要改变秉持已久的信念也非一蹴而就的。妇女扫盲项目在宁夏和贵州总共实施了6年，虽然在项目地及周边取得了一定的成效，项目受益人及当地的居民原来所信奉的思想可能发生了一些改变。但由于传统文化根深蒂固，要彻底瓦解原有落后的性别文化，构建男女平等的先进性别文化，还需要一个漫长的过程。除了进入性的干预活动之外，民族文化的变迁也是一个关键要素。所以在少数民族地区要持续开展妇女发展项目，让妇女真正实现赋权，任重而道远。

少数民族妇女发展的多元特色与有效路径*

——关注“民族文化与社会性别”学术研讨会

丁 娥**

2017年11月25—26日，由中央民族大学中国少数民族妇女研究中心（全国妇联 妇女研究所妇女/性别研究与培训基地）、女教授协会、中国少数民族研究中心（教育部人文社会科学重点研究基地）共同举办的“民族文化与社会性别”学术研讨会在中央民族大学召开。来自全国41家机构，12个民族的80名代表参会，对少数民族妇女的经济参与与反贫困、政治参与与权益保障、历史贡献与社会地位提升、教育获得与能力建设、社会保障的需求与供给，少数民族妇女在生育、婚姻、家庭、服饰、宗教信仰、语言文字文学、艺术方面的问题进行了交流。

一、推进性别平等与发展民族文化密切相关

会上，与会者围绕推进社会性别主流化、性别平等与民族文化的密切关系展开充分讨论。中央民族大学副校长、中国少数民族妇女研究中心主任宋敏教授指出，少数民族妇女研究是中国妇女研究的重要组成部分，也是民族研究的重要议题。根据第六次人口普查，中国少数民族女性人口约5467万，开展民族文化与社会性别研究具有推动性别平等与民族平等的双

---

* 本文刊登于《中国妇女报》，2017年12月5日。

** 丁娥，教育部人文社会科学重点研究基地中央民族大学中国少数民族研究中心、少数民族事业发展协同创新中心副主任。

重意义。

中国人类学民族学研究会副会长巴莫阿依指出，社会性别意识是社会文化的产物，人类学民族学关注文化多样性对性别认同、性别表达的影响，关注不同民族的民族文化对性别角色的塑造和性别行为的建构所起的作用，进而研究在两者交互影响下人的发展、人类的进步。中国是一个统一的多民族国家，地大物博、人口众多，在中华民族大家庭里，民族文化多元共生、繁荣发展，为社会性别调查研究提供了丰富的范本和肥沃的土壤，因此推动民族文化与社会性别理论研究创新发展，有助于建设具有中国特色的理论体系。通过深入研讨，凝聚共识，形成对策建议，纳入公共政策，相关成果必将有助于消除性别歧视与民族偏见，在社会中树立正确的性别意识，培育先进的性别文化，营造不同性别和谐发展的良好的舆论氛围和社会环境，对落实好男女平等基本国策和党的民族政策，依法保障好少数民族妇女权益，激发调动少数民族妇女干事创业的热情，促进少数民族妇女的发展进步具有重要意义。

二、少数民族妇女文化的多样性

性别角色分工与生计方式密切相关。一直以来，整个社会对农业的重视，形成了农业性别角色分工模式主导社会性别文化的局面，而对游牧、采集、渔猎生计方式形态和价值的忽视，导致了对这些生计方式中性别角色分工的认识不够，从而对性别角色文化多样性认识不足。新疆师范大学南快莫德格教授指出在游牧生计中，妇女不仅是社会群体人口生产与再生产的主体，也是社会家庭生计谋生及其文化传承的主导者，因而一直以来游牧妇女在社会中居于较高地位。内蒙古妇女干部学院敖登格日勒教授进一步指出蒙古族妇女的社会经济地位是在游牧生产方式和连年不断的战争两个主要因素影响下形成的。随着农业化、工业化、城镇化的推进，蒙古族生产方式出现牧业、半农半牧、农业和城镇四种不同的文化区域和经济方式，不同文化区域和经济方式对蒙古族妇女经济参与与社会地位产生不同影响，因此不能一概而论蒙古族妇女的社会地位，而是要依据文化区域和经济方式来分析问题。

少数民族女性服饰等民俗文化呈现多样性。如湖南女子学院周利群副教授、闽江学院陈栩副教授对湖湘苗族、瑶族、土家族和福建畲族女性首服形制等的研究，展示了西南少数民族妇女服饰文化风貌独特、工艺精巧、款式多样、色彩鲜明、装饰性强的特点，表达了少数民族妇女对美的鉴赏和价值的多元。中央民族大学周梦教授通过对贵州苗族妇女传统服饰的研究，深入阐释了少数民族妇女服饰具有的本民族文化历史记忆与表达、民族标识与认同、能力评判、仪式构成、身份标识和情感媒介的重要文化功能。湖南女子学院周红金副教授对江永女书的研究展示了少数民族妇女语言文字的多样性。

对少数民族妇女文化多样性的认识，除了对文化多样性、少数民族文化保护传承发展创新本身的意义外，还具有许多现实意义。如云南社会科学院杜娟研究员通过对贵州黎平县养老院遭“冷遇”的事件的观察，剖析侗族养老模式选择的内外动力，揭示了少数民族对养老、临终关怀选择背后深刻的生死观、生命观，这些文化需求对社会保障提出特殊性需求，不了解这些对选择背后的意义，社会保障往往事倍功半。

三、提高少数民族妇女社会地位的路径

此次研讨会诸多案例再次证明妇女社会地位的提高依赖于妇女的社会贡献。从20世纪80年代开始的扶贫脱贫，少数民族妇女一直都是脱贫攻坚的主力军，在国家全面实现小康少数民族一个也不能少，少数民族地区精准扶贫进入攻坚阶段，少数民族妇女的生力军作用将更加凸显。内蒙古妇女干部学校希茹副教授的发言指出，简单的外援式反贫困方式会阻碍少数民族妇女能力建设，对如何促进少数民族妇女内源式发展、超越援助提出反思。广西大学罗树杰教授对广西京族妇女改革开放前后经济收入和政治参与的比较研究发现，改革开放前京族妇女经济文化地位低，但政治参与机会多，改革开放后京族妇女就业机会增多，经济收入提高，文化地位提高，但政治参与热情下降，参与程度降低，表明生计方式变迁并不必然带来少数民族妇女地位的提高，妇女参与政治生活等公共事务受到“男主外、女主内”性别分工以及社会对妇女参政议政重要性认识不够、信心不足、少数民族妇女对自身能力的否定态度以及参加教育培训和自主学习时间、精力、动力不足、妇女参政议政体制机制不健全等的影响。

少数民族妇女内源式发展和政治参与的主要内部动力在于少数民族妇女自我意识、自我期待、自我效能感的提升，其路径主要依赖于教育和能力建设。云南民族大学杨国才教授指出，少数民族妇女社会地位提升与接受的学校教育程度息息相关。通过云南省少数民族女性学校教育情况分析

可窥见少数民族妇女教育存在族际差距、地域差距、城乡差距、阶层差距和性别差距的多维度差距，因此需要采取少数民族女性教育立法、加强少数民族地区教育投资和教育扶贫、加快少数民族地区义务教育发展、完善职业教育和技能培训等综合措施。此外，少数民族妇女能力建设还应紧跟国家战略和地方发展需求，如玉林师范学院刘丽静教授指出要通过提升语言能力促进少数民族妇女参与边贸和国家“一带一路”倡议从而提升少数民族妇女的社会参与度。同时，媒介素养、新媒体能力、互联网使用等能力建设对于提升少数民族妇女生活质量、利益诉求进入决策领域和传播赋权以及促进少数民族妇女工作开展具有重要作用。